中山大学哲学系复办60周年庆贺文集·外国哲学、伦理学卷

张伟 张清江 主编

面向事情本身之思

MIANXIANG SHIQING BENSHEN ZHI SI

中山大学出版社
·广州·

版权所有　翻印必究

图书在版编目（CIP）数据

面向事情本身之思. 外国哲学、伦理学卷/张伟，张清江主编. —广州：中山大学出版社，2020.11

（中山大学哲学系复办60周年庆贺文集）
ISBN 978-7-306-07054-8

Ⅰ. ①面… Ⅱ. ①张… ②张… Ⅲ. ①哲学—国外—文集 ②伦理学—文集 Ⅳ. ①B-53

中国版本图书馆CIP数据核字（2020）第219835号

出 版 人：王天琪
策划编辑：嵇春霞
责任编辑：熊锡源　赵　冉
封面设计：曾　斌
责任校对：井思源
责任技编：何雅涛
出版发行：中山大学出版社
电　　话：编辑部 020-84110771，84110283，84111997，84110771
　　　　　发行部 020-84111998，84111981，84111160
地　　址：广州市新港西路135号
邮　　编：510275　传　真：020-84036565
网　　址：http://www.zsup.com.cn　E-mail：zdcbs@mail.sysu.edu.cn
印 刷 者：佛山家联印刷有限公司
规　　格：787mm×1092mm　1/16　20.125印张　372千字
版次印次：2020年11月第1版　2020年11月第1次印刷
定　　价：76.00元

如发现本书因印装质量影响阅读，请与出版社发行部联系调换

中山大学哲学系复办60周年庆贺文集

主　编　张　伟　张清江

编　委（按姓氏笔画排序）

　　　　马天俊　方向红　冯达文　朱　刚　吴重庆

　　　　陈少明　陈立胜　周春健　赵希顺　徐长福

　　　　黄　敏　龚　隽　鞠实儿

中山大学哲学系复办60周年庆贺文集

总　序

中山大学哲学系创办于1924年,是中山大学创建之初最早培植的学系之一。1952年逢全国高校院系调整而撤销建制,1960年复办至今。先后由黄希声、冯友兰、傅斯年、朱谦之、杨荣国、刘嵘、李锦全、胡景钊、林铭钧、章海山、黎红雷、鞠实儿、张伟等担任系主任。

早期的中山大学哲学系名家云集,奠立了极为深厚的学术根基。其中,冯友兰先生的中国哲学研究、吴康先生的西方哲学研究、朱谦之先生的比较哲学研究、李达先生与何思敬先生的马克思主义哲学研究、陈荣捷先生的朱子学研究、马采先生的美学研究等,均在学界产生了重要影响,也奠定了中山大学哲学系在全国的领先地位。

日月其迈,逝者如斯。迄于今岁,中山大学哲学系复办恰满一甲子。60年来,哲学系同仁勠力同心、继往开来,各项事业蓬勃发展,取得了长足进步。目前,我系是教育部确定的全国哲学研究与人才培养基地之一,具有一级学科博士学位授予权,拥有国家重点学科2个、全国高校人文社会科学重点研究基地2个。2002年教育部实行学科评估以来,稳居全国高校前列。2017年,中山大学哲学学科成功入选国家"双一流"建设名单,我系迎来了跨越式发展的重要机遇。

近年来,中山大学哲学学科的人才队伍不断壮大,且越来越呈现出年轻化、国际化的特色。哲学系各位同仁研精覃思、深造自得,在各自的研究领域均取得了丰硕的成果，不少著述产生了国际性影响，中山大学哲学系已逐渐发展成为全国哲学研究的重镇之一。

为庆祝中山大学哲学系复办60周年，我系隆重推出"中山大学哲学系复办60周年庆贺文集"，主要收录哲学系在职教师（包括近年来加盟我系的充满活力的博士后和专职科研人员）的代表性学术论文。本文集共分五卷，依据不同学科各自定名如下：

逻辑、历史与现实（马克思主义哲学卷）
什么是经典世界（中国哲学卷）
面向事情本身之思（外国哲学、伦理学卷）
推古论今辩东西（逻辑学、科学哲学卷）
经史之间的思想与信仰（宗教学、美学卷）

文集的编撰与出版，也是我系教师学术成果的一个集中展示，代表了诸位学者近年来的学术思考，在此谨向学界同仁请益，敬希教正。

"中山大学哲学系复办60周年庆贺文集"的出版，得到中山大学出版社的鼎力支持，在此谨致以诚挚谢意！

中山大学哲学系
2020年6月20日

目 录

Husserlian Phenomenology as a Kind of Introspection
.... GUTLAND, Christopher/1
试论海德格尔"Metontologie"概念的出现及其意义 方向红/36
价值与"心"
——布伦塔诺对价值哲学的"内转"及其意义 郝亿春/49
胡塞尔对心理主义的批判失效了吗
——当代哲学背景下的再思考 黄迪吉/62
论书法笔画中空间的时间性 黄子明/73
作为亚里士多德注疏者的波爱修
——其对《解释篇》第九章的注疏和发展 .... 江　璐/82
Knowing the Changes: The Comparative Analysis of Buddhism and
　Chinese pre-Qin Philosophy .... KANAEV Ilya（汉伊理）/92
黑格尔静态"超感官世界"的逻辑生成 李逸超/101
心情与世界:《存在与时间》的情感论 梁家荣/116
九鬼周造与海德格尔的情绪论 廖钦彬/129
感受质与表征性之争
——笛卡尔感觉表征的疑难 林逸云/144
胡塞尔"部分"范畴的形成：一段概念史的考察 毛家骥/153
The Return of Ricci's Letters to China
.... MEYNARD, Thierry（梅谦立）, S. J. /170
奥古斯丁论原罪的必然性 杨小刚/175
人的自我救赎何以可能
——叔本华和尼采的救赎思想研究 杨玉昌/198
哲学的内在精神
——2003 年世界哲学日演讲 翟振明/210
人性的启蒙
——何谓康德的纯粹理性的建筑术？ .... 张　广/231

论胡塞尔现象学中自身意识的反思模式 ………………… 张任之/242
德里达能否走出逻各斯中心主义？ …………………… 张逸婧/259
作为情绪概念发展过渡的《形而上学是什么?》中的畏 ………… 张云翼/272
虚拟现实的现象学本质及其身心问题 ………………… 周午鹏/284
胡塞尔交互主体性现象学中的双重开端与双重还原
——兼论交互主体性的原初性 ……………………… 朱　刚/295

Husserlian Phenomenology as a Kind of Introspection

GUTLAND, Christopher

I. Introduction

The majority of phenomenologists keep phenomenology and introspection strictly apart (see Zahavi 2007, 76; Staiti 2009c, 231; D. W. Smith and Thomasson 2005, 9; Thomasson 2003, 239; Fuchs 2015, 809). While Husserl (see 1971, 38) distanced his method from psychology's inner observation, he occasionally characterized it as introspection (see 1973c, 23; De Palma 2015, 203). In line with this, more recent thinkers openly employ phenomenology for introspective endeavors (see Shear and Varela 1999; Depraz, Varela, and Vermersch 2003). ① So what is the relation between phenomenology and introspection?

While Husserl clearly distinguished between phenomenology and psychology, he (see Staiti 2009a; Depraz 1999, 103 – 105) nonetheless mentioned a psychological path into phenomenology. And if one wishes to walk it, this article argues, introspection is the most feasible starting point. Relatedly, Husserl (1977, 6) named Wilhelm Dilthey as a pioneer who struggled to discover a method to study "internal experience." Yet he was dissatisfied with Dilthey's "contrasting of naturalistically externally directed and descriptively internally directed psychology" (Husserl 1977, 10). For the Cartesian dualism underlying the crude internal-external dichotomy misleadingly makes it seem inner experience is one homogenous field of *res cogitans* (see Husserl 1970, 211 – 215). Rather, within what one could call "internal experience" (see Section II below), there are *multiple layers* in need of clear differentiation, for instance, the psychological, transcendental, and bodily planes.

Above and beyond the heterogeneity of internal experience, Husserl (1977, 11)

---

① Depraz, Varela, and Vermersch (2003, 7) portray their approach as "a re-awakening of introspective psychology." However, they criticize Husserl's "intellectualist tendency" (2003, 161) and choose an "entirely pragmatic" (2003, 1) approach. Instead of combining it with other approaches, the following article seeks to show how Husserl's method—in and of itself—is a kind of introspection.

asks: "[I]n a psychology which relies solely upon internal experience and description of psychic life, how do we arrive at universalities of law?" This shows that Husserl was not *per se* against research drawing on inner experience, especially given that he wanted to describe the general laws of consciousness *based on actually experiencing them*. Instead, his concern was how to methodologically distinguish between individual (idiosyncratic) and general aspects *within it*.

Remarkably, many researchers distancing phenomenology from introspection assume that introspection only yields idiosyncratic results peculiar to a certain individual's consciousness. There is, however, no reason to limit introspection's focus to idiosyncratic experiences only. In order to fully grasp and answer Husserl's question of how to distinguish between general and idiosyncratic features of consciousness, it makes sense to assume that introspection as such yields both: *idiosyncratic and general* experiences (see Breyer and Gutland 2016, 12 – 14). This also fits Husserl's (1983, 41) claim that "all human beings see 'ideas,' 'essences,' and see them, so to speak, continuously." The difficulty thus lies in *clearly noticing* these essential structures as such within consciousness.

This article therefore argues that phenomenology is not opposed to introspection *per se*, but is rather an attempt to refine it by making it scientific and systematic. It does so by providing a method for identifying and describing the general features within consciousness. The structure of this article focuses on introducing Husserl's method in an accessible manner. Where fitting or helpful, it also relates Husserl's phenomenology to features commonly associated with introspection and also to the philosophies of Hume and Kant.

II. Defining Introspection

In his article on introspection in the *Stanford Encyclopedia of Philosophy*, Schwitzgebel (2016) notes: "No simple characterization is widely accepted." Instead of a unitary definition, he lists features that many introspective accounts have in common. Accordingly, and instead of arbitrarily defining introspection such that it neatly fits Husserl's methodology, the following article relates Husserl's method to these features Schwitzgebel lists.

To gain a first idea of introspection, one can note with Schwitzgebel (2016) that the word derives "from the Latin 'looking into.'" The word "into" evokes the notion of space, but is used *only metaphorically* to indicate a shift of attention to an experience that has *no place in external space at all*. How can we positively state its direction? One can note that the external world, beyond its mere existence, also *appears to us*. And this *appearance of* the world is an *experience* without spatial location in the external world. In a Husserlian sense, introspection is aimed at this experience and the way of experiencing it.

An example: Suppose you visit the Galleria dell'Accademia in Florence to look at the original of Michelangelo's David. After you enter, David's statue appears for the first time in your field of vision. Yet you are tacitly aware that the statue existed for hundreds of years before. Thus, the beginning of its appearance *in your consciousness* does not coincide with the beginning of *the statue's existence*. As you approach the statue, its appearance increases in size relative to your visual field. When you are close enough, a part of it may even cover your entire visual field. Tacitly, however, you are aware that the appearance's increase in size does not imply an increase in size of the existing statue. Furthermore, as you move around the statue, it appears to you from different angles. Again, tacitly, you know that this shift of angles is due to your movement, and that the statue stands still. Finally, when you leave and see David no more, you are tacitly aware that the statue's existence has not ended, but only its appearing to you.

After reading this description, you probably notice that in your everyday life you rarely pay heed to how the world consciously appears to you. Instead, our interest is in the existing world and the things existing in it. Of course, we are often concerned with appearances—for example, the way we or others look. But this interest, too, is geared at the presence, absence, or arrangement of *existing* things like clothes, hair, accessories, and so on. In contrast, we are only rarely concerned with appearances as phenomena of consciousness. ① Furthermore, this appearance itself is nowhere externally observable by others like a marble statue is. You may experience other visitors looking at the statue, but you do not experience *their conscious experiences* of the statue. The conscious experience of appearances thus contrasts with external space and everything in it (including processes in our brain). Sensing this oppositeness to what is *externally* observable, one can see why people began speaking of *intro*spection to express the different direction that an observation of consciousness takes. While it is

---

① Naturalistic painters are a notable exception to this: They need to imitate the way the world appears in consciousness in order for us to be able to see what they want to depict.

certainly confusing to use a *spatial direction* metaphorically to indicate something *without place in space*, seen this way, the use of "introspection" is at least understandable.

Understanding introspection this way fulfills the first of the six conditions Schwitzgebel (2016) mentions, the so called "*mentality condition*: Introspection is a process that generates, or is aimed at generating, knowledge, judgments, or beliefs about *mental* events, states, or processes, and not about affairs outside one's mind, at least not directly."① The introduction of the *epoché* below will make this shift of focus clearer.

Concordantly the word "introspection," as used here, refers to the study *not of the external world*, but of the way we are *conscious of* it, as well as other mental phenomena which have no place in external space. The following sections show how Husserl proposed to do this.

III. An Outline of Husserl's Phenomenological Methodology

Husserl's method is easier to grasp when one sees it as overcoming problems the better-known philosophies of Hume and Kant encountered.

Husserl's reaction to Hume—or, the principle of all principles

Hume (2007, 45) famously asked on what basis we assume that within the world there are necessary connections, such as causality. He assumed that "all our ideas are nothing but copies of our impressions." He consequently suggested that, to investigate ideas like causality, we "[p]roduce the impressions or original sentiments, from which the ideas are copied" (Hume 2007, 46). This leads him to famously claim that only "when [...] the same object is always followed by the same event; we then begin to entertain the notion of cause and connexion. We then *feel* [...] a customary connexion [...] and this sentiment is the original of that idea which we seek for" (Hume 2007, 56–57). He (see 2007, 51) stressed, however, that this feeling is *not* an experience of necessary causality itself.

Husserl accepted Hume's assertion of an intuitive givenness of any theoretical proposition that is to be thought of as necessary (or essential). This is clearly visible

---

① While Husserl (see 1983, 218) rejects the term "mental," he still wishes to explore the way we are *conscious of* the *mind-external* world, among other levels of consciousness, thereby fulfilling Schwitzgebel's definition.

from what Husserl (1983, 44) calls the "*principle of all principles: that every originary presentive intuition is a legitimizing source of cognition, that everything originarily* [...] *offered to us in 'intuition' is to be accepted simply as what it is presented as being,* but also *only within the limits in which it is presented there.* We see indeed that each theory can only again draw its truth itself from orginiary [sic] data." Thus, the meaning of "intuition" in Husserl is such that it can fulfill as well as falsify our (theoretical) convictions.

Demanding that *all* elements of a theory be given intuitively before it is deemed true is notably distinct from the scientific method. Starting in the 19th century, science began using hypothetical-deductive reasoning (see Carrier 2009, 18). Since then, unobserved elements were accepted in scientific theories if they led to predictions confirmed by empirical observation. The consequence was the Duhem-Quine indeterminacy: Two or more theories, distinct through their postulated unobserved elements, could equally well predict the course of actual empirical observations (see Carrier 2009, 20). A famous example of this phenomenon in physics is Bohmian mechanics versus the standard model of quantum mechanics. Both theories predict the observable events equally well, but they do so by postulating quite different unobserved elements. When multiple theories have equal empirical footing, a common suggestion is to prefer the one requiring fewer hypothetical elements—a practice known as "Ockham's razor."

As Husserl demands a *strict correlation* between *all* elements of a theoretical proposition and actual observation, he has no need for Ockham's razor. For the principle of all principles forbids hypothetical elements. This requirement is in line with what Schwitzgebel (see 2016) calls the "*directness condition:* Introspection yields judgments or knowledge about one's own current mental processes relatively *directly* or *immediately.*" Mental experiences are not to be inferred, logically deduced, or hypothesized, but instead, must be *actually experienced* if one wants to claim the existence of an introspective experience.

The principle of all principles, furthermore, fulfills what Schwitzgebel (2016) calls the "*temporal proximity condition:* Introspection is a process that generates knowledge, beliefs, or judgments about one's *currently ongoing* mental life only." Describing today what I experienced a week ago would be against the principle of all principles, as this principle requires one to describe what *presents itself* in the here and now. Nonetheless, describing acts of remembering is possible, as a memory is something that one experiences in the here and now even though one experiences it in such a way that one sees the current experience as *representing* what *presented* itself at an earlier point in time. Similarly, descriptions of anticipations, expectations, etc. are possible.

Yet the question arises: What does Husserl do with elements like causality? Given Hume's concern, how does Husserl achieve intuitive fulfilment for a categorial relation like causality? This is the point where one has to look at Kant's reaction to Hume in order to better understand Husserl's solution.

Kant's reaction to Hume

Kant saw the danger Hume's skepticism posed for science and rejected an empirical deduction of causality. Instead, he proposed that our experience, long before we make any conscious judgments about it, is already and necessarily *structured* by categories like causality. In a peculiar way, he thereby both agreed and disagreed with Hume. He agreed with Hume in that he assumed concepts like causality are not connected within (analytic) thinking, but instead need a non-conceptual (synthetic) carrier in order to be combined. However, he disagreed with Hume in that he rejected establishing relations such as causality based on actual empirical experience (a posteriori). Instead he suggested that actual experience as we know it is only possible if it is already (a priori) structured by categories like causality. Thus, although experience *is* the synthetic carrier that establishes necessary connections like causality, these connections' necessity cannot be established by observing experience.

But how do categories become experiential structures? In order to explain this, Kant (see 1999, A 24 –25/B 39, A 31 –32/B 47) unconventionally proposed seeing space and time not as conceptual relations, like Aristotle (see 1963, 1b – 2a) did, but as both pure intuitions and forms of intuition (see Kant 1999, A 20/B 34 – 35). After this reinterpretation, Kant was able to utilize time and space as *non-conceptual carriers* for conceptual relations. He claimed that causality *appears* to us *in the form of a certain temporal succession* and that this succession of perceptions is *necessarily* so, if the events have a causal connection. Thus, a category like causality is proposed as necessarily (a priori) inherent to our experience by means of its dictating a certain temporal succession of appearances.

Kant furthermore used space and time to establish an unbridgeable gap between the world *in itself* and the world *as it appears to us*. He claimed space and time are subjective necessities of the way the world appears to us humans. With the word "subjective," Kant does not mean the *individual* human subject, but all humans. Space and time are *subjective* relative to the world *in itself*. They are, however, at the same time *objective* relative to the way it *appears to us*, as for us experience of objects is *impossible* without these structures. Space and time are thus necessary filters of human experience. Kant (1999, A 42/B 59) maintained that once we abstract from the way the world appears to us humans, "space and time themselves would disappear." Therefore, these filters distort the experience of the things and the world as they are in themselves.

This distinction between appearances and things in themselves is notably different from the distinction between the statue of David's *appearance* and its *physical existence* provided above. The description above was such that we get to know the existing statue *by means* of its appearing and without assuming something like an unknowable statue in itself. This is an important difference between Husserl's and Kant's accounts of experience, which will be further elaborated now.

Some of Husserl's reactions to Kant

Husserl rejected Kant's distinction between appearances and things in themselves and wanted "to radically deracinate the false transcendence that still plays its part in Kant's 'thing-in-itself' doctrine and to create a world concept that is purely phenomenological" (Husserl 2008, XXXIX, my translation). Thus, for him, a physical thing is not an appearance of an incomprehensible thing in itself. Instead, Husserl (1983, 92, see also 2003, 67; 2004, 129) saw it as "fundamentally erroneous to believe that perception [...] does not reach the physical thing itself."

Second, Husserl rejected Kant's route of access to knowledge about a priori structures. Kant (1999, A 35/B 52) stated that "no object can ever be given to us in experience that would not belong under the condition of time." If, however, all intuitions and experiences we can have are already temporal, we cannot intuitively study how temporality and sense intuition *become interwoven* in the first place. As a result, Kant's access to the processes preceding our experience is *speculative*. Kant (see 1999, A 91 – 92/B 123 – 124) was well aware of this, as he clearly rejected establishing causality's necessity based on experience (a posteriori). He pointed out that his entire system is ultimately a thought experiment that aims to achieve verification by means of *being thinkable* without contradiction (see Kant 1999, B XVIII - XIX).

Husserl (1970, 115) took issue with these speculations about intuitively inaccessible processes allegedly shaping our actual experience. He complained that Kant resorted to a "mythical concept formation. He forbids his readers to transpose the results of his regressive procedure into intuitive concepts [...]. His transcendental concepts are thus unclear in a quite peculiar way." Husserl consequently sought to intuitively explore the conscious processes shaping experience as we know it.

One important feature that Husserl (see 1960, 144; 1970, 199) did accept was Kant's so called "Copernican turn." In order to explain how we, as subjects, can have knowledge about objects, Kant (see 1999, B XVI - XVII) suggested that we conceive of the object's appearance based on forms that we find in ourselves as experiencing subjects. In line with this, Husserl (1960, 114) postulated an "'innate' Apriori, without which an ego as such is unthinkable." This explains why he (see 1968, 250, 300, 328, 344) assumed our world experience is relative to an absolute, transcendental subjectivity that constitutes it.

Husserl likewise accepted Kant's (1999, A 51/B 75) claim: "Thoughts without content are empty, intuitions without concepts are blind." Adopting this means that one *always* needs to look out for the proper *correlation* between any given intuition *and* concept, as only together can they be meaningful. Kant (1999, A 240/B 299) elucidates further: "[I]t is also a requisite for one **to make** an abstract concept **sensible**, i.e., to display the object that corresponds to it in intuition, since without this the concept would remain (as one says) without **sense**." As the categories are concepts, this transfers to them as well. Thus, in a similar vein, Husserl (2001b, 306) wrote: "It lies in the nature of the case that everything categorial ultimately rests upon sensuous intuition, that [...] an intellectual insight [...] without any foundation of sense, is a piece of nonsense." Husserl always asked for a sensory foundation when a priori (eidetic) structures are to be explored phenomenologically.

Interim summary

In summary, the assumptions upon which Husserl's methodological approach rests are,

(a) With Kant, Husserl assumes that there are *a priori laws* governing conscious states and processes.

(b) He furthermore assumes that these laws are *enforced through the activity of a transcendental subjectivity*.

(c) They are nonetheless *the same for everyone*.

(d) They are also thus *generalizable* results of an introspective exploration of consciousness.

(e) In contrast to Kant and in line with Hume, Husserl strives to explore these laws *based on intuition*.

(f) Finally, he assumes with Kant that *concepts and intuitions need to be explored in strict correlation*.

Given these assumptions, a number of questions arise that must be addressed in the following sections,

(1) If Husserl rejects Kant's "things in themselves," how does he conceive of and study the relation between the appearance of an object and the object appearing?

(2) How does Husserl rule out the possibility that our prejudices and biases distort our descriptions?

(3) Which methodological steps does Husserl take in order to achieve reliable grounds for introspective research?

(4) Drawing on experience, how does Husserl avoid his results having only, as Kant (1999, B 3) put it, "assumed and comparative **universality** (through induction)"?

(5) How does Husserl ensure that his method yields results that are independent from the peculiarities of the individual observer's consciousness?

The phenomenological epoché: entering introspective grounds

In comparing David's statue to its appearance, it was noted that we are naturally preoccupied with the existing world and the objects existing in it. In order to shift awareness toward the way the world appears to us, Husserl (see 1983, 57 – 60) advises becoming disinterested in the things' and, ultimately, the entire world's, *existence*. The idea is that once you become detached from wondering what something *actually is*, you have the necessary freedom to study *how its appearance is related to what you think it is*. Husserl calls this "the phenomenological *epoché*" (ἐποχή). What thereby happens to our natural convictions about existence is called "bracketing" or "parenthesizing." Husserl (1983, 61) clarifies: "I am *not negating* this 'world' as though I were a sophist; I am *not doubting its factual being* as though I were a skeptic; rather I am exercising the 'phenomenological' ἐποχή which also *completely shuts me off from any judgment about spatiotemporal factual being.*"

Husserl (1977, 145) comments that the epoché's "*not* having as theme or abandoning from the thematic domain […] is an essential change of the way in which the object-consciousness […] is executed." Thus it is a *shift* of attention. This is relevant for introspection insofar as there is a crucial distinction between what is happening in consciousness and what we *notice* about it. The Husserlian epoché is a means of *becoming aware* of conscious processes that usually go by unnoticed. Therefore, if you practice epoché, it is not that you genuinely create the aspects of consciousness you become aware of, but rather you shift your attention toward them.

This reveals an important ambiguity of the word "conscious": It can refer to conscious processes and phenomena that are there regardless of anyone taking *explicit notice* of them, or it can mean *their being noticed*. Therefore, the question whether one is conscious of David's appearance increasing in size when approached can be answered with yes and no. For it is a fact that it does increase, yet usually we do not pay explicit attention to this. In order to establish an unambiguous terminology, from now on the words "conscious" and "consciousness" are used to refer to processes and phenomena independent of their being the focus of attention or not. The words "aware" and "awareness," on the other hand, are used to highlight the fact that someone becomes aware of a conscious process or state that she did not explicitly notice before. [1]

This terminological contrast allows the identification of a naïveté which is one of the reasons why introspection has "a bad track record" (Spener 2011, 280). A common misconception is that once we introspect, we can readily report *everything* going on in consciousness. That is certainly false, for not only are we usually aware only of certain aspects of consciousness, but it is also questionable whether our awareness can ever encompass the entirety of consciousness. Therefore, an important question for any introspective approach is: How do we achieve awareness of the different aspects of consciousness and how can we be sure we did not miss any (see D. W. Smith 2005, 95)?

For Husserl, the answer lies primarily in different gradations of the epoché. We can bracket some or even all discrete objects. A further step is to bracket ourselves as existing human subjects. The final and most encompassing epoché brackets not only all objects and empirical subjects, but the entire world, which is the universal horizon (see Husserl 1959, 161). This bracketing of the entire world, including us as empirical subjects, is at the same time the entry gate into what Husserl called "tran-

---

[1] Zahavi (2015, 185) compares reflecting on something one is aware of in a pre-reflective manner "to the relation between marginal and focal consciousness. In both cases, the transition from one to the other can be understood in terms of an *attentional modification*." I leave open here, however, whether awareness of something genuinely new could arise as well.

scendental phenomenology."

The epoché as a means to become aware of aspects of consciousness which are always there but usually pass by without us noticing fulfills two of the features Schwitzgebel lists.

One is the "*detection condition*: Introspection involves some sort of *attunement to* or *detection of* a *pre-existing* mental state or event, where the introspective judgment or knowledge is (when all goes well) *causally* but not *ontologically* dependent on the target mental state" (Schwitzgebel 2016). In other words: The epoché does not genuinely create the existence of what we experience in it. Instead, it lets us become aware of the rich conscious life which is there whether we practice epoché or not. ①

This is a tricky point, however, as we might wonder about the precise relation between the change of experience implied in *becoming* aware of something and the feature of consciousness that we thereby become aware *of*. Is the experience of awareness *identical* to the feature of consciousness we become aware, of or is there a *distance*? Related is the worry that introspection, attention, and reflection might modify or distort what we hope to experience through them. Regarding this worry, one must first realize that a *change of givenness* is the very *reason why* we employ these techniques: Namely, we wish to experience something better, more clearly, more fine grained, and so on. This change, however, only concerns the *form* of givenness, not the given *content*.

In this context, Husserl (see 1983, 181 – 190) furthermore discusses a critique by H. J. Watt, who claimed phenomenology was impossible because the experience we have without reflection is radically distinct from what we observe reflectively or introspectively. Husserl provides two counterarguments: First, he (see Husserl 1983, 185f) emphasizes that Watt himself needs to reflect on his experience of doubt about reflection in order to express it and thereby *uses* what he wishes to render *useless*. Second, to claim a radical modification from pre-reflective to reflective awareness, one

---

① Schwitzgebel (see 2016) portrays Husserl's phenomenology as a containment approach and counts it among the "ways of obtaining self-knowledge [that] all violate the detection condition on introspection." He writes: "Husserl (1913/1982) offers an early phenomenal containment approach, arguing that we can at any time put our 'cogitatio' —our conscious experiences—consciously before us through a kind of mental glancing, with the self-perception that arises containing as a part the conscious experience toward which it is directed, and incapable of existing without it." I agree with Schwitzgebel's characterization, but I would hold that the epoché is the "mental glancing" he mentions, and it is a necessary means *to detect* the conscious life in the manner described.

needs to be in an adequate position to *compare* the two states, i.e., to have secure knowledge about the pre-reflective awareness. Husserl (1983, 186) critically remarks that thus "*knowledge* of reflectionally unmodified mental processes [...] is continuously presupposed, while at the same time the possibility of that knowledge is placed in question." Therefore, claiming a distinction between pre-reflective and reflective experience begs the question of how the implied positive and definite awareness of the pre-reflective is achieved. ①

To be sure: Reflection is not the only means to become aware of something conscious. It is beyond the scope of this article to provide a detailed comparison of reflection and attention. Yet it is important to note: Drawing on Husserl, Dan Zahavi (2015, 186) claims that "attention is a particular feature or mode of our primary act," whereas "reflection is a new (founded) act." Breyer (see 2011, 249 and 252) furthermore suggests seeing reflection as a radicalization of attentive awareness in order to spot meaningful structures. In this article, "to notice" and "to be aware of" encompass both: attentional directedness and reflective awareness. ②

The other feature is the "*effort condition*: Introspection is not *constant*, *effortless*, *and automatic*. We are not every minute of the day introspecting. Introspection involves some sort of special reflection on one's own mental life that differs from the ordinary un-self-reflective flow of thought and action" (Schwitzgebel 2016). Accordingly, one can see the epoché (also the reduction discussed below) as "un-natural [...] in the sense that it is contrary to the natural attitude" (Depraz, Varela, and Vermersch 2003, 99). Experience of the transcendental sphere thus requires the epoché as both: an unnatural effort and a means of detection.

---

① Materialistic approaches like Dennett's (1992, 41) claim that "[s]omehow the brain must be the mind" and thus seek to eliminate all reality of conscious experience as such. To some extent, this is even in line with Husserl (1983, 111), who stressed that "a veritable abyss yawns between consciousness and reality." Thus, for Husserl, it would be wrong to seek consciousness as something real in the materialist sense, as the being of consciousness is on an entirely different level. Dennett instead proposes what he calls "heterophenomenology": He lets subjects report on their conscious experience and correlates these supposedly objective reports to brain events. This is reminiscent of the "thinking aloud" turn in the history of psychology that, instead of developing a method of introspection, treated verbal reports of subjects on their conscious experience as objective data. Vermersch (1999, 27) criticizes these approaches because they "forget that, in order to produce these verbalizations, the subject has to have access to something even to be in a position to describe his mental acts." Similarly, Cerbone (2003, 134) criticizes Dennett's heterophenomenology because it "helps itself to scientific data of all kinds [...] whose possibility as data is left unexplained."

② Ni (1998) discusses the meanings, possibilities, and limitations of reflection within phenomenology.

Immanent object, noema, and thing

When you practice epoché, you may notice that you experience David three-dimensionally. However, at any given moment, only one of David's many sides appears to you. ① Wherever you move, there will always be an invisible rear side, as well as other distances from which you can experience David. If you have seen them previously, you will have a more definite and detailed expectation of what they look like. But even then, an *actual* impression of the current rear side is missing. Unbeknownst to you, a malevolent visitor could have applied red paint to the rear side, so your memory of it would differ from its current state.

This possible difference between your expectation of the statue's rear side and its actual rear side is indicative of a further difference. In consciousness, you obviously have a way to both remember and anticipate features of David—and yet the actual David can differ. The way you learn about the actual David being different from your expectation is via the actually appearing side. Therefore, three "components" are involved in perceiving David: (1) the currently appearing side, (2) what you think David is like, and (3) the actual David, to which you have a "live feed" through the currently appearing side.

In principle, what you think David to be like can be in full correspondence with the actual David. Experiencing David from *all* sides and distances *simultaneously*, however, is impossible. You can only experience one side as actually given, and this side never encompasses everything there is to experience about David in that moment. ② In this sense, a *complete* experience of David is impossible, while a partial one is possible. The impossibility of experiencing a thing from all sides is one reason why Husserl (see 1999, 27) said that a thing always *transcends* (exceeds) what is given of it in an actual experience. ③

However, you can also focus your awareness on the appearance in such a way

---

① A mirror or video only seem to change this, as they provide not David's appearance, but a *depiction of* David.

② Touch may of course provide impressions of different sides of an object simultaneously, but it does not present colors. Therefore, invoking different senses only emphasizes that we cannot simultaneously experience all possible sensations. Husserl (see 1973a, 156) called it a most difficult question how the different impressions are unified as qualities of the same object.

③ Husserl (1983, 197) called the implied idea of a complete sensory givenness an "*idea in the Kantian sense.*" He (1983, 197) argued that this idea, as such, can reach "an absolutely indubitable givenness."

that you disregard the transcendent aspects just described. From this perspective, you do not experience the phenomenon *as a side* of some *thing*, but as a pure "this-here" (Husserl 1999, 24) in your visual field. This result of looking at the "bare phenomenon" is what Husserl calls the "immanent object." The immanent object, at least at first glance, is not missing anything and is therefore "*an absolute givenness*" (Husserl 1999, 24). This absolute givenness of the immanent object contrasts with the way the transcendent object is never given with all its features.

Yet, importantly, Husserl (see 1999, 27 – 28) discovered a second meaning of "transcendent." The first meaning refers to the fact that a thing always has features *beyond* the ones currently given to you in experience. The second meaning can be illustrated with Aristotle's (2016, 65) claim that "the stone is not in the soul, but rather its form." When you perceive a stone, your perception *is not* the stone, but it is a *perception of* a stone. For instance, unlike the actual stone, you cannot pick up your perception of the stone and throw it into a pond. Nonetheless, your perception of the stone is a *form* in which you can be *consciously aware of* a physical object like a stone and even its physical properties (like density and shape). Still, the stone remains a physical object whether you perceive it or not. This means that you can be *conscious of features* which are not in themselves *features of consciousness*. Now, Husserl also uses the word "transcendent" to refer to such objects and their features that are not themselves of consciousness. The stone *as a physical thing* is hence a "transcendent object" in this second sense.

Both meanings of "transcendent" refer to something that is in a sense *outside of consciousness*. The first meaning refers to the fact that the actual experience of a thing always *lacks impressions* of it. These absent impressions, however, *can in principle become conscious* (though not all simultaneously). The second meaning refers to features *of which* we *are conscious*, but which themselves *are not features of consciousness*. Mechanical causality, for instance, is applicable to a stone, but not to the *perception of* the stone. It is thus necessary to distinguish between the "perception of a stone" as a conscious entity and the "actual stone" as a physical entity, which is transcendent in the second sense. ①

Husserl calls the conscious object we experience when we perceive transcendent

---

① Kelly (see 2014, 560) mentions a third meaning of "transcendent," namely the sphere of god and other theological or metaphysical entities. As Husserl does not often ponder this kind of transcendence, I leave it out.

objects like a stone the "noema." ① He chooses a tree to illustrate this. The tree as the transcendent object or the "physical thing belonging to nature [...] can burn up, be resolved into its chemical elements" (Husserl 1983, 216). The tree as the noema "cannot burn up; it has no chemical elements, no forces, no real properties" (Husserl 1983, 216).

The two meanings of "transcendent" imply that there are two meanings of "immanent" as well. The sense of "immanent" already introduced refers to the fact that at a given moment in time *only some* of the features of an object *give themselves in experience*. However, *in a way*, these absent features *are nonetheless experienced*, even if they *do not give themselves* in experience. For *you assume* the object *to have* these features even though they are absent as far as current impressions are concerned. You can, for instance, become aware of the color *you* think David's rear side has and describe it as *you* expect it to be. In fact, without any such assumptions about the absent aspects of a physical object, it could not be experienced at all. For if you turn an object, you become aware of *new* aspects of the *same* object, but these aspects need a conception of the object that anticipates them or at least leaves room for them.

You may have noticed that this second meaning of immanent is thus identical to the noema. For the noema—*the way you are conscious of* a thing that is *not itself of consciousness*—is through and through a conscious phenomenon which can be described as such. This means that the noema is *transcendent* relative to the immanent object, and at the same time *immanent* with regard to the thing which is itself not of consciousness. In phenomenology, it is as difficult as it is crucial to make these distinctions. Husserl (see 1983, 308) himself admits that his *Logical Investigations* still mostly lack descriptions of the noema. To express the peculiar status of the noema, one could also call it a "transcendent*al*" rather than "transcend*ent*" object, as it refers to the way we are *consciously aware* of something *transcendent to consciousness*. ②

In order to avoid unambiguous terminology, from here on, in this text:

(1) "**Immanent object**" refers to the "bare" conscious phenomenon without all the intentions of currently absent impressions.

---

① The noema, as an object of consciousness, correlates with a conscious act. Husserl calls this act the "noesis." The noesis is introduced in more detail below.

② To my knowledge, Husserl did not call the noema a "transcendental object." Yet if one wishes to understand the relation to Kant or why Husserl spoke of a *transcendental* phenomenology, this classification helps. Zahavis's (see 2015, 187) explanation of the ontological distinction takes a similar direction.

(2) "**Noema**" or "**transcendental object**" refers to phenomena which are:

(a) *transcendent* in the sense of *including* all the intentions abstracted from in order to be aware of the immanent object; and

(b) still *immanent* to consciousness in contrast with "consciousness-external" things.

(3) "**Thing**" or "**transcendent object**" refers to that which is not itself of consciousness (like the stone as a physical object) and hence is transcendent in the second sense.

These distinctions, particularly the one between noema and thing, are very important for psychology and introspection alike. Without them, there is a confusing and dangerous ambiguity to the word "object" (see Kaiser-el-Safti 2015, 5). This seminal distinction is an important starting point for understanding how, for example, *something physical* can be *experienced consciously*. If this were not possible, it would be hard to conceive how sciences like physics and chemistry could have emerged at all.

In order to contrast the scientific approach and the phenomenological approach, one can say: A scientist studies the properties (e.g., physical, chemical) of transcendent objects and pays no heed to the way she is conscious of them by means of noemata. A phenomenologist, on the other hand, studies the properties of the noemata by becoming disinterested in the properties of transcendent objects.

This only contains a grain of truth, however, as within the history of science it became rather dubious whether experiential qualities like colors or odors are objective properties at all. Galileo (see 1957, 274), Newton (see 1952, 124 – 125), and others claimed that these experiential qualities are entirely subjective. Husserl (see 1970, 23 – 59) pointed out that science only accepted as objective those experiential qualities, like geometrical shape, that allowed for a *direct quantification*. Because of this, science studies *only certain features* of our experience of things, while it dismisses the others as "merely subjective." This leads to claims that these experiential qualities could be reduced to natural processes altogether. Against this, Frank Jackson (see 1986) wrote his famous article "What Mary didn't know." I can only hint here, however, at the possibility of reconsidering the status of the so-called secondary sense qualities (or qualia) based on a phenomenological analysis.

The effect of this opinion on qualia is that science is looking for "the real world" as something *distinct* from the way we experience it. This is akin to Kant's claim that our experience of objects is distinct from the objects in themselves. ① As a consequence of the assumption that we do not experience the world as it is, we need to assume that our experience *does not present* the world to us, but instead *represents* it in some *indirect* fashion. Husserl firmly disagreed with this assumption for reasons the next subsection addresses.

Perception does not represent an object, it presents it

Because he refutes Kant's speculations about things in themselves, for Husserl there is no David in itself which is forever beyond the reach our conscious experience. For the noema allows you to be conscious of David's statue even with its physical properties. So there is no need to look for the "real David" beyond the way you are conscious of it. Instead, you can be conscious of David *as it is* (though only partially in the first sense of "transcendent").

Following Husserl (2001b, 284), perception "gives the object 'presence' in a simple, immediate way." Thus it does not *re*-present things, it *presents* them. We can, however, also represent a thing. We do so, for instance, when we remember or imagine an object. In such cases, it is *us*, with our mental activity, who *re*-present an object. In contrast to this, a thing *presents itself* in perception. Acts like remembering or expecting remain relative to this way of presentation, which is why they *re*-present. Also, if you *imagine* a green cactus, you can choose to recolor it magenta. But if you *perceive* a green cactus, no similar mental action or intention yields a color change. While perceiving, as Christopher Shields (2011, 232) puts it, the subject's "will is impotent in the face of the phenomenal." This is indicative of perception offering an *originary* contact with an object, as here the object *presents something of itself* without any distortion of the subjective will. ②

Both science's and Kant's assumption that the "real world" is distinct from the way we experience it are potent contemporary prejudices preventing us from seeing that things *present themselves* in perception. Kant (1999, A 320/B 376) claimed that "[t]he genus" of all conscious phenomena "is **representation** in general." Many other philosophers followed, notably Schopenhauer (2010, 23), who claimed: "'The world is my representation': —this holds true for every living, cognitive be-

---

① An important difference being Kant's claim that knowledge of the things in themselves is entirely impossible.

② Even though this is so, one can of course err as soon as one *apperceives* the object *as* this or that.

ing." Husserl (2001a, 276) disagrees and goes so far as to say that understanding all conscious experiences as representations "is one of the worst conceptual distortions known to philosophy. It is without doubt responsible for an untold legion of epistemological and psychological errors."

It is here where the contrast between Husserl and Kant becomes revealing regarding introspection. If introspection means to study the way the world *appears to us subjectively* in consciousness, the problem arises that in Kant's philosophy the way the world appears to us *subjectively* already entails all we will ever know about the world *objectively*. For the categories of the understanding are woven into our subjective experience by means of its spatiotemporal structure. These are the same structures we explicate in conscious judgments about the world. Beyond that, we will never know how the world is *in itself*. Introspection, in Kant, would thus peculiarly yield both subjective and objective knowledge. Husserl instead rejects speculations about an unknowable world in itself and sees the world itself as being *consciously presentable* in the form of noemata, even where the presented aspect of the world is not itself of consciousness. Yet the possibility of nonetheless distinguishing between the noema and the transcendent object allows us to draw a clear line between phenomenology and sciences like physics. This is notably absent in Kant, which is why introspection in his system would fail to provide exclusively subjective results.

Husserl (1983, 92) claims that those who seek the "real" world beyond the one we experience are "misled by thinking that the transcendence belonging to the spatial physical thing is the transcendence belonging to something *depicted* or *represented by a sign.*" We can of course be conscious of something by means of a sign, but Husserl (1983, 93) maintains "an unbridgeable essential difference" between this signitive consciousness and perception. For when "we intuit something in consciousness as depicting or signitively indicating something else; having the one in our field of intuition we are directed, not to it, but to the other" (Husserl 1983, 93). Instead, in "immediately intuitive acts we intuit an 'it itself;' [...] there is no consciousness of anything *for which* the intuited might function as a 'sign' or 'picture'" (Husserl 1983, 93). This is why, for Husserl (1983, 92), it is "fundamentally erroneous to believe that perception [...] does not reach the physical thing itself," and that is also his answer to question (1) raised above.

The result of this section, expressed in Aristotelian terminology, is: The fact that we experience a thing in the *form* of being *conscious of it* does *not* preclude us from knowing its non-conscious *features* (*contents*). We can therefore perfectly well be *conscious of* something transcending consciousness, for example a law of classical mechanics, which is not a law *of consciousness*. Even science presupposes this. Otherwise, it would be hard to explain how someone reading a book on physics thereby extends her knowledge about physical laws rather than laws of consciousness. And the physical is only one of many transcendent layers which are accessible by means of being conscious of them.

The following sections focus on the noema and mostly ignore transcendent objects. This means, however, entering a world very much unknown to us in our everyday lives. In order to find *orientation* in it, another methodological technique is required.

The phenomenological reduction①: adjusting introspection

The epoché is "the gate of entry" (Husserl 1970, 257) to a sphere that remains unknown to us in everyday life. But we bring something with us: our knowledge and experience. As the sphere we enter is largely unknown, however, our habitual assumptions and judgments that are true for the transcendent world might turn out to be dangerous prejudices here. What Husserl therefore demands is similar to a general amnesia of prejudices or a state of presuppositionlessness, as Zahavi (see 2003, 44) calls it.

The suppression of prejudices, which Husserl calls for, is only one methodological requirement for achieving a truthful description, however. There is another that seems to escape Husserl's attention. For not only do we need to *withhold* the blind application of concepts that we are *already familiar* with (i.e., prejudices) we also need to *acquire new concepts* in order to be able to accurately describe the new sphere. In other words: We need not only to watch and describe what we see without prejudice, as Husserl (see 1956, 147) makes it seem, we need to *learn*. This learning is not only one of new words or new word usage, it is also the acquisition of new meanings. The association of these meanings with the words used in describing is a further and also problematic step (see D. W. Smith 2005, 99) which is addressed in more detail in Section V. One reason why Husserl overlooked the acquisition of meanings genuinely new to the describing subject was that he (see 1960, 114) assumed an a priori innate to the ego. Assuming this rules out not only the necessity, but also the possi-

---

① Husserl uses "epoché" and "reduction" interchangeably (see Staiti 2009b, 86; Depraz 1999, 100). Consequently, the question of whether and where to draw a distinction between the two is often disputed. The distinction made here is akin to the one Zahavi (see 2003, 46) suggests.

bility, of acquiring new meanings. For they are all innate, ready to be spontaneously applied whenever called for. A second reason why Husserl overlooked this requirement is that he (see 2001b, 260 – 261) assumed meanings were in need of a sensory intuition in order to be given adequately. This assumption renders it superfluous to ask for conceptual content *in addition* to a sensory intuition, as the latter seemingly provides the concept's meaning.

These two prejudices of Husserl are important for understanding his proposed methodology. For the answer to the question of how to make sure that a proposition truthfully describes the newly entered sphere is simply: It has to be in full accord with what we intuitively experience. This process is thus a *reduction* of our description to exactly what we experience and is thereby Husserl's answer to questions (2) and (3) raised above.

While this may sound simple, it is in fact one of the most challenging methodological requirements. Overcoming our prejudices as blind mechanisms of judging, which normally happen to us passively and without notice, is an arduous task. This is also one reason why Husserl considered himself an eternal beginner. The worry, however, is not that prejudices are always wrong. They can be right or wrong with regard to a given experience. It is their *blind application*, their *passive* happening to us, that is dangerous. For if they are wrong and we do not notice them, they distort our attempts to accurately describe our experience.

To conclude: Husserl (see 1977, 67) believed that the effort to align a description strictly to what is experienced can be successful and, if so, yield a usage of concepts with an adequate intuitive basis. Yet even if one grants that such a description can adequately express an experience, how do we ensure that the experience is generalizable and not idiosyncratic to a particular individual's consciousness? In order to show how Husserl's method overcomes this obstacle, the concept of intentionality and the act of imagining need to be introduced.

Intentionality, noesis and motivation

While the noema always lacks intuitive givenness of *all* its features, it is nonetheless entirely introspectively accessible and discernible (see Husserl 1970, 241 – 243). For instance, I can easily notice and introspectively describe *what I assume* David to be like. While the result may sound like a description of a transcendent object, it is nonetheless a description of the way we are *conscious of* David. Husserl (1983, 216) emphasizes that "these descriptive statements, even though they may sound like statements about actuality, have undergone a *radical* modification of sense." That is: We are no longer concerned whether David's rear side *really is* textured like we assume, but we pay attention to the fact that we assume him to have a certain rear side and begin to wonder *how and why* we do that.

The reason the noema is fully accessible to introspective inquiry is that it is a strict correlate of a *conscious act*, which is also introspectively accessible. Husserl calls this act the "noesis." Both these words derive from the ancient Greek νοεῖν— "to think" or "to understand". When we *perceive* something, however, the noesis has a presupposition: the immanent object. Therefore, leaving out the transcendent object, when we perceive there are three elements involved: (1) the immanent object (2) the act or noesis (3) the noema as the result and correlate of this act. Another way to express the relation is to say that whenever we perceive something, upon closer scrutiny we perceive "something as something." The first something is the immanent object, the second one is the noema—and both are connected by means of the conscious act, the noesis.

The formula "something appears as something" is also called "intentionality." Intentionality is an umbrella term for a wide variety of conscious acts. In fact, our experience of the world *as such* rests on countless *conscious acts*. These noetic acts also have a result or effect, namely the noema. These acts are carried out by you. Therefore, you can say that *you intend* that red thing on the kitchen table as an apple. But upon closer inspection, it may turn out that it is actually a tomato. This would show that you can be aware of the way *you* intend a noema, though the transcendent object might call for a different way to intend it. ① This also explains why, when you are *searching* for something, in a sense you already experience what you search—namely the noema as a way to intend that particular thing. Yet you only *find* what you search for when the *thing* that you intend also *presents itself* in an actual perception (cf. Brandl 2005, 170 – 171).

When something appears and you intend it as something, the relation is *not one of causation*, but of "motivation," as Husserl (see 1983, 107; 1977, 107 – 108) calls it. That red thing *motivates you* to intend it as an apple; it does not cause you to

---

① In philosophy of mind, the term "intentionality" has a different meaning, which Uriah Kriegel (2011, 80) defines as follows: The "source of intentionality is a certain natural relation that obtains between internal states of the brain and external states of the world." It is thus important not to confuse the two meanings (see Breyer and Gutland 2016, 6).

intend it as an apple. In everyday life, most motivations and their respective intentions occur passively (see Husserl 1966). Yet, via epoché, you can become aware of these acts, and once you are aware of them, you are free to try out different intentions, e.g., "cherry," "pear," and so on. If you do, most of the time the intention will not be appropriate, so the freedom is not to see the world as you please. The word motivation is employed because there are not just two factors involved, like cause and effect in mechanical causality, but also a subject. The immanent object thus motivates *you* to intend it as this rather than that noema, but you are free to try out a different one. This freedom underlying our experience of the world, the related possibility to err and the involvement of a subject, is the reason why it is appropriate to speak about *your intention* to see it this rather than that way.

Noticing the noesis means to become aware of a *constituting activity* that constantly underlies the experience of the world as we know it. This shows that phenomenology is not armchair reflection, but is the study of actual mental processes. The goal of phenomenology is to discover and describe consciousness by means of studying the essential conscious elements, acts, structures, and their interrelation. In order to further understand Husserl's method, the acts of imagining and perceiving must now be contrasted.

Imagination versus perception

Imagine an elephant in a whirlpool. Now reflect: What just happened in your consciousness? While you imagined this scenario, you probably experienced something grayish for a moment. Notice that this grayish experience occurred *in addition* to your ongoing sensory impressions. Also, you were aware that this grayish experience was not something you perceived with your eyes. Instead it was something you experienced because you were imagining an elephant. During that attempt, your ongoing sensory impressions formed a kind of background to your imagination of the elephant, which was in the foreground of your awareness. The image of the elephant was also probably more unstable compared to the sensations underlying your current perceptions, e.g., those of the words in this text.

These differences with regard to ongoing sensations were the reason Husserl used a different word to name the experiences occurring in imagination. He called them "phantasmata" (singular: "phantasma"). Phantasmata make up the immanent objects in acts of imagining. In an act of perception, however, you experience a sensation and try, based on this sensation, to perceive the correlating object. This means that the sensation has the upper hand and you try to intend the adequate intentional object. This is usually reversed in acts of imagining. When you wish to imagine something, you know *at the outset which intentional object* you wish to imagine. Your efforts are then geared towards experiencing a phantasma that is a suitable basis for imagining the intentional object. Usually it takes quite some practice to experience a stable phantasma, as becomes evident when looking at Buddhist meditation techniques (see Wallace 1999).

In contrast to imagination, Husserl (1970, 105) saw perception with its underlying sensations as "the primal mode of intuition." Nonetheless, he made imagination the foundation for his phenomenological methodology. In order to understand why, Husserl's concept of categorial intuition together with eidetic variation must be introduced.

Categorial intuition and eidetic variation: introspective explorations

In the sixth of his *Logical Investigations*, Husserl (see 2001b, 181 – 334) was interested in how we assess the truth of a proposition in light of the perception it describes. A proposition always entails categories, like "is" or "causes." For Husserl, categories are not a fixed number of concepts, but a general term for *conceptual relations*. Conceptual relations cannot have a *direct* (i.e., one to one) correlation among individual sensations (or phantasmata). Husserl claimed, however, that if the *individual relata* connected by means of the conceptual relation are *presented intuitively*, the *meaning* of the category can achieve an *intuitive fulfillment* as well. He called this "categorial intuition."

Husserl (see 2001b, 292 – 293) thereby discovered the curious fact that the meaning of a category is *equally well fulfilled* if its relata are intuitively given as sensations *or* phantasmata. In other words: The differences between perception and imagination play no role in intuitive fulfillment of a category as such. This applies not only to relational concepts, but also to unitary ones like "thing."[1] In order to have the concept "thing" fulfilled by intuition, a phantasma serves just as well as an actual perception. This discovery was the starting point for the phenomenological method-

---

[1] Husserl (see 1969, 248) explicitly included syntactic objects (categories) within the meaning of "eidos."

ology named "eidetic variation."①

You may take a concept like "thing" and start imagining different possible experiences of it. Husserl (1973b, 341) observed that it "then becomes evident that a unity runs through this multiplicity of successive figures, that in such free variations of an original image, e. g., of a thing, an *invariant* is necessarily retained as the *necessary general form*, without which an object such as this thing, as an example of its kind, would not be thinkable at all." He explained: "This general essence is the *eidos*, the *idea* in the Platonic sense, but apprehended in its purity and free from all metaphysical interpretations, therefore taken exactly as it is given to us immediately and intuitively in the vision of the idea which arises in this way" (Husserl 1973b, 341). The name "eidetic variation" expresses this way to intuit an *eidos* by means of producing lots of possible *variants* in order to achieve intuitive awareness of the underlying necessary general form.

Eidetic variation is a compromise between Hume and Kant. Hume required grounding claims about conceptual relations like causality *in corresponding intuitions*. Kant, however, *rejected* grounding them on inductions based on *perceptions*, as this could never prove their necessity.

Husserl's solution is to ground claims about a priori laws of consciousness not in perceptual intuition (sensation), but in free variations of imaginings (phantasmata). Categorial intuition plays a key role with regard to Kant's claim that there are synthetic a priori judgments like causality, which need a non-conceptual carrier. In eidetic variation, phantasmata form the intuitive basis of such categorial a priori judgments (see Jansen 2005, 127). The essential law that a physical thing cannot be visually presented from all sides and distances is an example of a categorial judgment that achieves fulfilment by means of eidetic variation. According to Husserl, whatever is *essential* (necessary) about a concept (eidos) becomes *intuitively evident* in its eidetic variation. Thus, eidetic variation is not armchair speculation, as it bases its theoretical claims on actual intuition.

Husserl (1983, 11) also maintains that "[*p*]*ositing of* and, to begin with, intuitive seizing upon, *essences implies not the slightest positing of any individual factual*

---

① Husserl's proceeding from categorial intuition toward eidetic variation is not without problems. One of the most pressing ones is the question how intentions of essences/categories are given in contrast to their fulfilling intuition, as well as their interrelation (see Lohmar 1990). Discussing these issues, however (let alone solving them), is beyond the scope of this paper (but see Gutland forthcoming).

existence; *pure eidetic truths contain not the slightest assertion about matters of fact.*" In other words: Results of eidetic variation are not *a posteriori* judgments dependent on *actual* perception. Instead, they are judgments about *a priori* structures of *possible* experiences. Thus, the freedom of variation overcomes the confines of inductive methodology, which is dependent on facts presented to us via sensation. While imagination thus "*makes up the vital element of phenomenology*" (Husserl 1983, 160), varying phantasmata is nonetheless not the goal of eidetic variation, but its means to achieve intuition of essential laws.

Eidetic variation is thus the answer to questions (4) and (5). Grounding eidetic variation in imagination rather than actual perception, Husserl strives to overcome the shortcomings of empirical induction. Also, an essential law (*Wesensgesetz*), e. g., that no physical thing can be seen from all sides and distances simultaneously, is not something that is peculiar to an individual's consciousness. It is not even peculiar to a culture—it holds in China just as well as in Chile. The individual variants that different individuals run through in imagination in order to intuit an eidetic structure do in fact differ. But the law itself abstracts from these peculiarities: Husserl (1973b, 341) states that during eidetic variation "what differentiates the variants remains indifferent to us."①

Just like when conducting mathematical calculations, erroneous judgments while performing eidetic variation are possible. This is where intersubjectivity enters as a welcome and helpful corrective. Precisely because eidetic variation abstracts from the observer-dependent peculiarities, others may confirm or disconfirm my descriptions, as they experience the same essential structures. Thus, though the method is quite different, there is a way in the phenomenological description of consciousness, just like in science, to achieve objective, in the sense of observer-independent, descriptions.②

---

① Ströker (see 1983, 10) distinguishes between (a) fact and eidos (*Wesen*) and (b) between being (*Seiendem*) and its phenomenon. In the terminology used here, eidetic variation is the means of acquiring knowledge about eidei rather than empirical facts, while epoché is the means to experience phenomena rather than being.

② While an important corrective, one must not overemphasize or misunderstand the relevance of intersubjectivity: In phenomenology, essential structures are not necessarily identical to what the *majority* of the intersubjective phenomenological community claims them to be. As Husserl (2008, 658, my translation and emphasis) stressed, "The normal as an optimum *distinguishes itself in experience* so that even a single person could become the norm of the experiential truth." Husserl (see 2008, 658, 721) illustrates this: If most people were born blind, this sheer majority would be no reason to reject the possibility of the minority's experience of color. Thus, the criterion for phenomenologically accurate descriptions remains the self-givenness of the intended experience. Like in science, if many people employ the same kind of experimental setting and thereby achieve the same result, this can foster, but never substitute objective descriptions.

Here it is appropriate to discuss the last missing feature of introspection Schwitzgebel mentions. It is called the "*first-person condition*: Introspection is a process that generates, or is aimed at generating, knowledge, judgments, or beliefs about *one's own mind only* and no one else's, at least not directly" (Schwitzgebel 2016). As Husserl strives to experience the *general* laws of consciousness, he was not interested in describing peculiar or idiosyncratic aspects of *his individual* mind. Instead he wanted to experience himself those laws and structures that are in effect in the minds of others as well. However, the experience of these laws' generality in eidetic variation is not such that one experiences them as effective in one's own *and in other minds*. One experiences them in one's own mind only. So there is no direct experience of other minds involved. Therefore, if the first-person condition refers to experiences idiosyncratic to one's own mind, Husserl's phenomenology focuses on experiences (essential structures) that do not have this feature. If it means that the general laws are experienced in one's own mind only and not in other minds, Husserl's method has this feature.

IV. Husserl's Distinction Between Phenomenology and Introspection

Phenomenology's *directly intuiting essential* laws governing consciousness was the reason why Husserl saw it as distinct from psychology's inner observation. In his understanding, psychology treats conscious phenomena as *singular empirical facts* and tries to *induce generalities* from recurring observations (see Husserl 1983, XX; Cai 2013, 15). Such a treatment of conscious phenomena is possible, of course. Yet it would be indeed different from phenomenology, for if one limits the meaning of the word "introspection" to this proceeding, phenomenology would be something else. Still, both this narrow meaning of introspection and eidetic variation look in the same direction and in fact strive for something similar.

They strive for something similar in that an empirical inductive proceeding is ultimately not interested in *individual* empirical facts. Instead, it collects them as a means to induce *generalities*. It must thereby rule out certain empirical observations, although they are actual empirical facts, as mere noise in order to achieve an understanding of the general laws governing these observations. While this access to the generalities is indirect, inductive, and statistical, it is nonetheless interested in something quite akin to essential structures.

Both proceedings look in the same direction, in that phenomenology does not speculate about essential structures governing consciousness; it *intuits them as they are given in consciousness*. Eidetic variation's intuiting is not only intricately interwoven with possibly idiosyncratic experiences—namely the phantasmata it varies—it depends on them as its foundation. Even though, building on this, it then singles out something that empirical induction ignores or does not "see," it is nonetheless *partly* a way of looking at one's own consciousness in the very same direction as introspection in the narrow sense. Furthermore, the intuition of essences is itself directed at something given intuitively in consciousness. Thus, if introspection means to study one's consciousness *by means of actually observing it*, eidetic variation *introspects* both phantasmata and essences.

V. Critical Discussion of Husserl's Method

Now that Husserl's method has been outlined along with some of its achievements and potential, it is crucial for an interdisciplinary dialogue on introspection to at least sketch some of its problems and weaknesses.

First of all, most of Husserl's descriptions concern seeing. While he did provide some descriptions of hearing and touching (see Husserl 1991b, 1973a, 1991a), those of smell and taste are scarce. Also, the areas of willing and feeling are comparatively underdeveloped. Furthermore, how we achieve consciousness of what others think, feel and want remains problematic. Husserl's solutions, e. g., that I project a modulation of my ego into the other based on associative pairing of his and my body (see Husserl 1960, 89 – 150), often seem speculative rather than truthful to experience. The aspects mentioned therefore need an extension, possibly even a modification of the method.

A serious critique by Depraz, Varela, and Vermersch (2003, 70) is that Husserl and many phenomenologists following him "never bother to ask themselves how they're able to write as phenomenologists." They (2003, 65) correctly "insist that intuition, on the whole, can be accomplished without expression." This is a critique of how one accurately conveys an experience in the medium of language, which is a process comparable to a translation. To be sure, for descriptions, Husserl (1983, 151) requires that "the concepts used actually conform faithfully to what is given," but he does not go into detail about how to achieve this methodologically. Therefore Depraz, Varela, and Vermersch (2003, 70) are right that "expressive fulfillment remains a blind spot in phenomenological analysis," and that "Husserl barely treated it."

What complicates matters is that phenomenologists like Merleau-Ponty (2002, 54) claimed "a significance of the percept which has no equivalent in the universe of the understanding." For if there is an unbridgeable gap between *experiential meaning* and *descriptive concepts as the result of reflecting on experience*, a phenomenological description would be doomed to failure. Related is the strong contrast in phenomenology between life-worldly pre-reflective meaning and objective concepts as the goal of scientific descriptions. This issue is a complex one and cannot be resolved here. What is required is a detailed understanding of the differences and relations between, on the one hand, experience, pre-reflective meaning, reflective concepts, and words as elements of a language, and, on the other hand, the acts of perceiving, thinking, judging, and speaking.

Husserl's subjectivization of constitution is also questionable. An example: If I walk down a street, my walking is subject to the law of gravity. But even though walking is *my activity*, it would be incorrect to assume that gravity is *subjective*. Yet Husserl seems to assume that the transcendental subjectivity is not only involved in constitution, but that the constituting activity is subjective. He probably assumes this, as he also assumes an a priori innate to subjectivity. It could be, however, that the transcendental constitution is *in accordance* with a priori laws without the subject having to be *the source* of these laws. The subject could *partake* in these laws whenever active, like our walking partakes in gravity.

The inherent development and dynamics of consciousness pose further problems. For instance, Husserl (see 1960, 74) described the experience of an infant as *eidetically different* from that of an adult. If, however, the eidetic structure of consciousness itself is subject to change, whatever we find for adults is not necessarily transferable to other stages of conscious human life. This need not endanger generalizability within the conscious life of adults. But a newborn cannot practice eidetic variation, much less give an adequate report of what her consciousness is like. Accordingly, Husserl's attempts to explain the origin of consciousness are problematic. [①]

Finally, Husserl's belief that concepts and eidei are in need of a sensory founda-

---

① Husserl's attempts to hypostatize instincts within the ego (see 2008, 474–477) or to "transcendentalize" Hume's law of association (see Husserl 1968, 286) are violations of the principle of all principles and thus speculative.

tion to be experienced as meaningful is problematic. Steven Crowell (2016, 193) notices that "to recognize [...] the fulfillment relation [...] is not yet to provide a phenomenology of thinking." Eidetic variation is no doubt useful to determine whether a sensory experience *can* correspond to an ideal meaning. In this sense, as Julia Jansen (2005, 127) puts it, it can serve "as an illustrative *model* for experience." Yet, as the ideal meaning functions also as the *criterion* to determine the *degree of sensory fulfillment*, Husserl's phenomenology presupposes, but does not explore, the experience of thoughts themselves. ①

VI. Results

The discussion of phenomenology in relation to the six introspective features that Schwitzgebel mentions showed how phenomenology can not only be seen as a kind of introspection, but also as a quite sophisticated method for practicing it. The principle of all principles ensures that claims have a foundation in actual intuition (*spectare*) and thereby prevents arbitrary speculations about unobserved entities. The epoché shifts awareness away from the transcendent world and aids paying attention to consciousness as such.

The remaining two methodological steps then help to put results on a secure basis. The reduction makes sure that the meanings employed in the description are in full concordance with the actual experience. This allows the notice and elimination of false prejudices. The eidetic variation further helps to test claims about necessary structures without being dependent on actual perception. The freedom of its variation helps overcome the limitations of empirical induction. Its results are generalizable, as it makes only indirect use of the possibly idiosyncratic phantasmata. Lastly, intersubjective testing of the results is as important in phenomenology as it is in science.

One of Husserl's greatest achievements was to disprove the Kantian prejudice that the world is only our representation. As long as one is blinded by this prejudice, one cannot even clearly distinguish between *intro*spection and *extro*spection. Husserl, however, showed how we can be *conscious of* something which is itself not of consciousness. Therefore, we can be conscious not only of the psychological, but also of

---

① I (see Gutland forthcoming) have argued that the experience of thoughts is *non-intentional*: There is no given *something* which needs to be intended *as something else*. Instead, thought experience is *inherently meaningful*, rendering additional meaning-bestowing acts superfluous. This is in line with findings of several authors debating a cognitive phenomenology (see Siewert 2011, 262; Levine 2011, 109; Pitt 2011, 141).

the physical and ideal planes and strive for a clearer understanding of these different layers and their relations. Yet phenomenology only studies the layers of consciousness and leaves out the ones transcendent to consciousness. Identifying and understanding all the layers as well as their interplay is thus a task for which natural science is as important as phenomenology and psychology.

References

Aristotle. 1963. *Categories and De Interpretatione*. Edited and translated by J. L. Ackrill. Oxford: Clarendon Press.

Aristotle. 2016. *De Anima*. Edited and translated by Christopher Shields. Oxford: Clarendon Press.

Brandl, Johannes L. 2005. "The Immanence Theory of Intentionality." In *Phenomenology and Philosophy of Mind*, edited by David Woodruff Smith and Amie L. Thomasson, 167–182. Oxford: Clarendon Press.

Breyer, Thiemo. 2011. *Attentionalität und Intentionalität. Grundzüge einer phänomenologisch-kognitionswissenschaftlichen Theorie der Aufmerksamkeit*. München: Wilhelm Fink.

Breyer, Thiemo, and Christopher Gutland, eds. 2016. *Phenomenology of Thinking: Philosophical Investigations into the Character of Cognitive Experiences*. New York: Routledge.

Cai, Wenjing. 2013. "From Adequacy to Apodicticity. Development of the Notion of Reflection in Husserl's Phenomenology." *Husserl Studies* 29 (1): 13–27. https://doi.org/10.1007/s10743-012-9119-0.

Carrier, Martin. 2009. "Wissenschaft im Wandel: Ziele, Maßstäbe, Nützlichkeit." *Information Philosophie* 3 (August): 16–25.

Cerbone, David R. 2003. "Phenomenology?: Straight and Hetero." In *A House Divided: Comparing Analytic and Continental Philosophy*, edited by Carlos G. Prado, 105–138. Amherst: Humanity Books.

Crowell, Steven. 2016. "What Is It to Think?" In *Phenomenology of Thinking: Philosophical Investigations into the Character of Cognitive Experiences*, edited by Thiemo Breyer and Christopher Gutland, 183–206. New York: Routledge.

De Palma, Vittorio. 2015. "Der Ursprung des Akts. Husserls Begriff der genetischen Phänomenologie und die Frage nach der Weltkonstitution." *Husserl Studies* 31: 189–212.

Dennett, Daniel C. 1992. *Consciousness Explained*. 1st ed. Boston: Back Bay Books.

Depraz, Natalie. 1999. "The Phenomenological Reduction as Praxis." *Journal of Consciousness Studies* 6 (2 –3): 95 –110.

Depraz, Natalie, Francisco J. Varela, and Pierre Vermersch. 2003. *On Becoming Aware: A Pragmatics of Experiencing*. Amsterdam/Philadelphia: John Benjamins.

Fuchs, Thomas. 2015. "Wege aus dem Ego-Tunnel." *Deutsche Zeitschrift für Philosophie* 63 (5): 801 –823. https://doi.org/10.1515/dzph –2015 –0059.

Galilei, Galileo. 1957. "The Assayer." In *Discoveries and Opinions of Galileo*, edited and translated by Stillman Drake, 231 –80. New York: Doubleday & Co.

Gutland, Christopher. Forthcoming. *Denk-Erfahrung. Eine phänomenologisch orientierte Untersuchung der Erfahrbarkeit des Denkens und der Gedanken*. Alber Thesen. Freiburg: Alber.

Hume, David. 2007. *An Enquiry Concerning Human Understanding*. Edited by Peter Millican. Oxford World's Classics. Oxford: Oxford University Press.

Husserl, Edmund. 1956. *Erste Philosophie (1923/24). Erster Teil: Kritische Ideengeschichte*. Edited by Rudolf Boehm. Bd. VII. Husserliana. Den Haag: Martinus Nijhoff.

Husserl, Edmund. 1959. *Erste Philosophie (1923/24). Zweiter Teil: Theorie der phänomenologischen Reduktion*. Edited by Rudolf Boehm. Bd. VIII. Husserliana. Den Haag: Martinus Nijhoff.

Husserl, Edmund. 1960. *Cartesian Meditations. An Introduction to Phenomenology*. Edited and translated by Dorion Cairns. The Hague: Springer.

Husserl, Edmund. 1966. *Analysen zur passiven Synthesis. Aus Vorlesungs-und Forschungsmanuskripten (1918—1926)*. Edited by Margot Fleischer. Bd. XI. Husserliana. Den Haag: Martinus Nijhoff.

Husserl, Edmund. 1968. *Phänomenologische Psychologie. Vorlesungen Sommersemester 1925*. Edited by Walter Biemel. 2nd ed. Bd. IX. Husserliana. Dordrecht: Springer.

Husserl, Edmund. 1969. *Formal and Transcendental Logic*. Translated by Dorion Cairns. The Hague: Martinus Nijhoff.

Husserl, Edmund. 1970. *The Crisis of European Science and Transcendental Phenomenology. An Introduction to Phenomenological Philosophy*. Edited and translated by David Carr. Evanston: Northwestern University Press.

Husserl, Edmund. 1971. *Ideen zu einer reinen Phänomenologie und phänomenologischen Philosophie. Drittes Buch: Die Phänomenologie und die Fundamente der Wissenschaften*. Edited by Marly Biemel. Bd. Ⅴ. Husserliana. Den Haag: Martinus Nijhoff.

Husserl, Edmund. 1973a. *Ding und Raum. Vorlesungen 1907*. Edited by Ulrich Claesges. Bd. XVI. Husserliana. Den Haag: Martinus Nijhoff.

Husserl, Edmund. 1973b. *Experience and Judgment. Investigations in a Genealogy of Logic*. Edited by Ludwig Landgrebe. Translated by Spencer Churchill and Karl Americks. London: Routledge.

Husserl, Edmund. 1973c. *Zur Phänomenologie der Intersubjektivität. Dritter Teil: 1929—1935*. Edited by Iso Kern. Bd. XV. Husserliana. Den Haag: Martinus Nijhoff.

Husserl, Edmund. 1977. *Phenomenological Psychology. Lectures, Summer Semester, 1925*. Edited and translated by John Scanlon. The Hague: Martinus Nijhoff.

Husserl, Edmund. 1983. *Ideas Pertaining to a Pure Phenomenology and to a Phenomenological Philosophy*. Translated by Fred Kersten. The Hague: Martinus Nijhoff.

Husserl, Edmund. 1991a. *Ideen zu einer Reinen Phänomenologie und phänomenologischen Philosophie. Zweites Buch. Phänomenologische Untersuchungen zur Konstitution*. Edited by Marly Biemel. Bd. Ⅴ. Husserliana. Dordrecht: Springer.

Husserl, Edmund. 1991b. *On the Phenomenology of the Consciousness of Internal Time (1893—1917)*. Translated by John Barnett Brough. Dordrecht: Kluwer Academic Publishers.

Husserl, Edmund. 1999. *The Idea of Phenomenology: A Translation of Die Idee Der Phänomenologie Husserliana Ⅱ*. Edited and translated by Lee Hardy. Dordrecht: Kluwer Academic Publishers.

Husserl, Edmund. 2001a. *Logical Investigations. Volume Ⅰ*. Edited by Dermot Moran. Translated by John Niemeyer Findlay. London: Routledge.

Husserl, Edmund. 2001b. *Logical Investigations. Volume Ⅱ*. Edited by Dermot Moran. Translated by John Niemeyer Findlay. London: Routledge.

Husserl, Edmund. 2003. *Transzendentaler Idealismus. Texte aus dem Nachlass (1908—1921)*. Edited by Robin D. Rollinger. Bd. XXXVI. Husserliana. Den Haag: Martinus Nijhoff.

Husserl, Edmund. 2004. *Wahrnehmung und Aufmerksamkeit. Texte aus dem Nachlass (1893—1912)*. Edited by Thomas Vongehr and Regula Giuliani. Dordrecht: Springer.

Husserl, Edmund. 2008. *Die Lebenswelt. Auslegungen der vorgegebenen Welt und ihrer Konstitution*. Edited by Rochus Sowa. Bd. XXXIX. Husserliana. Dordrecht: Springer.

Jackson, Frank. 1986. "What Mary Didn't Know." *The Journal of Philosophy* 83 (5): 291 – 295. https://doi.org/10.2307/2026143.

Jansen, Julia. 2005. "On the Development of Husserl's Transcendental Phenomenology of Imagination and Its Use for Interdisciplinary Research." *Phenomenology and the Cognitive Sciences* 4 (2): 121 – 32. https://doi.org/10.1007/s11097 – 005 – 0135 – 9.

Kaiser-el-Safti, Margret. 2015. "Reflexion und Introspektion. Ein Essay zum philosophischen Kontext der empirischen Psychologie." *Erwägen-Wissen-Ethik* 26: 3 – 18.

Kant, Immanuel. 1999. *Critique of Pure Reason*. Edited by Paul Guyer and Allen W. Wood. Cambridge: Cambridge University Press.

Kelly, Michael R. 2014. "The Uses and Abuses of Husserl's Doctrine of Immanence: The Specter of Spinozism in Phenomenology's Theological Turn." *The Heythrop Journal* 55 (4): 553 – 64. https://doi.org/10.1111/j.1468 – 2265.2010.00659.x.

Kriegel, Uriah. 2011. "Cognitive Phenomenology as the Basis of Unconscious Content." In *Cognitive Phenomenology*, edited by Tim Bayne and Michelle Montague, 79 – 102. Oxford & New York: Oxford University Press.

Levine, Joseph. 2011. "On the Phenomenology of Thought." In *Cognitive Phenomenology*, edited by Tim Bayne and Michelle Montague, 103 – 120. Oxford & New York: Oxford University Press.

Lohmar, Dieter. 1990. "Wo Lag Der Fehler Der Kategorialen Repräsentation? Zu Sinn Und Reichweite Einer Selbstkritik Husserls." *Husserl Studies* 7 (3): 179 – 197.

Merleau-Ponty, Maurice. 2002. *Phenomenology of Perception*. Translated by Colin Smith. London: Routledge.

Newton, Isaac. 1952. *Opticks*. Edited by G. Bell. New York: Dover. http://archive.org/details/Optics_285.

Ni, Liangkang. 1998. "Urbewußtsein und Reflexion bei Husserl." *Husserl Studies* 15 (2): 77-99.

Pitt, David. 2011. "Introspection, Phenomenality, and the Availability of Intentional Content." In *Cognitive Phenomenology*, edited by Tim Bayne and Michelle Montague, 141-173. Oxford & New York: Oxford University Press.

Schopenhauer, Arthur. 2010. *The World as Will and Representation. Volume 1.* Edited by Christopher Janaway, Judith Norman, and Alistair Welchman. Translated by Judith Norman, Alistair Welchman, and Christopher Janaway. Cambridge: Cambridge University Press.

Schwitzgebel, Eric. 2016. "Introspection." In *The Stanford Encyclopedia of Philosophy*, edited by Edward N. Zalta, Winter 2016. Stanford: Metaphysics Research Lab. https://plato.stanford.edu/archives/win2016/entries/introspection/.

Shear, Jonathan, and Francisco J. Varela. 1999. *The View From Within: First-Person Approaches to the Study of Consciousness*. London: Imprint Academic.

Shields, Christopher. 2011. "On Behalf of Cognitive Qualia." In *Cognitive Phenomenology*, edited by Tim Bayne and Michelle Montague, 215-235. Oxford & New York: Oxford University Press.

Siewert, Charles. 2011. "Phenomenal Thought." In *Cognitive Phenomenology*, edited by Tim Bayne and Michelle Montague, 236-267. Oxford & New York: Oxford University Press.

Smith, David Woodruff. 2005. "Consciousness with Reflexive Content." In *Phenomenology and Philosophy of Mind*, edited by David Woodruff Smith and Amie L. Thomasson, 93-114. Oxford: Clarendon Press.

Smith, David Woodruff, and Amie Lynn Thomasson. 2005. *Phenomenology and Philosophy of Mind*. Oxford: Clarendon Press.

Spener, Maja. 2011. "Disagreement about Cognitive Phenomenology." In *Cognitive Phenomenology*, edited by Tim Bayne and Michelle Montague, 268-284. Oxford & New York: Oxford University Press.

Staiti, Andrea. 2009a. "Cartesianischer/Psychologischer/Lebensweltlicher Weg." Edited by Hans-Helmuth Gander. *Husserl-Lexikon*. Darmstadt: Wissenschaftliche Buchgesellschaft.

Staiti, Andrea. 2009b. "Epoché." Edited by Hans-Helmuth Gander. *Husserl-Lexikon*. Darmstadt: Wissenschaftliche Buchgesellschaft.

Staiti, Andrea. 2009c. "Systematische überlegungen zu Husserls Einstellungslehre." *Husserl Studies* 25 (3): 219 –233.

Ströker, Elisabeth. 1983. "Phänomenologie und Psychologie. Die Frage ihrer Beziehung bei Husserl." *Zeitschrift für philosophische Forschung* 37 (1): 3 –19.

Thomasson, Amie L. 2003. "Introspection and Phenomenological Method." *Phenomenology and the Cognitive Sciences* 2 (3): 239 –54. https://doi.org/10.1023/B:PHEN.0000004927.79475.46.

Vermersch, Pierre. 1999. "Introspection as Practice." *Journal of Consciousness Studies* 6 (2 –3): 17 –42.

Wallace, B. Alan. 1999. "The Buddhist Tradition of Samatha: Methods for Refining and Examining Consciousness." *Journal of Consciousness Studies* 6 (2 –3): 175 –187.

Zahavi, Dan. 2003. *Husserl's Phenomenology*. Stanford: Stanford University Press.

Zahavi, Dan. 2007. "Subjectivity and the First-Person Perspective." *The Southern Journal of Philosophy* 45 (S1): 66 –84. https://doi.org/10.1111/j.2041-6962.2007.tb00113.x.

Zahavi, Dan. 2015. "Phenomenology of Reflection." In *Commentary on Husserl's "Ideas I,"* edited by Andrea Staiti, 177 –194. Berlin/Boston: De Gruyter.

试论海德格尔"Metontologie"概念的出现及其意义

方向红

显而易见，Metontologie，应该是 meta-（后-）与 Ontologie（存在论）的合成写法。对于这一概念，国内学术界几乎不加关注。据笔者的阅读，仔细讨论过这一概念的文字仅见于一本著作中，在那里，这个概念被译为"后存在论"①。在下文中，笔者将这一概念汉译为"元存在论"并给出学理上的证明。"元存在论"作为一个正式的概念第一次也是最后一次出现在海德格尔 1928 年夏季马堡讲座中，该讲座 1978 年出版为 *Metaphysische Anfangsgruende der Logik im Ausgang von Leibniz*（《从莱布尼茨出发的逻辑学的形而上学始基》，以下简称《逻辑学》）②。

根据学者们的考证以及笔者的有限阅读，"元存在论"概念在本次讲座之后再也没有出现。但笔者认为，重提这一概念，不仅可以纠正我们长期以来几乎一边倒的对海德格尔存在论乃至形而上学概念的片面理解，而且更为重要的是，让我们有可能还原海德格尔的学术思路，再现被海德格尔本人有意无意模糊起来的思考道路上的路标，廓清早期思想中的迷误，更加完整准确地理解海德格尔思想的演变过程。

一

我们首先来梳理一下海德格尔在《逻辑学》中关于"元存在论"的考量。其中，"元存在论"第一次随着此在的空间性特征而出现：

> 此在实际的分散在本质上的另一种可能便是它的空间性。此在分散于

---

① 陈志国：《形而上学的远与近：海德格尔与形而上学之解构》（以下简称《形而上学的远与近》），山东大学出版社 2014 年版，第 138 页。需要指出的是，笔者在本文付样前发现，已有学者虽未专题性地研究"Metontologie"这一概念，但已经认识到这一概念的重要性并在文章中将其译为"元存在论"（杨栋：《论海德格尔的转向问题》，载《学术月刊》2017 年第 9 期，第 54 页）。

② M. Heidegger, *Metaphysische Anfangsgruende der Logik im Ausgang von Leibniz*（以下脚注简称 *Logik*）, Gesamtausgabe 26, Vittorio Klostermann, 1978. 中译本参见海德格尔：《从莱布尼茨出发的逻辑学的形而上学始基》，赵卫国译，西北大学出版社 2015 年版。在这个译本中，Metontologie 也被译为"后存在论"。

试论海德格尔"Metontologie"概念的出现及其意义

空间中的现象表现在例如这样的情况中，即所有的语言首先都是通过空间含义而得到规定的。这一现象只有在空间的形而上学问题提出来的时候才能得到澄清，而这一形而上学问题只有在走完时间性问题之后才能映入眼帘（极端的：空间性的元存在论，参见附录）。①

可是，空间性与元存在论是什么关系？空间性的元存在论是什么意思？这些问题作者都语焉未详，悉数交付附录。

附录的标题虽然是 Kennzeichnung der Idee und Funktion einer Fundamentalontologie（"观念的标明与基础存在论的功能"），但作者确实不负众望，花了较长的篇幅来讨论元存在论，主要有以下几个观点。

首先，也是最重要的一点，在基础存在论中，存在的出现以及存在与存在者之间的区分都依赖于此在对存在的领会，而这预设了此在实际上已经生存着，更进一步，对作为人的此在的预设同时也预设了自然的现成在手状态（Vorhandensein）。这意味着，对存在的领会以存在者的可能的总体性存在（eine mögliche Totalität von Seiendem）为前提。② 对这一前提本身的讨论就是元存在论。

其次，将基础存在论普遍化并推向极端，必定会引起基础存在论的翻转，从而走向元存在论。在附录中，海德格尔多次提到"极端的（radikal）""极端化（Radikalisierung）""普遍化（Universalisierung）"等术语，如"极端的存在论问题域"、"对基础存在论的极端化"、"对形而上学基本问题的极端化和普遍化"、"存在论"的"极端化和普遍化运动"等③，并把这些术语与基础存在论的"转向（Kehre）"和元存在论的出现紧密地联系在一起，可其中的发生机制在附录中并没有给出详细说明。

幸好我们在该书的第二部分"根据问题"中找到了对"极端化"和"普遍化"的细致说明。④ 海德格尔在那里从此在的向来我属性谈到"我"与"你"的普遍性的共同点即"为己之故"的"自身性"，而此在正是在这种"为己之故"而展开的各种选择的可能性之中表明自己的自由性质并超越自身、他人和周遭世界的，可这里的选择难道不是此在在他人和其他存在者之中并与它们一起做出的选择？这里的超越不正是恰恰以此在、他人的实存以及那些非此在式的存在者的现成在手状态为前提的超越？

---

① M. Heidegger, *Logik*, S. 173–174.
② M. Heidegger, *Logik*, S. 199.
③ 分别参见 M. Heidegger, *Logik*, S. 200, 201, 201.
④ 以下参见 M. Heidegger, *Logik*, S. 242–244.

对这一不可避免需要回溯并加以预设的前提及其问题域的探讨就是元存在论①，它的主题是"存在者整体"：

> 从这里必然产生出一个本己的问题域，这一领域现在让存在者整体成为主题。这种新的提问方式位于存在论本身的本质之中并且从它的翻转、从它的 μεταβολή（形变）中产生出来。这样的问题域，我把它描述为 *Metontologie*（元存在论）。②

最后，为了防止发生误解，海德格尔强调③，实证科学把存在者当作自己的研究主题，但我们不能因此在一般科学的意义上把元存在论视为各别学科关于存在者的研究成果的总和，更不能视为从此总和中做成世界图像并从中抽绎出某种世界观、人生观。

上面的梳理已经透露了海德格尔对于元存在论的诸多理解。基础存在论的基础并不在其自身而是在元存在论，它们之间的关系不是一种自然而然的连续，而是一种反转。基础存在论与元存在论合在一起才构成一门完整的形而上学。④ 虽说元存在论的主题是自我、他人、事物等存在者乃至包括现成在手状态的自然在内的存在者整体，但我们不能从基础存在论所批判的存在者状态的立场上来理解这个整体，而是必须从存在论的视角来看待作为基础存在论前提的这个整体。

可是，这是一种什么样的视角？这样的视角如何可能？它包含哪些内容？存在者状态的视角我们能理解，实证科学就是最好的例证；基础存在论的视角我们也能理解，《存在与时间》已把这一视角发挥到极致，换言之，已经完成了这一视角的"极端化"和"普遍化"。难道还存在第三种视角？

海德格尔承认第三种视角是必不可少的并给了一个新的名称"元存在论"，可他对这一视角并没有给出正面的描述。从上面的梳理来看，前两点不过是说明，引入元存在论是基础存在论自身不可避免的逻辑结论和学理要求，而第三点最多只是一个否定性的说明。

---

① 虽然海德格尔把 Meta 解释为 Nach，但直接翻译为汉语的"后"似有不妥，因为汉语的"后"主要指时间上和空间上的"后面"，在没有语境的支持下很难具有表达前提和条件的"下面"之意，因此我们这里翻译为"元"。

② M. Heidegger, *Logik*, S. 199.（斜体强调形式为作者所加）

③ M. Heidegger, *Logik*, S. 199 – 200.

④ 海德格尔的说法是："Fundamentalontologie und Metontologie in ihrer Einheit bilden den Begriff der Metaphysik."（M. Heidegger, *Logik*, S. 202）

试论海德格尔"Metontologie"概念的出现及其意义

从这里还引出了新的问题：这样的视角对于我们理解海德格尔的思想发展有何意义？更重要的，对于海德格尔自身的思想发展有何意义？

对于这些问题，在做出回答之前，让我们先来看看国内外学者的观点。

二

国外学者对这些问题的研究由来已久，其研究成果堪称丰富、多样和深入，但仍存在这样那样的局限。

有的学者试图直接从元存在论概念出发引出伦理维度或身体维度的结论，但对这一个概念本身的重要性和意义缺乏进一步的思考，例如，贝尔纳斯科尼（R. Bernasconi）只是出于伦理的目的对海德格尔的观点做了简单重复，没有发表任何评论①；阿浩（Kevin Aho）为了在此在与身体之间架起桥梁，仅仅抄录并解释了海德格尔关于元存在论的论述，对这一概念本身的理解仍然停留在海德格尔的表述框架内②。

有的学者虽然认识到元存在论属于形而上学的双重结构，但对元存在论的价值一无所知。如亚让（François Jaran）认为海德格尔只是因为追随亚里士多德，所以才使自己的形而上学呈现出双重结构，但元存在论本身却是成问题的东西。③

有的学者不从海德格尔自己的思想框架出发，而是套用其他的哲学理论，试图把元存在论引向他途。如沙娄（Frank Schalow）指责海德格尔没有像梅洛-庞蒂那样把身体、性别和肉身化看作构成存在论的首要基地，因此导致元存在论没有登上自己应有的高峰。④ 这样的评论不假思索地把身体和性别看作元存在论的核心要素，完全放弃了海德格尔的形而上学旨趣。再如伍德（D. Wood）从某种辩证法的立场把存在论与元存在论的关系看作先验与经验之间的关系。⑤

---

① Robert Bernasconi, "Deconstruction and the Possibility of Ethics: Reiterating the Letter on Humanism", in *Heidegger in Question: The Art of Existing*, eds. Robert Bernasconi and Atlantic Highlands, Humanities Press, 1993, p. 34.

② Cf. Kevin Aho, "Metontology and the Body-Problem in *Being and Time*", *Auslegung*, Vol. 28, No. 1, 2006, pp. 14–15.

③ François Jaran, "Toward a Metaphysical Freedom: Heidegger's Project of a Metaphysics of Dasein", *International Journal of Philosophical Studies*, Vol. 18, No. 2, 2010, pp. 205–227.

④ Frank Schalow, "Situating the Problem of Embodiment: A Reply to Overgaard", *Journal of the British Society for Phenomenology*, Vol. 37, No. 1, 2006, p. 91.

⑤ David Wood, "Reiterating the Temporal: Toward a Rethinking of Heidegger on Time", in *Rereading Heidegger*, ed. John Sallis, Indiana University Press, 1993, pp. 156–157.

有的学者为了达到自己的结论，完全曲解了海德格尔元存在论的基本含义。例如，奥特咖（Mariana Ortega）为了从海德格尔的生存论分析中以引出伦理维度，甚至不惜将《存在与时间》解释为一个"元存在论的规划"，把基础存在论和元存在论术语看作海德格尔的"不连贯的表述"①，这已是对海德格尔基本思路的严重歪曲了。

著名学者克洛威尔（Steven Galt Crowell）的观点在歪曲海德格尔基本思路方面可以算是一个典型了。他认为，从存在论到元存在论的转换实际上是从现象学到形而上学的转换，这种转换缺乏信念上的连贯性，本质上是一场与形而上学的调情，它使海德格尔的思想走上歧途。从这里开始，海德格尔为存在论寻找存在者层次上的基础，这一点不仅损害了《存在与时间》的规划，标志着它的终结和瓦解，甚至导致了海德格尔臭名昭著的"政治事件"。②

有的学者已经意识到从存在论向元存在论转变的重要性，但由于对形而上学及其相关概念认识不足，导致最终仅仅把元存在论看成某种工具性的东西。例如，弗里曼（Lauren Freeman）已经看到元存在论与存在者整体的直接关联，但他对存在者整体做出了纯粹存在者层次上的理解，以至于他得出结论，认为元存在论是个半途而废的概念。③

据笔者的有限阅读，目前仅见吉利兰德（Rex Gilliland）给予元存在论以高度的评价。吉利兰德以海德格尔的中后期的自我批评为立足点，依据海德格尔的后期思想，提出了两个较为新颖的结论：第一，虽然元存在论这个术语很快被弃之不用，但只要这个术语所依赖的那个形而上学区分仍在，这个术语其实就一直在发挥作用；第二，海德格尔成熟时期的思想正是对元存在论规划的实现。④ 然而，遗憾的是，作者过于依赖时间性的思考框架以及海德格尔的字面上的宏观陈述，对元存在论在海德格尔思想转变中的微观发生与作用机制则完全忽略了。

国内学者陈志国在汉语学术界对元存在论的研究做出了开拓性的贡献。他将元存在论置于海德格尔的相关著作群中，通过对海德格尔作品的解读以及对国外学者的研究成果的批判性吸收，他成功地表明，元存在论与存在者整体之

---

① Mariana Ortega, "When Conscience Calls, Will Dasein Answer? Heideggerian Authenticity and the Possibility of Ethical Life", *International Journal of Philosophical Studies*, Vol. 13, No. 1, 2005, p. 15, 23.

② Cf. Steven Galt Crowell, "Metaphysics, Metontology, and the End of *Being and Time*", *Philosophy and Phenomenological Research*, Vol. 60, No. 2, 2000, p. 310, 314, 329, 330.

③ Cf. Lauren Freeman, "*Metontology*, Moral Particularism, and the 'Art of Existing': A Dialogue Between Heidegger, Aristotle, and Bernard Williams", Springer Science + Business Media B. V. 2010, p. 551, 565.

④ Cf. Rex Gilliland, "Two Self-Critiques in Heidegger's Critique of Metaphysics", *The Journal of Speculative Philosophy*, Vol. 26, No. 4, 2012, p. 649, 656.

间具有密切关联,而存在者整体就是亚里士多德意义上的"神性的东西",基础存在论与元存在论是形而上学的两个维度即普遍形而上学和特殊形而上学,也就是海德格尔所谓的存在-神-学。① 不仅如此,作者还在这项系统的研究中揭示了海德格尔早期思考中一个令人困惑的现象,从而为我们的问题提供了一个方便的切入点:

> 尽管在(20世纪)20年代中前期海德格尔不时地、部分性地表明了对亚里士多德神学的上述见解(即神学的任务是阐明存在者整体——笔者注),但是,作为整个现象学的十年中最具体系性和代表性的研究成果,《存在与时间》并没有着重就存在者整体来探讨存在问题,而是作为此在的生存论分析之某个环节谈论'在世存在'、'世界之为世界'等等。个中原因目前不能妄断。②

让我们从这个问题开始,尝试判断一下个中的原因。

三

海德格尔在《存在与时间》中有没有着重就存在者整体来探讨存在问题呢?初看起来,答案似乎是否定的。尽管在《存在与时间》中我们发现了"存在者整体"这一术语,它以在词语构成和语法格式方面略有变化的形式多次出现,如 All des Seienden(存在者大全)③、das Ganze des Seienden(存在者的整体)④、des ganzen Seienden(整体存在者)⑤ 等,但是,文本和语境的考察告诉我们,这些表述所指示的都是现成在手状态上的存在者的集合,这种集合在我们探究此在的存在或存在本身时是不能进入我们的视野的,是必须被还原掉的。然而,思辨地来理解,在海德格尔的思想系统里,"存在者整体"这一术语是必不可少的。这不仅因为存在作为"地地道道"的"超越者"⑥ 所超越的正是存在者整体,或者说,存在与存在者整体是一对无法分割的对子,而且由于事物的上手状态必须以事物已现成存在的在手状态为前提。这一点从海德格尔在《存在与时间》的结尾处的反思中已经初现端倪了:

---

① 参见陈志国:《形而上学的远与近》,山东大学出版社2014年版,第138-192页。
② 陈志国:《形而上学的远与近》,山东大学出版社2014年版,第173页。
③ Vgl. M. Heidegger, *Sein und Zeit*, Niemeyer, 1967, S. 19, 87, 330.
④ Vgl. M. Heidegger, *Sein und Zeit*, Niemeyer, 1967, S. 19, 87, 501.
⑤ Vgl. M. Heidegger, *Sein und Zeit*, Niemeyer, 1967, S. 19, 87, 232, 233.
⑥ 海德格尔:《存在与时间》,陈嘉映、王庆节译,商务印书馆2015年版,第48页。

"……存在论可以从存在论上加以论证吗？或，存在论为此还需要一种存在者层次上的基础吗？若是，则必须由何种存在者承担这种奠基的作用？"①

可是，海德格尔在思考基础存在论时为什么忽略了这一点呢？我想这可能是与世界概念部分地承担了存在者整体这一功能有关。我们来看海德格尔对世界的规定：

1. 世界被用作存在者层次上的概念，因而只能够现成存在于世界之内的存在者的总体。

2. ……

3. 世界还可以在另一种存在者层次上的意义下来了解，这时，它不被了解为本质上非此在的存在者和可以在世界之内照面的存在者，而是被了解为一个实际上的此在作为此在"生活""在其中"的东西。世界在这里具有一种先于存在论的生存上的含义。在这里又有各种不同的可能性：世界是指"公众的"我们世界或者是指"自己的"而且最切近的"家常的"周围世界。

4. ……世界这个词作为术语，我们专门在第 3 项中规定的含义上使用。如果这个术语偶尔被用在第 1 项中所述的意义之下，那么这种含义将用双引号标出。②

显然，现成在手状态的存在者从一开始就被排斥出世界概念了，海德格尔所采纳的世界概念具有两个特征：先于存在论，本质上此在式的存在者生存于其中的最大整体。正是这两个特征让世界概念具备了某种存在者整体的功能。海德格尔对畏的情状的描述也可以从侧面让我们看出这个功能："紧压而来的东西，不是这个东西或那个东西，但也不是一切现成事物合成的总数。它是一般上手事物的可能性，也就是说，是世界本身。"③ "一般上手事物的可能性"就是在此在的生存论分析中所展示的存在者的诸可能性的整体，这个整体来源于先于存在论之此在的生存论建构。

可是，世界概念对存在者整体的承担很快就与世界的根本"特征"相矛

---

① 海德格尔：《存在与时间》，陈嘉映、王庆节译，商务印书馆 2015 年版，第 523－524 页。（强调形式为作者所加）
② 海德格尔：《存在与时间》，陈嘉映、王庆节译，商务印书馆 2015 年版，第 86－87 页。
③ 海德格尔：《存在与时间》，陈嘉映、王庆节译，商务印书馆 2015 年版，第 232 页。

试论海德格尔"Metontologie"概念的出现及其意义

盾。还是在讨论畏的情状时,海德格尔说道:

> 当畏平息下来,日常话语往往就说:"本来也没什么"。这话事实上就在存在者层次上说中了本来是什么的那个东西。日常话语总是对上手事物的操劳与谈论。畏之所畏者不是任何世内上手的东西。日常寻视的话语唯一了解的是上手事物,然而不是任何上手事物的东西却并不是全无。这种上手状态的无就植根于最源始的"某种东西"中,即植根于世界中。然而从存在论上来看,世界在本质上属于"在世界之中",亦即属于此在之存在。因而,如果无,也就是说,如果世界本身,把自己提供出来作为畏之所畏者,那么这就等于说:畏之所畏者就是在世本身。①

世界一方面被看作生存论意义上的存在者之可能性的整体,另一方面又被看作无,这是否意味着存在者整体是无?这似乎与我们对这一术语的直觉理解和基本含义不符。

对于这里的矛盾,海德格尔在写作《存在与时间》的时候是否知道,我们不得而知,但不管怎么说,在《存在与时间》的思考行至结束时,海德格尔终于或明或暗地意识到,存在论似乎不能从存在论自身得到领会和论证,它也许还需要一种存在者层次上的奠基,这种奠基必须由某个存在者来承担。让我们沿着这个思路进一步推演。一方面,这个存在者先于存在论并为存在论提供基础;另一方面,它应当与其他所有的存在者相关,是全体存在者的所有过去和未来的、现实的和可能的存在的依托。

该如何表述这样的存在者呢?海德格尔既没有用 All des Seienden(存在者大全),也没有用整体能在,而是用了一个意味深长的术语:des Seienden im Ganzen②。这个术语既表达了某个存在者对于全体存在者的贯穿性和支撑性作用,又暗示了该存在者相对于存在论的奠基性地位。这样的存在者整体或整体中的存在者就是元存在论的主题,即神。

---

① 海德格尔:《存在与时间》,陈嘉映、王庆节译,商务印书馆2015年版,第232页。
② 这个术语可以译为"存在者整体"或"整体中的存在者"。其实,在《存在与时间》中,海德格尔也用过这个表述,不过是在第二格的意义上使用的。在那里,这个表述的主词是"大全(All)",而"大全"又被用来修饰"存在论",因此,这个表述显然不具有元存在论的意义(原文为:Ontologie des Alls des Seienden im Ganzen, 中译文为"存在者全体的存在论",略有不妥,应为"存在者整体的大全的存在论")。德文参见 M. Heidegger, *Sein und Zeit*, Niemeyer, 1967, S. 248;中译文参见海德格尔《存在与时间》,陈嘉映、王庆节译,商务印书馆2015年版,第306页)。

· 43 ·

四

存在者整体的发现在海德格尔思想的发展历程中具有重大的意义。为了简明起见,我们综合克兹尔(Theodore Kisiel)、克洛威尔以及陈志国等人的观点,把海德格尔的思想分成三个时期即现象学时期(1916—1927)、形而上学时期(1927—1937)和克服形而上学时期(1937—1976)。① 现在,我们可以说,存在者整体的发现首先开启了海德格尔为期十年的形而上学时期。

这种开启作用集中体现在1927年之后相继出现的三篇文章中。这三篇文章都是报告或讲演的讲稿,它们分别是《论根据的本质》(1928)、《形而上学是什么?》(1929)、《论真理的本质》(1930)。在它们中我们可以看到"存在者整体"表述的大量使用。下面我们简要地说说这三篇文章通过"存在者整体"达到了哪些不同于《存在与时间》时期的认识或发现。

在《论根据的本质》一文中,世界概念的两个矛盾性的特点得到了消除。如上所述,在《存在与时间》中,世界一方面承担起存在者整体的功能,另一方面又具有无的特征。在这篇文章中,世界明确地被看作存在者整体②和与存在者整体相关联的人③,无不再被用来标示世界的特征,它借助于"超逾""自由"和"深渊"而得到指引,具体而言,借助于此在对世界和自身的"超逾"④及其"自身呈递"并让世界世界化的"自由"⑤ 以及由此而领悟到的"深渊状态"⑥,无被指引为一种"原始运动",通过这种运动,原始的世界、自由甚至我们对自身的领悟才会被给予我们⑦。这样一种无是"存在者与存在

---

① 分别参见 Theodore Kisiel, *The Genesis of Heidegger's Being and Time*, University of California Press, 1993, p. 5; Steven Galt Crowell, "Metaphysics, Metontology, and the End of *Being and Time*", *Philosophy and Phenomenological Research*, Vol. 60, No. 2, 2000, p. 311;陈志国《形而上学的远与近》,山东大学出版社2014年版,第5-12页。

② 海德格尔:《论根据的本质》,孙周兴译,载孙周兴选编《海德格尔选集》,上海三联书店1996年版,第178页。

③ 海德格尔:《论根据的本质》,孙周兴译,载孙周兴选编《海德格尔选集》,上海三联书店1996年版,第189页。

④ 海德格尔:《论根据的本质》,孙周兴译,载孙周兴选编《海德格尔选集》,上海三联书店1996年版,第190页。

⑤ 海德格尔:《论根据的本质》,孙周兴译,载孙周兴选编《海德格尔选集》,上海三联书店1996年版,第197页。

⑥ 海德格尔:《论根据的本质》,孙周兴译,载孙周兴选编《海德格尔选集》,上海三联书店1996年版,第208页。

⑦ 海德格尔:《论根据的本质》,孙周兴译,载孙周兴选编《海德格尔选集》,上海三联书店1996年版,第208页。

之间的不"①，这是真正意义上的存在论差异②。

现在我们可以确定，相对于《存在与时间》，《论根据的本质》获得了两个创见。第一，无从世界或存在者整体概念中剥离下来；第二，"存在论差异"第一次被提出来且得到了明确的规定。这里的第一点是我们的分析的成果，第二点基于海德格尔自己的认可③。

在《形而上学是什么？》这篇讲座稿中，海德格尔借助于无不同于存在者整体这一发现，尝试从情绪的角度开辟出一条通向形而上学之路的可能性④。他通过深度无聊这种情绪启示出存在者整体⑤，通过畏这种情绪揭示出无的运动方式⑥，最终承认了黑格尔的洞见：存在就是无⑦。如果我们想到，在《存在与时间》中，世界是无，而存在是绝对的超越者，那么我们就能认识到，海德格尔正是在这篇讲座稿中才第一次把无与有或者说存在与虚无等同起来。

《论真理的本质》这篇演讲稿虽以真理为主题，但落脚点却是自由。海德格尔在文章中第一次明确地提出了与《存在与时间》时期不同的自由观⑧。在这里，不是人"占有"自由作为自己的特性，而是相反，自由原始地占有着人。自由如何反过来占有人？人处于此-在（Da-sein）中，唯有在这里人才具有他的生存根据，而作为根据的此-在正是在存在者整体的基础上涌现的。⑨

存在者整体不仅倒转了传统的人与自由的关系，海德格尔更进一步地强

----

① 海德格尔：《论根据的本质》，孙周兴译，载孙周兴选编《海德格尔选集》，上海三联书店1996年版，第154页。
② 关于存在论差异在海德格尔作品和思考中出现的时间及其意义，历来争议颇多。笔者认为，存在论差异不能单纯地理解为"不同"，例如理解为"存在不同于存在者"或者"存在者的存在不同于存在本身"，而应理解为不着的运动。笔者将另文论述其中的含义。
③ 海德格尔在《论根据的本质》的第三版前言中说："《论根据的本质》一文……道出了存在论差异。"（海德格尔：《论根据的本质》，孙周兴译，载孙周兴选编《海德格尔选集》，上海三联书店1996年版，第154页）
④ 参见方向红《通向虚无的现象学道路》，载《哲学研究》2007年第6期，第57-63页。
⑤ 海德格尔：《论根据的本质》，孙周兴译，载孙周兴选编《海德格尔选集》，上海三联书店1996年版，第141-142页。
⑥ 海德格尔：《论根据的本质》，孙周兴译，载孙周兴选编《海德格尔选集》，上海三联书店1996年版，第142-144页。
⑦ 海德格尔：《论根据的本质》，孙周兴译，载孙周兴选编《海德格尔选集》，上海三联书店1996年版，第150页。
⑧ 虽说这种新型的自由概念在《论根据的本质》中已经涉及，但在明确性和细腻程度上不及此文。
⑨ 海德格尔：《论真理的本质》，孙周兴译，载孙周兴选编《海德格尔选集》，上海三联书店1996年版，第224页。

调它的出现的重要意义。他认为，只有在存在者整体得到把握时，具体存在者才能在其所属的区域存在论中以学科的方式得到探讨，也只有在这时，具有普遍性视域的西方历史才真正开始。因此，他指出，"对存在者整体的原初解蔽，对存在者之为存在者的追问，和西方历史的开始，这三者乃是一回事"①。

1928—1930年间的这三部作品提出了诸多与《存在与时间》十分不同的学术结论和理论洞见，而这与存在者整体的发现是密不可分的，在这个意义上我们可以说，以存在者整体为主题的元存在论是必不可少的，没有它，基础存在论就失去了它自身的基础和前提。

基础存在论立足于此在，但着眼于存在；而元存在论立足于人，但着眼于存在者整体。虽立足点相同，但由于着眼点不同，海德格尔的运思方式以及由此达到的结论或洞见也大相径庭。这里的差别源于基础存在论和元存在论的对立。由于形而上学是基础存在论以及与其反转的元存在论的结合，或者说，是存在论与神学的统一，所以，这种对立正是形而上学内部的对立。于是，如何在形而上学内部克服这种分裂和对立构成了海德格尔形而上学时期的主旨思路。也正是在这个意义上，我们说，元存在论开启了海德格尔长达十年的形而上学时期。

其实，元存在论不仅直接地开启了海德格尔的形而上学时期，还间接地触发了海德格尔晚年为期近四十载的克服形而上学时期。在《泰然任之》中的一段写于1944—1945年的对话可以为证，说明海德格尔所要克服的形而上学的内容：

> 可是，现在同样的情况也是，相遇与物之间的关系既不是因果作用的关系，也不是超越论的-视域性的关联，因此同样既不是存在者上的也不是存在论上的关联。②

我们知道，因果关系属于自然态度下的观点，超越论意义上的视域关系是超越论现象学的标准观点，而存在论上和存在者状态上的境域关系正是基础存在论和元存在论的基本涵义。在现象学态度下，第一个观点遭到了还原；在超越论现象学的态度下，超越论意义上的视域得以呈现，可在进一步的还原之

---

① 海德格尔：《论根据的本质》，孙周兴译，载孙周兴选编《海德格尔选集》，上海三联书店1996年版，第224页。
② M. Heidegger, *Gelassenheit*, Verlag Guenther Neske, 1959, S. 55.

后，这重视域也不再起作用；在存在者整体被发现之后，任何关系要么是存在论的要么是存在者状态上的，然而，在传统形而上学道路被克服之后，最基本的关系既不是存在论的，也不是存在者状态上的。

这样的结论来自海德格尔在形而上学时期的上下求索。十年间，他穿过阿那克西曼德、赫拉克利特、巴门尼德、柏拉图和亚里士多德的文本，追随康德、费希特、谢林、黑格尔直至尼采的脚步，试图找到弥合基础存在论和元存在论之缝隙的道路，结果发现存在论与神学虽共属于形而上学，但两者之间却无法融通自洽，最终被天地人神之间的四重关系所取代。

除了这两个主要的影响之外，元存在论还有一些次要的但并非不重要的作用，这里列举两点。第一点，在当代哲学中受到广泛讨论的身体问题和伦理问题只有在元存在论的基础上才可以正确地提出来。关于身体问题，如前所述，在海德格尔看来，只有基于空间性的元存在论才能得到澄清；关于伦理问题，海德格尔说，只有在元存在论那里，也就是说，在实存的形而上学那里，伦理问题才能提得出来[①]。

只有以存在论问题为线索，从此在的空间性入手，此在的身体现象才能映入眼帘；由于此在的播撒分散作用，具有各个不同身体和性别的此在才能在世中展开各种活动，只有在这时，伦理问题才有可能出现。国内外有一些学者罔顾元存在论的独特价值，强行从基础存在论出发，试图为海德格尔建立一套身体的现象学或现象学伦理学。这种做法注定不会成功的。

第二点，元存在论的出现导致学术界重新认识亚里士多德的形而上学所包含的两个维度及其对立关系。根据弗雷德（Michael Frede）的研究，亚里士多德在提出存在问题之后，又提出了神的问题，但他并没有认识到，这两个观点实际上是相互冲突的[②]。后来人们虽用各种名称称呼这两个观点，例如将其看作是一般的形而上学和特殊的形而上学、普遍的形而上学和实存的形而上学，或者看作存在论和神学，但都没有认识到，这两个观念之间是完全对立的：存在是绝对超越的，而神是存在者整体，它贯穿于整体之中，贯穿于每个存在者。神的立场与存在的立场没有交集，在思辨的系统中这两个概念彼此无法相容、不能统一。

认识到这一点，在亚里士多德学术的研究领域是很晚的事。根据弗雷德的看法，大致可以确定，直到 20 世纪 60 年代，形而上学这两个维度之间的无法

---

① M. Heidegger, *Logik*, S. 199.
② M. 弗雷德：《一般的和特殊的形而上学的统一性：亚里士多德的形而上学概念》，聂敏里译，载《世界哲学》2014 年第 2 期，第 7 页。

相容的关系才逐渐为人们所理解。海德格尔在1921—1923年的亚里士多德讲座中也多次谈到存在者整体问题、神的问题，但从他后来的思想发展来看，他当时显然没有理解其中的对立和冲突。不过，如果按照《逻辑学》讲座的时间来看，海德格尔对这一问题的发现要比国际亚里士多德研究界早三十年。①

总而言之，元存在论作为基础存在论极端化之后的必然结果，翻转了基础存在论的思路，让作为形而上学另一维度的存在者整体现象映入眼帘，从而一方面引导海德格尔认识到早期思想的缺陷和模糊之处，促使他对自己的思想环节做了决定性的改造；另一方面让海德格尔全面深刻理解了形而上学的两个基本要素及其内在的不可调和的矛盾，最终引发了他的为期十年的形而上学探索以及此后近四十年的克服形而上学的努力。

(本文原载于《同济大学学报》2018年第1期，第11-18页)

---

① 顺便指出，认清了形而上学的这种内在的不可调和性，我们就会承认，对上帝存在的本体论证明既没有可能也没有必要。

价值与"心"

——布伦塔诺对价值哲学的"内转"及其意义

郝亿春

致力于探究广义"善好（good）"的哲学就是价值哲学。宽泛意义上的价值哲学虽然源远流长，但直至晚近（19世纪末20世纪初）才取得了充分的自觉意识。洛采（R. H. Lotze）堪称现代价值哲学第一人①，其后的文德尔班、尼采、马克斯·韦伯、马克斯·舍勒等著名思想家共同绘制出现代价值哲学的绚烂图景。甚至在洛采同龄人马克思的"劳动价值论"与"剩余价值论"中也可以看到"价值"思维的颤动。时至今日，直面现实的思者都会发现，人类在思想上非但没有像某些哲人（例如海德格尔）所倡议的那样走出"价值"思维，反而正在更深更广地卷入其中。

在价值哲学的洪流中，存在着一个至关重要且被普遍忽视的转向，那就是由布伦塔诺开启的"内在价值"转向：布伦塔诺试图从"盲目（blind）价值"到"明见（evident）价值"，从"形式（formal）价值"到"质料（material）价值"，从"手段（means）价值"到"目的（ends）价值"。其结果是以"内在价值"推进了启蒙运动对个体的重塑，使个体成为"真实"而"有心"的存在者，从而足以担当构筑社会与存在的"第一本体"。

一、从"盲目价值"到"明见价值"

布伦塔诺的一个巨大贡献是对价值哲学进行了"内转"。他以"心现象（mental phenomena）"之"善好（good）"界定"价值"，从而确立了"内在价值（intrinsic value）"论。对于"内在价值"，虽有不少论者涉及，但鲜有对布伦塔诺提出的"内在价值"进行切实界定，遑论在价值哲学流变的大背景

---

① 参见郝亿春《洛采与现代价值哲学之发起》，载《哲学研究》2017年第10期，第85-91页。

中勘定其位置与意义。①

从含义看,"内在价值"由"内在"与"价值"构成。所谓"价值",就是指由洛采所厘定的涵括"真、善、美、圣"的广义"善好"。②"内在"如何理解?其中首先需要确定的是"内在"于什么?布伦塔诺答道:内在于"心"。如果从其"经验立场"出发,这里的"心"不是指实体性灵魂,而是指"心现象"。"心现象"与同样非实体性的"物现象(physical phenomena)"相对而言,其区别首先表现在认识方面:前者"明见",后者"盲目"。所谓"明见",有两种类型:其一,对实事的明见,如"我在看";其二,对先验规则的明见,如"整体大于部分"。③"心现象"之明见为前者,即它必然具有"内觉知(innere Wahrnehmung)"这种自明之光。"物现象"是"心现象"的意向对象,缺乏内觉知之光,因而盲目。进而言之,内觉知之光明见到"心现象"的"真实存在(real existence)";相应地,"物现象"由于缺乏明见,便不具"真实存在",只具"意向的存在"。④

"价值"这种广义"善好"也就相应区分为"心现象"方面的与"物现

---

① "内在价值"的相关研究资料可集中参见 Toni Rønnow-Rasmussen (ed.), *Recent Work on Intrinsic Value*, Springer, 2005。其中辑集论文是从分析径路对"内在价值"进行探讨的代表性研究。里面虽然涉及布伦塔诺的"内在价值",但并没有专论。就其界定与讨论方式而言,与布伦塔诺的"内在价值"存在下述巨大差别:其一,其中论文大都从第三人称认识的视角出发,进行知识化梳理和形式化改造,并没从实践哲学即第一人称经验视角切入研究,因而其讨论最多涉本文指明的"内在价值"之第三重规定,而未涉及其第一、二重规定;其二,其中论文大都离开生活整体与本性完善来讨论内在价值,更未将其置于现代价值哲学兴起与流变的大背景中揭示其定位与意义。据笔者所知,对布伦塔诺"内在价值"进行专论的只有 Roderick Chisholm, *Brentano and Intrinsic Value*, Cambridge University Press, 1986。然而,齐硕姆所专注的正是把布伦塔诺的"内在价值论"知识化和形式化,可以说,上述文集对"内在价值"的讨论方式受到齐硕姆很大影响。其他有关布伦塔诺的论著或文集都没有看到对"内在价值"的专论。例如:Linda McAlister (ed.), *Brentano and Intrinsic Value*, Duckworth, 1976; Roberto Poli (ed.), *The Brentano Puzzle*, Ashgate, 1998; Liliana Albertazzi (ed.), *The School of Franz Brentano*, Kluwer Academic Publishers, 1996; Dale Jacquette (ed.), *The Cambridge Companion to Brentano*, Cambridge University Press, 2004; H. O. Eaton, *The Austrian Philosophy of Values*, University of Oklahoma Press, 1930; Smith Barry, *Austrian Philosophy*, Open Court, 1994; Uriah Kriegel (ed.), *The Routledge Handbook of Franz Brentano and the Brentano School*, Routledge, 2017; Liliana Albertazzi, *Immanent Realism: An Introduction to Brentano*, Springer, 2006.

② 参见郝亿春《洛采与现代价值哲学之发起》,载《哲学研究》2017 年第 10 期,第 85—91 页。

③ Brentano, *The Foundation and Construction of Ethics*, Routledge, 2009, p. 10.

④ "对心现象的觉知乃是直接明见的。……物现象甚至通过间接的演证也不能被证明为真实的。……心现象是唯一一种既具真实(wirkliche)存在又具意向存在的现象。……物现象只具有现象的与意向的存在。"(布伦塔诺:《从经验立场出发的心理学》,郝亿春译,商务印书馆 2017 年版,第 109—110 页)个别译文有改动。有关"真实存在"与"意向存在"的含义及其关系的讨论请参见郝亿春《超越的存在、意向的存在与真实的存在——兼论布伦塔诺的"意向性"问题》,载《世界哲学》2007 年第 5 期,第 83—90 页。

象"方面的,前者即"明见价值",后者是"盲目价值"。布伦塔诺的首要工作是以明见价值核准(sanction)种种盲目价值。

盲目价值之确立方式有神圣权威式的、世俗权威式的、大众式的、习俗式的等数种,其最高价值或价值原则分别是"神及其代表""共同体(城邦或国家)及其代表""最大多数人的最大福乐"以及"传承的价值"等。①

上述诸价值原则恰如一个个"大太阳",他物——包括个人——之所以有价值,是由于以某种方式受到其照耀而"分有"了其价值。布伦塔诺要做的工作是揭穿这些虚幻的太阳及其虚假的光亮,并揭示出真正的价值之光来源于个体的"心现象"。诚然,"心现象"发射的明见性之光并非最先被布伦塔诺所看到,早在古代亚里士多德和近代笛卡尔那里便已看到并揭示出这种明见性之光。②同样以这两位先哲为基础,布伦塔诺把"心现象"划分为表象、判断与爱恨现象,这三种现象都具有内觉知明见之光从而都是"真实存在"。然而,从"心现象"之真实存在并不能推出其"善好"或"价值"。这尚待证成。

布伦塔诺将"善好"界定为:"当与之相关的爱是正确的时,我们就称其为善好。能被正确之爱来爱,即值得爱之物,就是最广义而言的'善好'这个概念。"③在此界定中,出现了两个端项:"与之相关的爱是正确的"与"值得爱"。显然,前者是从"主观"方面而言。若去掉"正确"之限定,那么此方面之界定便陷入典型的主观主义,即:被爱好的便是善好。由于爱好因人而异,这势必陷入价值的相对主义。由此看,"正确"在上述界定中便至关重要。于是,问题便转化为:"正确之爱"从哪里获得其"正确性"。④显然不能从其奠基性的表象中获得,因为表象仅仅提供所爱之物的基本样貌,至于此物是真实还是虚幻、善好还是恶劣,表象无法确定。可以肯定,正确之爱若要成为"正确",所爱之物必须真实存在,因为对虚幻之物的爱不会"正确"。就此而言,揭示真实存在的真判断是而且也只是正确之爱的必要条件:"确实没

---

① 布伦塔诺主要是将这些盲目价值放在确定"正当目的"的过程中来讨论的(参见 Brentano, *The Foundation and Construction of Ethics*, Routledge, 2009, 第 27 节),本文对此的讨论放在了更为广泛的背景中,意在突出布伦塔诺工作的独特意义。

② 参见倪梁康先生对"自识"问题的梳理:《自识与反思》,商务印书馆 2002 年版。

③ Brentano, *The Origin of the Knowledge of Right and Wrong*, Routledge, 1969, p. 18.

④ 摩尔对此存有误解,参见 G. E. Moore, "Review of Franz Brentano's *The Origin of the Knowledge of Right and Wrong*", in *The Philosophy of Brentano*, Duckworth, 1976, 以及一同收入此书的回应文章 Gabriel Franks, "Was G. E. Moore Mistaken About Brentano?".

人能说'被正确地爱'或'正确地去爱'的概念是完全包含在知识自身中的。"①

正确之爱中的"正确性"尚需进一步确定。正如不能把判断正确之"真"理解为主观与客观的"同一（identity）"而只能理解为认识对存在的"适合（suit）"或"命中（be fitting to）"一样，爱恨之中的正确性也只能理解为"一个人的情感与它的对象'相即（adequate）'，这种'相即'是在'适宜（appropriate）'、'适合（suitable）'和'命中（fitting）'的意义上而言的。"②正如肯定性的正确认识是与"真实存在"相即，正确之爱则是与"值得爱"之物相即。这里再次出现"值得爱"一端。进一步的问题是，如何确定一个东西是否值得爱。通过"正确之爱"的所指来确定吗？这不又走向循环论证了吗？

对于"值得爱"端项之界定，布伦塔诺大都借助亚里士多德"出于自身（kat'auto）的善好"③，比如知识、快乐等。问题是，"快乐"等这种"出于自身的善好"又何以为善好？布伦塔诺对此亦采取了亚里士多德的立场："快乐与某些活动之间的关系已被本性有意地安排好了，如身体诸器官所可能拥有的快乐。"④如此看来，"自身善好"只有与人之本性关联才成其为善好，如"人生而欲求知识"是"知识"之为善好的根据，"趋乐避苦是人的本性"是"快乐"之为善好的根据，等等。换言之，"自身善好"只有体现人的相应机能之发挥和完善才是"善好"。就此而言，"心现象"中的"表象"也是善好，不仅由于它是知识与快乐的奠基要素，更由于诸种表象活动本身便是人的各种感官与想象机能的发挥与完善过程。如此，"心现象"既实施"正确之爱"的活动，也是"值得爱"的对象——人的本性完善主要体现为"心现象"之开展。因而，"正确之爱"首先是爱这种"值得爱"的"心现象"。如果联系前文对"心现象"的界定，那么其明见性从而"真实存在"也都成为值得爱的理由，因为它们都是人的机能之发挥与完善的标志。

如此，"心现象"成为个体的"小太阳"，其自身即为"价值"，且是其他一切"价值"的源头活水。由于只有"心现象"是明见价值，其他价值——

---

① 布伦塔诺：《爱与恨》，郝亿春译，载冯平主编《现代西方价值哲学：心灵主义路向》，北京师范大学出版社2009年版，第61页。

② Brentano, *The Origin of the Knowledge of Right and Wrong*, Routledge, 1969, p. 74.

③ 参见 Brentano, *The Origin of the Knowledge of Right and Wrong*, Routledge, 1969, p. 23；布伦塔诺《爱与恨》，郝亿春译，载冯平主编《现代西方价值哲学：心灵主义路向》，北京师范大学出版社2009年版，第61页。

④ 布伦塔诺：《爱与恨》，郝亿春译，载冯平主编《现代西方价值哲学：心灵主义路向》，北京师范大学出版社2009年版，第61页。

包括前面提到的种种最高价值——都属于盲目价值,后者要成为真正的价值,必须通过"心现象"之光的核准。这种核准并非对内在价值之光——就像大太阳那样——的分有,而是内在价值自身的累聚与增加,其结果是内在价值最大化,这也是布伦塔诺作为最终实践原则的总量原则:"在力所能及范围内推进善好。"①

总之,在布伦塔诺看来,不论是神圣价值原则、世俗价值原则还是传统价值,在以内在价值对之进行核准从而成为明见价值之前,无一不是盲目价值。而这种核准与重塑本身即为内在价值这种"小太阳"取代外在或超越价值这种"大太阳"的过程,其结果是拥有"心现象"的"个体"成为所有价值的最终依托和归宿。而在价值"内转"的过程中,也使近现代以来逐渐走向形式化与空洞化的个体重新获得更为实质化与具体性的含义。这体现在内在价值的第二重规定性中。

二、从"形式价值"到"质料价值"

上文看到,布伦塔诺从根本上完成了个体"小太阳"对种种"大太阳"的核准与重塑,不过这并不意味着他是进行这种颠转的第一人。事实上,自启蒙运动以来便出现了种种核准方案,譬如洛克式的、休谟式的以及笛卡尔式的等。这种趋向在布伦塔诺的前辈康德那里已近顶峰,耳熟能详的"人为自然立法"这种"哥白尼式革命"便是标志。

事实上,康德已经明确提出"内在价值":"但凡是构成某物能成为自在目的本身的唯一条件的事物,就不仅仅具有一种相对的价值,即价格,而是具有内在价值,即尊严。"②康德也把这种价值称为"绝对价值"或"无条件的善"③,即"善良意志(good will)"。这意味着,善良意志的拥有者是目的自身,他们构成"目的王国"。与市场价值和审美价值相比较而言,目的王国的成员具有"尊严"这种"内在价值"。至此为止,康德与布伦塔诺对内在价值的界定并无实质性差异。其差别体现在"善良意志"或"目的王国"的进一步界定。

"善良意志"看似"正确之爱",实则不然。正确之爱是一种出于第一人称的实际经验,其"正确性"根据"值得爱"之物即心性功能之发挥与完善而获取实质性内容。而"善良意志"中的"善良"根据具有普遍立法能力的

---

① 参见 Brentano, *The Foundation and Construction of Ethics*, Routledge, 2009, p. 139; Brentano, *The Origin of the Knowledge of Right and Wrong*, Routledge, 1969, p. 32。
② 康德:《道德形而上学奠基》,杨云飞译,人民出版社2013年版,第72页。
③ 康德:《道德形而上学奠基》,杨云飞译,人民出版社2013年版,第11、13页等处。

理性获得其规定，不过这种理性只有形式性内容，即把其他个体也看作具有同样理性的目的王国的成员。这种普遍立法原则只是保证理性不陷入自相矛盾，于是进一步的规则只能以否定的形式体现，比如"不自杀""不撒谎"等。如此，仅凭普遍立法原则便难以建立质料性的价值原则，这也是舍勒批评康德伦理学为"形式主义"的原因之一。

如今，不少康德主义者也认可这种批评，比如科尔斯戈德明言："'好'不在于准则的质料，而是在于其形式。"①当然，缺乏质料价值并不意味着无内容，其内容就是为意志颁布的命令。然而，这种内容难以为其拥有者提供一种质料性的价值经验。也就是说，康德虽然明确把个体这个"小太阳"确立为"绝对价值""内在价值"等，然而填充这种价值的最终还是普遍性的"理性"，这种理性不仅每个人都"应当"同样拥有，而且它在个体中的体现形式——普遍律令——也是相同的。也正因如此，每个个体才都是目的王国中的平等成员。虽然科尔斯戈德进一步补充了"人性价值"作为其内容，可在康德的语境中这种"人性"最终还是普遍性的理性："价值是由为我们自身立法的程序建构而成的"②，这种价值显然缺少"心现象"具有的自在性、明见性与质料经验性维度。仅仅依据这种普遍理性律令的运用，个体之间是无法辨别出自己之独特性的，因而这样的"个体"也就成为空洞而形式化的个体。真正独特性个体之所以有"尊严"，不仅是由于他有理性，更由于他具有作为"心现象"的质料性价值的填充与体验。这项工作正是布伦塔诺要在康德基础上进一步完成的。

布伦塔诺的质料性价值就是正确之爱及其对象，即下述三类"心现象"：表象活动以及表象中所呈现的"被经验为正确之快乐的对象"——"美"③，判断活动以及正确判断所构成的知识——"真"，爱恨现象以及正确之爱所对应的"善"。这三种价值都必须是在个体的第一人称经验中明见到的价值，因而也是构成个体这种"绝对价值"的质料性内容，如果缺乏这种经验和拥有，个体之为"绝对价值"就是空洞和形式化的。

质料性价值不仅包含本身值得正确之爱的诸"心现象"，更包含各种比较价值。质料性的比较价值尤其体现在"正确之偏爱（preference）"这种"心现象"中。和正确之爱相似，正确之偏爱中的"正确性"最终也或是依托于心性的完善，或是体现明见性的先验规则。前者有如偏爱知识甚于错误，偏爱快

---

① 科尔斯戈德：《规范性的来源》，杨顺利译，上海译文出版社2010年版，第123页。
② 科尔斯戈德：《规范性的来源》，杨顺利译，上海译文出版社2010年版，第129页。
③ Brentano, *The Foundation and Construction of Ethics*, Routledge, 2009, p. 121.

价值与"心"

乐甚于痛苦，偏爱高级之爱甚于本能，等等。后者有如偏爱"好"的存在而非其不存在，偏爱"坏"的不存在而非其存在；偏爱整体善好甚于只包含其一部分的善好，偏爱部分的恶甚于包含这个部分的整体恶；等等。在表象领域有如偏爱丰盈的表象甚于干瘪的表象、关于心的表象甚于关于物的表象、清晰的表象甚于含混的表象、以直观相连的表象甚于以谓述相连的表象、对更高价值的表象甚于更低价值的表象，等等。①当然，以上只是对质料性价值律的例举，远未穷尽其所有情形。

在布伦塔诺看来，对于不同类的"心现象"及其对象，便难以给出其值得偏爱的次第。比如沉思与爱，虽然后来舍勒给出了爱优先于知识的次第，可是无限扩大的知识很难说没有爱更值得爱。布伦塔诺解决此难题的办法是运用前文提到的总量原则，推进爱与知识这种善好的总体。虽然舍勒批评布伦塔诺的总量原则是"将算数定理运用在价值事物上"②，可这个原则绝不仅仅是"算数定理"，因为所谓达到最好就是促进内在价值的最大化，而这种内在价值又最终意味着个体的心性完善。因而可以说，总量原则最终依托的是尽可能促进内在价值的拥有者之心性完善。

一旦把最高的实践原则即总量原则落实到具体情境中，那就是尽可能促进具体情境下的内在价值。而这种行为原则的情境性又与康德道德律令的绝对普遍性形成鲜明对比。说谎虽然就其自身而言不好，但是如果通过说谎能够挽救更多的内在价值，那按照布伦塔诺的原则也就是允许的。正如《理想国》中著名的例子：朋友发疯了，是应当把之前存放的武器还给他，还是应当通过撒谎来避免造成对无辜者的伤害？在布伦塔诺这里答案显而易见。这种情境化的原则一方面可以体现价值的质料性，另一方面也表现出行为者在具体情境下选择与行动的自由。以此也可以对康德式形式、空洞而普遍性的价值进行填充和改造。这种改造使个体将自己的根基深深扎在质料性、情境性及明智性这种"厚"的内在价值中，而不是仅仅漂浮在"薄"的遵循形式化律令的善良意志中。如此，个体的尊严和自主性也都可在内在价值及其选择中得以落实。不过，在某些情境下，影响个体尊严及其内在价值实现的是手段或工具价值。这就是内在价值的第三重规定性。

---

① 更为详细的讨论可参见 Brentano, *The Foundation and Construction of Ethics*, Routledge, 2009，第 61-63 节。

② 舍勒：《伦理学中的形式主义与质料的价值伦理学》，倪梁康译，北京：生活·读书·新知三联书店 2004 年版，第 105 页。

三、从"手段价值"到"目的价值"

早在亚里士多德的伦理学中便明确区分了手段善好与目的善好:"那些因自身而值得欲求的东西比那些因它物而值得欲求的东西更完善;那些从不因它物而值得欲求的东西比那些既因自身又因它物而值得欲求的东西更完善。"① 康德提出的"内在价值"——如前所述——显然也建立在目的价值与手段价值的区分之上。科尔斯戈德在康德基础上进一步对"内在价值"与"目的价值"进行了区分:"目的价值和工具价值的区分,关系到我们赋予某物以价值的理由:我们是因其自身之故,还是由于它服务于其他目的的原则而赋予它以价值。内在价值和外在价值的区分则关系到价值的来源:某个东西的价值是来自其自身,还是来自某种外在的源泉。"② 显然,这种区分并未突破传统所谓"自在(in itself)"与"自为(for itself)"之区分的框架。就此看,前文"明见价值"与"质料价值"是从"自在"性上而言,当然这种"自在"是具有"心现象"的个体之自在,即"心现象"之价值源于其自身。而就"自为"性而言,布伦塔诺那里的内在价值同时意味着目的价值,其集中体现于前文指明的最高实践原则或总量原则:"在力所能及范围内推进善好。"这里的"善好"所指即为体现"心性之完善"的内在价值,如此,内在价值的来源与目的、"自在"与"自为"便合二为一了。由此看,与内在价值相反的外在(extrinsic)或超越(transcendent)价值也就既可表现为盲目、形式价值,也可表现为手段价值。

此外,内在价值或目的价值的另一层意涵是:其他东西之所以有价值,是因为它可以促进或成全目的价值或内在价值。因而,布伦塔诺把"心现象"这种内在价值作为目的价值就是为了将其置于近现代种种试图僭越的手段价值之上,从而对后者实施规导。在现代进程中,这种作为手段价值的蠢蠢欲动的物现象有下述三类异常显眼。

首先是构成机械论世界观的科学技术。这种观念曾以"人是机器"的口号广为流传。直至今日,此观念仍以人工智能的形式构成对心现象的威胁。如此,本来是为了实现"目的价值"的科技手段,其狂飙突进却出现了支配人甚至取代人的危险。更值得警惕的是现代科技与权力的媾和与共谋,使得"心现象"这种目的价值愈来愈被韦伯所谓的工具理性的"牢笼"所宰制。究

---

① 亚里士多德:《尼各马可伦理学》,廖申白译,商务印书馆2003年版,第18页。
② 科尔斯戈德:《规范性的来源》,杨顺利译,上海译文出版社2010年版,第127页;亦可参见其论文 "Two Distinctions in Goodness", in *Recent Work on Intrinsic Value*, Springer, 2005。

竟如何避免工具理性僭越为价值理性至今仍是考验人类智慧的难题。而解决这一问题的关键就是时刻应将布伦塔诺提出的以内在价值为目的——这也是"价值理性"的内在规定性——置于优先地位。

其次是布伦塔诺一再提到的守财奴事例，即不自觉地把钱财当成目的本身。这种手段与目的的倒置在马克思的"异化劳动"思想中得到更为深刻而精辟的分析：劳动作为自由自觉的对象性的感性生命活动本来是包含内在价值的目的，可是在私有制条件下劳动却成为谋生的手段，于是手段价值僭越为目的价值。

再次，在个体层面，近现代欲望化、物质化倾向日趋严重，即个体愈来愈把盲目的身体性欲求以及其他物现象作为目的，而法律所保障的权利大都是有关外在善好即手段价值方面的。外在善好固然必不可少，可如果将其作为目的或内在价值则是喧宾夺主。而个体对内在价值的持守与完善必将成为其生活意义的最终来源。

当然，布伦塔诺并非要以内在价值否认上述手段价值，而是意在将后者置于保障与促进目的价值的恰当位置。事实上，布伦塔诺对手段价值也进行了罗列与讨论。从范围看，他将内在价值之外的几乎所有善好都归为手段价值：例如身体方面的，心灵潜质和习惯方面的，物质方面的，社会关系方面的，外在的文化、道德、法律环境以及国内外的和平秩序，还有个体感受到的友谊、荣誉以及尊敬，等等。①

总之，一方面，内在价值的实现需要手段价值作为基础和前提；另一方面，手段价值只有促进了内在价值的实现才是有价值的，否则便是价值无涉的，也即这些手段价值之"价值"最终源于其所促进的内在价值。

四、内在价值与"唯我论"困境

上述对内在价值的三重规定——明见价值、质料价值和目的价值——极易令人产生内在价值是"唯我论"的误解。这种误解也并非没有理由。首先，明见价值只有对其拥有者才是明见的。特别考虑到布伦塔诺的断言：只有自己的"心现象"才是真实存在，而作为"心现象"意向对象的"物现象"——自己之外的一切存在者都只能作为"物现象"呈现——仅仅具有非真实的意向存在。由此很容易得出：只有自己是真实存在的，其他存在者都不是真实存在的。而正确之爱与偏爱又是以判断即真实存在为前提的，于是，对其他存在者的正确之爱也就不再可能。其次，就质料价值而言，因为这种质料首先是

---

① 参见 Brentano, *The Foundation and Construction of Ethics*, Routledge, 2009, 第66节。

"我"从第一人称所经验的内容,其他存在者的善好并不能被"我"真实地经验。最后,内在价值的第三重规定性"目的价值"以及实践总原则所推进的善好首先是对我而言的、我所认定和爱好的目的,即"我"的内在价值的完善。如此,内在价值是彻头彻尾的"唯我论"!究竟如何回应上述误解与指控,从布伦塔诺的立场出发,至少可以提出下述几点回应。

首先,在正确之爱与偏爱的原则方面,尚未出现"你""我"的分别。这时行为者所考虑的是各种内在价值,而非它们的落实主体:"不仅我们自己的完善被爱,别人的完善也被爱……感受爱的人的不同并不会导致爱的正确性或错误性方面的任何差异。"①此时真实存在的只是各种内在价值,以至于"这些价值归属于我们还是归属于他人没有被纳入考虑"②。因而这时并不能有效地提出"唯我"—"唯他"或"利己"—"利他"的问题,我们只能说"唯"或"利"内在价值。在与此相应的实践层面,"力所能及范围内推进善好"的行动虽然由"我"发出,但其作用范围"不仅是自己,而且还有家庭、城镇、国家以及全世界的生命,甚至遥远的未来都会被纳入考虑"。③这种践行过程也不意味着先"我"后"他",而是首先推进"内在价值",不论这种价值落在"力所能及范围内"哪个存在者的身上。正如:"对所有善好都应给予同样公平的权衡,不论它是在我们自身中,还是在别人那里被发现。"④对此,也可以通过下述一点辩护非唯我论。

其次,正确之爱的意向性特征。前文指出,正确之爱的正确性源于"值得爱",而值得爱又依赖于是否能够促进被爱者心性的完善。因而,这种值得爱的对象不仅可以是自己的心现象,更可以是其他个体的心现象。更为关键的是,只有以其他个体"心现象"的完善为对象,自身的心现象才可能得以最大程度完善。换言之,只有同时把正确之爱的对象扩展到他者,自己所进行的爱的心性才能更丰富和完善。这就意味着,在"我"的"正确之爱"与"他"的"值得爱"之间是相互引发、相得益彰的关系。而这也恰恰符合内在价值最大化的"总量原则"。这自然涉及下述认识论问题。

最后,每个个体仅仅对自己的心现象具有明见性,那么"我"如何能够知道对"他"的"心现象"的爱是正确的或恰当的呢?这也就是后来胡塞尔提出的主体间性问题。布伦塔诺认为只要是理性正常以及有基本教养的个体都会明见到自己的心现象:"每一类心现象也都会呈现在每一位充分发展了的个

---

① Brentano, *The Foundation and Construction of Ethics*, Routledge, 2009, p. 132.
② Brentano, *The Foundation and Construction of Ethics*, Routledge, 2009, p. 139.
③ Brentano, *The Origin of the Knowledge of Right and Wrong*, Routledge, 1969, p. 32.
④ Brentano, *The Origin of the Knowledge of Right and Wrong*, Routledge, 1969, p. 41.

体的心灵生活中。"①同时，每个个体也会恰当地表达自己的心现象，当然这种表达既可以是文字语言也可以是身体语言。如此，"心现象"这种内在价值在个体之间充分理解与沟通就是可能的。那么每个人像爱自己的心现象一样爱他人的心现象也就成为可能。诚如是，内在价值便会趋于最大化。

如此看来，布伦塔诺的方案如果经由正确的解释和辩护便可以避免"唯我论"困境。这就是说，从经验或第一人称立场出发的真实个体主义仍然可以不是唯我论的。由于"唯我论"必然陷入相对主义，因而布伦塔诺的方案也可以有效避免相对主义。那会不会物极必反而走向康德那样的绝对主义呢？当然不会，因为布伦塔诺的实践原则是情境性的。这种情境性一方面要考虑在爱的对象方面内在价值的最大化，另一方面还要考虑行为者即施爱方的"力所能及"。因而，每种具体情境下都只存在唯一正确的选择，但不同情境则不会存在完全相同的选择；而事实上，每种具体情境都是不同的。就此而言，布伦塔诺一方面既非相对主义也非绝对主义；另一方面则既具相对（情境）性也具绝对性，这种绝对性就是希尔布兰德所谓的每一具体情境下的"正确律（orthonomous）"。②

结语　内在价值：否弃还是持守？

在布伦塔诺之后相当长的一段时期内，不论是在欧陆还是英美的主流哲学界，都试图否弃"内在价值"。

海德格尔率先破除"内在性"③，并以其"此在"与"存在"的"超越性"取而代之。然而，呼唤"本真此在"进行超越的"良知"如果脱离"内在价值"究竟应当如何定向？看来海德格尔陷入"政治丑闻"很可能与其哲学否弃"内在价值"有关。舍勒以永恒的价值及其秩序取代了布伦塔诺的内在价值，然而，如果缺乏对宗教的认信，以神圣之爱为顶峰的价值秩序又如何确立？作为一个信仰中立的个体，如果舍弃内在价值之维，我们又如何给自己的存在及其意义以合理辩护？

无独有偶，英美哲学主流在摩尔之后也走向对内在价值的否弃之路。赖尔对"心"的"分析"其实就是对"心"及"心现象"的彻底清除，最后只剩下可外在观察的无"心"的"行为"④，人于是也成了无"心"的存在物。这

---

① 布伦塔诺：《从经验立场出发的心理学》，郝亿春译，商务印书馆2017年版，第109页。
② 参见 Brentano, *The Foundation and Construction of Ethics*, Routledge, 2009, p. 253。
③ 参见丁耘编译《晚期海德格尔的三天讨论班纪要》，载《哲学译丛》2001年第3期，第52－59页。
④ 参见赖尔《心的概念》，徐大建译，商务印书馆2005年版。

种趋向在逻辑实证主义中亦有体现,石里克以可公度性的自然科学标准攻击布伦塔诺的内在价值是主观武断:"就它(布伦塔诺及其学派——引者)断言存在着一种特殊的意识材料即'价值经验'这一点来说,同它进行任何争论都是没有意义的,因为只有每个人自己才知道自己经验到的东西。人们只能不加证明地直接接受或者拒绝这个理论。"①上述都是通过否认第一人称经验的有效性而否弃内在价值。然而,同属分析径路的塞尔重新发现了这种"第一人称"的意义:"最荒谬的是认为意识独立于意识,即只从第三人称的观点来看待它,结果认为像'内部的'、'私人的'现象的意识根本不存在……总有一个'第一人称'的'我'拥有这些心智状态。结果第一人称观点是主要的……我们研究他人时用第一人称观点,也是很重要的。我们研究他或她时,研究的是他或她的'我'。"②

此外,对于当今盛行的政治哲学而言,内在价值同样具有不可替代的作用。这是因为如今占据主导的仍然是康德式的政治哲学,因而它们也都或多或少带有康德哲学的形式性和空洞性。就罗尔斯而言,作为分配正义之对象的"基本善"主要是"社会价值"与"外在善"③,而非"内在价值",其前期保留的"亚里士多德原则"在后期也被抛弃。就此而言,纳斯鲍姆以"可行能力(capabilities)"对罗尔斯正义论的补充至关重要。从她列出的"能力清单"中可以看到几乎包含了布伦塔诺提出的全部内在价值。④

哈贝马斯的"交往行为理论"虽然给出了主体间的沟通条件,并特别注意到了其中的"主观世界"即"作为只有言语者才特许进入的经验"⑤,但他并没有进一步区分这种"经验"是盲目的还是明见的。其实,哈贝马斯对"陈述真实性""言语行为正确性"的设定同样可以甚至更应当用于传达、交流和促进彼此的内在价值。

值得玩味的是,布伦塔诺的"内在价值"反倒在遥远的中国传统文化中遇到共鸣。中国传统思想中素有"内在超越"之说,这里的"内在"之意涵与布伦塔诺的"内在价值"相似。不论是儒学还是佛学,都有不少思想家致力于开拓"良知""心识"等内在性领域。一方面,这可与布伦塔诺的内在价值思想相互发明;另一方面,盲目神秘的"超越性"也可用明见的"内在价

---

① 石里克:《伦理学问题》,张国珍、赵又春译,商务印书馆1997年版,第97页。
② 塞尔:《心灵的再发现》,王巍译,中国人民大学出版社2005年版,第20页。
③ 参见罗尔斯《社会统一与基本益品》,载《罗尔斯论文全集》上册,陈肖生译,吉林出版集团2013年版,第410页。
④ 参见纳斯鲍姆《正义的前沿》,朱慧玲等译,中国人民大学出版社2016年版,第278–283页。
⑤ 哈贝马斯:《交往行为理论》,曹卫东译,上海人民出版社2004年版,第100页。

值"予以制衡。

此外，在经济学领域，"边际效用理论"同样体现了经济"价值"与"内在价值"的关联，这也是"内在价值"理论与经济学"价值论"互动的结果。

与现代价值哲学发起者洛采以更近似"大太阳"的"价值"调和包括心-物对峙在内的种种二元论不同①，布伦塔诺坚定地把"价值"收摄至"心现象"这个"小太阳"，从而完善了个体这个"小宇宙"的自主性（autonomy）。就此而言，布伦塔诺与康德的哲学宗旨更为接近。事实上，布伦塔诺对价值哲学的"内转"是以彻底"经验"②的方式对康德个体主义启蒙运动进一步落实和推进。这种推进在揭示和确立一种更为"真实"的个体主义的同时，也以旨在促进个体心性全面完善的"内在价值"以及"在力所能及范围内推进善好"取代了康德置于首位的道德之善。然而，毋庸置疑，布伦塔诺仍然与康德一样保留了理想主义的基本立场，其"实践原则"陈义颇高。事实上，这一理想原则一方面需要正义制度的底线保障；另一方面，在忙于追逐"外在善"的世俗社会中，这充其量不过是一种对"有心者"的劝导：如果想过上更好的生活，如果要成为更有"价值"的人，那就从"心"出发吧！

（本文原载于《哲学研究》2019年第5期）

---

① 参见郝亿春《洛采与现代价值哲学之发起》，载《哲学研究》2017年第10期，第85-91页。
② 这种"从经验立场出发的价值哲学"可以看作"从经验立场出发的心理学"的推展和归宿。

胡塞尔对心理主义的批判失效了吗
——当代哲学背景下的再思考

黄迪吉

心理主义在弗雷格和胡塞尔以及诸多哲学家的讨伐下，在20世纪很长的一段时间里被视为一种哲学谬误，反心理主义也成为20世纪现代哲学开端的主要特征之一。不过，仅仅过了数十年，20世纪70年代以来，已经有不少人对反心理主义批判提出了质疑，认为当初对心理主义的反对过激，需要重新审视和修订。随着认知科学和相关学科的发展，心理主义事实上已经得以"回归""复兴"，这可说已是一个不争的事实。[①]在这种背景下，许多人认为，当初胡塞尔对心理主义的批判矛头已经无所指向，至少效力极大地被削弱。

在下文，我们先就当代心理主义问题重新被提到哲学议程的背景进行分析，然后再对相关的对胡塞尔的批评意见进行回应。本文力图表明，固然胡塞尔与心理主义的问题在当下确实需要新的审视，但是那些过急的否定性批评意见并没有深入理解胡塞尔对心理主义问题的思考，甚至许多批评乃是建立在对胡塞尔的误解之上。

一、自然主义的高涨、认知转向与重审心理主义

如果说20世纪下半叶以来哲学有什么大转变的话，最大的变化恐怕是对自然主义燃起新的、更高的热情。20世纪的哲学主流，完成了从反自然主义到自然主义的转变，直至当下，自然主义依然是哲学家中的主流立场。20世纪上半叶，自然主义主要被用作被批评的贬义标签，但在如今的哲学语境中可

[①] 比如，加拉格尔和扎哈维在他们合著的《现象学的心智》中就断言："心理主义并没有被完全击败，它最近已以可被称之为神经逻辑主义的形式得到复兴。" Cf. Shaun Gallagher and Dan Zahavi, *The Phenomenological Mind*, Routledge, 2013, p. 13.

能更多的是一个褒义词。① 尽管自然主义没有某些学者所形容的成为默认的"意识形态"那么夸张,而且近些年在著名哲学家中似乎有消退的迹象,但它的强大还是一个不争的事实。

心理主义与自然主义之间有着千丝万缕的关系。虽然从表面上看,它们之间并无特殊关联,并且心理主义也经常被当作一种主观主义看待,因而与作为客观主义的自然主义貌似相冲突,但大体上我们可以认为心理主义主要是作为一种自然主义的形态。② 特别是在认识论领域,自然化认识论的更直白表达可以说就是认识论的心理学化。就胡塞尔而言,他基本上也是将心理主义当作一种自然主义形态,把二者放在同一水平线上进行批判。当代对自然主义兴趣的高涨也为心理主义的复活带来契机,在许多人看来,心理主义随着自然主义回归已经是一个不争的事实。③

心理主义的复兴不但与自然主义这一大环境相关,更与当代哲学中的"认知转向"密切相关。在行为主义主导的年代,心灵、意识等指向内在心理的词汇被划归为禁忌的术语,认知转向使得心理学家和哲学家能够"合法地"重提这些内容,对心智重新建立的兴趣在客观上促使哲学家对心理主义重新考虑。当初反心理主义在很大程度上是将心理主义当作主观主义而加以排斥,这在分析哲学中尤为明显。现在,既然可以科学地、客观地研究心智,那么当初反心理主义的许多论据就需要重新评估。在不少人看来,以认知理论背景出现的新心理主义可以避免以往旧心理主义的许多缺陷,因而更可行。

心理学和逻辑学的发展也是重审心理主义的一个重要因素。经过一百年的发展,今天的主流心理学也早已不是19世纪末20世纪初那种心理学了。彼时,科学心理学正处于起步的初创阶段,在研究方法上不够成熟,在成果上也没有很强的说服力,关于学科的性质、研究对象和方法等各方面都有较大的争议。现在,科学心理学已经取得很大进展,尽管还是有不少争议,但其作为自然科学的性质和地位已基本上得以承认和稳固。在许多人看来,科学心理学已经深度渗入传统的哲学领域,而且将来还会发挥更大的作用。特别是蒯因在其

---

① Rober Hanna 的说法更是带着有点夸张的口吻:"至少从20世纪50年代以来,心理学的自然主义已经成为英美分析的心灵哲学和语言哲学的统治观点:事实上,所有在主要研究机构的有抱负的和头脑正常的逻辑哲学家、语义学家和认识论学家都努力寻找和寻求将他们的理论与科学心理学中的主要范式相适应。"(Robert Hanna, "Reviewed Work: *Psychologism: A Case Study in the Sociology of Philosophical Knowledge*", *Philosophy and Phenomenological Research*, Vol. 57, No. 4, 1997, p. 964)

② 关于心理主义的性质,是一个值得探讨和澄清的问题,笔者在其他地方再对此专门讨论。

③ 很多研究者都这样认为,甚至一些哲学词典也指出这点。如 Michael Proudfoot and A. R. Lacey, *The Routledge Dictionary of Philosophy*, 4th edition. Routledge, 2010, p. 326。

著名论文《自然化的认识论》中提出认识论应成为认知心理学的一章的主张，得到很大的反响。①

同样，逻辑学的发展与变化也非常大。20世纪以来，各种逻辑理论不断推陈出新，一再突破以往经典逻辑的框架。以往反心理主义者所据守的逻辑观念，在不少人看来是成问题的。一般认为，反心理主义的许多主要论据都默认地以经典的二值逻辑为前提，而今多值逻辑已经得到承认。反心理主义思想蕴含着逻辑不可错的主张，而当代逻辑学的发展支持逻辑规则在某种意义上是可修正的。②还有人认为，心理主义并不与现代逻辑完全相排斥，相反，心理主义纲领可以促进非经典逻辑的发展，以前所遭到重点批评的心理主义者如西格瓦特、冯特等人的思想可以为非经典逻辑观念提供肥沃土壤。③此外，现在的逻辑学可能更关注人的实际的推理活动，而非以往主导的数理逻辑模式，逻辑学已开启某种"实践转向"④。对这样新模式的逻辑学而言，心理主义反而是正面资产。⑤

总的来说，对心理主义的反感在当代已被冲淡。经典的反心理主义论证受到诸多疑难，不但许多哲学家重新对心理主义抱以同情态度，而且不少哲学家重申心理主义，或者主张对心理主义进行修订提出新版本。甚至相较于旧的心理主义，当代新的心理主义反而得到比以往旧心理主义更强的支持。某种意义上，学术气候变得有利于心理主义。

二、当代对胡塞尔反心理主义的主要批判及其回应

这种对心理主义重审和重申的主张自然对胡塞尔的反心理主义提出新的质疑，不少学者认为胡塞尔对心理主义的批判的有效性和合理性置于当代背景下是需要商榷的。在这些质疑声音中，有许多是针对胡塞尔的反心理主义论证本

---

① 虽然蒯因本人从未自称心理主义者，但他的主张强烈影响了当代的心理主义的回归。Kusch就指出，哲学中许多新近的"反-反心理主义"都在蒯因的自然化认识论计划的路线上。Martin Kusch, *Psychologism: A Case Study in the Sociology of Philosophical Knowledge*, Routledge, 1995, p. 11.

② 类似观点可参看 Vanessa Lehan-Streisel, "Why Philosophy Needs Logical Psychologism", *Dialogue*, Vol. 51, 2013, pp. 584–585。

③ Werner Stelzner, "Psychologism and Non-classical Approaches in Traditional Logic", in *Philosophy, Psychology, and Psychologism*, Kluwer Academic Publishers, 2003, pp. 81–111.

④ Dov Gabbay and John Woods, "The Practical Turn in Logic", *Handbook of Philosophical Logic*, Vol. 13, Springer, 2005, pp. 15–122.

⑤ 范本特姆就指出，心理主义与其说是逻辑学的敌人不如说是朋友（Cf. Johan Van Benthem, "Logic and Reasoning: Do the Facts Matter?", *Studia Logica*, Vol. 88, 2008, p. 67）。甚至有人认为，心理主义对新逻辑来说是必要的（Cf. Dov Gabbay and John Woods, "The New Logic", *Logic Journal of the IGPL*, Vol. 9, 2001, p. 141）。

身的瑕疵。这方面的批评主要是认为胡塞尔的反心理主义论证预设柏拉图主义立场,建立在这一立场之上的论证本身有乞求论题之嫌。类似的批评比较多,早在胡塞尔生前就已经有较多的讨论。本文着重考察在新的背景下关于胡塞尔与心理主义问题的批评,所以这里暂不关注这类论证技术上的细节瑕疵,而是聚焦于其他新的论据和主张。下面拟针对当代对胡塞尔反心理主义的三个批评意见进行重点回应。

（一）胡塞尔的反心理主义使得哲学与心理学之间形成过严的壁垒

反心理主义的批评者认为,心理主义在认识论中是必须要考虑的因素,一种可行的认识论方案不能不考虑实际的人的认识情况。"自然化的认识论"这个主张本身就与心理主义有密切的关系。根据 Dallas Willard 的说法,蒯因著名的论文《自然化的认识论》原先的副标题就是"支持心理主义的情形"。① 在该文中,蒯因也将自然化认识论方案对立于"旧的反心理主义年代"。② Alvin Goldman 主张,心理主义在不同的认识论中均构成不可或缺的部分。③ 总体而言,当代的心理主义者极少再宣称强版本的还原论主张——将哲学问题还原成心理学问题,而是普遍接受一种较为温和的心理主义版本,认为一个可行的认识论方案和逻辑学至少应当纳入心理学的考量。借用 Hilary Kornblith 的表述,就是"大致的心理主义（ballpark psychologism）"④；或者沿用苏姗·哈克的说法,即"弱心理主义"⑤。

不少批评者正是据此认为,胡塞尔的强反心理主义立场过于强调哲学（逻辑学）与心理学之间的绝对壁垒,这既是独断的,更造成负面结果。哲学（特别是认识论和逻辑学）与心理学之间应该有更好的互动,完全可以是一种互惠的关系,而反心理主义中断了这种良性互动,作为反心理主义主要代表的

---

① Dallas Willard, "The Case Against Quine's Case for Psychologism", in *Perspectives on Psychologism*, ed. Mark Amadeus Notturno, E. J. Brill, 1989, pp. 286 – 295.

② 蒯因:《自然化的认识论》,载《蒯因著作集》第 2 卷,中国人民出版社 2007 年版,第 411 页。

③ Alvin Goldman, "The Relation Between Epistemology and Psychology", *Synthese*, Vol. 64, 1985, pp. 29 – 68.

④ Hilary Kornblith, "Introduction: What is Naturalistic Epistemology?", in *Naturalizing Epistemology*, MIT Press, 1994, p. 10.

⑤ 苏姗·哈克:《逻辑哲学》,罗毅译,商务印书馆 2003 年版,第 293 – 297 页。

胡塞尔当然对此负有不可推卸的责任。①

然而，草率地将哲学与心理学之间形成壁垒的责任推给胡塞尔则是不公的。胡塞尔并未将反心理主义视同于在哲学中驱除心理学和对意识的探索。胡塞尔非常关注和重视心理学，可以说，如果现象学与什么学科最密切的话，大概就是心理学了。即使对于经验心理学，胡塞尔也不否认它的成果和对哲学的促进作用。此外，不得不提及的是，后来胡塞尔还进一步反思，正是因为之前极端的反心理主义错失了方向，哲学家才不敢谈论心理学，不敢对意识领域进行真正的探索。②他从未持有那种强意义上的极端反心理主义立场，他的反心理主义只是主张在哲学（认识论、逻辑学）与心理学之间进行区分，而不是否认它们之间的密切联系。

认知转向之后，心理/意识等术语得以"解禁"，心理学及相关学科在哲学中获得更大的分量。正是在这样的背景下，很多人宣称"心理主义的回归"。但这个宽泛意义上的"心理主义"其实并没有与胡塞尔的思想有着根本的冲突。胡塞尔当初对心理主义的批判主要针对的是那种将心理学视为哲学的基础理论的主张，而非否认心理学与哲学的密切关联和互动。他从来没有主张将心理/意识作为哲学之非法主题来排斥，相反，他终其一生都将意识作为研究的核心内容。从广义来说，这种意识现象学也可看作一种哲学心理学。所以，从"心理主义回归"角度来质疑胡塞尔的反心理主义并不妥当，胡塞尔从未离开对意识维度的探究。

（二）胡塞尔的反心理主义仅针对某种特定类型的心理学

心理主义的内涵与心理学的性质密切相关。许多人相信，当初胡塞尔对心理主义进行批判时，他所设想的心理学是他所处时代所流行的内省心理学，而心理学经过一百年的发展早已将内省模式抛弃，所以他对心理主义的批判不再具有针对性。比如 John Aach 认为，由于胡塞尔时代哲学家所理解的心理学主要是基于英国经验论传统的特定心理学，这种意义的心理学并不能代表心理学本身，所以胡塞尔对心理主义的批判的意义是有限的，基于其他心理学（比

---

① John Aach, "Psychologism Reconsidered: A Re-Evaluation of the Arguments of Frege and Husserl", *Synthese*, Vol. 85, 1990, p. 315; Mariusz Urbański, "Logic and Cognition: Two Faces of Psychologism", *Logic and Logical Philosophy*, Vol. 20, 2011, p. 176. 这种批评意见甚至得到达米特的认可，他认为弗雷格和胡塞尔过于严格地从心理学概念划分界线，这在认知科学的旗号下不再能得以辩护。Cf. M. Dummett, *Frege and Other Philosophers*, Clarendon Press, 1991, pp. 287 – 288.

② 参阅胡塞尔《现象学的心理学》，游淙祺译，商务印书馆2017年版，第358页；胡塞尔《欧洲科学的危机与超越论的现象学》，王文炳译，商务印书馆2008年版，第238 – 250页。

如行为主义心理学）的心理主义就可以避开他的攻击。①

在旧的反心理主义传统中，确实有不少人将心理主义做宽泛化和简单化的处理。很多人把带有信念、意愿、感受语句的命题都视为心理学的，将心理学的对象看作个人内在的、私密的因而是主观的东西。如果说什么最切合他们眼中的这种心理学的话，可能主要是源自经验论传统的联想心理学或者常识心理学。在过去的反心理主义中，许多人对心理主义的理解确实是建立在对心理学的狭隘认识和误解的基础之上。但是，胡塞尔是否也是这样？换言之，是否胡塞尔当初对心理主义的批判只是针对当时的心理学（内省心理学），现在随着心理学的发展，他的批判不再有效？这个批评的实质在于，它认为以往的反心理主义主要针对的是一种主观主义版本的心理学，而现在主流的心理学则是完全的客观科学，二者名同但实异，性质从根本上已经改变。不过，这个批评对胡塞尔而言是很难成立的。实验心理学，甚至行为主义心理学，在胡塞尔时代已经流行开来。Aach 指责胡塞尔对心理学的发展不够关注，以至于对心理学的理解很狭隘。但事实是，胡塞尔对当时心理学的发展及其趋势是比较清楚的，他不但批评传统的联想心理学，更是对实验心理学、对行为主义心理学都进行深入的批判。这点可以从胡塞尔对心理主义的定性中反映出来。虽然胡塞尔对主观主义的心理主义和极端客观主义的心理主义都进行批评，但终其一生，他主要针对的是第二种心理主义，因为他认为心理主义的实质主要在于自然主义。即使在早期的《逻辑研究》第一卷《纯粹逻辑学导引》（以下简称《导引》）中——那时他可能不是那么清楚地区别两种性质的心理主义——他也是将心理学界定为关乎事实的经验科学。② 后来，胡塞尔更是明确地将心理学界定为一门自然科学：

> 它是生物学，（在宽泛意义上的）心理之物的自然史，比如作为性格学、社会学，并且它是实验的和理论的心理学和心理生理学，本身不关注个体和社会生命的具体的形态学的形态，而是关注抽象的基本法则，这些法则允许对心理生命的复杂形态及其对物理自然事实的依赖进行因果-发

---

① John Aach, "Psychologism Reconsidered: A Re-Evaluation of the Arguments of Frege and Husserl", *Synthese*, Vol. 85, 1990, pp. 315 - 338. 与这个看法相类似的是，认为胡塞尔反心理主义所针对的是心理学个体主义，其他版本的心理主义可以避开这样的反驳。Cf. F. J. Pelletier, R. Elio and P. Hanson, "Is Logic All in Our Heads? From Naturalism to Psychologism", *Studia Logica*, Vol. 88, 2008, pp. 3 - 66.

② 胡塞尔：《逻辑研究》第一卷，倪梁康译，商务印书馆 2015 年版，第 67 页。

生的和理论的"说明"。①

这个对心理学的理解即使是放在今天恐怕也不算过时。更何况，这样的看法并不是胡塞尔在后期才形成的。比起当时其他的主要反心理主义者，胡塞尔对心理学是比较关注和了解的，他准确把捉到心理学的发展趋向：越来越追求客观化，从而排斥主观的意识和心灵维度。这个背景下的心理主义不但将本质观念对象心理学化，也将意识自然化（心理学化），因此心理主义也就是一种自然主义，朝着极端客观主义发展。

所以，以当代的新心理主义已经与旧心理主义在本质上不同为由来否认胡塞尔的反心理主义思考在当代的意义，是难以成立的。尽管"新"心理主义有不少的修改，在方法上与当代的认知心理学密切结合，在成果上也更加令人信服，但基本上还可以说是对百年前的心理主义的延续，其实质主张并没有多大改变。因为心理主义最基本的主张是试图将逻辑学、认识论、伦理学等还原成心理学，或者以心理学为基础来阐释。尽管随着认知心理学的发展和成熟，提供了更多的经验证据，"新"心理主义似乎更有说服力，但在根本上，新、旧心理主义都是试图把本质观念、逻辑规律这类对象视为最终需要寻求心理学基础，或者更进一步，可以还原成物理性的生理过程。从这个角度来看，胡塞尔对心理主义的批评不但可以针对旧心理主义，也适用于当代的"新"心理主义。这点也为 Willard 所辩护。②更何况，胡塞尔的反心理主义并非如同一些批评所认为的那样，是建立在对心理学的狭隘了解的基础之上，仅针对当时某种特定类型的心理学。

（三）反心理主义的胜出仅仅是历史的偶然

当下关于心理主义问题的讨论很难忽视 Martin Kusch 的研究专著《心理主义：哲学知识社会学的一个案例研究》。Kusch 借鉴科学知识社会学的方法来考察 19 世纪末 20 世纪初的心理主义－反心理主义之争，把心理主义之争看作一个哲学知识社会学的案例进行分析。不可否认的是，Kusch 这部著作的用功及其具有的重要参考价值。用知识社会学方法来研究心理主义争论是一个必要的视角，这不但是因为关于心理主义的争论本身在当时德国学界产生了广泛的影响，而且很大程度上心理主义之争确实涉及实验心理学在诞生之初与哲学的

---

① 胡塞尔：《逻辑学与认识论导论（1906—1907 年讲座）》，郑辟瑞译，商务印书馆 2016 年版，第 241 页。

② Dallas Willard, "The Case Against Quine's Case for Psychologism", in *Perspectives on Psychologism*, E. J. Brill, 1989, pp. 286–295.

界限的冲突。但问题在于，Kusch 在其中似乎做了某种过度的解读，他把哲学争论完全解构成各种社会因素和力量权衡的结果。根据这个构想，Kusch 把心理主义之争主要归结为当时德国各个大学哲学系的纯粹哲学家与新兴的实验心理学家之间的利益冲突，实验心理学在其诞生之初遭受了哲学家们为保住教椅而予以的集体抵制和抨击。所以，心理主义的衰落并不是因为反心理主义更有理由和更可取，而是很大程度上因为历史偶然。第一次世界大战导致争论中断，因为那些反心理主义的纯粹哲学家忙着去承担鼓吹德国"战争天才"的意识形态任务，而实验心理学被要求去承担训练和测试士兵的任务。随着德国的战败，战后整个社会心态发生改变，一夜间"衰落""危机"成为学者必备词汇，生活哲学和存在主义替代了之前的自然主义和新康德主义而成为时尚，现象学成为魏玛时代最有影响的哲学。而且，战后的实验心理学不再对哲学家构成威胁，心理学被引导去应用领域发展，心理主义之争不再被响应，于是反心理主义取得了胜利。①

在这本书中，Kusch 颠覆了以往对胡塞尔批判心理主义的评价模式。他试图用"描述"的方法，展现出胡塞尔对心理主义批判的胜利不是出于学理的优势，而主要是被当时的社会环境等因素左右。换言之，心理主义不是被反心理主义的哲学论证所驳倒，而是被反心理主义哲学家合力"迫害"②，加上当时德国的社会环境而偃旗息鼓。

我们这里不打算去评论 Kusch 运用的方法和立场的依据问题，只针对他关于胡塞尔反心理主义的事实问题。Kusch 对胡塞尔的分析局限于《算术哲学》和《导引》，这个局限对胡塞尔与心理主义问题的分析是一个很大的缺陷。因为这两个文本的选用只能看到胡塞尔的反心理主义转向，事实上胡塞尔终其一生都在不断思考心理主义问题。心理主义之争在当时确实涉及哲学与实验心理学的学科之争以及在哲学家与实验心理学家之间所引发的争论，但是胡塞尔对心理主义所做的批判思考远不止这点。他后来一直追溯心理主义的根源，不再局限于当时的学科划界之争，随着思考的深入，他将心理主义看作几乎是难以摆脱的倾向。恐怕在胡塞尔看来，虽然从先验理性的角度看，反心理主义是必然的，但从历史的偶然性看，心理主义倾向几乎才是必然的。晚年的胡塞尔自己都不认为心理主义已经被克服，时代的极端客观主义和非理性主义中都掺杂着心理主义的因素。Kusch 有一点是正确，一个哲学争论有可能因为时代的社

---

① Kusch 对反心理主义一方（特别是胡塞尔现象学）胜利的原因分析可以特别参考 Martin Kusch, *Psychologism: A Case Study in the Sociology of Philosophical Knowledge*, Routledge, 2008, 最后一章。

② Martin Kusch, *Psychologism: A Case Study in the Sociology of Philosophical Knowledge*, Routledge, 2008, p. 14.

会因素作用而影响辩论的胜败，但这不是学理上的批判标准。即使今天心理主义回归赢得"胜利"，胡塞尔还是会坚持反心理主义的有效性。Kusch 所依据的历史相对主义本身就是反心理主义批判所针对的一个方面：它试图将真理历史化、相对化。

三、重审胡塞尔对心理主义批判：必要与慎重

通过上述的批评意见以及对它们的回应可以看出，当代对胡塞尔反心理主义的重审声音中，许多批评意见过于笼统和轻率，往往是以一般的反心理主义印象来框定胡塞尔。很多批评者并没有耐心去考察和理解胡塞尔关于心理主义问题的思考。

一直以来，提及胡塞尔对心理主义的批判，文本关注和依据通常仅限于《导引》。但《导引》并没有充分反映胡塞尔对心理主义的全面思考，它只不过是胡塞尔关于心理主义问题思考的一个阶段性文本。胡塞尔终其一生都不断地对心理主义问题进行深入的思考，这在他的许多著述中都得以体现，只不过没有再像《导引》那样形成一个集中表达的文本。① 无论是从广度还是从深度来讲，胡塞尔后来对心理主义问题的思考都超出《导引》的范围和水平。在《导引》之后，他更加关注的是心理主义的根源问题，为什么心理主义是错的却一再保持诱惑性。这使得他对心理主义问题的认识远比当时许多反心理主义者要考虑得更加全面和深刻。相比于大部分的反心理主义者，胡塞尔从一开始就不是站在极端的反心理主义立场之上，将心理主义简单肤浅化处理，而是在反心理主义的同时又对极端反心理主义立场进行防范，即使在他后来的先验现象学中，他还会肯定心理主义的积极合理之处。直至晚年，胡塞尔都认为当时的反心理主义者对心理主义的根源没有予以真正的澄清，所以心理主义仍具生命力和诱惑性，甚至可能变得更繁盛。② 胡塞尔对形势的判断是清醒的，某种公开的极端心理主义可能暂时变得臭名昭著，但那些隐秘的或者变种的心理主义却得到默认。所以，他晚年致力于对心理主义的更深层次的思考与克服，甚至提出"先验心理主义"问题。③ 如果仅限于《导引》而没有看到胡塞尔后来对心理主义问题的深入思考，很容易将他的反心理主义工作做肤浅化解读，甚

---

① "心理主义"是在胡塞尔著作中高频率出现的概念。除《导引》之外，《逻辑学与认识论引论》《形式的与先验的逻辑》《现象学的心理学》《第一哲学》《伦理学与价值论讲座》《哲学作为严格的科学》《欧洲科学的危机与超越论的现象学》等也是胡塞尔关于心理主义问题思考的重要文本。
② 胡塞尔：《欧洲科学的危机与超越论的现象学》，王文炳译，商务印书馆 2008 年版，第 249 页。
③ 对此可参考黄迪吉《胡塞尔的"先验心理主义"概念辨析》，载《中国现象学与哲学评论》第二十二辑，上海译文出版社 2018 年版，第 335－351 页。

至是误解。但遗憾的是，胡塞尔对心理主义的思考并没有得到批评者系统的和认真的审视，尤其是在当代所谓的心理主义"回归""复兴"的声音中，更是通常被简单化处理。

还需强调的是，在反心理主义上，胡塞尔与弗雷格同为最主要的两个代表，固然他们有着不少共同之处，但区别也是明显的，有些区别甚至是极其重要的。应当说，当代对反心理主义的批判性重审主要是在分析哲学阵营进行，在很大程度上，对心理主义问题重新产生的兴趣也是出于对弗雷格的不满。① 由于在反心理主义问题上，胡塞尔的名字已经与弗雷格密切地绑在一块，往往被视为一个时代的哲学精神的体现，所以，在审判弗雷格时，胡塞尔也经常充当"共犯"坐到被告席。但是，某些批评可能适用于弗雷格，但对胡塞尔而言却是无的放矢，如上述诸批评。一个明显的区别就是，当胡塞尔反心理主义时，他并没有断然将心理/意识领域驱逐出哲学的领地，他对心理学的了解也比弗雷格要充分。②

限于篇幅，本文仅就主要的批评意见进行分析和回应。这并不是说，笔者认为胡塞尔对心理主义的批判不可挑剔，也无须重审。恰恰相反，笔者认为，即使是在过去反心理主义精神主导的年代，无论是对于心理主义纲领本身还是关于胡塞尔对心理主义问题的思考，都没有得到充分的阐发。在当代，这些论题依然需要进行严肃的审视。因此，笔者认为，如下两种观点都是值得商榷的：（1）胡塞尔一劳永逸地将心理主义封存进哲学的历史档案；（2）胡塞尔对心理主义的批判已经被推翻。第一种观点过于无视当代哲学的进展因而可能难以被认同，而第二种观点则在相当大程度上并没有全面地和深入地去理解胡塞尔对心理主义问题所做的殚精竭虑的思考。心理主义仍是一个具有理论力度的哲学纲领，特别是在当代背景下可能会出现更加精致的形式并得到更好的辩护。不过，当下所谓的重审胡塞尔反心理主义的声音，过急地忽视甚至否定胡塞尔的工作，这与以前过快地否定心理主义的做法相似。我们应当看到，由认知转向带来的批评在胡塞尔这里很大部分是要被削弱和受到限制的。不但如此，胡塞尔对心理主义问题的思考其实在很多方面与认知转向有很大的共通之

---

① 比如，范本特姆以比喻的方式提到，推倒"弗雷格之墙"后，需要讨论对心理主义的可行理解。Cf. Johan Van Benthem, *Logic and Reasoning: Do the Facts Matter?*, Institute for Logic, Language and Computation (ILLC), University of Amsterdam, 2007, p. 67.

② 关于胡塞尔与弗雷格的反心理主义比较，可进一步参考莫汉提的相关著作。J. N. Mohanty, *Husserl and Frege*, Indiana University Press, 1982; J. N. Mohanty, "Husserl, Frege and the Overcoming of Psychologism", in *The Possibility of Transcendental Philosophy*, Martinus Nijhoff, 1985. pp. 1 – 11; J. N. Mohanty, "The Concept of 'Psychologism' in Frege and Husserl", in *Philosophy, Psychology, and Psychologism*, Kluwer Academic Publishers, 2003, pp. 114 – 118.

处，对当代的心灵哲学和认知科学是正面的理论资源。重审心理主义不能只是简单地对胡塞尔的思考的否定，而应更深入地理解胡塞尔以及他对心理主义问题所做的全面思考。

（本文原载于《现代哲学》2019 年第 1 期）

论书法笔画中空间的时间性

黄子明

胡塞尔的现象学将意向对象置于与意向活动的联系中进行考察，对象的意义是在人的意向活动中得以构成的。杜夫海纳在他的《审美经验现象学》中按照现象学还原的方法，将审美对象放在人的审美构成活动中加以考察，从而将艺术作品与审美对象进行了区分，通过考察它们各自对应的意识活动澄清了许多关于审美对象的难题。

艺术作品是由艺术家创作的已经成型的作品，它们表现为形式固定的物质载体，像许多通常的知觉对象那样存在于外在的时空之中。我们可以在许多文明的发展史中发现这样的作品。它们一经艺术家创作完成，便有了固有的存在形式，不因个别的欣赏活动而发生改变。审美对象不同于现成的艺术作品，它需要在每次的审美活动中被激发出来。所以审美对象并不像艺术作品那样存在于外在时空之中，而是存在于人们的审美活动之中。同一幅作品可以被不同的人无数次地欣赏，包括作者本人，在这种欣赏活动中构成审美对象。艺术作品并不必然带来审美对象，一个外行人可以感知到一幅艺术作品，却因为不会欣赏而激发不出相应的审美对象。

审美对象是以艺术作品为基底，在主体自身的审美活动中建构起来的。它的时空不再是外在世界中的时空，而是主体自身的源初的时空系统。一幅完成了的书法作品并不在时间中展开，但书法艺术并不能被视为是纯然的空间艺术，审美活动是在主体的时间体验流中展开的。书法作品的呈现虽然是静止的，但书法审美对象却是一个动态系统，它的空间性中包含着主体运动的时间性。

一、从象形文字的外部空间到符号文字的内部空间

在《精神哲学》中黑格尔对符号文字与象形文字做了本质性的区分，其根据就在于空间性存在与时间性存在的区别，"直观作为直接的最初是一个给予的东西和空间性的东西"，而"作为一个符号的直观的真正形状是一个时间中的定在"[①]。正如西方许多哲学家一样，在黑格尔这里时间被视为是比空间

---

① 黑格尔：《精神哲学》，杨祖陶译，人民出版社2006年版，第280页。

更为本源的存在。但是黑格尔把文字符号的时间性定在形态仅仅限定于"声音","象形文字通过空间的图形来标志表象,字母文字则相反地通过声音,而声音本身已是符号",字母文字就是"由符号的符号组成的"①。黑格尔把字母文字视为唯一真正的符号文字,认为"字母文字自在自为地是更为智慧的文字",语音符号作为要素给予语言感性的东西,"这种感性的东西以这种基本的方式就同时取得了完全的确定性和纯洁性"②。总之,"理智就是直观的这种否定性"③,而符号"代表着一种完全不同于它自身所具有的内容"④。

黑格尔对抽象的符号文字与直观的象形文字的区分无疑是深刻的,但他错误地把中国汉字归入象形文字之列。汉字虽然不同于西方字母文字,但就其本质而言也绝不能被等同为象形文字。汉字虽然脱胎于象形文字,但经过深度地抽象化和简化,已经发展成为一套成熟的符号体系。正如西方字母文字将时间中的存在——语音分解为最简单的要素,并用字母做出标记,汉字也将纷繁复杂的空间形象分解为最基本的构成要件——笔画。笔画作为文字要素的形成是汉字从最初的图像文字发展成为真正符号文字的关键。

从甲骨文到小篆的发展体现出纯粹线条意识的觉醒。甲骨文的笔画主要是事物的轮廓线,这些线条以表现事物的形体为主要功能,其形式主要由外在事物的轮廓决定,并没有自身的规定性。小篆的字形主要不是受外在物象的规定,而是由线条自身所规定。虽然小篆还没有发展出标准笔画,但已有了对线条形式的初步要求:均匀、细长、圆转、柔美。这种对线条自身形式规定性的追求意味着对外在空间形象的复制让位于字体自身空间形式的统一。通过小篆的纯粹线条,汉字第一次获得了符号应有的"确定性和纯洁性"。

从篆书到隶书的演变存在两个层面的改变:字形结构和书写方式。首先,篆书的曲线变成了隶书的直线。小篆的线条虽然一定程度上使文字从对外在形体的复制中解放出来,但其笔画和字形仍具浓厚的图画特点。小篆的线条细长圆转,适合于表现形体,这种可塑性很强的曲线在隶书中被可塑性较弱的直线代替。直线和尖角更进一步削弱了文字的造型特征,同时强化了文字符号自身的规定性。字形的变化扎根于一种更深层次的改变,即书写方式的变化。一旦线条从轮廓线的功能中解放出来,它自身的形态及其书写方式的规范变得愈益重要。小篆虽然强调线条的形式美的统一,但并没有太多重视书写方式,篆书隶化过程中产生的字体的巨大变化却是深受书写方式的影响。隶书更强调书写

---

① 黑格尔:《精神哲学》,杨祖陶译,人民出版社2006年版,第282页。
② 黑格尔:《精神哲学》,杨祖陶译,人民出版社2006年版,第283页。
③ 黑格尔:《精神哲学》,杨祖陶译,人民出版社2006年版,第280页。
④ 黑格尔:《精神哲学》,杨祖陶译,人民出版社2006年版,第279页。

的便捷和规范，其笔画也不再是篆书那样的随意，而是有了横、竖、撇、捺、点、折的基本样式。原来篆书中繁复曲折的笔画结构被隶书中固定的几种笔画及其组合所取代，例如全包围、半包围等图像性很强的对称结构被打破，由规则化了的笔画重新构成。

隶书的大部分笔画以及字形结构都在楷书中得以保留，楷书最终确立了三十多个固定笔画，每个笔画作为标准构件都有其形态和书写方面的规定性，这些内在规定性是完全独立于外在事物形象的。楷书笔画作为标准构件的形成标志着汉字作为真正成熟的符号文字的标准化和统一化。如果说甲骨文还显示出明显的图像文字的特征，那么在经历过篆书、隶书的演变直到楷书作为标准书体被确立时，汉字在其形态上已经不是对外在事物的简单摹仿了，其构成服从于笔画自身的内在规定性。汉字因其笔画而获得了独立于其意指内容的内在结构，因而最终获得了符号文字的"确定性和纯洁性"。标准笔画及其组合与现实对象形象的脱离实现了黑格尔所说的，符号"代表着一种完全不同于它自身所具有的内容"。

西方字母文字与中国笔画文字由于不同的形成方式而有着存在形态上的巨大差异。字母文字完全放弃了对空间形体的表现，只是单纯标记声音。字母的排列按照"时间中的定在"的形态，从左向右依次排开，完全体现出时间性的一维的进程。汉字作为笔画文字却并没有完全放弃空间形体，它只是解构了原初的摹仿着的形体（如图像文字所做的那样），并通过标准化的笔画重构而成了全新的可视形象——字体结构。不同于西方字母的线性排列，汉字的各个笔画可以从平面的所有方向进行排列，从而保持了文字形体的丰富的空间性。字母的排列方式意味着对空间性的否定，只有时间性的听觉的存在被保留下来。这种对文字空间的排挤导致西方的"书写艺术"通常限于文字装饰，一直未能形成与西方绘画比肩的空间艺术门类。与此不同，汉字只是放弃了对外在事物的简单复制，这种对外在空间性的扬弃恰恰使文字的内在空间性得以可能。汉字中任何一种书体的发展都没有放弃过这种笔画内部的空间性。这种内在空间性的保持正是开启一个艺术的视觉的空间的前提条件。

二、从均匀线条的平面空间到不均匀线条的立体空间

楷书的字体结构相比隶书变化并不大，但是笔画的形态发展得更为完善。隶书已经是比较成熟的书体，但汉字的书体发展并没有终结于此，而是进一步发展成了楷书。审美因素始终渗透着汉字手写体的发展，楷书正是书写的便捷与笔画形式的美观结合的最终产物。

隶书相较于篆书笔画更为规范、书写更为便捷，但是相比原来篆书中细长

圆转的线条，短而直的笔画在书写中运动和变化较少，因而也带来了审美上的单调。隶书通过"蚕头雁尾"的形式来解决这一问题，字中的主笔画具有这种一波三折的形式，使文字既保留了视觉形式的优美，又不失笔画的规范。而"蚕头雁尾"的意义绝不只在于解决隶书的美观问题，它开启了中国书法史"非均匀线条"的时代。篆书的线条无论走势怎么蜿蜒圆转，整根线条从头至尾都是粗细均匀的。虽然，隶书中大部分笔画也是粗细均匀的，但"蚕头雁尾"的不均匀形式宣告了一种全新的笔画模式，而这种粗细不均匀形式也在后来的楷书中发展至完善，并最终完成了字形的演变。

均匀线条表现平面空间，非均匀线条表现立体空间，这种区别需要追溯到二者书写运动的差异。纸面上的笔画，无论是均匀的还是不均匀的线条，它们作为毛笔运动的结果拥有平面的空间存在，但作为审美对象的书法笔触却不能被简单地视为是二维的。均匀的笔画，如篆书中的线条以及铅笔、钢笔的线条，只能表现运笔的水平走势，体现不出三维空间里的运动。毛笔的笔头柔软而有弹性，当隶书和楷书中加入垂直的提按动作时，纸面上的线条就呈现出粗细变化。线条的走势表现出笔头以及手的水平运动，线条的粗细变化表现出垂直运动，笔画的二维平面图因而蕴含着三维的空间运动。

从篆书到隶书主要完成的是字体结构的改变，从隶书到楷书实现的是笔画形式及其运笔方式的丰富和完善。隶书用主笔画的"蚕头雁尾"来解决笔画横平竖直的单调问题，但是变化又忌雷同，所以又有"蚕不二设，雁不双飞"之说，即一个字只能有一个主笔画，其他笔画的形式仍然是相对简单的。楷书的笔画形式更加丰富多变，每一点画的走势和粗细变化都有了明确规定，每一个笔画的正确运笔都要求手部的水平运动与垂直运动的精密配合。书写就是把三维的空间运动收拢留存于二维的平面形状中，欣赏书法时这些线条不再只是被看作单纯的平面存在，人们要从二维的形状中还原出书写时的三维运动并欣赏这种运动本身。所以在会欣赏的人看来，粗细变化丰富的楷书笔画比起篆书、隶书的线条看起来更有立体感。

从篆书到隶书再到楷书，书写体的发展呈现出两方面的趋势：一方面是文字的外表形态的简化，另一方面是笔画内在形式的丰富化。文字外形的简化意味着对外在物象的复制逐渐减弱，笔画形式的丰富化意味着书写艺术内在规定性的加强，外在的参照尺度逐渐被笔画自身的规则完全替代。笔画形式的发展完成最终实现了文字外在空间性向内在空间性的彻底转换。外在空间性消解后，笔画的形式成为了内在空间性的审美标准。笔画的立体化程度成为书法审美的一个重要标准，楷书、行书和草书都有一分笔、二分笔、三分笔的区别，也就是笔锋下按程度不同形成的粗细变化的笔画，变化丰富的书体才是有高度立体感的书体。形式丰富的笔画不再只是某个图形的"建筑材料"(如原始的象形文字那样),它自身就可以成为一个独立的图形,因为它拥有自身的有规定的形式,它的意味是从其形式特征和运笔中获得的。楷书中的"永字八法"就是把每一笔画都当成相对独立而完备的"立体"图形来对待。

三、笔画作为空间单元与时间单位

从字的空间构成来看,楷书的笔画是最基本的空间单元,从书写过程看,它又是最小的时间单位。每一笔画从起笔到结束的运笔过程都是一个独立完整的单位:从笔头落到纸上时就开始了一次运笔,在纸面运行过程中无论做什么水平或垂直运动,无论速度怎么变化,笔头始终保持和纸面的接触,直到结束时笔头才脱离纸面,从而完成一个笔画。新的笔画要求重新落笔并开始另一次新的运笔过程。笔画是相互独立的构成要件,在空间上它们不能直接相连,在书写过程中各个笔画的运笔是相互独立的、并且是在自身中封闭的时间单位。

笔画形式的改变意味着运笔方式的变化,楷书中运笔更为变化多样,规定也更严格。在各个单位内部,时间性要素通过运笔决定着笔画的形式。运笔时的垂直运动和水平运动并不是匀速的,书法规则中包含着运动方向和速度的要求,它们共同决定着笔画的形式和风格个性。书法艺术绝不是单纯的空间艺术,因为受时间因素的支配与音乐有相似之处。运笔的速度就像音乐的节拍,运动方向就像高低不同的音符,正如旋律是从一定节拍下的高低音符中产生,笔画的形状是由一定速度的水平运动和垂直运动产生的。"永字八法"中有多条法则是对于笔画书写速度的规定,在书写时运笔的方向必须配合正确的速度才能写出理想的笔画形状。书法的静止的平面图中就蕴含着三维的不同速度的运动,在欣赏时必须从笔画的形状中解读出作者书写时的运动状态,不能分析和理解运笔速度就不能在完全意义上欣赏书法的美,从单纯静止的抽象的线条中是产生不出韵律美的。楷书的每一个笔画都是一个内在完备的有韵律的单元,这种韵律就是产生自手部运动的韵律。笔画是人的身体运动的结果,它的韵律源自人的身体的运动性和时间性,字体内在空间性源自主体的时间性。

尽管楷书的各个笔画及其各自运笔是相互独立的,但并不意味着它们之间没有联系,笔顺就是笔画之间的时间联系。楷书的笔画顺序并不是随意的,每一个字都有其严格而明确的笔顺要求。一个字的正确书写不仅包括空间字形的正确,而且包括了笔画书写顺序的正确。作为空间单元的笔画绝不是一堆散乱的零件,它们呈现在纸面上的空间组合是受时间性规定的。笔顺就是时间秩序对字体空间的规定。字体结构的空间性中隐含了时间性,错误的笔顺只能产生错误的结字空间。

时间性的另一条重要规则是,所有笔画都必须在一次性的运笔中完成。无论均匀线条还是非均匀线条,书法艺术中的笔画都不允许涂抹、修改和事后描补。这一规则主要不应归结于书写材质如绢布或纸张的脆弱易损。笔画的不可修改和书写的不可重复正是时间的不可逆性在书法空间上的表现。书法线条的美就在于表现生命运动轨迹之美,正如时间之流不可逆,生命的历程不可更改,笔画一经写出就没有从头再来的机会。修改描补过的笔画看起来极其不舒服,因为这样做破坏了笔画内含的时间秩序,从而也摧毁了书法之美的根基。这条规则本来是出自书写艺术自身的时间本质,反过来又对书法的运笔提出极高要求。各种笔画必须在一次性运笔过程中达到理想的形式,因此历代书家都力求完美掌握运笔技术,从求能够一气呵成顺畅实现笔画的韵律之美。这一规则甚至影响了中国绘画的运笔。中国画非常重视笔法,其笔墨的叠加绝不是涂抹修改,每一层次每一笔画都是不可替代、不可更改的。笔墨要素的重要性使中国画的空间性中蕴含了很强的时间性。

四、三体书法中的时间与空间关系

书体发展到楷书,无论是实用的简捷还是美观都已至臻完善,楷书作为通行的汉字手写正体字的地位近两千年来未曾被动摇。但是文字书写方式并不限于楷书,与其同时发展的还有行书和草书。楷书必须一笔一画严格按照规范书写,不仅速度慢,而且因为笔画间隔太频繁不适合流畅地表达情感变化,行书和草书因其快速而流利的书写弥补了楷书的不足,更富于表现力。

张怀瓘在《六体书论》中指出:"大率真书如立,行书如行,草书如走。"[①] 楷书优雅宁静,草书狂放自由,近乎西方现代表现主义艺术,行书介于二者之间。行书和草书的区别不只是快与更快的差异,根本在于书写中基于不同的时空关系准则而采取了不同的变形方式。

行书主要通过笔画之间的"牵丝"来改变字的空间结构。楷书中各个笔画的运笔是相互独立的时间单位,不同笔画的运笔之间会有短暂的休息,这期间笔头是脱离纸面的,完成一次运笔之后笔头在纸的上空移动,直到到达下一笔画的起笔处才再次落笔,开始又一次的运笔过程。一个字的书写被严格分解成若干个行笔过程。在行书中,若干笔画在一次唯一的运笔中完成是常见的。也就是说,一个笔画完成之后笔头不必提离纸面,可以继续贴着纸面运动直到下一笔画的开端处。笔头在两个笔画之间的运动轨迹留在了纸面上,这就是

---

① 上海书画出版社及华东师范大学古籍整理研究室选编:《历代书法论文选》,上海书画出版社2017年版,第213页。

"牵丝"。所以行书的线条由两部分组成,即文字本身的笔画和笔画之间的牵丝。前者是文字构造不可缺少的部分,后者则不是真正的文字笔画,不是文字构成的必要部分,而是标志着笔画之间的联系,是为了减少运笔次数将原来在纸面上空进行的过渡运动留在了纸上。牵丝显示了运笔时笔画之间的紧密联系。

笔画之间的连写打破了原本的时间单元,多次短小的运笔组合成一次较长的运笔过程,在纸面上各个笔画原本相互独立的空间被牵丝联系起来,若干笔画通过牵丝连接成一个空间整体。楷书中笔画的联系在纸面空间上是不可见的,只能通过书写的笔画顺序来保障它们之间的时间关联,行书中的牵丝使得这种时间联系在空间上变成可见的。

牵丝加强了笔画间的联系,突出了书写的动态,并因此很大程度地改变了字的外观。所谓"真书如立,行书如行",指的就是这一静一动的差异。楷书的笔画相对比较平正,倾斜度不大,横画可以轻微上扬,笔画之间形成静态的平衡,就像站立的人一样。行书笔画的倾斜度增大,却仍不失其平衡,就是因为运动着的东西比静止的东西更容易保持平衡,行书的动态感使其字形能够险中求稳,就像运动中的人身体倾斜度增大,却并不会摔倒。

草书简化字形的主要方式是减省文字笔画。行书并不减少文字笔画,只是通过牵丝的连接减少纸上的运笔次数。草书却在很大程度上删减了笔画,或者用简单的笔画代替原来复杂的笔画组合,显示出极端简化的文字形式。一般人阅读行书没有太大困难,但草书的认读却需要专门的学习。不同于楷书和行书展示出文字所有的笔画,草书只能让人辨识出字体的一个大致结构。

楷行草三种书体分别代表了三种类型的时空关系:(1)楷书的笔画作为空间单位被确定。楷书字体由相互独立的笔画构成,一个字的书写过程也被分割为若干封闭的时间单元。笔画之间的时间联系在纸面上不可见,只是以笔顺的形式表现于书写过程中。(2)行书将原来相互分离的笔画之间的界限打破,各个笔画的独立空间通过牵丝连接起来。笔画间的时间联系不再隐藏,而是以牵丝的形式表现于纸上。牵丝与本来的笔画相融合,运动的时间性与笔画的空间性融为整体。(3)草书不再保持原来笔画的完整空间。运动的时间性更为突出,部分笔画的空间被完全吞没,剩余笔画的空间联系因为牵丝变得更为紧密。运动的时间连贯性压倒了原来笔画的空间独立性和完整性,包含更强时间性的新的空间结构形成。

草书又分"小草"和"大草"。小草字体大小均匀,意味着各个字的空间大致相当。牵丝大多出现于同一字的笔画之间,不同的字之间很少用牵丝连接,这意味着每个字都保留了相对独立的空间,因而又称"独草"。大草字体大小悬殊，文字之间可以有牵丝连接，线条的粗细、长短、曲直变化极大，其形式由整篇的布局和情感的宣泄需要而决定，又称为"狂草"。狂草中可见一笔写数字，一个字的完成并不意味着一次运笔的结束，笔头继续在纸面运行并直接进入下一个字的开始。狂草不仅打破了单个笔画的空间独立性，而且突破了单个字的空间性，各个字的空间因为牵丝而相互融合。因为这种高度的融合，狂草的空间形体最难认读，但其时间连贯性也最强。在楷书中人们可以欣赏单个的笔画，在行书和草书中人们欣赏的是笔画的连贯性和文字的整体统一性，狂草中由于文字之间的牵丝，欣赏的重点更在于整幅作品的统一性。

狂草的发挥常得益于醉酒状态。以狂草著称的张旭、怀素都是在醉酒的时候才能进入最佳创作状态，只有在癫狂之中才能将线条的流畅生命力表现得淋漓尽致，所以二人被合称为"颠张醉素"。尼采的酒神精神和日神精神在中国狂草中达到最完美的结合，书法作为视觉艺术有着日神精神的清晰、秩序与和谐，而狂草作为时间性最强的书体又体现着酒神精神所代表的更深层生命本能的激发和释放。草书中的"飞白"产生于快速而连贯的运笔在纸上留下逐渐干枯的笔痕，欣赏的时候通过观察笔墨空间中的留"白"引发对画笔酣畅"飞"动的联想。书者内在的强烈冲动通过流畅的书写运动最终凝固成纸面上的线条空间，草书是最富表现力的书体。

三种时空关系对应着不同的书写态度：楷书将一笔一画视作独立单位逐个书写，行书、草书则注重笔画的关联和书写的连贯。但这并不意味着三种书体的书写方式是截然对立的。它们的存在正是三种时间与空间的逻辑关系的反映，共同构成了文字书写方式的整体，所以每一种书体所缺失的特质恰恰需要从其他书体中得到补充：楷书端庄，却又最忌刻板，其笔画虽然是分段书写的，但是笔画之间的呼应关系需要从行草书中获得启发；行书和草书笔意连贯，但又最忌油滑飘忽，原有笔画和牵丝之间的主次轻重关系必须明确，连笔之中恰到好处的抑扬顿挫需要从楷书的笔画分割中寻找根基，没有区别的联系只会使连写的笔画失去韵律。苏轼在《论书》中谈道："书法备于正书，溢而为行草……真书难于飘扬，草书难于严重。"① 说的就是楷行草三体在书法练习过程中相互补充，任何一种书体的练习都需要其他书体练习的辅助。

书写运动将主体自身的时间性和运动性以书法笔触的形式留存在平面空间上，所以书法的空间包含着主体的时间性。在进行审美观照时，被封存于笔画

---

① 上海书画出版社及华东师范大学古籍整理研究室选编：《历代书法论文选》，上海书画出版社2017年版，第314页。

空间内的运动性被激活,隐藏着的主体的时间性被解读出来。书法艺术作品是平面的、静止的对象,而书法审美对象却是在人的审美活动中建立起来的立体的、运动的存在。艺术作品是运动的结果,审美活动则唤醒运动本身。在艺术创作过程中,主体性时间被凝固为空间形式;在审美体验中,空间中包含的时间性又被重新激活。审美活动是内时间意识的活动,审美对象是内时间意识活动的对象,书法是包含时间性于空间中的艺术。

(本文原载于《美学与艺术研究》2018年第9辑)

作为亚里士多德注疏者的波爱修

——其对《解释篇》第九章的注疏和发展

江 璐

波爱修对中世纪的影响主要在于《哲学的慰藉》、由五篇短论文所构成的《神学小作品》(*Opuscula Sacra*) 以及他对亚里士多德著作的翻译和注释,后者为中世纪逻辑学奠定了基础。他曾立下宏图大志要翻译柏拉图和亚里士多德的全部著作①,但后来将此计划局限在对亚里士多德《工具论》的翻译和注疏上。他最早翻译的是玻菲力(Porphyry)的《导言》(*Isagoge*),除此之外留传给我们的有他对《范畴篇》《解释篇》《前分析篇》《题旨篇》和《辨谬篇》的翻译和注疏。波爱修做过两次《解释篇》的注疏,是他篇幅最长的著作。波爱修熟悉古代世界的亚里士多德注疏者,比如阿芙罗蒂西亚斯的亚历山大(Alexander of Aphrodisias)、阿摩尼乌斯(Ammonius)和西里亚努斯(Syrianus),不过他更加认同的是前者的亚里士多德注疏。他也深受新柏拉图主义者玻菲力的影响,这在他的《范畴篇》注疏中可见,不过在他的《解释篇》注疏中,他相比玻菲力表现出更大的思想独立性。②

一、亚里士多德《解释篇》的"海战"问题

亚里士多德的《解释篇》第九章描述了一个在研究中被称为"未来偶然事件(future contingent)"的问题,文中亚里士多德使用了未来海战的例子,此问题从而也被称作"海战"问题。它建立在《解释篇》第七章所提到的二值原理之上,即一个命题要么为真、要么为假;在一对单称矛盾命题中,其中必然一个为真、一个为假。③ 如将此原则运用在关于未来事件的单称命题上,那么就会得出一切事物都要必然发生的结果,这在亚里士多德看来是站不住脚

---

① 在他对《解释篇》的第二次注疏之导言中,他提到过这个计划。
② S. Ebbesen, "The Aristotelian Commentator", in *Cambridge Companion to Boethius*, ed. J. Marebon, Cambridge University Press, 2009, pp. 36–37.
③ 亚里士多德:《解释篇》,秦典华译,载苗力田编《亚里士多德全集》第一卷,中国人民大学出版社1990年版,第55页。

的。因为他认为未来事件发自人的意志和行为,而此类事件是"可能"或"不可能"发生的①,也就是说,并非必然的。而此原则是如何会引出未来事件之必然性的呢?亚里士多德在此用了两个论据来说明这一点:

(1) 如对关于未来事件的单称命题来说二值原则同样有效,那么此类命题就要么为真,要么为假。如为真,那么它所描述的事件也就必然要发生,因为既然为真,与它相对立的事件就不可能发生,而用来描述与它对立的事件的命题恰恰是对它的否定。"不可能不是……"在模态上则等同为"必然"。如为假,那么与它达成矛盾的那个命题则为真,也就会出现类似的推理过程。总而言之,一个命题的为真蕴含了其所描述的事件之必然发生。卢卡西维兹在《亚里士多德的三段论》一书中提到,此思想可视为一个逻辑规则,即在一个命题被断定为真的时候,这也就蕴含了此命题的必然性。此规则只有在这个命题被断定的时候才有效。有些现代逻辑学家接受这个规则。② 亚里士多德随后也给出了对应着此逻辑规则的形而上原则:"存在的东西当其存在时,必然存在,不存在的东西当其不存在时,必然不存在。"③

(2) 如一单称命题所描述的事态当前如此,比如,这一物体(现在)为白色,那么,在这之前,"这一物体将要为白色"就为真。那如果使用(1)中所提到的推理过程,则可得出,在这之前,这一物体必然将要为白色,从而得出一个未来事件被预先决定的悖论。④

然而,使用这两个论据而引出(在他看来明显违反人之实践经验从而是错误的)决定论的结果,是亚里士多德用来对逻辑上的二值原则之有效性加以省视的方式。他最终不是要抛弃二值原则,而是对(1)中所涉及的形而上原则做了进一步的阐述,并认为,"存在的东西当其存在时就必然存在"的原则并不等于说一切事情的发生皆为必然的。⑤ 他重申了二值原则之有效性,即两个矛盾的命题中,必然是一个为真、一个为假的。然而,他却说到,要确定其中一个命题是不可能的,用他自己的话来说就是:"两个矛盾命题中,有一

---

① 亚里士多德:《解释篇》,秦典华译,载苗力田编《亚里士多德全集》第一卷,中国人民大学出版社1990年版,第59页。

② 卢卡西维兹:《亚里士多德的三段论》,李真、李先焜译,商务印书馆2010年版,第189-190页。亚里士多德的论证见《亚里士多德全集》第一卷,中国人民大学出版社1990年版,第57-58页。

③ 亚里士多德:《解释篇》,秦典华译,载苗力田编《亚里士多德全集》第一卷,中国人民大学出版社1990年版,第60页。

④ 亚里士多德:《解释篇》,秦典华译,载苗力田编《亚里士多德全集》第一卷,中国人民大学出版社1990年版,第58页。

⑤ 亚里士多德:《解释篇》,秦典华译,载苗力田编《亚里士多德全集》第一卷,中国人民大学出版社1990年版,第60页。

个必然是真,另一个必然是假,虽然其中一个更有可能,但并不能断定它就是真实的,或就是虚假的。"从而对自己提出的难题提出了一个解决方案,即二值原则是有效的,然而就偶然的事件来说,它的发生并不因为此原则的逻辑有效性而被决定,因为并无可能在其发生之前,就其真值而言,断定涉及它的两个矛盾命题中,哪个是真,哪个为假。①

二、波爱修在《解释篇》注疏中对"海战"问题的解决方案

波爱修对《解释篇》之相应部分的注疏中所提出的解决方案首先强调了亚里士多德已经提出的解决办法,即在两个关于未来事件的单称矛盾命题中,它们的真值无法断定。对此,他在对《解释篇》的第一次注疏中说到,对关于未来偶然事件的单称命题来说,二值原则同样有效,然而,在此事件发生之前,虽然关于它的两个矛盾的命题中,有一个为真、一个为假,它们却并非是一个**确定**为真、一个**确定**为假。在更详细的第二次注疏中,他则说到,在一对关于未来偶然事件的相互矛盾命题中,其中一个是以**不确定**的方式为真,另一个以**不确定**的方式为假。②波爱修将这一点视为关于未来偶然事件与当前和过去事件的命题之间的区别。例如,"苏格拉底是被毒死的"这个描绘一个已经发生了的事件的命题,就是"确定为真",关于当前事件的命题,亦是如此。③而关于未来事件的单称命题,尤其是那些关于两可的,即可能发生、也可能不发生的事件的命题,其为真或为假,是不确定的。在他的注疏中,"确定"为真则蕴含着必然性。他在此所使用的"确定"为真的表达,以我之见与卢卡西维兹在诠释亚里士多德所提到的"断定"为真非常相似。关于未来偶然事件的单称命题之所以不"确定"为真,是因为不同于关于过去和当前事件的命题,对它们是无法加以断定的。用卢卡西维兹的解释来说,所谓"断定"其实就是表达了某个命题 p 事实上为真的思想,此思想要比单纯说"p 是真的"更为丰富。④ 这也就更容易理解波爱修的思路了:他想要说的应当就是因为过去和当前事件已经发生,相应命题从而得以断定。他并不否认关于未来偶然事件的命题具有真值,而是想说在两个矛盾的关于未来偶然事件的命题中,

---

① 亚里士多德:《解释篇》,秦典华译,载苗力田编《亚里士多德全集》第一卷,中国人民大学出版社1990年版,第61页。

② S. Knuuttila, "Medieval Commentators on Future Contingents in De Interpretatione 9", *Vivarium*, Vol. 48, Issue 1–2, 2010, pp. 78–79.

③ Ammonius, *On Aristotle's "On Interpretation 9"*, with Boethius's *On Aristotle's 'On Interpretation 9'*, trans. D. Black and N. Kretzmann, Cornell University Press, 1998, p. 129.

④ 卢卡西维兹:《亚里士多德的三段论》,李真、李先焜译,商务印书馆2010年版,第189页。

真值之分布不是确定的。这一点又建立在他的真理理论上。在第一次注疏中他说到，与事件之发生所相随的，是相应命题之为真，而命题所描述的事件之实在也就伴随着此命题之为真。① 这是一种符合论式的真理观。

就从当前和过去的事件之发生所得出的必然性而言，就像新柏拉图主义学派之前已经做过的那样②，波爱修区分了时间必然性（temporal necessity）和单纯必然性（simple necessity）③。关于当前事件的命题所涉及的是时间上的必然性，而非后者，因为亚里士多德所提到的"存在的东西当其存在时，必然存在"这一原则具有时间从句的形式。也就是说，比如只有当苏格拉底坐着的时候，他坐着才是必然的，在这同一刻他不可能站着。单纯必然性直接指涉到一个事态本身，不需要有任何限定。如波爱修的解释，就"我坐着"这个陈述而言，它当前为真，然而"坐着"这一状态并不是我所必然所处的状态，这一就当前状态所做的陈述之必然性在于当我正坐着时，对我来说坐着就是必然的。④ 此必然性是在当前状况如同所涉及的陈述所述那样的前提下才成立的。克努提拉将这种时间必然性形式化表达为"$p_t \rightarrow L_t p_t$"⑤："p"代表某一陈述，下标"t"代表某个时间点，"p_t"指的是p在此时间点为真，"L"代表模态"必然"，"L_t"则表达了此必然性是一种时间必然性的思想。在他看来，波爱修描述下的这种必然性也是一种"条件必然性"，而描述未来事件的单称命题之所以不符合这种必然性，是因为在此事件发生之前，此命题是不可被确定是真还是为假的。假如它可确定为真的话，那似乎未来之成真项在此也就被蕴含着为现实的了⑥，从而未来偶然事件之命题也就获得了这种时间或条件必然性，而这并不符合我们对此类未来事件的一般感受，至少并不符合亚里士多德本人对此类事件的态度，虽然说斯多亚派的确认为一切事件都是预定必然要发生的。⑦

---

① Ammonius, *On Aristotle's "On Interpretation 9"*, with Boethius's "*On Aristotle's 'On Interpretation 9*'", trans. D. Black and N. Kretzmann, Cornell University Press, 1998, p. 133.

② H. Chadwick, *Boethius: The Consolation of Music, Logic, Theology, and Philosophy*, Clarendon, 1981, p. 162.

③ H. Chadwick, *Boethius: The Consolation of Music, Logic, Theology, and Philosophy*, Clarendon, 1981, p. 142.

④ H. Chadwick, *Boethius: The Consolation of Music, Logic, Theology, and Philosophy*, Clarendon, 1981, p. 78.

⑤ Cf. H. Chadwick, *Boethius: The Consolation of Music, Logic, Theology, and Philosophy*, Clarendon, 1981, p. 78.

⑥ Cf. H. Chadwick, *Boethius: The Consolation of Music, Logic, Theology, and Philosophy*, Clarendon, 1981, p. 78.

⑦ Cf. H. Chadwick, *Boethius: The Consolation of Music, Logic, Theology, and Philosophy*, Clarendon, 1981, p. 78.

在波爱修看来，即便是针对关于未来偶然事件的命题 p 来说，$p \vee \neg p$ 也是必然的，或是说，$L(p \vee \neg p)$ 是普遍成立的，或用波爱修的话来说，在一对相互矛盾的命题中，必然一个为真、一个为假，就未来偶然事件而言，我们却不可分别断定哪个为真、哪个为假。因为关于未来偶然事件的命题，是不确定且会变化的。① 就这一点，他还特意指出了斯多亚派对亚里士多德注疏的偏失之处：按斯多亚派的理解，亚里士多德在此是想说，关于未来偶然事件之命题既不为真，也不为假。波爱修认为，造成斯多亚派如此注疏亚里士多德的原因，是他们将亚里士多德对"偶然（contingent）"的定义，即"不是更多地倾向是，也非更多倾向不是"，理解为关于此类事件的命题，将其认为为真或为假都毫无区分。② 然而假如认为此类命题没有真值可言的话，二值原则也就不普遍成立了。斯多亚派对亚里士多德的注疏和卢卡西维兹所提出的解决海战问题的方案具有相似之处：后者恰恰从亚里士多德海战问题的难点出发，提出了一种三值逻辑，其中，类如关于未来偶然事件的命题则既不为真，也不为假，从而获得真值为 1/2，即处在真假之间（真：1；伪：0）。③ 从而，对此类命题来说，形式为 $p \vee \neg p$ 的命题其真值则同样是不确定的，而矛盾律之形式化表达恰恰就是 $p \vee \neg p$。也就是说，限制二值原则之普遍有效性，也就等于在限制矛盾律的普遍有效性。④ 然而，众所周知，在亚里士多德那里，矛盾律为最基本的公理，即不受限制地普遍有效。从而，波爱修强调了矛盾律的普遍有效性。在缺乏符号表达工具的古代，波爱修使用自然语言表达了他对此逻辑内容的思索："至于未来偶然事件而言，必然某物**是**或不是，然而却并非必然为一件事发生**而**另一件事却不发生"。⑤ "另一件事"指的也就是与前面一件事恰恰相反的事件。使用现代逻辑符号则可表达为 $L(p \vee \neg p)$ 之普遍成立并不意味着 $L(p \wedge \neg \neg p)$ 的成立。$\neg \neg p$ 等同于 p，从而 $p \wedge \neg \neg p$ 也就等同于 p。那么，波爱修在此要说的也就是，二值原则的成立，并不意味着某个未来之偶然事件会必然发生。建立在二值原则上的矛盾律之普遍有效，即它的逻辑必然性，并不会导致所涉及的两个矛盾命题中任何一个也是必然的。

---

① Ammonius, *On Aristotle's "On Interpretation 9"*, *with Boethius's "On Aristotle's 'On Interpretation 9'"*, trans. D. Black and N. Kretzmann, Cornell University Press, 1998, p. 160.

② Ammonius, *On Aristotle's "On Interpretation 9"*, *with Boethius's "On Aristotle's 'On Interpretation 9'"*, trans. D. Black and N. Kretzmann, Cornell University Press, 1998, p. 143.

③ J. Łukasiewicz, "On Determinism", *Polish Logic 1920—1939*, ed. S. McCall, Clarendon, 1967, p. 22.

④ F. v. Kutschera, *Ausgewählte Aufsätze*, Mentis, 2004, p. 156.

⑤ Ammonius, *On Aristotle's "On Interpretation 9"*, *with Boethius's "On Aristotle's 'On Interpretation 9'"*, trans. D. Black and N. Kretzmann, Cornell University Press, 1998, p. 143.

在解释为何会出现这一情况的时候,波爱修回溯到了符合论真理观且认为,一个陈述与它所表述的事实应该相符,而事实如何,陈述也就如此,比如,在事实本身尚未得以确定的时候,陈述的真假同样不可确定。① 这一点在波爱修对《解释篇》的第二次注疏中,得到进一步的阐述:按照事实之不同类型,波爱修也划分出不同类型的命题。关于永恒的事物的真命题,则为必然,关于事物自然本性的真命题,也具有必然性,比如"火是热的"这样的命题。然而,就那些具有可能性发生或不发生的事件而言,如"我今天要洗澡",相应的命题则为偶然的。表述某一事实的命题在逻辑上所具有的模态对应了此事实本身所具有的模态。同时波爱修似乎认为,时间也具有不同的本体论地位,如过去与现在为确定的,而未来是不确定的,从而不同时间之本体地位对应了相应命题之确定或不确定性。

可见,事物本身的存在方式也就具有某一特定的模态,而存在方式之模态也就对应了关于它的命题之逻辑层面的模态。这一点在波爱修对《解释篇》的第一次注疏中,讨论亚里士多德主义与斯多亚派的宿命论的不同之处清晰可见。斯多亚派将一切事物都视为将必然发生的,而在亚里士多德主义看来,涉及自由抉择所引发的行动的,就会有偶然的事件发生。这是涉及此类事物之本性的,而非由于我们的无知而导致我们无法得知其未来的结果。斯多亚派却相信事物之必然发生且统统已被预定。尽管斯多亚学派也想保留意志自由,波爱修却指出,亚里士多德主义者们将某一类特定事物本身存在的方式视为偶然的方法是更加可取的,同时他们也可持有意志自由的观点,斯多亚派将意志视为自然倾向的方式则无法体现人的理性,因为意志之自由指的是我们可以以理性的思索而做出选择。②

三、"海战"问题的新形态:上帝的前知和人之自由意志

亚里士多德所提出的"海战"问题给后人造成了持续的困扰,他的注疏者们认为它与神学有关,并将它与异教徒的神谕或基督教上帝的前知联系起来讨论。③ 此问题的讨论大致跟随两条不同的线索:(1)亚里士多德《解释篇》中的逻辑决定论;(2)因果决定论,这是斯多亚派引入因果概念来讨论这一

---

① Ammonius, *On Aristotle's "On Interpretation 9"*, with Boethius's *"On Aristotle's 'On Interpretation 9'"*, trans. D. Black and N. Kretzmann, Cornell University Press, 1998, p. 144.

② Ammonius, *On Aristotle's "On Interpretation 9"*, with Boethius's *"On Aristotle's 'On Interpretation 9'"*, trans. D. Black and N. Kretzmann, Cornell University Press, 1998, pp. 151 – 153.

③ H. Chadwick, *Boethius: The Consolation of Music, Logic, Theology, and Philosophy*, Clarendon, 1981, p. 159.

问题的结果。《论神性》中西塞罗驳斥了斯多亚派建立在一个被预先知道的因果次序之上的关于前见的论述。斯多亚派论述到，如因果次序是早已确定的，那事物将会必然地依照此次序发生，从而无自由意志可言。为保证人的自由意志，他宁可否认有任何预知，包括神的预知。显然，奥古斯丁属于后一个传统，他在《上帝之城》第五卷第十章中提到了西塞罗的论述，并解释到上帝的全知，包括对未来事件的预见，会**导致**此事件必然发生，这个问题被称作"导致决定论的知识"的问题。① 然而在《上帝之城》中，奥古斯丁却未指出任何明确地解决上帝之预见与人之自由意志间冲突的具体出路，尽管他强调基督徒应认可这两者。波爱修所追随的则是亚里士多德的传统，尤其是他在《哲学的慰藉》Ⅳ 6 中对前见和命运的区分，突显出他与斯多亚派的不同，他认为命运是前见在时间中的展开和实现，与前见却无因果联系。②

《解释篇》的第二个悖论已涉及前知的问题：在先知道一个关于未来偶然事件的命题等于知道其为真，因为知道也就蕴含着知道其为真。亚里士多德那里所设想的（真）预言却并不具有断定的功能，波爱修也就指出，在预言时对偶然的事件则也要相应地以偶然的形式对此加以预言。他认为，亚里士多德所描述的第二个悖论恰恰是由于错误地以必然的方式对此加以预言而引起的。③ 这与上一节中所提到的他对海战问题的解决方案是相符合的，并且运用了一个源自新柏拉图主义者杨布里丘（Iamblichus）的原则：知识的模态是由此知识的对象所决定的。④ 然而当预言变成了上帝的前知之时，事态则变得更为复杂：作为世界和历史之创造者和主宰者的上帝之前知似乎具有断定的力量，从而怎样融合上帝之前知和人之自由，成为了一个棘手的问题，后者当然与未来事件之偶然性密切相关。在《解释篇》之第二次注疏中，波爱修仍然延续着真理符合论的套路解释道，既然事物存在的方式是具有模态的，那么上帝对此的相应知识同样也是与其模态相符，从而试图避开上帝之前见会带来事物之必然发生这一结论。但即便以此为出发点，从逻辑推理形式来看，亚里士多德的第二个悖论仍然是成立的，因为运用"存在的东西当其存在时，必然存在，不存在的东西当其不存在时，必然不存在"这一原则，在 p 所描述的事

---

① 马仁邦：《波爱修：从古代到中世纪》，载 J. 马仁邦编《劳特利奇哲学史》第三卷《中世纪哲学》，孙毅等译，中国人民大学出版社 2009 年版，第 22 页。

② R. Shapples, "Fate, Prescience and Free Will", in *The Cambridge Companion to Boethius*, ed. J. Marenbon, Cambridge University Press, 2009, pp. 214–216.

③ Ammonius, *On Aristotle's "On Interpretation 9"*, with Boethius's *"On Aristotle's 'On Interpretation 9'"*, trans. D. Black and N. Kretzmann, Cornell University Press, 1998, pp. 162–164.

④ R. Shapples, "Fate, Prescience and Free Will", in *The Cambridge Companion to Boethius*, ed. J. Marenbon, Cambridge University Press, 2009, p. 216.

件发生的时间 t 之前，有人或上帝预先知道了 p 将要发生，那么此时，"p 将要发生"则为真，在上帝前知的情况下，就得到了前面所说的断定，基于此原则，则获得了必然性。对此问题满意的解决必须结合波爱修的另一文本《哲学的慰藉》对时间的讨论。

波爱修在《哲学的慰藉》中使用他在《解释篇》注疏中的"单纯必然"与"条件必然"间的区分来驳斥上帝的知识导致事件发生之必然性的这一谬误推理。马仁邦指出，波爱修对"条件性必然性"的观点与他对"当下之必然"的观点紧密相连。从而，上帝对某个事件的预知所导致的必然性也就类似当前的必然性，也就是说，所涉及的那个事件本身并不是单纯必然的。① 然而在上帝认识到某一事件的时候，也就是说，当"上帝知道 p"时，那么 p 也就必然为真，或者说，则 p 所陈述的事件必然发生。这一点与当前之必然性的联系，不仅仅在于其条件句之表达形式，而且在于波爱修对上帝之认知在时间形式上的描述。

在波爱修看来，因为上帝是永恒且全知的，他知道一切过去、现在与未来的事物，然而他对这些具有时间性的事物的认识是"仿佛它们都是在现在"，他的对象则是"现在的"。② 永恒的上帝"永远可以亲临一切，可以无限地亲临任何瞬息万变的时间"，且"上帝超越一切时间运动之上的知识体现在他万事亲临的直接性中，……在他的直接知识中，一切事情好像都是在发生着一般"。③ 这样的永恒却并不服从于时间，而是时间在模仿永恒。从而上帝对所谓的未来事件的认识就不是我们所谓"预言"意义上的"预知"，因为对他未来知识的正确看法是将其视为"对某个永不消逝的即时时刻的知识，而不是对某件将要发生的事情的预知"。④

这样也就可以解决亚里士多德《解释篇》中所提到的第二个论据，以及其中所涉及的"被预先决定的悖论"了。此论据有着这样的一个意义：即便承认关于未来偶然事件之陈述本身是偶然的，并且仅把必然性赋予关于过去或当前的事件，此论据仍可带来未来偶然事件会必然发生的悖论。因为如果有所谓的预言的话，那么也就会出现有人在某一未来偶然事件发生之前也可做关于此事件为真的陈述，从而也就可得到一个形式上为"**P**F*p*"的真命题（**P**：时

---

① 马仁邦：《波爱修：从古代到中世纪》，载 J. 马仁邦编《劳特利奇哲学史》第三卷《中世纪哲学》，孙毅等译，中国人民大学出版社 2009 年版，第 23—24 页。
② 马仁邦：《波爱修：从古代到中世纪》，载 J. 马仁邦编《劳特利奇哲学史》第三卷《中世纪哲学》，孙毅等译，中国人民大学出版社 2009 年版，第 23 页。
③ 波爱修斯：《神学论文集 哲学的慰藉》，荣震华译，商务印书馆 2012 年版，第 210—212 页。
④ 波爱修斯：《神学论文集 哲学的慰藉》，荣震华译，商务印书馆 2012 年版，第 212 页。

间逻辑中的过去时算子；$\mathbf{F}$：时间逻辑中的将来时算子），借着过去和当前之必然性，则可推导出 $L_{t<t1}\mathbf{F}p$。也就是说，只要有人能正确预见未来，那么将来发生他所预见的某事则是必然的。

相比之下，依照波爱修的解决办法，尽管上帝一直就知道任何事件是否发生，但他并非以我们的时间形式来认识它的。从上帝的全知并不可推导出"在一个未来事件 a 发生之前，上帝就已经（以对未来事件的认识形式）认识到 a"或是"在 t_1 之前，上帝就认识到 $\mathbf{F}p$"（p：对某一未来偶然事件的陈述；t_1：此事件之发生时间；$\mathbf{F}$：时间逻辑中的将来时算子），后者则可进一步形式化为"$\mathbf{P}_{t<t1}$（上帝认识到 $\mathbf{F}p$）"。上帝对某一未来事件之认知，是对此事件之发生之时同时的认知。从而上帝的所谓"前知"也就是他对某当前事件的认知，与此一同，在这所涉及的"预知"也就仅仅是一种当前为真的陈述所蕴含的当下之必然性了。所谓的"前知"也就只不过是一种不是非常规范的语言表达形式，而其真正的含义在于表达上帝所处的永恒与我们的时间之间的区分。

本节前文提到过，事实本身所具有的模态与其所相应的陈述之模态是吻合的。而波爱修则认为，上帝的前知并不改变事物本身的性质，因为"上帝的预知并不是改变事情的本性和特性的"。① 从而，他所"预见"到的偶然事件并不会因为他的预知而变成必然的，虽然"就时间而言，事情终将发生"，从而可以解释上帝知识之必然性和偶然事件（特别是属于人之行动领域的，发自人之自由意愿的偶然事件）之间的关系。上帝对某一偶然事件的知识只是由于其当下性而为必然，因为如同上述，上帝对任何对象的知识之时间性是如同当前的，而这样的一种必然性是条件必然性，然而就事物本身的发生以及相关命题而言，却保留其偶然性，是"自由而不受约束的"。②

综上所述，波爱修在《哲学的慰藉》中对此问题的解决方案虽然延续他在《解释篇》中体现出来的亚里士多德传统，但也展现了柏拉图主义的一面：在他看来延续的时间是对永恒的模仿，从而上帝在其永恒的临在中所预见到的事件，也将在其发生的当下所发生，因为时间中的当下恰恰是对永恒的临在之模仿。将此柏拉图成分融入他的《解释篇》注疏中已经提到的两个源自亚里士多德的解决方法，即把未来偶然时间之陈述的模态视为与其存在模态相符，认为其为真或假是不确定的，同时坚持二值原则；且把关于此类事件的知识的模态也视为与其存在模态相符，从而可避免逻辑决定论。融入柏拉图关于时间

---

① 波爱修斯：《神学论文集　哲学的慰藉》，荣震华译，商务印书馆2012年版，第212页。
② 波爱修斯：《神学论文集　哲学的慰藉》，荣震华译，商务印书馆2012年版，第212-213页。

的理论,则使得波爱修也能够解决基督教背景下出现的上帝之前知和人的意志自由的问题。所以,在 Shapples 看来,波爱修的论述虽然建立在亚里士多德、其注疏传统以及新柏拉图主义的要素之上,比如,区分了条件性/时间性的必然性和单纯必然性、关于某一事物命题之模态与此事物本身之模态的对应、以及永恒的临在的概念,然而,只有他将这些要素结合在一起,从而给予了从未来偶然事件问题中所扩展出来的上帝前见与人之意志自由的问题一个满意的解决方案。①

(本文原载于《世界哲学》2017 年第 5 期)

---

① R. Shapples, "Fate, Prescience and Free Will", in *The Cambridge Companion to Boethius*, ed. J. Marenbon, Cambridge University Press, 2009, pp. 216 – 220.

Knowing the Changes: The Comparative Analysis of Buddhism and Chinese pre-Qin Philosophy

KANAEV, Ilya (汉伊理)

In this paper, I shall question the widespread idea that although pre-Qin Chinese culture was a fertile ground for the doctrine of Buddhism, the core principles of the latter were very different from it, and it was a subsequent development within China that transformed Buddhism in coherence with the spirit of the Chinese culture. Relative completeness of the Buddhist worldview and scholar systems before its spreading across China allows reviewing only its fundamental notions: causality (*karma*), discrete description of perception (*dharma*), the non-presence of the Self (*anatmavada*), the non-duality of illusion (*samsara*) and awakening (*nirvana*). Since Confucian philosophy was the primary opponent for Buddhism, I will focus on the classical texts *Zhou Yi* (《周易》), *Da Xue* (《大学》) and *Zhong Yong* (《中庸》), which originated before the spreading of Buddhism. The concepts of *changes* (易), *investigation of things* (格物) and *sincerity* (诚) are analyzed. Thus, the current research focuses on the principles of Buddhism and pre-Qin Chinese philosophy before their interlacement. The conclusion reveals the essential similarity between the epistemological tenets of pre-Qin Chinese philosophy and Buddhism. Thus, it is claimed that the spreading of Buddhism across China was not the invasion of an alien worldview, but the renewing of the culture in accordance with its foundational principles.

* * *

One of the central ideas of the Buddhist ontology is that previous actions determine the following events (Kalupahana 1975). It came from the ancient Indian philosophy as the concept of *karma*, which original meaning was the action of sacrifice to the higher creatures/communication with natural forces (Stepanyants 2011). In the beginning, performing a sacrifice (*karma*) was a Brahman's privilege, and this notion implied possessing knowledge about the result (*phala*) of actions or being aware of one's own deeds. Further, it was extended to any human activity and became the general idea of personal responsibility for one's actions with no difference, if one knows their consequences or not. Buddhism starts from the point of lack of knowledge (*avidya*), guides through eliminating it, and reaching the awakening (*buddha*). Thus, the practice of Buddhism could be understood as the method of possessing the state of being aware of one's own actions and their outcome (*prajna*). It could be described as the investigation of causal connection given in the Reality. Epistemology of Buddhism describes the experience as a constant interchange of individual pure states of being called *dharma* that embrace object and the subject of perception (Shcherbatskoy 1923). They are finite in number, and their distinction is one of the main realizations of wisdom (see Vasubandhu). Such a phenomenologically-atomic description is the reason for understanding cognition, not as the process of enriching oneself (as it is in the Western philosophy) but avoiding the state of being unaware (*avidya*). Particular states of Being change one another just like frames of the video and the law of causality is the only principle that creates continuity of experience and personal history.

The concept of continually changing states of Being, which are united only by means of causality, led Buddhism to the idea of the non-presence of the Self (*anatmavada*). It means that human belief in the existence of some inner essence is just an illusion. States of Being are gathered in 5 groups of experience (*skandha*), which form a particular body, mind, and consciousness. It is interesting that some modern scientists go quite the same way: they claim human personality to be nothing more than our habit to form the experience (Ryle 2009); humans mount their narrative as there is some Self (Dennett 1987, 2017). Progressive elaboration on the principle of causation (*karma*) and the idea of non-presence of the Self (*anatmavada*) led Buddhism to the most important statement of Mahayana tradition: the *non-duality* between the state of awakening (*nirvana*) and state of illusion (*samsara*), see (Nagarjuna). The Sanskrit word *samsara* means passing through different states of Being (Stepanyants 2011); these states of Being (*dharma*) are causally determined by each other; hence no one really exists by itself, except their totality. Therefore, the state of awakening (*buddha*) embraces all possible states, while being in illusion (*samsara*) is just locking oneself in some particular state of Being, without the awareness of its potential interconnection with the others. The one who could comprehend the totality of all possible states of Being become the *Awakened* (*Buddha*): causal connection does not rule them anymore, because all possible states of Being are equally available, giving freedom to any transformation.

* * *

The idea of *Change* is acknowledged to be essential for Chinese culture. However, very often, its sequence is claimed to be mystical or incognizable. Quite demonstrative is the text of Zong Mi's (宗密) *Foundation of Human Being* (《原人论》) (Zong 2019). Such views could be caused only by the task of polemic. To demonstrate its insolvency, I will appeal to *The Book of Changes* (*Zhou Yi*, 《周易》). It is believed that *Wen Wang* (文王) meditated about the profound principles of the Universe during his imprisonment by the last ruler of the Shang and established the core of *The Book of Changes*: the sequence of the hexagrams and the initial judgments to them—*Yi Jing* (《易经》). It was elaborated by the *Zhou Gong*, *Confucius*, and generations of scholars-until it became the classical treatise *The Book of Changes* (《周易》) (*Zhou Yi* 2018). It obtained the traditional form not later than during the Warring States period: it is justified not only by the textual analysis (Li 1978; Liu 1986; Feng 2005); *The Book of Changes* that was found in Mawangdui and dated back to the 3rd century BCE, represents the classical structure, including a description of the foundational principles of Changes (see Yu 2013).

Zhu Xi said: "The Book of Changes is the book for divination." (Miao 2019) The different forms of divination had started from the *oracle bones*, which were the official practice during the Shang dynasty and dated back to the 33rd century BCE (Li 2001, 57; Flad 2008, 409). Contemporary pieces of research acknowledge that the practice of the *stalk divination* (the original method of casting a hexagram) appeared later than the practice of the *bone divination*, but simultaneously with the practice of the *turtle shell divination*, (see Zhang, Liu, and Shaughnessy 1982; Li 2013; Li 2001, 251). The practice of the *oracle bones* and the methods of *The Book of Changes* has similarities and differences. They both share the principle of asking the Universe when some external objects are used as the carrier of the communication process. The human takes this object from the environment and modifies it: bones are engraved with the scripts—and thus become the *oracle bones*; stalks are counted according to the complicated mathematical procedure—and thus represent the particular *hexagram*. All these or similar actions are the interaction of the human being with the Universe itself: the practice of divination creates a model of some event, which interests the one who addresses the question. The underlying predisposition is that the entire world is a unity, and the current situation manifests in its every part. Thus, engraved bones or counted stalks can represent the role of the cognition subject within *the flow* of the Universe. And provide knowledge about current and future events. After obtaining such knowledge, the human being needs to make a choice, how they will act in this particular situation. Of course, the answer has to be interpreted correctly, but this is already the matter of one's skill. In the end, contemporary science requires just the same.

Along with the similarities, the practice of the *oracle bones* and the *hexagrams* have differences. The *oracle bones* use the transformation of an object to tell about the possibility of the particular affair's success in the current circumstances and apply for the ancestor's help (Keightley 1978). At the end of the Shang dynasty, the ruler utilized *oracle bones* to question about any personal inquiry, so the practice of divination transformed from a cognition tool to the justification of the ruler's superiority (Keightley 1979). Thus, it is an entirely personal practice to question the Universe about any action of a human being. The system of hexagrams provides a much more concrete answer, which emphasizes the overall harmony of nature and society. The historical myth given by Zhu Xi (朱熹) explains the origination of this system: "*Fu Xi established the eight trigrams… eight trigrams interlace and form the 64 hexagrams—that is what the Initial Heaven's order teaches about.*" (Zhu 2017, 262) It is evident that the system of *Changes* (易) is a result of a long historical process and was not created by a particular man. Nevertheless, dividing hexagram into the two trigrams represents its most elaborated form that was implied from the beginning. Within the hexagram, the top trigram represents the *outer environment* (外), and the bottom trigram represents the *inner state* (内) of the human being (see Zhu 2017, 29). There can be *favorable* (吉) or *unfavorable* (凶) combination of the inner and the outer, which depends on the tasks and intentions of the subject. In some cases, one should perform the leader's role, in some cases, they should follow the orders; it can be the possibility to cross a great stream or not (succeed in a risky attempt); it can be favorable to meet the great person or to manifest the one's self-superiority. In all the cases, the outcome will depend on the correspondence between the subject's activity and the circumstances. The interaction between the inner and the outer is the logical foundation of hexagrams, while their names, particular judgments, and concrete recommendations already belong to the later elaboration. If to consider full numerical methods, they display the current state of affairs and its striving to transform to the other one. Hence, there are two hexagrams, which represent one of the 4096 possible states of being. All these facts presuppose principal possibility to know and modify the forthcoming, and the *Changes* (易) is one of the most ancient systems that reveal a mutual interconnection between human activity and the Universe.

A concrete example of the interaction between human actions and their outcome is given in one of the essential Confucian treatises, *The Great Learning* (《大学》). It is said there: "*For each one there is only one foundation—it is in cultivating their own body and mind... The one with the will to cultivate their body and mind first makes straight their own heart. The one with the will to make straight their own heart first reaches sincerity in their states of being. The one with the will to be sincere in their states of being first extends their knowledge. Extension of knowledge is in the investigation of things.*" (*Da Xue* 2017, 250) In Chinese philosophy, the *investigation of things* (格物) was interpreted in many ways but mostly considering what the *investigation* is. Whereas, the notion of a *thing* (物) seems to be very simple and naturally understandable, especially for the one from Western culture. Therefore, it is worth considering its meaning. In the Chinese writing system, the 物 pictogram unites two images: an *ox* and a *stabbing knife*. The latter is a standard image for a *tool* (not a weapon) and can denote a *plow* or a *hoe* [as it is in the pictograms for an *advantage* (利) and many others]. Therefore, it represents a standard agricultural tool. *The Practical Dictionary of the Yinxu Oracle Bones* (《殷墟甲骨文实用词典》) explains the sense of combining an *ox* and a *plow* as the *action of plowing* (Ma 2014, 32). The same definition is given in the *Shuowen Jiezi* (《说文解字》) —it is *leading an ox* (Xu 2007, 54). The plowing is an action of the environmental transformation and one of the essential features of the civilized society. That is why the first meaning of the 物 pictogram is not some external material object, but the transformation of the environment. Therefore, the concept of *action* or even *labor* is much closer to the initial meaning of the character 物. Already cited, the first chapter of the *The Great Learning* reads: "*Things have roots and branches, affairs have ends and beginnings*" (*Da Xue* 2017, 249). The character for the *affair* (事) depicts a composition of a *hand* and a *brush that crosses a mouth* it is an *act of writing the words*. The *Shuowen Jiezi* defines it as an *official duty* and utilize it as the definition for a *scholar* or an *officer* (士) (Xu 2007, 140, 18). Moreover, the Chinese classical and modern texts both use the combination of the analyzed characters 事物 to denote the things and affairs much more in the sense of some actions, but not a list of the items. According to this, it is possible to interpret the bounding of the *things* and the *affairs* in one concept as a description of the two main spheres of the human activity: the physical and the mental labor①. If the *things* (物) denote the various activities of a human being, their *investigation* (格) must start from realizing the human abilities—or reaching the self-awareness. Continuity of such self-awareness is the extension of knowledge to the utmost. "*When knowledge is complete, then one's own states of being are sincere. When one's states are sincere, then one's heart could be straight. When the heart is straight, then the body and mind could be cultivated. When the body and mind are cultivated, the family could be regulated. When the family is regulated, then the country could be governed. When their own country is governed, then all the land could be pacified.*" (*Da Xue* 2017, 250)

The following text in Confucian Four Books, *The Doctrine of the Mean* (《中庸》), consider metaphysical principles of transformation the Universe and pays much attention to the concept of *sincerity* (诚). What is to be s*incere*? It is "*not deceiving neither others nor oneself*". Deception is not creating completely new—it is rearranging the connection between real things or affairs regarding own desires. Very often desired thing just should not be, according to the natural sequence of Change. Deceiver knows or feels it, therefore deceive others or oneself, because he is not able to change the real case. Therefore, deception is an attempt to introduce one's own causality to Reality. Inevitably, it leads to enhancing the confrontation. Deception is for the small man, while the sage has no controversies with the Reality; hence, there are no obstacles for their self-realization. *The Doctrine of the Mean* (《中庸》) reads: "*Only one who has reached utmost Sincerity can reveal their nature completely. The one who can completely reveal their nature can fully reveal the nature of people. The one who can reveal the nature of people can fully reveal the nature of things. The one who can reveal the nature of all the things can maintain Time and Space in creation and formation. The one who can maintain Time and Space becomes equal with them.*" (*Zhong Yong* 2017, 335) As it was mentioned above, the notion of *thing* is a common interpretation for 物, which original meaning tells much more about one's actions and even labor—but not the list of the external objects. Thus, the sense of phrase given above is apparent: the one who does not deceive oneself about the existed inter-

---

① There can be an accusation in using modern language to interpret ancient Chinese notions because the concept of labor, the subject, the object, and their interaction in the cognition process definitely belongs to the contemporary culture. However, the very attempt to write about Chinese philosophy using modern English—just saying *thing*s instead of writing the pictogram (物) already transforms and replaces it with a very concrete interpretation.

connection between their actions and outcome can manifest their intentions without any obstacles. The one who is aware of their intentions also possesses knowledge about the aspirations of the others. The one who knows the aspirations of others can succeed in their efforts. The one who succeeds in their efforts becomes the source of transformation, like Time and Space. The *Self* of such a man or a woman becomes equal to the whole Universe. When the *Self* embraces all, it can be said that there is no *Self* at all, and only then the knowledge reaches its utmost (知至).

* * *

From the very foundation, the Chinese culture emphasizes human ability to create the future through their labor (Feng 2005, 3 – 5); the historical myth explains the origination of culture as a result of discovering essential knowledge by common people (*Zhou Yi* 2018, 607); the *Changes* (易) and other Confucian classics provide an elaborated philosophical system for acquiring knowledge about the Universe. In opposition, Indo-European myths usually talk about some supernatural forces, which provide knowledge as a gift to humanity. Therefore, the Buddhist intention to be aware of the causal interconnection of one's own actions and their outcome is much more coherent with the Chinese culture than with the Indian one, where it was banned.

References

Da Xue in *Lun Yu, Da Xue, Zhong Yong* (论语·大学·中庸), edited by Chen Xiaofen (陈晓芬) and Xu Ruzong (徐儒宗), 243 – 283. Beijing: Zhonghua Shuju (北京: 中华书局), 2017.

Dennett, D. C. *The Intentional Stance*. Cambridge, Mass.: MIT Press, 1987.

Dennett, D. C. *From Bacteria to Bach and Back: The Evolution of Minds*. New York: W. W. Norton & Company, 2017.

Feng, Dawen (冯达文) and Guo, Qiyong (郭齐勇). *Xinbian Zhongguo Zhexueshi* (新编中国哲学史). Beijing: Renmin Chubanshe (北京: 人民出版社), 2005.

Flad, R. K. Divination and Power: A Multiregional View of the Development of Oracle Bone Divination in Early China. *Current Anthropology*, 2008 (49): 403 – 437.

Kalupahana, D. *Causality: The Central Philosophy of Buddhism*. Honolulu: University Press of Hawaii, 1975.

Kanaev, I. A. The Comparative Analysis of the Buddhism and Ancient Chinese

Culture Principles. *Voprosy Filosofii*, 2019 (4): 118 – 129.

Keightley, David N. *Sources of Shang History: The Oracle-bone Inscriptions of Bronze Age China*. Berkeley: University of California Press, 1978.

Keightley, David N. The Shang State as Seen in the Oracle-bone Inscriptions. *Early China*, 1979 (5): 25 – 34.

Li, Jingchi (李镜池). *Zhou Yi Tanyuan* (周易探源). Beijing: Zhonghua Shuju (北京：中华书局), 1978/1991.

Li, Ling (李零). *Zhongguo Fangshu Kao: Xiudingben* (中国方术考：修订本). Beijing: Dongfang Chubanshe (北京：东方出版社), 2001.

Li, X. Q. Zhou (1046 B.C.E.—256 B.C.E.) Oracle Bones Excavated from Yinxu, Ruins of Yin (1300 B.C.E.—1046 B.C.E.). *Contemporary Chinese Thought*, 2013 (44): 27 – 33.

Liu, Dajun (刘大钧). *Zhou Yi Gailun* (周易概论). Jinan: Qilu Shushe Chubanshe (济南：齐鲁书社出版), 1986.

Ma, Rusen (马如森). *Yinxu Jiaguwen Shiyong Cidian* (殷墟甲骨文实用字典, *The Practical Dictionary of the Yinxu Oracle Bones*). Shanghai: Shanghai Daxue Chubanshe (上海：上海大学出版社), 2014.

Miao, Pu (苗圃). 2019. Zhuxi Yi Ben Bushi Zhi Shu Lunduan Zhong De Jie Yi Fangfa (朱熹"《易》本卜筮之书"论断中的解易方法), *Zhifu Shidai* (智富时代), 2019 (2): 879 – 880.

Nagarjuna In *The Fundamental Wisdom of the Middle Way: Nagarjuna's Mulamadhyamakakarika*, translation and commentary by Jay L. Garfield. New York: Oxford University Press, 1995.

Ryle, G. *The Concept of Mind*. London/New York: Routledge, 2009.

Shcherbatskoy F. *The Central Conception of Buddhism and the Meaning of the Word Dharma*. London: Royal Asiatic Society, 1923.

Stepanyants M. *Philosophy of Buddhism: Encyclopedia*. Moscow: Institute of Philosophy of RAS, 2011.

Xu, Shen (许慎) and Xu, Xuan (徐铉). *Shuowen Jiezi* (说文解字). Shanghai: Shanghai Guji Chubanshe (上海：上海古籍出版社), 2007.

Yu, Haoliang (于豪亮). *Mawangdui Silk Text "Zhou Yi" Transcribe and Annotions* (马王堆帛书《周易》释文校注). Shanghai: Shanghai Guji Chubanshe (上海：上海古籍出版社), 2013.

Vasubandhu in *Abhidharmakosa-Bhasya of Vasubandhu: The Treasury of the Abhidharma and Its Commentary (4 vols), translated by Lodrö Sangpo. Delhi: Motilal Banarsidass Publishers, 2012.

Zhang, Yu, Liu, and Shaughnessy. Some Observations about Milfoil Divination Based on Shang and Zhou Bagua Numerical Symbols. *Early China*, 1982 (7): 46 – 55.

Zhong Yong in *Lun Yu, Da Xue, Zhong Yong*（论语·大学·中庸）, edited by Chen Xiaofen（陈晓芬）and Xu Ruzong（徐儒宗）, 243 – 83. Beijing: Zhonghua Shuju（北京：中华书局）, 2017.

Zhou Yi in *Zhou Yi*（周易）, edited by Yang Tiancai（杨天才）and Zhang Shanwen（张善文）. Beijing: Zhonghua Shuju（北京：中华书局）, 2018.

Zhu, Xi（朱熹）. *Zhou Yi Ben Yi*（周易本义）. Beijing: Zhonghua Shuju（北京：中华书局）, 2017.

Zong, Mi（宗密）. *Huayan Yuanrenlun Jiaoshi*（华严原人论校释）. Beijing: Zhonghua Shuju（北京：中华书局）, 2019.

黑格尔静态"超感官世界"的逻辑生成

李逸超

在《精神现象学》的"意识"环节,"力与知性"一章向来都被视为最难理解和阐释的篇章。自其诞生以来,黑格尔提出的两个超感官世界(分别为"规律的静止王国"和"颠倒的世界")就成为黑格尔(精神现象学)研究中一直无法绕过、却迄今未获突破的难点。伽达默尔在其《颠倒的世界》之开篇就指出:"颠倒的世界在黑格尔意识的经验史里是整体联络中的最难的章节之一。"① 因为"颠倒的世界"作为第二个超感官世界实际上是对静态超感官世界(也即第一个超感官世界)的"颠倒(verkehren)",并且这一"颠倒"事实上是"正—反—合"这一思辨逻辑之普遍能动形式的"反题"环节(在本章脉络的微观局部中)对静态"规律"这一"正题"的辩证否定②,并最终以会归其具体的"合题"为目的——一方面(精神现象学)体现为由"意识"到"自我意识"的过渡,另一方面(逻辑学)体现为由"现实性"范畴到"概念论'主观逻辑'"的过渡③,所以要真正解读出黑格尔在"力与知性"一章的整体性核心关切并厘清其完备的逻辑理路,就必须以对"第一个"静态超感官世界的深刻并充分的把握为前提。另外,因为这一章节涉及黑格尔对当时自然科学和自然哲学之最高成就④的思辨式批判,而且这种批判在文本中是在"规律的静止王国"这一静态超感官世界"生成"之后才集中显现出

---

① H. Gadamer, "Die verkehrte Welt", in *Hegel-Studien* (Beiheft 3), hrsg. Friedhelm Nicolin und Otto Pöggeler, H. Bouvier u. CO. Verlag, 1966, S. 135.
② 此处旨在指出具体细节中内涵着普遍整体的规定,进而通过普遍来联络、组织具体的离散细节,以揭示黑格尔哲学细节中内涵的整体性。福尔达(Fulda)认为"尽可能确切地分析黑格尔思想形式"的工作(Fulda, 1966: 75),才是在黑格尔研究中罕见的并且真正有价值的研究。在《精神现象学》中,这种由"反题"对"正题"的辩证否定引起的"颠倒"不仅存在于此处的"颠倒的世界"中,也存在于"自我意识"一章"主奴关系"中的"弱悖反"现象中(vgl. Li, 2019: 134ff):"主人展示出,其本质是其所想要是的东西的颠倒者。"(G. W. F. Hegel, TWA 3, S. 152,文中对黑格尔著作的引用仅标注著作缩写)
③ 规律之"颠倒"和"现实性"概念具有逻辑关联。(vgl. Siep, [2000] 2018: 96f)
④ 伽利略的"自由落体定律"、开普勒的"行星运动定律"、牛顿对力的不同形式的区分定义及其"万有引力定律"(vgl. TWA 3, S. 121ff)以及康德在《自然科学的形而上学始基》中对牛顿力学的自然哲学式的反思和把握。

来，所以只有首先准确地把握作为黑格尔批判标靶的这一静态"超感官世界"的完备内涵，我们才能真正理会黑格尔批判的具体对象和细节。

尽管在迄今的《精神现象学》阐释中，哲学史和概念史的维度一直处于主导地位，但《精神现象学》中确实内涵着完备的逻辑规定："1807 年的现象学被建构在逻辑的基本要素的序列上，此序列与黑格尔当时的逻辑构想一致并且在现象学中具有统一性的功能。"① 虽然以哲学史、概念史的方法来阐释黑格尔的《精神现象学》一方面能够在与其他哲学形态的"对话"中自然而然地跳脱黑格尔术语体系的束缚，并通过与哲学史上的相关哲学体系的"论争"来打开研究视域。但另一方面，这种研究往往因为没能精确定位"意识形态"底层的"逻辑理念"，而"任意"选择哲学史上相关哲学形态以作为阐释相关项。伴随这种"任意性"的是在文本诠释中的"牵强附会"和"众说纷纭"。黑格尔在《精神现象学》的"导论"中强调了"意识形态的完整序列"的"必然性"②，在"绝对知识"的结尾指出了"纯粹概念及其进展（Fortbewegung）仅仅系于其纯粹的本质性［逻辑理念］"③，并指出研究《精神现象学》可以在"意识形态"中去反思其"逻辑理念"："每一个科学的抽象要素都对应一个显现着的精神的形态，［……］在诸多意识形态的这一形式中去认知科学的诸多纯粹概念，构成了科学的实在性的方面。"④ 这里的"科学的抽象要素"即是"逻辑理念"，而在"意识形态"中去认知意识形态背后的"科学的诸多纯粹概念"，能够在现象中还原具有逻辑实在性的逻辑范畴，进而确定意识形态现象的实质意义。

综上，我们有理由通过聚焦于静态"超感官世界"之生成的微观局部，在意识经验的"显性"陈述中揭示出如下"隐性"逻辑范畴序列：

（1）由"物质"到"力"：物质的"展开—收束（Entfaltung und Reduktion）"与康德的"斥力"和"引力"概念。（由"整体和部分的关系"进展到"力和力的表现的关系"）

（2）由"力的表现"到力的"反思进自身的存在（Insichreflektiert-

---

① H. F. Fulda, "Zur Logik der Phänomenologie von 1807", in *Hegel-Studien* (Beiheft 3), hrsg. Friedhelm Nicolin und Otto Pöggeler, H. Bouvier u. CO. Verlag, 1966, S. 78.
② G. W. F. Hegel, *Phänomenologie des Geistes* (Abk. TWA 3), Suhrkamp Verlag, 1970, S. 80.
③ G. W. F. Hegel, *Phänomenologie des Geistes* (Abk. TWA 3), Suhrkamp Verlag, 1970, S. 589.
④ G. W. F. Hegel, TWA 3, S. 589. 与此相应，黑格尔将作为"展示出来的科学（demonstrierte Wissenschaft）"的《精神现象学》视为他旨在揭示"纯粹本质性的本性"的《逻辑学》的批判性导论（vgl. TWA 5, S. 17f）。

sein)"：知性意识和对象内部纯粹反思的确立。（由"力和力的表现的关系"进展到"外在和内在的关系"）

（3）由"映像（Schein）"到"规律"：纯粹反思的"自在"实体的确立及其对现象世界"映像"的"接纳（aufnehmen）"。（由"外在和内在的关系"进展到"绝对者"范畴）

一、由"物质"到"力"：物质的"展开—收束"与康德的"斥力"和"引力"概念

在《精神现象学》中，"物"是"知觉"的对象，而当意识进展到"知性"环节时，它的对象就从"物"进展到"物质"。在此我们不追踪由"物"到"物质"的进展，而是聚焦知性在"物质"中对"力"的经验："诸独立地被设定的东西［即诸多物质］直接地过渡到它们的统一性，并且它们的统一性直接地过渡到展开，而这个展开又回到这收束。但这个运动，就是那被称作力的东西。"① "力"是从"物质"的现象——展开与收束——中被知性意识经验到的。知性意识的如上经验，在哲学史上映射于康德在《自然科学的形而上学始基》中通过"斥力"和"引力"对物质的建构。康德通过斥力来解释物质之展开自身成为诸多部分，通过引力来解释物质之收束诸多部分而成为一个整体。② 正是这两种力的动态平衡维系着物质形体的实存："康德［……］在其自然哲学中将诸多物质的形体理解为诸多力——也即引力和斥力——的平衡。"③ "物质"与"力"的概念在康德"自然形而上学"中紧密相关："众所周知，康德用斥力和引力建构起了物质，或者至少，如他自己所言的，建立了这个建构的诸多形而上学要素。"④

此外，黑格尔在这里讨论的物质之"展开—收束"的双向运动，也与他

---

① TWA 3, S. 109.
② 物质之统一性的"展开"对应的是康德的"斥力"："物质通过它的所有部分的斥力，即通过一个对于它而言本己的延展力，充满它的诸多空间。"（Kant, 1977: 31）物质之"收束"到统一性对应的则是康德的"聚拢力""引力"："仅仅在物质的诸多排斥着的力中，所有空间都将变成空的，以至于根本没有物质在那存在。故而一切物质需要赋予其实存一些力，这些力是对立于那些延展着的力被设定的，即一些聚拢的力。"（ebd. S. 40）黑格尔在《哲学全书》的《自然哲学》中的"B. 物质和运动：有限的力学"一章中，明确提到了康德在《自然科学的形而上学始基》中通过引力和斥力对物质的建构，并将对立的"引力"和"斥力"统一于"重（Schwere）"（vgl. TWA 9, S. 61）。
③ L. Siep, *Der Weg der Phänomenologie des Geistes*, Suhrkamp Verlag, [2000] 2018, S. 92.
④ G. W. F. Hegel, *Wissenschaft der Logik* Ⅰ, Ⅱ (Abk. TWA 5–6), Suhrkamp Verlag, 1969, S. 201.

在《逻辑学讲演录》中提出的关于物质的第三个问题——"物质是单一的（einfach）还是复合的（vielfach）"①——紧密相关：一方面，单一的物质整体在自身内部通过斥力延展为诸多部分（由单一整体过渡到部分之复合）；另一方面，诸多单一的物质部分通过彼此之间的引力收束为一个复合的整体。物质的"一"与"多"进行着辩证的交互过渡。"单一"与"复合""整体与部分的关系"蕴涵在康德对物质的建构中："这里所考察的关于一和多的诸多纯粹规定，及其彼此的诸多关系［……］为引力和斥力［……］奠定基础。"② 在康德自然哲学视域中，"物质"在"整体"与"部分"、"引力"和"斥力"中的交互辩证运动，是黑格尔《精神现象学》中"力"概念之生成的最切近的本源。

对此，邓晓芒用斯宾诺莎的实体学说加以阐释。③ 这种阐释有两方面的不足：一方面，缺少黑格尔其他文本中的相关论述作为论据；另一方面，忽略了其中内涵的"逻辑级次"。对于第一个方面，尽管按照黑格尔的逻辑范畴序列，斯宾诺莎的实体学说对应的不是"本质的关系"范畴，而是其后的"现实性"范畴（vgl. TWA 6，S. 195ff），因为逻辑理念至此才从"外在和内在"的反思关系深入到"实体"概念（ebd. S. 186ff）中去。但这并不意味着"力与知性"中完全不存在斯宾诺莎的思想要素。黑格尔在《对行星轨道的哲学阐释》的第八个论题中写道："理性悬设的物质（概念）［……］是斯宾诺莎主义的原则。"④ 因为"物质"也是"力与知性"的主要概念之一，所以"力与知性"这章确实内涵斯宾诺莎哲学的要素。事实上，"力与知性"开篇的"无条件的共相（das Unbedingt-Allgemeine）"（vgl. TWA 3，S. 107ff）就已经内涵斯宾诺莎哲学的"抽象"原则。但它在此也仅仅如此，而并不直接等同于斯宾诺莎的"实体"。⑤

在黑格尔的《逻辑学》中，"整体与部分的关系"就是"一"与"多"的关系，而"力和力的表现"的关系，也恰恰从"一"与"多"的关系中进展而来。（vgl. TWA 6，S. 170f）知性意识在物质的"展开—收束""排斥—吸引"中反思并把握到"统一部分"和"拓展整体"的绝对动因，并且认识

---

① G. W. F. Hegel, *Vorlesungen über die Wissenschaft der Logik* (Abk. GW 23, 1), Felix Meiner Verlag, 2013, S. 4.

② G. W. F. Hegel, TWA 5, S. 201.

③ 参见邓晓芒《精神现象学句读》第二卷，人民出版社 2015 年版，第 388 - 390 页。

④ G. W. F. Hegel, *Schriften und Entwürfe* (1799—1808) (Abk. GW 5), Felix Meiner Verlag, 1998, S. 227.

⑤ 斯宾诺莎的"实体"概念直至"力与知性"之"自在实体"（绝对普遍者：das Absolut-Allgemeine）环节，才真正出现。

到这种绝对动因来自物质自身。正如莱布尼兹将"力"规定为能动的"实体的形式"①，洛克将"属性"解释为"实体的力"（vgl. Siep 2018：92）一样，知性在这里也将物质自身的这种抽象不可感知的能动形式，命名为比客观物质更为本质的"力"。力是物质的"形式"，而反过来（据黑格尔的逻辑规定）物质是力的"基础存在（das Bedingtsein）"（TWA 6，S. 173），是力的"存在着的直接性的要素"（ebd. S. 173）。因为，力是从物质、从其"基础存在"上"反思到的东西"（ebd. S. 174），在这个意义上是"被被设定的存在"（ebd.），所以力"从属于实存着的物或者物质"（物：Ding；基础存在：Bedingt-sein）②。

"力"作为物质的能动形式，至此已成为知性之新的"知识"。按照整个《精神现象学》的主导线索——"在知识的改变中，对于意识而言，对象实际上也改变其自身"（TWA 3，S. 78），知性现在的对象已经从原先的抽象"物质"，进展为被"力"策发并浸透在力中的运动现象（力的表现）："力作为诸多独立的物质之在它们的存在中的拓展（Ausbreitung）就是力的表现"（ebd. S. 110）。聚拢自身为整体，又展开自身为部分的物质，即处于"整体和部分的关系"这一逻辑规定下的物质，现在进展到了"力和力的表现的关系"中的逻辑规定："力是否定的同一性，整体和部分的矛盾已然自身消解进其［同一性］中，是那第一个关系［整体和部分的关系］的真理。"（TWA 6，S. 172）像康德那样，将"物质"放在"整体和部分"的关系中来规定，虽已蕴涵着对"物质"的"形式"规定，但这一规定却是"外在的"机械性形式，而不是"力"这种内在于物质中的活形式："整体和部分是无思想的关系，［……］它虽然有诸多的形式规定，由此，它的独立物质的杂多被联系到一个同一性中，但这种同一性却外在于独立物质的杂多。"（ebd. S. 172）知性意识从物质的"展开—收束"中经验到更为本质的力作为物质本身的能动形式。隐藏在这一"意识形态"背后的"科学的抽象要素"，则是"整体和部分的关系"以及接下来要予以分析的"力和力的表现的关系"这种逻辑规定。

二、由"力的表现"进展到力的"反思进自身的存在"：知性意识和对象内部"纯粹反思"的确立

意识在"知性"环节达到了"反思"的层次："对于我们而言，这个［客

---

① 莱布尼兹：《新系统及其说明》，陈修斋译，商务印书馆2002年版，第27页。
② 在黑格尔的逻辑规定中，物质和形式来自"物"的"离解（Zerfallen）"：物的质料和物的形式（G. W. F. Hegel, TWA 8, S. 260）。

观且自身反思着的]对象通过意识的运动就这样生成了,即意识纠缠进对象自身的生成中,并且在两个方面的反思是一样的,或者说仅仅是一个反思。"(TWA 3, S. 108)。反思是一种——由此及彼(此⇌彼)——中介返还(reflectere),它同时发生于意识和对象自身中。在对象方面,它之前体现为物质之"一"与"多"(整体⇌部分)的交互过渡,现在体现为作为"能动形式"的"力"和作为物的"实在质料"的"物质"的交互过渡(形式⇌物质)。物质和力的这种反思着的交互过渡,有其逻辑上的动因。它们分别是"被反思的同一性及其直接的定在"(TWA 6, S. 173)。力和物质因为要扬弃其"直接性"而进入反思关系:"就二者是在先的并是直接的而言,它们在其自身扬弃其自身并且过渡到了它们的它者;那个力过渡到其表现,并且外在者是消逝着的东西"(ebd.)。直接性的"抽象"环节,必然进入"否定理性的"辩证环节(vgl. TWA 8, S. 168ff),这种普遍的逻辑规定是直接性的"力"和直接性的"物质"之过渡到对方,即力进入力的表现、力的表现进入力的逻辑动因。"被反思的同一性"直接过渡到其"直接的定在",即"力"过渡到"独立物质";在力的这种作用下,"诸多独立的物质"便进入了"在它们的存在中的拓展"运动,即力的表现。由此,物质不再是抽象的独立物质,而是力的表现。力的表现又过渡到力,外在表现由此又消逝到力中。"形式(力)⇌物质"的反思结构,便因此进展为"力⇌力的表现"的反思结构。

力和力的表现是反思的两个极端。因为物质众多现象的策发者只是物质之"在自身内的存在(Insichselbstsein)"(vgl. TWA 3, S. 110),即只是力本身作为能动形式,所以物质的现象便被视为力这个能动形式施加作用的结果,也即被视为力的表现。在反思中,力通过力的表现来表现自身,力的表现所表现的仅仅是力——"力⇌力的表现"。因为"力"在此作为反思的"另一端"仅仅是"在自身内的存在"或"否定的同一性",所以它只在与其外在物质相关联时,才能得到充实的规定:"力作为现实的,完全只在其表现中。"(TWA 3, S. 115)在《精神现象学》和《逻辑学》中,黑格尔还讨论了力的表现的具体形式,即《逻辑学》中的"力的促动(Sollizitation der Kraft)"(vgl. TWA 6, S. 176ff)和《精神现象学》中的"力的转换(Spiel der Kraft)"①。(vgl. TWA 3, S. 113ff)对此我们不予详述,而直接通过指出隐藏在"力和力的表现关系"中的"缺陷",来导向知性意识和对象内部的"纯粹反思",也即由

---

① Spiel,本意为游戏,邓晓芒将"Spiel"译为"转换",精确地体现了"力"在"促动着的力""被促动的力"之间的转变动态。(参见邓晓芒《精神现象学句读》第二卷,人民出版社2013年版,第87页)此外,这些力的具体表现形式在科学史上有其牛顿力学关涉。(参见邓晓芒《黑格尔"精神现象学"中的自我意识溯源》,载《哲学研究》2011年第8期,第74页)

黑格尔静态"超感官世界"的逻辑生成

"力和力的表现的关系"到"外在和内在的关系"的过渡。

乍看起来,力本身和力的表现具有一种直接肯定性的关系,因为力本身只有通过其表现才显发出来,并且力的表现所表现的只是这个力本身。然而,力本身却只存在于反思和思想中,并且消逝在外在的表现中。"力"是"排它的一"(vgl. TWA 3, S. 111),尽管它是物质运动的原因,但是却是"一个另外的持存的本质"(ebd.)。二者作为物质与形式,"实在性"和"能动性","自在存在"和"自为存在"是"两个区别的独立的方面"(ebd.)。在"力⇄力的表现"的反思结构中,一端是持存于反思即思想中的力本身,一端是显现于物质之运动中的"表现"。因为在物质的运动现象中,力本身总被扬弃到"反思"中,所以力的外在表现"无非是自我扬弃"(ebd. S. 115),即前面提到的"一种消逝"(ebd. S. 116)。"真正的力"作为"排它的一"绝对不能持存于物质的运动、力的转换这种力的外在表现之中。在《逻辑学》中黑格尔更明确地将力本身和力的表现规定为"否定的自身关联"(vgl. TWA 6, S. 173),即二者并没有真正肯定地统一起来。对此否定关系,海德格尔说道:"力的存在是消逝,即作为力最初所表现出的,它曾经看起来所是的东西的消逝。"(Heidegger,[1980] 1997:170)力的表现是力的外在的东西(Äußerliches),在这个意义上是力借由显示其力量的"工具"。力从来不直接是它的工具,而是其"表现的扬弃了的存在"、从其变换中"反思进自身的存在"(vgl. TWA 3, S. 112)。在知性一侧力是反思的结果,在对象一侧力是隐匿于物质背后的动因。因为它无法持存于其外在表现,而是被逼回反思的彼岸,"力的真理因而只存留于力的思想中"(ebd. S. 115)。综上可知,力的思想和力的表现是两个无法绝对统一的极端。

因为力本身总是消逝于其外在表现中,而外在的物质现象也总"回归力本身作为回归其根据,并且仅仅是作为被力所承载和设定的东西"(TWA 6, S. 173),所以知性认知到它无法通过力的表现来把握住力,因此便转而只聚焦于"力本身"这个仅在反思中的纯粹抽象存在。此处涉及《逻辑学》中由力的"有限性"到力的"无限性"的过渡。对于力的有限性,黑格尔说:"就力的诸多环节尚且具有直接性的形式而言,它是有限的。"(ebd. S. 179)相反,当力摆脱其"直接性的形式"时,即当力摆脱其"基础存在"、摆脱其"拓展"和直接的外在"表现"而进入纯粹反思时,它就是"无限的"。与《逻辑学》中"力的无限性"相应的是《精神现象学》中力的"反思进自身的存在"。现在,知性意识已从物质及其运动现象中超越出来。在对力本身的反思中,它独立地"背向"一切杂多的对象性,从一切"直接性的形式"中摆脱出来,成为无条件的、"无限性"的力。正是在这一意义上,黑格尔说:

· 107 ·

"因而力的实现是实在性的丧失"（TWA 3, S. 115）。力从其"基础存在"中超越出来并摆脱其"直接性的形式"，就进展为无限性的力。这一被反思到的、且仅作为反思的能动活动而持存的力，即"力的概念作为概念（ihr [Kraft] Begriff als Begriff)"（ebd. S. 115）。

知性意识的对象至此已进化成"力本身"这个纯粹形式的、只在思想中被反思的对象。与之相应的"知识"也变成"力的概念作为概念"。"力的概念"即在思想中被反思到的力本身，而"概念作为概念"则更进一步强调力自在自为的独立性和超越性。它排除一切对象性，而单纯是未外化的概念和未关涉极端的、积极能动的反思本身。知性之现在的"知识"——"力的概念作为概念"——实际上便是意识侧的"知性"和对象侧的"力"之单纯在自身内的"纯粹反思"："因而，力在真理中所表现的，只是这一点，即它关涉于它者只是关涉其自身，它的消极性存在于它的积极性自身之中。"（TWA 6, S. 179）纯粹反思只是反思之积极能动的空形式（⇆），力只是关涉其自身，它是自发的反思活动、或者反思的能动性本身。

当知性意识现在把握"力本身"的时候，其反思只关涉着活动着的反思的空形式自身，诸多对象性被从中完全排除出去（排它的一）。在对一切对象性的绝对排斥中，知性意识的"知识"是内在的纯粹反思形式，成为与力一样的"内在者"（vgl. TWA 3, S. 116）。与此知识相适应的新的"对象"，即"力本身"作为"诸物的真实的背景"（ebd.），也是"对象"中的"内在者"。在黑格尔看来，"对象"一侧"诸物的反思"和"知识"一侧"意识在自身中的反思"是同步发生的。但是，因为意识始终坚持其对象的独立性和客观性，所以它在此也将"诸事物的反思与其自身的在自身内的反思区别开来"（ebd.），而没有认知到"对象"和关于对象的"知识"，即这两种反思，在意识中是一致的。"力"作为根据，承载着一切物质。在纯粹的反思和力这个绝对的基础上，力反过来成为其一切"基础存在"的、物质及其现象的"根据"，即力借以表现自身的"外在"事物是出于力自身的设定："力表现了这一点，即其外在性与其内在性是同一的。"（TWA 6, S. 179）"本质的关系"的逻辑规定，便由"力和力的表现的关系"进展到了"外在和内在的关系"。

这种逻辑规定之向"外在和内在的关系"的进展，也体现在《精神现象学》意识的经验中。伴随着知性意识纯粹反思——概念作为概念——的确立，知性意识也进入了"诸物的内在，作为内在的东西，它与作为概念的概念是同一个东西"（TWA 3, S. 116）。知性意识现在反观到其内部自发的反思空间，也即黑格尔所谓的事物的"内在者"（ebd.），作为物或物质的能动内核。这个"内在者"既是意识的内在者，又是对象的内在者。在意识中的纯粹反思是对力自身的反思,而力作为"反思进自身的存在"也是事物的核心本质。在"力的概念作为概念"的层面上,意识与对象都深入到了其"内在反思"中。外在的对象、物质的实在性及其机械运动等力的"直接性形式"都被扬弃了,这个"内在者"才是"真实者"。

三、由"映像"到"规律":纯粹反思的"自在"实体的确立及其对现象世界"映像"的"接纳"

意识每进展到一个更高的"概念"或"知识",就会在此基础上重构之前的"对象性",这些"对象性"因而便也会对意识呈现出新的对象形态。在知性意识和物质内在的"纯粹反思形式"(_⇆_)中:"力之现实性的诸要素、其诸实体及其运动[丧]失[根]据而一起坍塌(zusammenstürzen)到一个无区别的同一性中,此同一性不是那被逼回自身的力,而是力的概念作为概念。"(ebd. S. 115)前此已经指出:"力的概念作为概念"一方面是知性内部的纯粹反思形式,另一方面是自在自为的力作为"反思进自身的存在"。故而,此处"无区别的同一性"就是知性和物质内部的"纯粹反思"。力的现实性的诸要素(一切力的"基础存在"、直接性形式)之"坍塌到一个无区别的同一性中",即是说它们全部被纳入了纯粹反思的空形式中。力本身是内嵌于抽象物质中的"纯粹反思"形式、绝对的"映射"活动。物质及其现象这些力的外在性,都为力这个内嵌于物中的纯粹反思所统摄,并都从内在的力这一本源上生发出来:"力是一个生产着外在者的内在者"(TWA 2, S. 104),"被反思的同一性[力]本质上是成为它者(Anderswerden),作为其自身之进入外在性的转化"(TWA 6, S. 179)。

物质之一切直接的实在性、外在性,至此都被统摄在"力"的"纯粹反思"的同一性中。先前在"整体"与"部分"中的"直接性",以及在"力"与"力的表现"中的"外在性",都被纳入内在的纯粹反思中。因而,物质的"多"不再是物质的"一"的对立,物质的运动现象也不再是"力"的"外在表现",而是"多"被彻底扬弃于"一"中,"外在"被整体统摄进"内在"中。在"知识"侧知性意识之"纯粹反思"之光的往复照耀之下,同时也在"对象"侧力的纯粹能动作用之由内而外的显现中,物质的一切丰富属性都因为"多"之统摄于"一",而在一个总体中普遍映射着彼此。因为它们都被纳入知性的纯粹反思,都被映射到力作为其自在自为的本质。

"存在"现在成为绝对本质照耀下的透明"映像",作为"存在"和"虚无"的统一体。正如海德格尔所指出的:"力的存在在其本身是一个非存在,映现;映像在这种意义上消逝,即在某种另外的东西出现的意义上,这即是说映现（Scheinen）是显现（Erscheinen）。"① 简言之，映像即是说某物在其自身显现着它者，并且在它者中显现自身。因而它是透明的，即我们"透过"它可以"看见"内在的力，以及在此内在本质之统摄下的、由力设定的其他"映像"。先前直接的物质、物质的拓展运动、力的转换等有限形式，因而在反思的"普遍映射"下显现为"透明"的整体。"Er-scheinungen"或者"Phänomene"作为"显现出来的东西（τὰφαινόμνα）"，正是在光照（φαείνω）下才得以呈现。在力的绝对能动作用下，在知性的纯粹反思之光中，物质不再"彼此渗透而互不碰触"（TWA 3, S. 110），而是彼此普遍映照着、贯穿着。它是从力这个内在本源上映现出来的映像，并因为统摄于内在的力这个"无区别的同一性"，而在普遍映射关系中被整合为一个"整体"——现象世界："它［存在］却不仅仅是映像，而是现象，映像的整体。"（ebd. S. 116）在现象世界这个总体中，物质的任何属性作为一个"映像"都因为被关涉于其内在本质的能动作用（力）而普遍映射着。在此普遍映射中，物质的全部丰富属性——其显现状态、关系、时空特性等，例如牛顿万有引力定律中具体物质的量（M_1、M_2），其质量的乘积关系（$M_1 \cdot M_2$），彼此的距离半径（R）及其平方（R^2），以及此二者的反比例关系和万有引力常数 G 等，作为诸多"外在映像"，都被统摄于力这个"内在本质"。

面对"绝对变换着的现象"（ebd. S. 120），知性意识和对象之纯粹反思的中项是它的纯粹反思活动本身（⇆），在此中项之两端的分别是外在的"现象世界"作为"消逝着的此岸"（ebd. S. 117）和内在的本质（自在自为的力本身）作为"持存着的彼岸"（ebd.）。现象世界是纯粹反思的能动作用外化出来的结果，作为非本质的外在现象整体。而"内在的东西"，至此则进一步深化为黑格尔所谓的"自在"，作为纯粹反思能动性（也即"自为存在"）的最终来源："它［知性意识］在此［内在者］作为自在中同时有其自身的确定性或者其自为存在的要素。"（ebd. S. 116）在纯粹反思之光之向意识主体和对象客体的深入映照和反思中，知性清楚地意识到：其一，外在绝对变换着的现象是力之自发的能动反思作用之中介化、外化的产物，因而不是其本质；其二，力和知性的纯粹反思的能动作用（自为存在、主体），只能在本身持存的"自在存在"（实体）上才有其能动的纯粹反思的生发根基，因而也不是本质。那么，这一作为力的自为反思之生发根基的"自在"，便取代之前的"自为"反思活动而成为新的"本质"。在黑格尔看来，这个自在的实体是知性意识和物质之最内在的、虽尽其向内的直观却最终不能获得任何被直观者的虚无本

---

① M. Heidegger, *Hegels Phänomenologie des Geistes*, Vittorio Klostermann, [1980] 1997, S. 170.

身——"它是空的,因为它〔消极得〕只是现象的虚无,积极得是单纯的普遍者"(ebd. S. 117)。这种极度抽象的"内在者的或者知性的单纯性"(ebd. S. 120)和"自在的普遍者"(ebd.)应该如何理解呢?

伽达默尔将这种"内在者"理解为柏拉图框架下的与"知觉(αἴσθησις)"对立的"思想(νοεῖν)",将黑格尔这里的"内在的真实者""绝对普遍者"理解为"精神上可知觉的原像(νοητὸν εἶδος)"(Gadamer, 1966: 140)。这种理解的问题在于:其一,偏离了黑格尔此处的核心语境——自然哲学和自然科学(物理学)。(vgl. Siep, S. 91f, 94f)① 伽达默尔误将"柏拉图"和"基督教"视为黑格尔在此的核心关切,尽管他也指出这里"也包含当代自然科学"(Gadamer, 1966: 140),却将自然科学这一核心语境视为次要的。其二,逻辑环节上的错位。与"知觉"对立的"知性"作为"思想"在"力与知性"的开篇就已经被提出,而不需要依次经过"整体—部分""力—力的表现""外在—内在"的逻辑环节,才最终在内在反思之"自在"和"自为"的区分中呈现出来。其三,将"内在者"这一"自在"实体理解为"精神上可知觉的原像"与黑格尔对"内在者"之"虚无"特性的规定相矛盾。黑格尔明确指出:"没有对于这一内在者的知识"(TWA 3, S. 117),而且之所以如此不是"因为理性太短视或受限制"(ebd.),而是因为"在虚无中没有什么可以被认知"(ebd.)。因而,按照黑格尔的规定,我们不可能在"虚无"中发现伽达默尔所谓的"νοητὸν εἶδος"。

事实上,被邓晓芒一开始就拿来用以解释物质之"展开—收束"运动的斯宾诺莎的"实体"概念,直到这里才真正出现。将这种虚无的"绝对普遍者"在哲学史上与斯宾诺莎的实体概念相联系,具有如下理由:第一,二者具有同样的"绝对性"。如上所述,这种"绝对普遍者"是自为的反思活动和整个现象世界的绝对根基;同样,斯宾诺莎的自因实体,也因为"不需要一个他者的概念"而是"绝对的概念"(TWA 6, S. 196)。第二,二者具有同样的"虚无性"。如上所述,这种"自在"实体是"自为"的反思活动的生发根基,却直观不到这个根基之能动的生发本身,它是"虚无"并位于"意识的彼岸"(TWA 3, S. 118);斯宾诺莎的实体实际上也同样"作为对一切谓词的否定和虚无者而显现"(TWA 6, S. 187),它是"僵化的无运动性(starre Bewegunglosigkeit)"(TWA 20, S. 167)。第三,二者具有逻辑序列上的"一致性"。如上所述,在"力与知性"中,这一"自在"实体作为力的纯粹反思活

---

① 此外,迪娜·埃蒙茨也认为黑格尔在"力与知性"中所讨论的"物"是"物理学对象"(D. Emundts, *Erfahren und Erkennen: Hegels Theorie der Wirklichkeit*, Vittorio Klostermann, 2012, S. 219)。

动的原点,是"内在"反思着的力和"外在"映现出来的现象世界之新的"自在";在此根基上,具有反思关系的"外在—内在"达到了其"统一"。同样,在《逻辑学》中统一了"外在和内在"的是"现实性"范畴,而"现实性"的逻辑基底就是内涵斯宾诺莎"实体"规定的"绝对者"范畴。(vgl. TWA 6, S. 186ff)

在黑格尔《逻辑学》的规定下:"绝对者本身是绝对的同一性"(TWA 6, S. 189),并且它之所以有此规定,是"因为一切自在存在着的和显现着的世界或内在和外在的整体性的杂多,都被扬弃到它里面去了"(ebd.)。可见"绝对者"范畴的这种逻辑规定,正是知性意识对内在的、作为整个现象世界和力的纯粹反思活动之根基的"绝对普遍者"之经验的逻辑来源。并且这一"反思"与"绝对者"相对立的逻辑规定——"反思的运动与它[绝对者]的绝对同一性相对立。反思被扬弃到了同一性中,同一性便仅仅是反思的内在者,而反思由此外在于同一性。"(ebd.)——也完满地相应于知性意识上述对"自为"的反思能动活动和"自在"的绝对实体之断然两分的经验。因而,尽管黑格尔在陈述知性意识对此"绝对普遍者"的经验时,没有指出其背后的逻辑范畴是内涵斯宾诺莎"实体"概念的"绝对者"范畴,但是基于以上存在于"文本""意识经验"和"逻辑范畴"中的"一致性",我们有充分的理由将这种哲学史的映射关系确立下来。

知性意识以及对象自身不能仅仅沉湎于内在静止的虚无本质,或者仅仅涉身于变换的现象世界。相反,它的纯粹反思活动要求此两方面作为反思之两端的统一。非本质的"现象"要过渡到本质的"内在者"中;本质的"内在者"也要过渡到非本质的、外在的"现象"中:"现象是它[超感官的彼岸]的中介;或者说现象是它的本质,并实际上是它的充满"(TWA 3, S. 118)。对此,黑格尔同样在《逻辑学》中说道:"外在的东西作为杂多、特定的存在仅仅是外在的,这即是说,它被设定为非本质的,并回到了其根据,因而是内在的;这种双方彼此到对方的过渡是其作为基础的直接的同一性;然而,也是其中介了的同一性"(TWA 6, S. 185)。在外在动荡现象和内在静态本质的直接过渡中,直接性就是过渡,就是中介性;在这种直接的中介中被设定的同一性,就是外在现象和内在自在本质的辩证统一。因为双方必须进入向对方的过渡,所以作为本质的"内在的单纯性"和"自在的普遍者"将自身设定在变换的现象之中;并且反过来,现象世界中的虽则普遍映射着、但却同时绝对变换着的"映像"也设定自身到"内在的单纯性"中。外在变换着的现象和内在静止的自在实体的这种辩证统一,是黑格尔哲学对精确科学所把握到的自然规律之真理性的绝对奠基:"本质、实存、自在存在着的世界、整体、部分、力——这些反思了的诸多规定被表象为自在自为有效的、真实的存在；而与这些规定相反，绝对者是它们沉陷（untergehen）其中的根据。"（TWA 6, S. 188）黑格尔在这里的用词"沉陷"其实表达了"绝对者"的"消极"规定，并且隐含着他对整个斯宾诺莎实体学说之"僵化"、"消亡之深渊"、缺少自身生发着的"生命性"和"精神性"的批评。（vgl. TWA 20, S. 166ff）

但黑格尔在《逻辑学》中也揭示了"绝对者"的"积极"规定，它体现在表达着"积极性"的"接纳"一词中，并且与表达着"消极性"的"沉陷"相对立而体现着黑格尔自己对"绝对者"范畴和"自在"实体的真正理解。（vgl. TWA 6, S. 189）在"绝对者"的这种积极作用下，一方面充满现象世界的映像和力分别作为自然世界之构成要素和深层的自为能动作用"关涉于绝对者，或者在其自身蕴涵绝对者"（ebd.）；另一方面，绝对者也反过来"赋予映像以一种持存"（ebd. S. 189f）。在自然界的深层内核中，"绝对者"这一实在逻辑范畴，或者"绝对普遍者"这一意识所经验的"自在"实体为整个现象世界和力的自为反思活动打下牢靠的逻辑根基："这一积极的显发（Auslegung）便也遏止住有限者的消逝，并将它视为绝对者的一种表达和印像（Abbild）。"（ebd. S. 190）在《精神现象学》中，沉静的"自在"实体之所以能够磁石般"接纳"现象世界中的"映像"，并生成为"规律"作为"［知觉世界］直接的静态印像（Abbild）"（TWA 3, S. 120），也正是基于"绝对者"这一逻辑范畴在自然内核中积极地遏止映像之消逝、赋予其持存并接纳其进入必然联络的实体性力量："绝对变换的现象，通过自身关联于内在者的或者知性的单纯性而成为单纯的区别。"（ebd.）"对象"侧的这种由"内在的东西"，即"自在实体"（绝对者）所设定的"单纯的区别"，在"知识"侧就是知性意识对动态变换的映像予以静态的把握，从而使其从间接性的中介活动回到直接性的"单纯的区别"。绝对实体这种在现象中设定本质同一性的活动，作为从内嵌于自然世界的"绝对者"中显发出来的实体性力量，将一些动荡的"映像"聚拢、安顿为彼此联系着的特定必然性整体，并为此必然性奠定实体和主体的根基。由此，一方面"内在者"的虚无被"充实"起来，另一方面，外在动荡的现象被"安顿"下来。静态超感官世界之"静止"恰在于自在实体的这种"遏止映像之消逝"的安定力量："变换被设定在内在者中了，就如同它在真理中那样，因此在内在者中它作为同样绝对普遍的、静止的、自身保持等同的区别被接纳进来了。"（ebd.）现象世界中的映像被接纳进并设定于"内在者的或知性的单纯性"中，最终成为"力的规律"。它不同于康德先验哲学范围内"主体间性"的普遍必然性，是由自然世界内核的"绝对实体"（积极意义上的斯宾诺莎主义）来保障的现象世界自身的内在规律。[①]
诸多映像——例如个别物质的量（M_1、M_2），其质量的乘积的关系（$M_1 \cdot M_2$），彼此的距离半径（R）及其平方量（R^2），以及此二者的反比例关系和万有引力常数 G 等要素，是被"绝对实体"在自然界中"接纳"、聚拢的具有必然性关联的实在映像"单位"，它最终被牛顿的知性反思纳入"单纯的同一性中"—— $F = \dfrac{G \cdot M_1 \cdot M_2}{R^2}$ ——而作为"绝对者"在自然界中打下的"印像"。万有引力定律（包括一切自然规律）的客观有效性和真理性，因而建立在黑格尔于斯宾诺莎消极"实体"概念上所洞见到的"绝对者"范畴之积极和实在的设定上。

力的规律因而表达着"力"这个超感官的物理实存之深沉而确切的本质。在牛顿的万有引力定律中，力不再"消逝"于它机械"转换"着的表现中，而是作为"万有引力"在这个表达式中达到其静态"持存"。万有引力定律方程等式之右侧，是现象世界中彼此反思着、映照着的映像被纳入形式同一性中，成为"单纯的区别"：G、M_1、M_2、R^2 等抽象要素及其比例关系"/"是诸多彼此区别的要素，但是它们在此却被安顿在一起，成为一种"单纯的同一性"，因而是"单纯的区别"。位于左侧的力（F）和右侧"单纯的区别"的诸多映像之间的等号"="（方程：Gleichung），事实上象征了知性意识和现象世界中纯粹反思之"自为"能动活动"⇆"之"自在"的静止维度，即形式"同一性"的确立本身。右侧这些"单纯的区别"因为等同于左侧之关联于自在实体的"普遍"的力，所以是一种"普遍的区别"。同一性本身作为这种"普遍的区别"即是力的规律。正如现实世界中纷繁变换着的情景、事件被摄影师定格在一张静止的图像上："它［普遍的区别］在规律中，作为在不恒定现象之持存的图像中，被表达出来。超感官世界因而是一个由诸多规律构成的静止的王国。"（ebd.）

四、结论

静态"超感官世界"至此便遵循黑格尔逻辑学之层级有序的进展序列，最终被知性意识建构出来。综上可知：第一，深入静态"超感官世界"必须以对"力"的经验为前提；由"整体和部分的关系"（康德）到"力和力的

[①] 赫尔曼·德辉（Hermann Drüe）认为，在理性的层次下来看知性："理性将诸多规律把握为知性的诸多规定，而知性属于世界本身。"（Drüe，［2000］2016：254）因为在理性的视角下，规律是从属于实在世界的知性规定，因而规律也是世界的实在规定。布拉迪·鲍曼（Brady Bowman）也指出："规律必须是现象自身的规律。"（Bowman，2008：164）

表现的关系"的逻辑进展，隐藏在知性意识之由物质到力的经验进程中。第二，只有扬弃"表现"的外在性而进入力之内在的"纯粹反思"，才能把握"力的概念作为概念"；知性经验的这种深化所遵循的逻辑线索是由"力和力的表现的关系"（牛顿）到"外在和内在的关系"。第三，生成力的规律以构成静态"超感官世界"，一方面需要物质世界在力之"自为"的反思作用下映现为由"映像"整体构成的现象世界；另一方面需要力的"自在"实体（斯宾诺莎）之对"映像"的"接纳"并赋予其持存和静态的同一性（遏止其消逝）。因为自然规律——在黑格尔"绝对者"范畴的保障下——来自实体之静态的逻辑设定，所以它能被知性意识在"透明"的现象世界中"发现"为特定"映像"的"联络单位"。意识在知性层面的反思和规定，同时也是客体自身的规定。在这个超感官世界中，每一个自然规律，例如 $F = \dfrac{G \cdot M_1 \cdot M_2}{R^2}$，都同时存在于知性意识和自然客体自身的反思中。力的物理规律将"外在"变换着的现象设定在一个"内在"实体中，将"偶然"的现象设定在"必然"的规律中，正如黑格尔在《逻辑学讲演录》中将物理学意义上的力规定为："外在者之到内在者，偶然者之到必然者的转化。"（TWA 23, 1, S. 4）

综上可见，《精神现象学》中知性意识的层级经验建构在《逻辑学》"本质论"中的"本质的关系"和"现实性"范畴的逻辑序列上，作为"静态超感官世界"之生成的逻辑根基。因此本文可以被视作一种具体例证，即《精神现象学》之所以称得上科学，是因为在意识的经验序列中内嵌着逻辑理念的隐形链条。① 此外，这种对隐藏在意识的经验"现象（φαινόμενον）"之底层"逻辑（λόγος）"的发掘，可以真正还原"现象学（Phänomen-logie）"的本义，并由此明确把握《精神现象学》和《逻辑学》的差异："逻辑学"的逻辑理念是直接呈现的，而现象学的逻辑理念则隐匿在意识的经验"现象"之下，并经由深入到其根据的反思才得以呈现。

（本文原载于《哲学研究》2020 年第 3 期，内容略有修改）

---

① 《精神现象学》意识经验背后的逻辑序列，并非与《逻辑学》中的逻辑范畴头尾一贯地一一对应，而是密切关涉着逻辑理念序列的"合题"（此处即"本质的关系"和"现实性"）环节。因为只有在合题中，"实存"和"现象"（通过"本质的关系"）、"本质"和"现象"（通过"现实性"）才进入彼此的反思关系和辩证过渡中的动态生成进程。（vgl. G. W. F. Hegel, TWA 6, S. 164f, 186f）

心情与世界:《存在与时间》的情感论*

梁家荣

情感近年成为了学界之热门课题,但其实仅在40多年前,它在哲学界却属冷门研究。R. C. 所罗门(R. C. Solomon)于1976年出版的《情感》(*The Passions*)一书,现在被誉为先驱著作。作者在写于1992年的新版自序中,回顾初版时之冷门情况:

> 《情感》出版于1976年,当时情绪(emotions)这个题目在英美哲学界几乎无人问津,在社会科学界也少人注意。德国和法国之境况也好不了多少,当时新科学主义与结构主义已经遮盖了现象学和实存主义之光芒……①

所罗门此书无疑开情感研究之风气,但它仍免不了"站在巨人之肩膀上"。为其提供肩膀的巨人非止一人,其中最主要的当属20世纪50年代开始被统称于"实存主义"名下的那些哲学家,尤其是海德格尔和萨特。所罗门在新版自序中又说:"我主张:情绪本身是理性的(因此也有时是非理性的)。它们是在世界中观看和介入之方式,以海德格尔可喜的隐喻而言,即我们'被调节'(being tuned)入世之方式。"(Solomon, 1993: ⅷ-ⅸ)这里being tuned 一词就出自《存在与时间》有关情感之讨论。

一、基本用语之澄清

本文的目标是重新展释海德格尔在《存在与时间》中对情感之论述,特别是他对感遇性(Befindlichkeit)之三个本质规定。在开始讨论之前,我们需要先做一些用语上的澄清。

passion 一词,我翻译为"情感"。在我的使用中,"情感"包括情绪和心

---

* 本文系同济大学"欧洲研究"一流学科建设项目"欧洲思想文化与中欧文明交流互鉴"子项目资助课题的阶段性成果。

① R. C. Solomon, *The Passions*, Hackett, 1993, p. ⅷ.

情。passion 现时一般翻译为"热情"或"激情",我译为"情感"是取其广义或历史意义。"激情"顾名思义乃指激烈的情感,这对应 passion 现时较狭义的用法,但从前哲学史上 passion 却是一切情绪或感受之通名,不但在奥古斯丁和阿奎那中如是,即使到了笛卡尔和休谟中仍然如是。emotion 取而代之,则只是在不久以前的事(见下文)。passion 源自拉丁语 passio,原义指被受或受动,意义跟 actio 即行动或施动相对。施动与受动是变动一事之两面,原来并非专指心理现象。心理义的 passion,乃"灵魂之受动(passio animae)"之简称,我以"情感"翻译的就是此一意义。奥古斯丁以 passio 来翻译希腊语 *pathē*(Augustine, *De civitate Dei*, 9.4),前此西塞罗则译为 perturbatio 意即扰动(Cicero, *Tusculanae disputationes*, 3.4.7),两人都视之为"灵魂之变动(motus animi)"。passio 固然只是变动之一面,故此西塞罗进一步将情感规定为"灵魂之不服从理性的变动"。(Cicero, *Tusculanae disputationes*, 3.4.7)

emotion 一词,我翻译为"情绪"。从字面已可见,emotion 本义亦跟变动(motion)有关。在笛卡尔看来,émotions 一词不但笼统带有变动之义,而且似乎还是激烈的"扰动",他在《论情感》①中说:"将之称为灵魂之变动(émotions de l'âme)也许更佳,不仅因为此词可用于其中的一切变动,亦即来到灵魂上的一切不同思绪(pensées),特别还因为在灵魂可有的各种思绪中,对灵魂之躁动和震动,没有比情感更强烈者。"②以此看来,笛卡尔所谓 émotions de l'âme,正相当于奥古斯丁所谓 motus animi。根据 T. 狄克森(T. Dixon)的研究,emotion 从 19 世纪开始逐渐取代 passion 而变成心理研究之标题概念。其中最关键的人物,是苏格兰哲学家 T. 布朗(T. Brown, 1778—1820),狄克森称他为"情绪之发明人"③,并以他于 1820 年出版的 *Lectures on the Philosophy of the Human Mind* 为转变之标志,书中以 emotions 统称一切不属于感觉(sensations)之非理智性的(non-intellectual)心理状态(Dixon, 2003:23, 124)。值得一提,在布朗那里,emotions 同样是指受动的状态。

feeling 一词,我翻译为"感受"。此词之范围要广于"情绪"。布朗把情绪视为感受之一类(Dixon, 2003:23),后来心理学也跟从这一用法,例如,一部于 1905 年出版的《哲学与心理学词典》就这样描述 emotion 一词:

---

① 此书标题直译为《灵魂之受动》(*Les passions de l'âme*),我意译为《论情感》。关于笛卡尔对情感之看法,可参看施璇《论笛卡尔的激情分类法》,载《世界哲学》2018 年第 4 期,第 73 – 82 页。
② R. Descartes, *Oeuvres de Descartes* XI, eds. C. Adam and P. Tannery, L. Cerf, 1909, p. 350.
③ T. Dixon, *From Passions to Emotions: The Creation of a Secular Psychological Category*, Cambridge University Press, 2003, p. 109.

emotion 一词在英语心理学中的使用比较现代。休谟有此词，但即使他一般也宁用 passions 或 affections。当 emotion 一词变得流行后，其应用很广泛，覆盖各种各样的感受，除了那些本源上是纯粹感觉性的以外。(Dixon, 2003: 17)

这里所谓"那些本源上是纯粹感觉性的"感受，大概相当于现在所谓的"身体感受（bodily feelings）"，例如冷、暖等。由此可见，情绪可称"感受"，但某些感受却不是情绪。这其实也不是当代心理学之新发现，笛卡尔已经有此区分。(Descartes, 1909: 350)

二、感遇性与心情

海德格尔在《存在与时间》的第三章第十七节中主张，"在世存在"是"此在之本质结构"。① 这即是说："只要此在存在（ist），它就是在一世界中。"② 早在该书的第二章第十二节海德格尔已经指出，"在（In）"字用在"人是在世"和用在"衣服是在柜子"，意义是不一样的。(Heidegger, SZ, 54) 第五章接续这点，专门讨论此在之"是在（In-Sein）"。海德格尔于此提出"开启性（Erschlossenheit）"概念，用以规定人之"是在"或"在此（Da）"，他说："'在此'一词意指这本质的开启性。"(Heidegger, SZ, 132) 换言之，将人称为"此在（**Da**-sein）"，既表示他"是在世（**In-der-Welt-**sein）"，也表示他是"其开启性"。(Heidegger, SZ, 133) 海德格尔同时提出，开启性有三个"同样本源的（gleichursprünglich）"环节，即 Befindlichkeit、理解和话语。他对情感的讨论隶属于前者。

Befindlichkeit 一词，我在本文将翻译为"感遇性"。此词极难翻译，在英语就有很多不同译法，莫衷一是。③ 此词并不见于日常德语，是海德格尔从 Sichbefinden 构造出来的。④ Sichbefinden 用法很多，海德格尔所用之义，大概出自日常问候句"Wie befinden Sie sich?"⑤ 困难在于，此词的诸多意义难以用

---

① M. Heidegger, *Sein und Zeit*, Niemeyer, 1993, p. 56.（*Sein und Zeit* 以下简称 SZ）

② M. Heidegger, *Die Grundprobleme der Phänomenologie*, GA 24, hrsg. F.-W. von Herrmann, Vittorio Klostermann, 1997, p. 241.

③ Cf. M. Ratcliffe, "Why Mood Matters", in *The Cambridge Companion to Heidegger's Being and Time*, ed. M. A. Wrathall, Cambridge University Press, 2013, p. 158.

④ Cf. M. Heidegger, *Prolegomena zur Geschichte des Zeitbegriffs*, GA 20, hrsg. P. Jaeger, Vittorio Klostermann, 1994, p. 351.

⑤ Cf. M. Heidegger, *Being and Time*, trans. J. Macquarrie and E. Robinson, Blackwell, 1962, p. 172 n. 2; H. L. Dreyfus, *Being in the World*, MIT Press, 1991, p. 168.

别的语言统一表现出来。但既然 Befindlichkeit 也是海德格尔所自制，我们也不妨自制一词来翻译，因而我将 Befindlichkeit 翻译为"感遇性"，而动词 Sichbefinden 则翻译为"感己"。

"感遇性"概念跟情感、感受等之关系，就我所见，以海德格尔1927年夏季学期的讲课《现象学之基本问题》表述得最清楚：

> 一切理解本质上都关连于一感己，它属于理解本身。感遇性是我们称为心情（Stimmung）、情感（Leidenschaft）、感触（Affekt）、和类似东西之形式结构，它建构一切对存在者之举止态度，但感遇性不是单独使之可能，而是总跟理解合一而使之可能，理解给每一心情、每一情感、每一感触以明亮。(Heidegger, GA 24, 397–398)

换句话说，"感遇性"是一个存在论概念，它所表达的是此在之"形式结构"亦即"在世存在"结构之一环。"感遇性"此结构在存在者层次之表现，就是日常所谓"心情""情感"和"感触"等。

Leidenschaft 和 Affekt 二词，我分别译为"情感"和"感触"。此二词其实都同样可追溯至希腊语 *pathē* 一词，Leidenschaft 是其德语翻译，意义等于 passion，而 Affekt 则直接取自拉丁语。奥古斯丁提到：*pathē* 在拉丁语有不同的译法，有人译为 perturbationes（西塞罗），有人译为 passiones，也有人译为 affectiones 或 affectus（Augustine, *De civitate Dei*, 9.4）。passio 和 perturbatio 已见前文。affectus 例见塞内卡对愤怒和畏惧之论述（Ceneca, *De ira*, 1.1.7）；另外，西塞罗亦有 affectus animi 之说法（Cicero, *Tusculanae disputationes*, 5.14.47）。可见 passio 和 affectus 其实是同义词，我把后者翻译为"感触"，除了有别异之用，还因为它跟英语 affect 一样，可用为动词。

Stimmung 一词，我翻译为"心情"。此词英译为 mood。就英语而言，一般以为 emotion 和 mood 即使不能截然分开，也依然有某些区别。被受时间之长短，往往被取为分辨标准[1]；另一区别是，情绪有特定的意向对象，而心情则没有[2]。但必须注意，这只是英语内之区分。海德格尔在《存在与时间》中对情感的讨论主要围绕 Stimmung 一词展开，我们却不能以英语本位的想法，以为他只关注 mood 而不关注 emotion。首先，德语里其实并没有对应 emotion 的字词，故此也没有上述区分。emotion 在德语而言就是 Gefühle 即感受，而感受

---

[1] K. Oatley, *Emotions: A Brief History*, Blackwell, 2004, p. 4.
[2] N. Burton, *Heaven and Hell: The Psychology of the Emotions*, Exeter, 2015, p. 4.

也以感遇性为形式结构，海德格尔在《存在与时间》中即已表示：感遇性所涉及的现象，"早就在'感触'和'感受'（Gefühle）之名称下为人所认识，并且已一直在哲学中为人所审视了"。（Heidegger, SZ, 138）其次，几乎众所周知，海德格尔的用词并不受一般用法所限。在他的讨论中我们看不见有对应英语 emotion 和 mood 之区分。（cf. Ratcliffe, 2013: 163）例如"畏惧（Furcht）"，以英语而言是一种情绪（emotion），但在海德格尔那里也属于"心情"。（cf. Dreyfus, 1991: 169）

海德格尔之采用 Stimmung 一词，最主要恐怕还是跟此词本身之构词法和多义性有关，而不是因为它限于指某些感受。Stimmung 原义指调音即调节乐器之声音（Stimme），海德格尔的使用显现兼具此义，因此相关的 Gestimmtheit 一词，英译者翻译为 attunement。在海德格尔看来，心情正是我们"被调节"入世界之方式，这一多义性难以在别的语言中充分表达，我在下文将把 Gestimmtheit 翻译为"情怀"，而把相关的形容词 gestimmt 翻译为"怀情的"。另外，Stimmung 和 Bestimmen（义为"规定"）在构词法上之关联，大概也是海德格尔选用 Stimmung 的原因之一。海德格尔后来在《尼采》书中的一句话可以为例："陶醉之心情（Stimmung）倒是一种情怀（Gestimmtheit）即最高和最适度的规定性（Bestimmtheit）。"① 其中我特别注明的三个德语词在构词法上的关联，在汉语或英语都难以表现出来。海德格尔对心情之看法，其实可以简单归结为：心情本质上规定了此在。

既然此在即是其开启性，而感遇性是开启性之一环，那么感遇性便可谓规定了此在之本质。在西方哲学史上，情感一般很少被视为人的本质之构成部分。相反，情感往往被看作对人的理性本质之干扰，它在西塞罗那里被称为"扰动"，绝非偶尔。以此看来，《存在与时间》对待情感之态度就是反传统的。事实上，海德格尔本人对此也有充分的自觉，他谈到情感一直备受冷落："这些现象被以为最无关紧要和最匆匆即逝而至今不受重视。"（Heidegger, SZ, 134）他甚至说："对感触性东西（des Affektiven）一般之原则上的存在论解释，自亚里士多德以来就几乎未能取得任何值得一提的进步。相反，感触与感受落在心理现象之标题下，通常跟表象和意求（Wollen）并肩，排在第三类别，沦为附带现象。"（Heidegger, SZ, 139; GA 20, 353）

从海德格尔看来，现象学传统对此已有所补救："现象学研究的功劳之一，是再创造了一比较自由的目光，来看待这些现象。"（Heidegger, SZ, 139）但无论在布伦塔诺或是胡塞尔，情感某种意义上来说则依旧是附带现象。胡塞

---

① M. Heidegger, *Nietzsche* I, Neske, 1961, p. 134.

尔虽然认为感受行为本身也是意向性的，但他仍然接受布伦塔诺的看法，主张感受行为是被奠基的，必须以表象（或胡塞尔所谓"客体化行为"）为基础。换言之，相对于感受行为而言，表象行为依旧具有优先性。海德格尔则主张，任何经验都有感遇性之参与，他说："此在总已经是怀情的。"（Heidegger, SZ, 134）借用康德的术语，感遇性可谓经验之可能条件。其在日常生活中，具体表现在我们的各种心情、情绪或感受中。因为感遇性属于此在之本质，所以此在每刻总是已经怀着某种心情，即使在胡塞尔所谓"纯粹表象"中亦不例外。以此看来，人不单是理性的动物，也是情感的动物。

三、怀情的感己

海德格尔在《存在与时间》对感遇性提出了三个"本质规定"（Heidegger, SZ, 137），并以此阐明感遇性如何是日常经验之可能条件。以下我们将逐一予以讨论。第一个规定：

> 感遇性开启在其被投掷性中的此在，而且首先和通常以逃避背离之方式。（Heidegger, SZ, 136）

篇幅所限，我们只能集中讨论这句话的前半部分。海德格尔以"被投掷性（Geworfenheit）"一词指"托付之实际性"（Heidegger, SZ, 135），"实际性"指关于人性之既成事实，以别于物之事实性。"托付之实际性"指这一事实：人总是已经被托付为那种存在者，"它存在而且必得存在"。（Heidegger, SZ, 134）海德格尔并且提出，人对于他已经存在之既成事实、亦即其被投掷性，在某个意义上来说总是有所知晓的。当然这里所谓"知晓"并不是指一种认识。海德格尔以"感己"来表达这样的知晓：

> 此在这种存在者，是以如下的方式在此：它感己之被投掷，不论明述与否。在感遇性中，此在总是已经被带到自己面前，它总是已经找到自己，但不是以感知的觅得自己（Sich-vorfinden），而是以怀情的感己。（Heidegger, SZ, 135）

这里特别强调"不是以感知的觅得自己"，是为了避免误解，表明他所谓"感己"不同于胡塞尔所谓"反思"，不是指一种对自己的心理体验之认识，所以他随后又指出："感遇性跟觅得一灵魂状态这类事情相差很远。"（cf. Heidegger, GA 20, 352）相反，"一切内在的反思之所以能觅得'体验'，只因为在此（Da）已经在感遇性中被开启了"（Heidegger, SZ, 136）。换言之，感己不是反思，而是反思之可能条件。

人之感己具体表现在各种心情上。换言之，海德格尔主张，人们首先是通过各种心情或感受而"知晓"自己是活在世上、而且不得不活在世上这一既成事实的。这一"知晓"并不是认识（Erkennen），亦即不是从概念上的掌握而来的。海德格尔强调，这里"被开启不是指，被认识如此（als solches erkannt）"（Heidegger, SZ, 134），即不是指我们取得了这样一个命题："我们在世而且必得在世。"跟现时情感研究之"认知主义者（cognitivists）"不同，海德格尔并没有把情感化归为判断或信念。他一方面主张心情替我们把世界开启，另一方面又否认这样的开启是一种认识。因为归根究底，海德格尔否认只有认识能替我们开启世界，否认概念认识是替我们带来信息之唯一渠道。在情感研究方面，海德格尔对传统的最大突破之一，即主张认识开启，情感也开启，两者是不同方式的开启性。这实际上让海德格尔的立场超越了现时情感研究上感受理论和认知理论之争。进而言之，海德格尔甚至主张，在开启性上而言，情感相比认识甚至有某种意义上的优先性，他说："心情把此在带领到其存在、其在此面前，相对于心情这种本源的开启，认识之开启可能性携程太短了。"（Heidegger, SZ, 134）传统上把感受排在"心理现象"之第三位，处在认识和意求之后，但海德格尔则主张，心情之开启"先于认识与意求，并超出它们的开启范围"（Heidegger, SZ, 136）。

四、心情与意向性

第二个规定：

> 心情每刻已经开启在世存在整体，并且首先令朝向于＿＿成为可能。（Heidegger, SZ, 137）

这一句话包含了两个主张：一、心情总已经开启在世存在整体；二、心情之开启在世存在整体，首先令朝向于＿＿成为可能。先讨论第一点，海德格尔对此的另一表述是："感遇性是对世界、共此在（Mitdasein）、和实存之同样本源的开启性之一种实存论基本方式，因为这本身本质上即是在世存在。"（Heidegger, SZ, 137）在上面第一个本质规定中海德格尔已经指出，此在透过心情对自己开启。既然此在本质上即是在世存在，那么此在对自己开启，其实已经意味着在世存在整体对此在开启，包括自己、他人（共此在）、和世间事物。

海德格尔在《存在与时间》较后部分明白指出这点:"但本质上属于此在的是,其世界被开启之同时,它自己也被开启,故此它总是已经理解自己。"(Heidegger, SZ, 272)

接着我们讨论第二点。只要读者对胡塞尔的著作稍有涉猎,相信都能领略"朝向于____(Sichrichten auf...)"一词所指的就是意向行为之特征。因此,这一点相当于宣称:心情是意向行为之可能条件。海德格尔惯用"举止态度(Verhalten)"一词来涵盖一切意向行为,他在上引《现象学之基本问题》一段话中,声言感遇性"建构一切对存在者之举止态度"(Heidegger, GA 24, 398),所表达的就是相同的主张。《存在与时间》书中很少明白提到意向性,但海德格尔后来在1929年发表的《论根据之本质》一文表示:"如果人们把一切对存在者之举止态度都标识为意向的,那么意向性就只有在超越之基础上才是可能的。"(Heidegger, GA 9, 135)他所谓的"超越",在该文中就是指在世存在(Heidegger, GA 9, 139)。换言之海德格尔于此明白断言:在世存在是意向行为之可能条件。如果感遇性属于在世存在之本质结构,而在世存在又是意向性之可能条件,那么感遇性便是意向性之可能条件。

五、此在之被碰击和依存于世

第三个规定:

> 实存论上,在感遇性中有一开启着的依存于世,从中碰击的东西(Angehendes)能被遇上。(Heidegger, SZ, 137–138)

首先必须指出,对于感遇性之第三个本质规定,海德格尔在《存在与时间》的陈述,并没有像前两个那样清楚。论述较为浓缩,当中的关键字词又充满歧义,因此一直为学者所误解和忽视。但其实这是十分重要的一点,以下将比较详细地提出我的解释。

海德格尔接续上一点:世界之开启让世内事物被我们遇上,而感遇性是世界对我们开启之其一条件,它属于其开启性之本质结构。在这一点中海德格尔将告诉我们感遇性是**如何**参与开启世界的。他首先指出日常生活中的"让被遇上(Begegnenlassen)"有何特点,他说:"让被遇上起初是周察的(umsichtig),并非仅仅是感觉或注视。"(Heidegger, SZ, 137)"周察"是前此已经提出的一个重要概念,专指我们日常生活中看待器具之方式(Heidegger, SZ,

69），相对于以旁观者的态度来单纯观察或注视事物。① 器具是我们平常用来办事的东西，不是我们观看之对象。但我们能把器具抓在手上使用，其中亦已含有某种看待之方式，至少我们得看到它有何用处。故此，广义而言，不单袖手旁观是在看事物，动手办事也是在看事物，只是两种看之方式并不一样。器具总是跟别的东西有关联才成为一器具，所以察看器具之用途需要用一种通盘之眼光，把整体脉络收于眼底，海德格尔于是将之称为"周察"，其中带有周延（um-）之涵义。

海德格尔接着指出，从感遇性之角度来看，可以看到跟万物相遇有一特别之处："周察的、操心的让被遇上具有被触及之性格。"（Heidegger, SZ, 137）"操心（Besorgen）"也是前此已经提出的重要概念②，指我们日常生活中对待周围事物之态度。从海德格尔看来，在"自然态度"中我们首先总是在操心世事，而不是把身边事物当作客观对象来观察。这一海德格尔眼中的"自然态度"，他就称为"周察的操心"。他在这里提出，在周察的操心中跟事物相遇，有"被触及之性格"，这即是说：跟事物相遇是被触及的相遇。我以"被触及"来翻译 Betroffenwerden 一词。此词是理解第三个本质规定的关键之一，但其重要性一直被忽略，此词本身充满歧义大概是原因之一，与其难以准确翻译可能也有关系。

对于理解 Betroffenwerden 在这里所用的意义，我认为有以下线索：首先，海德格尔在《现象学之基本问题》中，以 Betroffenwerden 来阐释康德有关感性之"感触（Affektion）"概念，他说："某东西被居先给予或被给予我们，总是只有通过感触，即，通过我们被其他东西即我们本身不是的东西所触及（betroffen）、所碰击。"（Heidegger, GA 24, 205）换言之，海德格尔用 Betroffenwerden 来描述感性之"接受能力"。（Heidegger, GA 24, 205）其次，在五感之中，海德格尔不只一次单单用有关触觉之词汇来概括此在如何遇上万物。在第十二节提出"在"字有两种不同意义时，他便谓：严格而言我们不能说"椅子触碰墙壁"，因为"触碰（berühren）"一词之使用已经预设了墙壁能被椅子所遇上（Heidegger, SZ, 55），这当然是不可能的。只有此在能被万物所触碰。在第二十九节接下来的一段，正在海德格尔申述感遇性之第三个本质规定时，他又再次以偏代全地使用"触碰"一词，他说："而只因为'感官（Sinne）'存在论上属于一存在者，它具有感遇的在世存在之存在样式，它们

---

① 参看梁家荣《此在与心智概念：海德格尔与赖尔对理论化之批评》，载《哲学评论》2014 年第 14 辑，第 65–86 页。

② 跟《存在与时间》中译本不同，我把 Besorgen 翻译为"操心"，把 Sorge 翻译为"忧心"。

心情与世界:《存在与时间》的情感论

才能'被触碰'和'对……有感',以至触碰者显示在感触中。"(Heidegger, SZ, 137)显然,海德格尔这里的主题是心情,而不是五感之一的触觉。然则他何以使用"触碰"一词呢?因为无论汉语的"触碰"还是德语的 berühren、英语的 touch,除了用于感官义的触觉,也都能用于情感上。上面的 betroffen 显然跟这里的 berühren 相类,因此我把前者翻译为"被触及"。此外,汉语"触及"也有涉及之意义,在这意义上亦能对应德语的 betreffen。

我们日常跟世事万物相遇,总是在被触及中相遇。海德格尔接着进一步提出,我们是如何被身边的事物所触及的:

> 但被上手东西之无用性、抵抗性、威胁性所触及,只有在以下情况才会在存在论上为可能:是在(In-Sein)本身实存论上先行被如此规定,即,它能以上述这些方式被世内遇上的东西所碰击(angegangen)。这可被碰击性(Angänglichkeit)基于感遇性,作为感遇性它已经将世界以例如威胁性方面来开启。只有在畏惧或无畏之感遇性中者,才能把周遭世界上的上手东西发现为有威胁的东西。感遇性之情怀,在实存论上建构此在之世界开放性(Weltoffenheit)。(Heidegger, SZ, 137)

我上面对这段话的重新翻译跟现有的译文很不一样,因为我认为现有中英译本都淹没了文中最关键字词之意义:angegangen 和 Angänglichkeit。前者我翻译为"被碰击",后者为"可被碰击性"。此词也充满歧义,所以难以把握。在上引《现象学之基本问题》阐释康德一段(Heidegger, GA 24, 205)已见此词,那里它即跟"被触及"并列。这里海德格尔则专门以之表述我们是**如何**被周围事物"所触及"的。angehen 既有"关涉"的意义,但亦有"袭击"的意义。前一义跟 betreffen 共通,即便如此,我认为后一义也不能忽略。如果无视此义,只取其前一义,则 angegangen 和 betreffen 就变得完全没有差别了。日常语言里我们也常言被情绪"所袭击",从海德格尔看来,这"被碰击"之特征恰恰是心情开启世界之特色,这是它跟注视的开启性所不同之处。海德格尔在《时间概念史序论》中清楚对比两者:

> 世界碰击操心,也就是说:世界作为在操心中之所发现,与之相遇的不是对现存东西(etwas Vorhandenes)之单纯直视和盯视。与之相遇的,起初和一直都毋宁是忧心着的是在此,也就是说:在世存在仿佛一直被世界之威胁性和无威胁性所呼唤。(Heidegger, GA 20, 350-351)

· 125 ·

在海德格尔看来，盯视已经预设了我们已经为世事所碰击和触及。盯视所看到的，只是现存东西，而不是世事万物。世内之事才叫"世事"，也就是说，当事物已经在世界中占一位置，它始为世事。但盯视者眼中却没有世界，所以也没有世事。盯视者眼中只有空间和运动，它们是现存东西之特性。世事万物所有，而现存事物所缺的，海德格尔称为"适事（Bewandtnis）"。① "适事"指适用于某事，它是一个关系概念。如上所言，看待器具须要把整体脉络收于眼底，海德格尔所谓"世界"，就是世事万物从中取得其适事之整体脉络。世界之结构，由意蕴所构成（Heidegger, SZ, 87）。上面引文中所谓"威胁性"和"无威胁性"，就是意蕴之例子，另外可用性和有益性等亦是。他在《时间概念史序论》中说：

> 我们已说，操心沉湎于意蕴；它以操心的方式逗留诸世，逗留诸世界之有益性、可用性之类。只要世界是这样在意蕴这些性格中被遇上，它就是被操心所遇上，也就是说：世界仿佛一直投寄予一存在，它**依存**于世界、它具**有忧心**、**即在为某事所忧心**之意义。这操心着的依存于世规定了此在之存在样式，它一直如此这般地被世界自身所**碰击**。（Heidegger, GA 20, 350）

世界首先以威胁性和无威胁性等性格对我们开启，海德格尔将之归功于感遇性。换言之，我们总是首先把世事万物辨别为有威胁的东西和无威胁的东西、有益的东西和有害的东西等。海德格尔把这些意蕴对我们开启的方式称为"碰击"，这是世事万物触及我们的特殊方式。将之称为"碰击"，意味着它发自世界，故此海德格尔说感遇性是"依存于世"的，我们听候世事万物对我们呼唤和碰击。另一方面，我们自身也必须有承受事物碰击之能力，这一属于感遇性之被受或承受能力，海德格尔称为"可被碰击性"。

诚然，这里所谓"碰击"，某种程度上来说是一种借喻说法。我们不是被世界中的硬物所碰击，我们是被世事所唤起的情感所碰击，正如我们平常说某人"大受打击"，也是就情感上来说。对海德格尔而言，心情或情感就是我们被碰击的方式（Heidegger, GA 20, 351），不同的心情即是我们不同的被碰击方式，畏惧是一种，愤怒是另一种。一方面，这些都是我们身上的"情怀（Gestimmtheit）"。正如该德语词的字面义是"被调节"，情怀之出现是我们与世事

---

① 关于此词之翻译，参看梁家荣《本源与意义：前期海德格尔与现象学研究》，商务印书馆 2015 年版，第 297 页。

"协调"之结果。所以另一方面,情怀也是世界之开启性,海德格尔因此说:"感遇性之情怀在实存论上建构此在之世界开放性。"某些世事之被发现为有威胁的东西,乃由于我们对此有畏惧之情。一般而言,意蕴之被发现,乃由于我们能有情感。海德格尔说:

> 事实上,我们必须在存在论上原则上把对世界之起初发现,转让予"单纯心情"。纯粹直观即使穿入现存东西最内在的血脉,也永不能发现有威胁的东西之类。(Heidegger, SZ, 138)

某些世事对我们而言是有威胁的,这是我们对世界之"起初的"、日常生活中的发现。威胁性并不是现存东西之客观性格,而是我们被碰击而生的畏惧之情所显现的性格,所以海德格尔说这是"纯粹直观"所永不能发现的。情感之开启性,有认识所不能取代之处,这是海德格尔一直所特别强调的。

六、结语

在海德格尔看来,情感既不单单是主观的心理状态,但亦不是事物客观特性之反映,他在《存在与时间》说:"心情既不自'外'也不自'内'而来,而是生起自在世存在自身,乃在世存在之方式。"(Heidegger, SZ, 136)简言之,在海德格尔看来,心情是人的一种活在世界上的实存方式,而不是能完全脱离现实、单单依附于主体之上、甚至能跟形体分开的意识流心理状态。人活在世上的实存方式,海德格尔总体上把握为"忧心"。操心是忧心之一面相,我们在上一节已经看到,海德格尔以为心情是我们在操心着的日常生活中跟世事万物相遇之一特殊方式。海德格尔在《时间概念史序论》中说:

> 只有此在自己本身就是忧心,世界才因此在其威胁性即其意蕴中被经验到。这不是指,忧心着的此在"主观上"把世界如此立义,这是完全颠倒了实情,毋宁是:忧心着的是在(In-sein)发现世界于其意蕴中。(Heidegger, GA 20, 351)

只因为现在有一种存在者,它为世事操心,所以世上之物才会显现为有威胁性。假如宇宙里从来只有石头,没有操心世事的存在者,也就不会有威胁性这样的意蕴被经验到。但另一方面,威胁性也不是单单依附于"主体"的东西。它属于世间事物,而不是属于主体。威胁性之被发现有赖于操心世事者,但威胁性却是属于世间事物之性质。

海德格尔主张，认识开启，情感也开启，世界对此在开启并非只有认识一途，这是海德格尔对传统之重要突破。情感不是概念上的认识，不是判断也不是信念，但这不妨碍情感也是开启世界之一途，也是世事万物对我们显现的方式之一。海德格尔一方面强调，感遇性与理解是同样本源的，也就是说：两者是相互独立的开启性，不能把一者化归为另一者。但另一方面，他也指出两者通常是相互合作的。在正常情况下，情感"总跟理解合一"，这时候"理解给每一心情、每一情感、每一感触以明亮"。（Heidegger, GA 24, 398）但在特殊情况下，我们却可发现两者之分离。瑞士心理学家 E. 克拉帕雷德（Edouard Claparede, 1873—1940）在一百多年前所做的一个实验，可为它们分离之助证。克拉帕雷德有一位严重的失忆症病人，隔天就已经不认识他。他有一次手里藏着一根针来跟这位病人握手，结果第二天病人虽然依旧不认识他，却坚拒跟他握手。这是因为这个病人有关认识方面之记忆力虽然受损，但有关情绪方面之记忆力却没有。① 病人看到他感到畏惧，把他分辨为有威胁的东西，行动上表现为拒绝握手。他既然连克拉帕雷德是谁也不认得，自然不可能在概念上把他判断为"有威胁的人"。但病人之行动或表情却可以显示，克拉帕雷德已经被发现为有威胁的人了。

（本文原载于《世界哲学》2019 年第 1 期）

---

① Cf. S. Dehaene, *Consciousness and the Brain*, Penguin Books, 2014, pp. 53 – 54; V. S. Ramachandran, *A Brief Tour of Human Consciousness*, Pi Press, 2004, pp. 157 – 158.

九鬼周造与海德格尔的情绪论

廖钦彬

一、前言

九鬼周造（1888—1941）生于东京，父亲九鬼隆一为男爵，母亲波津为青楼女子。母亲与艺术家兼思想家冈仓天心发生婚外情，最终私奔。九鬼于1905年进入第一高等学校德法科学习。1909年进入东京帝国大学哲学科，师从柯贝尔。1912年进入东京帝国大学研究所。1921年留学欧洲，直到1929年归国就任京都帝国大学哲学科讲师。1933年就任京都帝国大学副教授，1935年就任同大学教授。1941年死于京都，葬于法然院。留欧期间，往来于德法，从学于李凯尔特、胡塞尔、贝克尔、柏格森、海德格尔等人，萨特曾当过其家庭教师。[1]

九鬼最重要的著作为《偶然性的问题》（1931年成形，1935年出版）。[2] 留欧期间，九鬼从海德格尔的存在哲学立场出发，以文艺角度撰写了第一本著作《粹的构造》（1926年执笔，1930年出版），另一方面在法国进行学术活动，构思时间哲学，发表了《时间的问题：柏格森与海德格尔》（1929），尔后改写，以《形而上学的时间》（1931）一文呈现。

在《偶然性的问题》之后，九鬼另出版《人与生存（人間と実存）》（1939）。此论文集的主要工作是处理自然的人学（重视情绪）、偶然性的存在结构（介于有与无）、偶然存在的情绪论（惊讶）、偶然性与情绪的时间样态（现在）、海德格尔哲学批判（缺乏空间性、公共性）以及跨文化哲学。[3] 从此书可窥见九鬼对海德格尔哲学的吸纳与转化过程，极为重要，也是本文探讨的主要文本之一。

---

[1] 九鬼周造：《九鬼周造全集》别卷，岩波书店1980年版，第289–302页。
[2] 九鬼在自己的"短歌笔记"里提到完成《偶然性的问题》后死而无憾，并自嘲此书花费自己一半人生，能翻阅它的又有几人。（九鬼周造：《九鬼周造全集》别卷，岩波书店1980年版，第153页。）
[3] 《人与生存》收录的文章之时期和《偶然性的问题》有重叠，有些文章可说是后者的理论构思笔记，有些则是《偶然性的问题》之后的缩减版或延伸版。特别是《人与生存》的第一章"何谓人学"、第六章"惊讶之情与偶然性"，可说是其哲学的进一步开展。这里是本文的重点，将于下面探讨。

九鬼在巴黎撰写《粹的构造》时，在方法上曾摇摆在胡塞尔（Edmund Gustav Albrecht Husserl）本质直观及海德格尔的现象学的存在论（phänomenologische Ontologie）之间。① 因田边元（1885—1962）在《现象学的新转向》（1924）讲述海德格尔的解释学现象学（hermeneutische phänomenologie）之影响而转向后者。这导致九鬼从法国转移到马堡大学出席海德格尔的讲座"康德的纯粹理性批判的现象学解释"（1927）、"逻辑学（莱布尼兹）"（1928）以及"谢林的《对人类自由本质的研究》"（1927）、"亚里士多德《物理学》"（1928）的讨论班。"粹"的理解最后落在具体的、实事的、特殊的"存在领会"上。当然这和九鬼亲近柏格森（Henri Bergson）的生命哲学亦有关联。"粹"这一概念（语言）与呈现此概念的日本民族之生命，最终形成无法得到解决的悖论。②

《人与生存》的"海德格尔的哲学"（1933）、"何谓人学"（1938）、"惊讶之情与偶然性"（1939）这三章反映九鬼对海德格尔将此在的时间性重心放在未来，而缺乏时间的现在性、空间性、共在性、公共性的立场以及将"操心"（Sorge，九鬼译为"关心"）置放在存在论或生存论（不是放在生存上）探讨的立场所进行的批判。九鬼针对"惊讶"（驚き）以及海德格尔针对"畏"（Angst，九鬼译为"不安"）的情绪分析论，因彼此哲学关心点的差异，而呈现出不同的面貌。

《粹的构造》《偶然性的问题》《人与生存》这三本书，可说是九鬼吸纳与转化海德格尔哲学的哲思成果。后两者关系尤为紧密。因篇幅关系，以下略过《粹的构造》之探讨，依序先介绍偶然性的逻辑与存在结构，接着将此存在结构对应到海德格尔的可能性之存在结构。最后，比较九鬼与海德格尔的情绪论，借以阐明东西方存在哲学或广义人学的差异及其当代性意义。

二、偶然性的逻辑

如后所述，九鬼与海德格尔的存在论差异，在于对存在样态的关注点之不同。前者关注存在的偶然性样态，后者侧重在存在的可能性样态，因此偶然性

---

① 此研究在日本已有不少，不一一介绍。其中藤田正胜在《九鬼周造：处在理智与热情之间的"语言"哲学》（讲谈社2016年版，第85—95页）的第二章第四节"方法论的摇摆"中，细致地处理了这个从"本质直观"到"存在领会"的方法论转向。

② 此为日后《在通向语言的途中》（1959）中题为《从一次关于语言的对话而来：在一位日本人与一位探问者之间》的文章所围绕的主要课题。

与可能性的区别至关重要。① 要区分两者,则必须先从九鬼的偶然性的逻辑理解起。

《偶然性的问题》的序论第一句话便是"所谓偶然性是必然性的否定"②。九鬼认为"必然意味着**必会如此存在**,亦即存在以某种意义在自身当中,拥有根据的意思。偶然则是**偶然如此存在**之意,亦即存在在自身当中,并没有拥有充分根据的意思。偶然即是含有否定的存在,亦可以是没有的存在。换言之,偶然性于存在之中,在和非存在有着不离的内面关系被发现时,才能得以成立。也就是**介于有和无之接触面的极限存在**。它既是有根植于无的状态,亦是无渗透有的形态。"③(加粗为笔者注)必然因自身内的存在根据,足以显示其确定性,偶然则因与无之间的紧密关系,显示其不确定性。九鬼据此说明,偶然性的问题既是有又可能是无,因此是处理超越存在的形而上学必须面对的问题,并主张唯有形而上学才足以处理偶然性的问题。

"偶然性是必然性的否定"意味着谈论偶然性,必须以必然性为出发点。关于必然性,九鬼如此说道:"何谓必然性,如方才所述,意味着必会如此存在,亦即相反的不可能。所谓相反的不可能,即是指在自身当中拥有存在的理由,被给予的自己维持着原本被给予的自己。像这样,自己为彻底保持自己,必须采取自我保存或自我同一的姿态。也就是说,必然性预设了同一性,因此'甲是甲'这种同一律的形式,表示出最严密的必然性。所谓必然,即是从样态的见地,来说明同一这个性质上的规定。"④

九鬼援用洛采(Rudolf Hermann Lotze)在《逻辑》(1843)一书中提出的三种认识必然的渠道,即"普遍的判断""假言的判断"与"选言的判断"。九鬼把判断置换为必然,并分别称此三种类型为"定言的必然""假言的必然"与"选言的必然"。既然"偶然性是必然性的否定",那么认识偶然的道路,则必为"定言的偶然""假言的偶然"与"选言的偶然"。

九鬼分别从逻辑学中的概念见地、经验界的因果关系及形而上的绝对者来论述"定言的偶然""假言的偶然""选言的偶然",因此又称三者为"逻辑的偶然""经验的偶然""形而上的偶然"。但强调偶然性在根源上属于逻辑学的样态,因此还是以"定言的偶然""假言的偶然""选言的偶然"称之。

---

① 岭秀树的《海德格尔与日本的哲学:和辻哲郎、九鬼周造、田边元》(密涅瓦书房2002年版)是日本学界研究海德格尔与日本哲学的重要专书。本文的研究方向和他关注九鬼偶然哲学中的样态性虽有重叠,但更侧重在该哲学中的时间论及情绪论。
② 九鬼周造:《九鬼周造全集》第二卷,岩波书店1980年版,第9页。
③ 九鬼周造:《九鬼周造全集》第二卷,岩波书店1980年版,第9页。
④ 九鬼周造:《九鬼周造全集》第二卷,岩波书店1980年版,第12–13页。

何谓定言的偶然？九鬼如此定义："定言的偶然，在定言判断当中，必须在对于作为概念的主词，谓词意味着非本质的表征时，才能得以成立。"① 九鬼举了一个例子。三叶草是三片叶，此为其现存的标准与法则。若用传统逻辑学的法则来看，则是同一律，也就是"甲是甲"。三叶草是三片叶，即为定言的必然。然而，三叶草有四片叶的话，因主词（三叶草）与谓词（四片叶）不一致，而违反同一律。这与三叶草概念之间缺乏同一性，因此只是偶然的表征，被视为非本质的、违反法则的例外。九鬼称此例外为"定言（或例外）的偶然"。拥有四片叶的三叶草为非常态，故被称为幸运草。

然而，九鬼不满足于偶然只归纳在上述类型。因为此种偶然是在"一般概念"探求意义底下的产物，所以九鬼才会说："定言的偶然的核心意义在于，对于一般概念的个物及各个的事象。"② 然而，任何一种特殊现象必有其所以然的理由。譬如，三叶草有四片叶，或许是因为营养、气候、外力等理由。九鬼认为对偶然性的探讨，有必要从探求理由开始。从此理由的探讨中，我们可以看到不属于因果、目的、理由系列的偶然诸面向。下述的假言偶然，便是相关的探讨。

"假言的偶然必须立于假言判断中理由与归结关系之外才能得以成立。"③ 九鬼认为理由律根植于同一律，所以理由与归结关系（"由于……才……"的关系）是一种必然关系，偶然性恰好出现在这种关系之外，并称它为"理由的偶然"（"明明是……却……"）。此外，假言的偶然还有其他两种形态，即"因果的偶然"与"目的的偶然"。相对于理由的偶然属逻辑学范畴，后两者则属经验的领域。相同地，九鬼亦认为因果律与目的性，皆可还原到同一律，所以偶然性亦可从因果关系（"若……就……""因为……所以……的关系"）与目的手段关系（"为了……而不得不……"的关系）这两种关系以外的地方找到。

关于目的的偶然，九鬼再次举出三叶草的例子。"拥有三片叶，对三叶草而言，是应该实现的目标的话，那么有四片叶的三叶草，则因缺乏目的的实现，属于偶然的存在。"④ 关于因果的偶然，亦有三叶草的例子。三叶草在成长初期受伤最后变成四片叶，是因为强风偶然刮起沙撞击该部位所造成。像这种前后两种不同因果系列的结合，九鬼称为"因果的偶然"。

然而九鬼认为，无论假言的偶然中所包含的任何一种偶然的形态，都无法

---

① 九鬼周造：《九鬼周造全集》第二卷，岩波书店1980年版，第251页。
② 九鬼周造：《九鬼周造全集》第二卷，岩波书店1980年版，第252页。
③ 九鬼周造：《九鬼周造全集》第二卷，岩波书店1980年版，第251页。
④ 九鬼周造：《九鬼周造全集》第二卷，岩波书店1980年版，第75页。

阻挡人们继续追问不同因果系列结合的原因。在这种可以继续追问原因的情况下，他设置了一个作为理念的"原始偶然"。此为九鬼提出属于形而上学领域的"选言的偶然"的理由。

"选言的偶然，必须在将被给予的定言判断或假言判断视为选言判断（指形式逻辑学的'A 或 B'——笔者注）的一个区分项目，并认为另外还有其他几种区分项目存在的情况下，才能得以成立。"① 简言之，即是全体（一）与部分（多）之间关系下的偶然性。譬如水与其液状、固状或气状的关系，作为部分的液体、固体或气体，都可能是作为全体的水的一种形态。因此作为多的部分（无论是哪个状态）对作为一的全体（水）具有偶然性，而后者则对前者具有必然性。

九鬼用骰子作为例子。骰子与六面的点即是全体与部分的关系。1～6 的任何一点对骰子都具有偶然性，同样的后者对前者亦具有必然性。这里若把赌博、骰子、偶然性做联想的话，赌徒下注的点，可能每次都会中（有），也可能每次都不会中（无），要出现哪一点根本无法掌握，换言之，中与不中、有与无正是偶然性所处的境遇。当然种种内外在的因素亦会影响结果，但若想要追溯造成某一结果的原因的话，必会出现无限往上追溯的情况。针对此情况，九鬼如此说道："然而，当我们在'无限'的彼方掌握到理念时，我们必须要知道该理念即是'原始偶然'。"②

九鬼认为原始偶然是起源，因此亦是绝对必然，原始偶然与绝对必然是指同一个东西。换言之，此两者是形而上绝对者的一体两面。此形而上的绝对者虽具有亚里士多德的"不动的动者"（自因者）的必然性向度，但它同时也具有"被推动者"（他因者）的偶然性向度。形而上的绝对者除了有一个绝对肯定（必然）的静态面，还有一个绝对否定（偶然）的动态面。前者是从形而上绝对者的层面，后者是从个体经验层面来看的。因此不仅个体经验有必然与偶然的纠结，就连绝对者的作用亦不脱离必然与偶然。九鬼最后归结出，形而上绝对者具有"必然—偶然者"的矛盾性格，因此可说是必然与偶然的辩证统一态。

以上是九鬼借由逻辑学的样态，建构出"定言的偶然""假言的偶然""选言的偶然"的逻辑结构。"定言的偶然"否定的是同一性或必然性（属逻辑层面）。"假言的偶然"否定的是因果论、目的论（属经验层面）。"选言的偶然"则否定经验论，朝往形而上的领域迈进（属形而上层面）。我们从这种

---

① 九鬼周造：《九鬼周造全集》第二卷，岩波书店 1980 年版，第 251 页。
② 九鬼周造：《九鬼周造全集》第二卷，岩波书店 1980 年版，第 146 页。

层层推进最后导出"原始偶然"的九鬼论述中,可以窥见其拥护偶然性的决心。

三、偶然性与可能性的存在论结构

此节检讨的是九鬼以偶然性、海德格尔以可能性为基础所建构出来的存在论结构。① 如前述,九鬼在《偶然性的问题》的序论中主张"偶然性是必然性的否定",偶然即是包含否定的存在,亦可以是没有的存在。偶然性于存在之中,是介于有和无之接触面的极限存在。它既是有根植于无,亦是无渗透有的状态。

关于偶然性介于无与有之间的论述,可在《偶然性的问题》第三章"选言的偶然"最后一节"有与无"中窥见。此节第一句话如此主张道:"偶然是接近无的存在。必然—偶然的关系暗示着有与无的关系。"② 必然是有的存在,偶然处于有与无之间,是接近无的存在。据此可知,要处理偶然与无之间的关联,似乎只能落在偶然自身与必然之间的讨论上。事实上,九鬼在处理"必然(有)—偶然(接近无)"时,在两者之间置入了"可能性"的概念。

可能性是某东西即将会出现,却还没有出现的一种不确定状态(朝往现实的非现实状态)。九鬼指出可能性与偶然性有迭合,但两者在有和无之间的关联上却呈现出不同的性格。关于此,九鬼如此说道:"可能性没有现实性,所以是非现实,但只要具备朝往必然性的动向,就极具有的色彩。……偶然性虽拥有现实性,却接近不可能性,只要是如此,便是拥抱无的存在。"③

若从必然性的见地来看,偶然性与可能性虽有相同处,但其不同处是,可能性比较接近自己,偶然性比较远离自己并靠近不可能性(无)的方向。然而,偶然性并非不存在,所以与不可能性(无)不同。由此可知,可能性越高就越接近有(也就是确实存在),可能性越低,换言之,越趋近不可能性就越接近无。偶然性就处在可能性与不可能性之间(即有与无的界线),因此可以是有也可以是无。此种"有根植于无、无渗透于有"的状态,正是偶然包藏的不确定性与不可预测性。九鬼甚至用脆弱性、破灭性或虚无性等,来形容偶然所处的极限状态。

---

① 须说明的是,九鬼在《海德格尔的哲学》中虽然表明自己除《存在与时间》外,还参考了海德格尔的讲座稿《形而上学是什么?》、演讲稿《论真理的本质》以及《康德与形而上学的问题》,但内容几乎集中在探讨此在的生存论分析。九鬼关心的是"此在的时间性着重在未来是否有所偏颇"的问题,而不是海德格尔谈论此在的形而上学及存在者与无、真理之间的关联。

② 九鬼周造:《九鬼周造全集》第二卷,岩波书店1980年版,第245页。

③ 九鬼周造:《九鬼周造全集》第二卷,岩波书店1980年版,第246页。

上述偶然性与无的关系显示出，两者之间虽有一条无法跨越的鸿沟，却又相互渗透。因为偶然性既能让自己出现（潜藏着朝向必然性趋近的可能性），亦可以不让自己出现（跨在无之上）。偶然性既可以是有，又和无呈现出不离的关系。据此可知，偶然性是"既有又无"的矛盾存在。偶然性是处在有与无之接触面的极限存在。若用九鬼自己提供的图式，可以得到清晰的理解：

```
                    +（有）      P（可能性）    （非现实性）
（必然性）N————————R——————————+——————————R'——————I（不可能性）
                  （现实性）    C（偶然性）    －（无）
```

九鬼认为海德格尔的存在论属于上层的可能性的存在论，自己的立场则是属于下层的偶然性的存在论。但这并不表示九鬼的偶然存在就和海德格尔的可能存在完全不相干，应该说前者包含后者，后者亦包含前者，两者处于一个统合的状态。① 那么内含可能性的偶然性作为"既有又无"的矛盾存在，究竟有何种积极作用呢？九鬼认为"偶然意味着无的可能。提出将不可能性从无的核心中拉出来和有接触之悖论的，亦是偶然性"②。此说法显然在表示偶然具有"将不可能化为可能"的作用，同时也暗示着一切理应不可能或不具备可能性的事物，因偶然"将无化有"的作用，出现在我们面前。然而九鬼会说："在理论或实践层面上经常把持必然性的人，很少会自觉到无。一直沉醉在可能性之追求的人，大多只在概念上将无作为缺陷来认知。"③ 那是因为信仰必然性的人及追求可能性的人既不需要趋近不可能性（无）的偶然，也不需要"不可能变成可能"的惊讶。

事实上，九鬼认为海德格尔的此在的生存存在论潜藏着可能存在朝往必然存在的目的论思维。此目的论思维在预设必然性的前提下，强调可能性的重要。④ 我们若从海德格尔此在生存论中的"被抛—筹划""非本真—本真""遮蔽—解蔽""晦蔽状态—揭示状态"这几组概念来看，很容易得到理解。从前者到后者的开展，正显露出海德格尔存在哲学的某种伦理性、实践性向度。

---

① 参见九鬼在《人与生存》第四章"哲学私见"（1936）中比较可能性与偶然性或可能存在与偶然存在的论述（九鬼周造：《九鬼周造全集》第三卷，岩波书店1980年版，第113-115页）。
② 九鬼周造：《九鬼周造全集》第二卷，岩波书店1980年版，第247页。
③ 九鬼周造：《九鬼周造全集》第二卷，岩波书店1980年版，第246页。
④ 九鬼在《人与生存》第一章"何谓人学"（1938）中探讨历史人物时，提及海德格尔的时间性存在，认为海德格尔的时间论重视未来，正透露出其目的性的立场。

对把持必然性、追求可能性的人而言，作为惊讶的偶然会令他们感到不安，充满不确定感、虚无感、分崩离析感甚至无法掌控事态，而安稳自居的必然（自我同一的有）才能令他们感到安心、充满确定感甚至完全掌控事态。偶然虽然是无法则、无秩序、放荡、没有拘束，也不表兴趣与关心，它既无目的、意图、缘故，也不可靠，而且盲目、无珠，是极为脆弱的存在，但九鬼不仅没有放弃它，还将它哲学化，并给予它应该有的位置。

相对于上述的偶然性存在结构，九鬼认为海德格尔的是可能性存在结构。若与《偶然性的问题》相比较，可说《人与生存》中海德格尔的理论占了非常大的比例。可能性可说是九鬼掌握海德格尔存在论结构的重要概念。

如一般所知，海德格尔在《存在与时间》（1927）的工作，就是重新探讨支配形而上学历史的"存在问题"。什么是存在？存在意味着什么？这些存在问题是形而上学的根本问题。海德格尔所谓"对存在的遗忘"，正是对哲学史不再重新提问存在问题的批评。为重新对存在进行提问，海德格尔认为必须挖掘我们自身对存在领会之根本，回溯到哲学传统中的存在经验之根源，并对支配形而上学的存在领会进行刨根究底的探究与解明。为达此目的，海德格尔主张从分析我们人类存在最亲近的日常存在方式着手，借此来阐明人类生命的实际性及历史性的根本结构，如此一来才能开启我们对存在领会的视域。海德格尔在《存在与时间》中提出的构想是：（1）在时间性、历史性之中找到人类生命的根本存在方式；（2）揭示这种时间性、历史性结构才是存在领会在根源上产生的存在论视域；（3）透过这种存在领会来重构作为哲学根本的普遍存在论。然而，其基础存在论的构想在《存在与时间》中，大多只停留在前两个阶段，而没有被真正推到第三个阶段去。①

上述《存在与时间》的构思反映在九鬼在《海德格尔的哲学》一文中对海德格尔哲学的介绍与批评内容上。此文的绝大部分都在阐明基础存在论构思中的前两个部分，也就是海德格尔对此在的生存论分析上。根据九鬼的分析，海德格尔将此在（Dasein）还原到操心（Sorge），接着再将操心还原到时间。也就是说，此在的操心这种日常存在方式无法离开时间性。

关于第一个还原阶段，九鬼主要针对"世界内存在（In-der-Welt-sein）"这一概念来展开。表现此在（人）与此在（人）或世界内的存在者（innerweltliches Seiendes）之间关联的是"操心、操劳、操持"（Sorge, Besorge, fürsorge；九鬼译为"关心、配虑、顾虑"）。操心（存在者的存在）具有以下三个结构，

---

① 这也是海德格尔在《康德与形而上学的问题》（1929）中进行形而上学历史、此在的形而上学之探讨工作的缘由。"解构形而上学历史的任务"正表示《存在与时间》与此书之间的承继关系。

即"作为寓在—领先于自己—已在之中（Sich-vorweg-schon-sein-in als Sein-bei）"。① 其时间样态显然分别是现在、未来、过去。② 在九鬼看来，此三个时态中，海德格尔最重视的是未来。对他来说，时间是从未来流向现在而成为过去。③

九鬼的"世界内存在"之分析，不仅显示出人实际存在的时间性样态以及人与人（操持结构）或人与工具（操劳结构）之间的关系网（空间性），还揭示出此在的"在之中"（In-Sein，九鬼译成"内在"）之显现或现出，即生存论上的现身情态（Befindlichkeit，九鬼译为"情态性"）与领会（Verstehen，九鬼译为"会得"）。现身情态与领会是此在的生存论之主要结构。生存论上的现身情态，在生存层面上则是情绪（Stimmung，九鬼译为"气分"）。畏（Angst）这一情绪正是此在最根本的现身情态。关于畏的情绪分析及畏与时间的关联，将在下节讨论。

相对于现身情态开示的是此在的被抛状态（Geworfenheit，九鬼译为"被投"），领会指示的是此在的自由筹划（Entwurf，九鬼译为"投企"）。此在的生存论结构便是一种被抛的自由筹划（geworfener Entwurf）。④ 人类现在在此存在（Dasein）的结构，在时态上包含过去和未来。这意味着人虽被命定，但有可以改变命运、自由地创造自身未来的可能性。九鬼称海德格尔这种存在为一种可能性的存在。⑤ 若参照上揭九鬼的存在论图式，可知海德格尔的生存存在论忽视偶然性，以一种目的论的方式分析此在的生存论结构。这个试图将可能性存在（P）推向必然性存在（N）发展的海德格尔主张，显然和九鬼拒绝必然性、重视偶然性（横跨不可能性与可能性），阻挡偶然性存在（C）往必然

---

① 海德格尔：《存在与时间》，陈嘉映、王庆节译，商务印书馆2015年版，第243页。
② 九鬼周造：《九鬼周造全集》第三卷，岩波书店1980年版，第223－224页。海德格尔在《存在与时间》中将此在的存在解释为操心，并为操心的结构"先行于自身的—已经在（世界中的）—作为寓于（世内照面的存在者）的存在"配对时态的将来、曾在、当前（未来、过去、现在）。参见海德格尔《存在与时间》，陈嘉映、王庆节译，商务印书馆2015年版，第1篇第6章第41－42节、第2篇第3章第63－65节。
③ 九鬼在《偶然性的问题》第3章第9节"偶然性的时间性质"中，借由说明海德格尔的筹划（Entwurf）与作为先行（vorlaufen，九鬼译为"先驱"）的决心性，在《海德格尔的哲学》中阐释先行的决心性（vorlaufende Entschlossenheit，九鬼译为"先驱的决意性"）与向终结存在（Sein zum Ende）、向死存在（Sein zum Tode）来说明未来在海德格尔哲学的重要性（参见九鬼周造《九鬼周造全集》第二卷，岩波书店1980年版，第207页；九鬼周造《九鬼周造全集》第三卷，岩波书店1980年版，第231－239页）。
④ 九鬼周造：《九鬼周造全集》第三卷，岩波书店1980年版，第215－216页。
⑤ 九鬼认为："领会包含了在生存论上作为存在可能的此在之存在方式。"（九鬼周造：《九鬼周造全集》第三卷，岩波书店1980年版，第216－217页）这里揭示领会意味着人类有自由筹划自身的可能性。

性存在（N）或不可能性存在（I）发展的主张迥然不同。

四、惊讶与畏的情绪论：兼论时间性

在进入九鬼与海德格尔情绪论的探讨之前，有必要先概括两者的时间论，因为这和惊讶、畏这两种情绪的比较有紧密的关联。如上所述，海德格尔的可能存在重视的是未来。而重视过去的哲学家，九鬼举出柏拉图（Plato）与亚里士多德（Aristotle）为例，无论是前者的理念或回忆，还是后者的本质必然性，都是表示必然性的过去时态。相对于前两者，九鬼的偶然存在重视的是现在。九鬼认为："胜义的偶然，不外乎是最小的可能性或不可能性在现实面的相遇。而且只要现实性在时间上意味着现在，偶然性的时间亦必须是现在。《教行信证》序言中的'难遇而今得遇'的'今'便是偶然性的时间图式。一般来说，偶然是在现在性中被创造出来的东西。此外，胜义的偶然，作为未来可能性减少的极限，是从没有未来的不可能性之无穿过现在的非存在的一点，而忽然蹦出来的东西。"①

显然不管是海德格尔的"未来→现在→过去"还是柏拉图、亚里士多德的"过去→现在→未来"的图式，皆非九鬼所要的。他强调的是偶然存在的现在时态。这种时态既是未来性最小的极限点（因跨在可能性之上）又是无穿过现在的一点（又因跨在无、不可能性之上）。然而，只要偶然性保留了可能性，就无法和必然性的过去时态完全切割。② 那么，上述九鬼与海德格尔的时间论和两者的情绪论有何关联？九鬼在《偶然性的问题》第3章第10节"偶然性与惊讶的情绪"中，虽没有大幅探讨，却已勾勒出基本的架构。

海德格尔的可能存在重视未来性，显示的是人的根本情绪——畏（不安）。本质存在重视过去性，显示的是人的根本情绪——安稳（安心）。九鬼的偶然存在重视现在性，显示的是人的根本情绪——惊讶。相对于对未来感到不安以及对过去感到安心，惊讶总是在眼前的这一时点（现在）出现。这是一种人对冷不防（突然）、未能预测、未知、未被解明的东西感到的一种兴奋情绪。此情绪与畏（不安）的紧张情绪、安心的放松及冷静情绪有所不同。九鬼如此说道："总之，必然因其过去的决定的确证性，只具有放松及冷静这

---

① 九鬼周造：《九鬼周造全集》第二卷，岩波书店1980年版，第209-210页。
② 关于此点，九鬼如此说明："在与必然性的关系上，偶然性不单只是必然性的否定，'尽管是必然性的缺乏，但依然存在着事实性'，这是偶然性不可或缺的条件，迈农亦指出这点。"（九鬼周造：《九鬼周造全集》第二卷，岩波书店1980年版，第213页）如本文第二、三节所述，偶然性存在之中，是介于有和无之接触面的极限存在。它既是有根植于无，亦是无渗透有的状态，因此无法完全和必然性切割，也无法避免不可能性或无的威胁。

些静态的微弱情感。然而，可能和偶然却因问题性，而带有紧张及兴奋这些动态的强烈情感。因此，可能持有的畏这种紧张情感与偶然持有惊讶这种兴奋情感的主要不同是，前者与未来相关，后者与现在相关。可能性是，无向未来期待有的样态。偶然性是，有在拥抱现在的同时目睹无的样态。"①

至于九鬼情绪论的具体开展，可从他的论文《情绪的系谱》（1938）、《何谓人学》（1938）与《惊讶之情与偶然性》（1939）中窥见。九鬼在《情绪的系谱》中挖掘、建构日本文学（《新万叶集》的和歌）中的情态论；在《何谓人学》探讨了西方人学的系谱，开展自己对人学的见解，并主张自然的人学（homo naturalis）；在《惊讶之情与偶然性》中论及西方哲学史中的情绪论，并在和海德格尔的情绪论进行比较的同时开展自己的情绪论。《情绪的系谱》其建构方法来自偶然存在的情绪论，没有具体展开哲学论述。《何谓人学》将偶然存在论置入西方人学的系谱讨论，提出以惊讶为根本情绪的自然人学立场。《惊讶之情与偶然性》则是偶然存在的情绪论之建构。因此以下内容主要以后两篇文章的探讨为主。

如一般所知，西方的人学在舍勒（Max Scheler）的哲学人学（主张本能冲动与精神相互渗透）之后，似乎已经无法回到原始的、自然的状态。然而，若通览《何谓人学》可知，以偶然存在的情绪论为基础的九鬼自然人学，正是向西方人学系谱的挑战。九鬼认为："情绪论是自然人的人学之主要问题。情绪可说是肉体与心灵合一的人对事物存在方式的有机反应。事物的存在方式在对人类主体的样态上，有偶然的、必然的、可能的这三种。若大致区分情绪的话，有对应于偶然、必然、可能存在的情绪这三种。"②

九鬼更进一步说明依偶然存在所产生的惊讶之情是第一类的情绪，依必然存在所产生的快、不快之情是第二类的情绪，依可能存在所产生的畏之情是第三类的情绪。对应此区分，他分别提出笛卡尔（René Descartes）在《灵魂的激情》中主张的人第一个最根本的情绪——惊讶（l'admiration）、斯宾诺莎（Baruch de Spinoza）在《伦理学》中以决定论立场（此立场反对笛卡尔的情绪论，排除偶然性的惊讶情绪）解释"诸情感定义（Affectuum Definitiones）"所提出的根本情绪——欲、喜、悲（cupiditas, laetitia, tristitia）以及海德格尔

---

① 九鬼周造：《九鬼周造全集》第二卷，岩波书店1980年版，第215页。
② 九鬼周造：《九鬼周造全集》第三卷，岩波书店1980年版，第25页。

《存在与时间》中此在生存论中的根本情绪——畏（Angst）。①

关于惊讶之情，九鬼在《惊讶之情与偶然性》中如此说明："当作为惊讶原因的客体，没有因某种必然性和主体有直接或间接的联结时，惊讶之情就会产生，因为那是主体所无法包摄的意外存在。因此我们可以说惊讶是针对偶然性存在的情绪。"②

此外，九鬼还解释了人与动物的基本情绪之异同。同的是恐惧、害怕（恐れ、畏れ），属生物性、原始性或根源性的情绪。不同的是惊讶，属于比较高等的动物所有（包含人），是随着知性的发达逐渐出现的情绪。九鬼利用柯勒（Wolfgang Köhler）在《猩猩的智力》中的实验结果，说明能在黑猩猩身上看到恐惧、害怕与惊讶之间的区别。这两种情绪的区分，在于主体的知性认识。惊讶之情的产生在于主体遇到意想不到的、偶然的存在或事物。

九鬼进一步发挥《偶然性的问题》的情绪论，说明人对不可能性（无）与必然性的存在或事物所产生的情绪都一样，皆为快与不快。这些情绪若取得紧张、放松的状态或表示兴奋、镇静的状态，大多是可能性或偶然性混入的情况。伴随可能性的情感便是畏这种紧张感。畏既非快亦非不快，属中性、无记的情感。伴随偶然性的情感便是惊讶这种兴奋的情绪。惊讶和畏同样都是中性、无记的情感。快与不快主要是伴随必然性所产生的情感。九鬼分别将此三者称为知性的情绪（惊讶）、意志的情绪（畏）以及情感的情绪（快与不快）。③

九鬼在《惊讶之情与偶然性》的最后总结了惊讶之情与偶然性的关系。他认为偶然性的程度与惊讶的程度是相应的，偶然性的程度是因应偶然性与可能性的关系而产生的。可能性越大就越接近必然性（有）。偶然性越大就越接近不可能性（无）。惊讶之情随前者情况所减少，随后者情况而增大。在此若回顾"定言偶然→假言偶然→选言偶然→原始偶然"这种层层推进的逻辑结构，可发现人的惊讶之情，因原始偶然的存在，会源源不断地涌出。

相对于九鬼偶然存在的情绪论，海德格尔可能存在的情绪论又是何种光景？海德格尔在《存在与时间》第1篇第6章第40节中，如此阐释畏这一基

---

① 九鬼周造：《九鬼周造全集》第三卷，岩波书店1980年版，第25-30、153-156页。针对海德格尔的畏的情绪，九鬼如此说道："当对应可能存在的情绪，淡化快、不快的色调，在紧张性中自觉不确实性时，畏的情绪就会产生。海德格尔的哲学，既是可能性的存在论，同时亦是畏的解释学，那是因为该哲学扎根于人学的事实之中。畏不见得是不快，希望、担心、怀疑这些都是畏的一种，而畏的主体基础则扎根在，人类的冲动欲在未来中展望对象。"（九鬼周造：《九鬼周造全集》第三卷，岩波书店1980年版，第30页）

② 九鬼周造：《九鬼周造全集》第三卷，岩波书店1980年版，第148页。

③ 九鬼周造：《九鬼周造全集》第三卷，岩波书店1980年版，第152-153页。

九鬼周造与海德格尔的情绪论

本现身情态:

> 畏所为而畏者,就是在世本身。在畏中,周围世界上手的东西,一般世内存在者,都沉陷了。"世界"已不能呈现任何东西,他人的共同此在也不能。所以畏剥夺了此在沉沦着从"世界"以及公众解释方面来领会自身的可能性。畏把此在抛回此在所为而畏者处去,即抛回此在的本真的能在那儿去。畏使此在个别化为其最本己的在世的存在。这种最本己的在世的存在领会着自身,从本质上向各种可能性筹划自身。因此有所畏以其所为而畏者把此在作为可能的存在开展出来,其实就是把此在开展为只能从此在本身方面来作为个别的此在而在其个别化中存在的东西。①

此外,海德格尔针对此在在世的根本情绪——畏,提出一个具体的例子,即死亡。这个每个人都必须单独面对的死亡。畏惧死亡是人最根本的现身情态。人是向死(终结)的存在,在死亡面前,面对了最贴近其自身的存在可能性。如此一来,人没有共同面对死亡的可能,也不会有共同"向死而生"的可能。这种此在在世的根本情绪——畏的设定,可说是为了方便说明此在的"被抛—筹划、遮蔽—解蔽、非本真(的向死存在)—本真(的向死存在)、逃避死亡—面对死亡"之样态。畏是此在的生存论分析的一个方法。目的在于使此在认清自身逃避的事实(过去、现在),并朝往未来的应然前进。畏推使此在(人)不断地以动态方式朝向此在(人)应然的发展方向前进。畏的时间性是未来。②

九鬼认为海德格尔意图让人走向未来(实现)的道路,必会远离偶然性、现在性、共在构成的关系网(空间性)、公开性、公共性,以致于人最终走到必然性、过去性、封闭性、单独个体的局面。海德格尔的主张切割了世界、共同此在(他者)、偶然性、现在性,使人成为完全孤立的个人。③ 在此若要为海德格尔辩护我们可以说,海德格尔的存在哲学重点摆在重新探讨支配形而上学历史的"存在问题",其此在的生存论分析只是在为该目的做准备,而不是

---

① 海德格尔:《存在与时间》,陈嘉映、王庆节译,商务印书馆2015年版,第233页。
② 海德格尔:《存在与时间》,陈嘉映、王庆节译,商务印书馆2015年版,第418-419页。海德格尔主张怕(Furcht)与畏这两个现身情态,原本都奠基在曾在状态(过去)中,但其各自的源头不同。畏发源于决心的将来(未来),怕发源于失落的当前(现在)。而希望、欢乐、感奋、快活、激动则是根植于曾在状态(过去)。
③ 九鬼周造:《九鬼周造全集》第三卷,岩波书店1980年版,第269-270页。

意图建构能回应人类心灵救赎或社会实践等当代性问题的哲学（亦即生命哲学或伦理学）。相反的，九鬼认为："面对现实世界的偶然性感到惊讶，心脏因惊讶而悸动，这始终是哲学思索的原动力。"① 这里显露出生命与哲学之间的相互融合。

五、结论

九鬼偶然哲学及情绪论的出现并非单独、偶发的现象。岭秀树在《海德格尔与日本的哲学：和辻哲郎、九鬼周造、田边元》的序言中虽高度评价和辻哲郎、九鬼周造、田边元的哲学研究态度及其独特的哲学，却认为他们的哲学创造力不如西田几多郎，海德格尔哲学在三者的哲学形成与发展过程中扮演了重要角色。这在本文的论证中可以窥见。藤田正胜与岭秀树的观点保持距离，试图在《九鬼周造：处在理智与热情之间的"语言"哲学》中以生命与哲学的张力为主轴，致力于阐明九鬼哲学的整体面貌，在某个面向上，可说是从西田的"生命即哲学、哲学即生命"② 的观点来进行研究。藤田的研究显然来自日本哲学或日本传统思想，甚至是东亚整体思想的视域。若从岭秀树的研究观点来看，九鬼哲学无疑是接续现象学而产生的。若从藤田的研究观点来看，九鬼的哲学扎根于东方土壤，与西方哲学貌合神离。本文虽未论及九鬼的日本文艺论、音韵学或语言学部分，但阐释情绪论与偶然哲学之间的关联，以及九鬼哲学和海德格尔哲学的差异，可说为东西哲学比较研究提供了一个参照点。

就九鬼的海德格尔论来看，海德格尔在《存在与时间》中虽标榜透过分析"世界内存在"（此在的日常生活方式）来重新探讨存在的问题（形而上学的历史），但整体来说，其哲学属于一种此在的解释学。这种哲学具有生存哲学和人学的倾向，因此是一种广义上的人学。海德格尔的存在哲学无疑运用了胡塞尔的"意向性"思维。③《存在与时间》的出现无论是从形而上学发展，还是从现象学发展的脉络来看，都不是一个单独、偶发的现象。整体来说，人的日常生活样态（甚至是情绪），随着海德格尔的现象学方法之运用，得以作为此在的生存论结构被揭示出来。我们不得不说人的生命与哲学在此有某种程度的交集。

然而，如九鬼所批评，海德格尔哲学最终倾向于生存论（学问、哲学）

---

① 九鬼周造：《九鬼周造全集》第三卷，岩波书店 1980 年版，第 176 页。
② 西田几多郎：《逻辑与生命》，载《西田几多郎全集》第八卷，岩波书店 2003 年版，第 7 – 100 页。
③ 九鬼周造：《九鬼周造全集》第三卷，岩波书店 1980 年版，第 266 – 267 页。

而轻视生存（生命）。这也是九鬼不满足于海德格尔存在哲学的地方。九鬼的偶然论虽然也建构在逻辑体系上，但他为原始偶然保留最大的位置。在原始偶然的驱动下，人的惊讶情绪必会源源不绝地涌现出来。人生命中的当前惊讶，对他来说是无比珍贵的，同时也是最具体、最完整的。因为生命可以是这样也可以是那样，而不是必然那样或不可能存在。不仅人的生命如此，他甚至认为哲学也如此。他主张哲学"始于惊讶，终于惊讶"。① 这意味着哲学可以是这样也可以是那样，而不是必然那样或不可能存在。

九鬼哲学与海德格尔哲学在当代有何种意义，完全取决于接受者的选择。选择前者，可为生命与哲学的开展保留任何一种可能性，其价值与意义显露在于眼前当下。选择后者，可为生命提供哲学的担保，其价值与意义来自将来的到时。

---

① 九鬼周造：《九鬼周造全集》第三卷，岩波书店 1980 年版，第 176 页。

感受质与表征性之争

——笛卡尔感觉表征的疑难

林逸云

一、感觉表征的疑难

在笛卡尔中后期的著作中,感觉被描述为思维的其中一种方式,它被笛卡尔归属于身心统一体,只有在思维自身当中才具有清楚性,感觉或感觉的观念在涉及思维之外的对象时总是模糊且易出错的,因为感觉与引起其的对象之间是不相似的(cf. AT[①]Ⅶ, 80 – 83; AT Ⅷ – 1, 22 – 23, 32 – 35)。然而,在这一时期对感觉的论述中,笛卡尔有不少矛盾之处,其中最为明显的莫过于对感觉表征的看法,笛卡尔一方面表示感觉因表征与其不相似的对象而是模糊的,感觉观念因表征其所不是的东西而本身具有一种"质料的错误(falsitas materialis)",它区别于只发生在判断当中的形式的错误(cf. AT Ⅶ, 43);一方面又表示感觉不表征任何外物(AT Ⅷ – 1, 35),它只作为思维对自身的意识而言是清楚明白的。

在这些论述中,笛卡尔既支持感觉具有表征性,感觉观念作为其表征内容,亦支持感觉不具有任何表征性,而仅仅是一种思维的样态,这种矛盾被英美的笛卡尔学界称作感觉的表征疑难。英美学界围绕感觉是否具有表征性这一问题产生了两种互相对立的诠释路径,一种是建立在把感觉理解为感受质(qualia)之上的非表征主义(non-representationalist),另一种是坚持笛卡尔的感觉具有表征内容的表征主义(representationalist)。[②] 由于笛卡尔自身矛盾的论述为这两种诠释都提供了文本上的支持,感觉表征的疑难仍未得到合理的解决。本文试图从笛卡尔这些矛盾论述产生的根源入手来解释这种矛盾,并以此反驳非表征主义的立场,为表征主义立场提供一个有力的理由。

[①] R. Descartes, *Oeuvres de Descartes*, eds. C. Adam and P. Tannery, Vrin, 1964—1976. (《笛卡尔著作全集》,简称 AT)

[②] R. De Rosa, *Descartes and the Puzzle of Sensory Representation*, Oxford University Press, 2010, pp. 3 – 4.

二、感受质基础上的非表征主义

非表征主义诠释最核心的观点是把笛卡尔的感觉仅仅当作心灵的存在的方式,而不是一个东西,比如蓝色的感觉不代表任何蓝色的东西,而仅仅是意识中主观的、私人的、不可公共度量的蓝色的质。① 笛卡尔的感觉基本被等同于当代心灵哲学中的感受质概念,它形式地存在于心灵当中,不具有任何客观的内容,感受质作为纯粹的心灵体验并不表征任何对象。这种理解把重心放在了笛卡尔对感觉只有作为思维或内在意识本身才具有清楚性的强调上,特别是《哲学原理》中出现的这样的一些表述:"感觉……能够被清楚地知觉到,只要我们小心地在对它们的判断中仅仅涵盖那些被严格地包含在我们的知觉中的东西——那些我们对之有内意识的东西"(AT Ⅷ-1,32)、"感觉不表征任何思维之外的东西"(AT Ⅷ-1,35),以及与此相关地否认感觉表征与其相似的对象的表述。

于是,持非表征主义立场的诠释者很轻易地把感觉或者感觉观念②与感受质对等起来,而这种作为感受质的感觉本身并不具有表征性。他们的依据在于:按照笛卡尔对原因的规定,即在原因中必须至少要有和在其结果中同样多的实在性(AT Ⅶ,40),以及由此得出的观念的"客观实在性原则",即在观念的原因中的形式实在性至少与观念中所包含的客观实在性一样多(AT Ⅶ,41-42),某个性质只有形式地存在于感觉的原因中才能成为相应的感觉观念的客观内容,或者说,感觉的原因中真实地包含着与感觉观念中客观存在的属性同样的属性。因而,心物二分背景下作为思维的感觉与物质对象之间的不相似性使得以广延为基础的物质对象无法作为纯粹感受质的原因,感觉观念的原因只能是心灵,它不表征心灵之外的事物,只作为心灵的属性或样态。假使感觉观念的原因是物质对象,那么它也不具有客观实在性,因为感觉观念所关涉的第二性质并不形式地存在于物质对象当中,物质对象中只有广延或运动,而并不真实地具有颜色、冷热等性质,也就是说,感觉观念仍然无法具有关于物质的客观内容或客观存在,因而不具有相应的表征内容。③ 由此可见,感觉观

---

① A. W. MacKenzie, "Descartes on Sensory Representation: A Study of the Dioptrics", *Canadian Journal of Philosophy*, 1990, Vol. 16, pp. 115-124.

② 笛卡尔并没有严格区分感觉和感觉观念,对笛卡尔"感觉"一词的含义的细致梳理可见 Kurt Smith, "Descartes' Ontologie of Sensation", *Canadian Journal of Philosophy*, 2005, Vol. 35, pp. 564-573。我们在此不打算区分感觉和感觉观念,而且我们将看到表征主义立场和非表征主义立场各自对笛卡尔的感觉及其观念有不同的解释。

③ Cf. A. W. MacKenzie, "The Reconfiguration of Sensory Experience", in *Reason, Will and Sensation: Studies in Descartes's Metaphysics*, ed. J. Cottingham, Oxford University Press, 2001, pp. 260-265.

念要么把心灵的样态作为其客观存在或表征内容，要么不具有表征内容，因此无论如何，关于第二性质的感觉观念都只作为心灵的样态而不具有表征性。

这种诠释进路在面对笛卡尔所说的感觉观念的"质料的错误"时所采取的态度是不承认感觉及其观念本身有质料的错误，并且把这种错误移植到潜在的判断中。他们或者为笛卡尔划分感觉和判断，把笛卡尔所说的质料的错误当作一种在感觉中潜在的判断的后果①，或者为笛卡尔划分感觉和观念，让质料上可错的观念作为一种复合的或矛盾的、同时包含了心灵和物体的表象的模糊观念②。无论采取哪种做法，他们都默认在笛卡尔这里存在着一种感受质意味的感觉，它作为纯粹的思维体验不具有任何表征性内容，质料的错误作为潜在的判断的产物并不能证明感觉的表征性。

三、表征主义立场对非表征主义的反驳

以 R. 德罗萨（Raffaella De Rosa）为代表的表征主义立场对非表征主义的反驳首先在于否定纯粹感受质的理解，解除作为感受质的感觉和非表征性的关联。那些在非表征主义立场看来支持感觉等同于感受质的文本——尤其是在《哲学原理》中笛卡尔所说的感觉不表征任何思维之外的存在，它只有局限在我们具有内在意识的思维当中才具有清楚性——并不真的表明感觉不具有任何表象，因为在那里笛卡尔真正想要强调的是感觉不表征任何与其相似的思维之外的物质，而不是不表征所有外物。只是为了在感觉中区分出清楚分明的认识和模糊不清的认识，笛卡尔才把作为觉知自身的一种方式的感觉突显出来，但这并不与感觉的表征性矛盾，在《哲学原理》的其他地方笛卡尔仍然认为感觉表征物体中我们未知的东西。③ 也就是说，感觉当中有被认为是感受质的感质特征，但它同样具有表征性。

其次，表征主义立场进一步否定非表征主义立场中不相似性与表征性的矛盾。在他们看来，相似性并不是表征的必要条件，尽管感觉不表征与其相似的物体属性，但这并不代表它不具有表征性，感觉仍然表征某个模糊的或未知的对象。在对待笛卡尔的原因规定和观念的客观实在性原则上，表征主义的立场没有让心灵作为感觉的原因，而是让物体或物体和心灵同时作为其原因，并且指出笛卡尔曾在《哲学原理》第四章中把感觉定义为是由物体中的属性引起

---

① Cf. L. Alanen, "Sensory Ideas, Objective Reality, and Material Falsity", in *Reason, Will and Sensation: Studies in Descartes's Metaphysics*, ed. J. Cottingham, Oxford University Press, 2001, pp. 241–246.

② Cf. R. W. Field, "Descartes on the Material Falsity of Ideas", *The Philosophical Review*, 1993, Vol. 102, pp. 330–333.

③ R. De Rosa, "The Myth of Cartesian Qualia", *Pacific Philosophical Quarterly*, 2007, Vol. 88, p. 189.

的，它们才是感觉真正的原因。① 此外，德罗萨还特别指出关于观念的客观存在（objective being）和客观实在性（objective reality）这两个概念之间的区分，观念的客观存在是一种作为思维的对象在心灵之中的存在，它意味的是观念进行表征的能力，即观念能够把一个对象展现为好像是在心灵之外存在的对象。而客观实在性意味的是观念所表征的等级，即观念表征了多少实在性，比如一个实体的观念比一个样态的观念具有更多的客观实在性，因为前者比后者表征了更多的对象本身的实在性（cf. AT Ⅶ, 40; De Rosa, 2007: 185 – 187）。换言之，客观实在性是等级上的判定，它指示感觉能表征多大程度上的相似性，而客观存在是有无表征的判定，不能因为感觉或感觉观念表征较少的实在性或相似性而否定它的表征性，从而像非表征主义立场那样认为感觉只具有形式的实在性，它仅仅作为心灵的样态。②

基于这样的反驳，质料的错误在表征主义立场看来就不是一个与感觉矛盾的、需要被消解的表述，而恰恰是对感觉具有表征内容的证明，正是因为感觉表征物体中触发感觉的未知的属性，感觉的观念才会具有质料上的错误。在笛卡尔看来，我们仅仅是"在抽象中"就能在感觉本身，以及其本性或观念中犯错（AT Ⅴ, 152），这意味着感觉或感觉观念本身包含了某种思维的内部对象，这样的表征内容先于且独立于判断，它为感觉本身提供了错误的机会或质料。质料的错误恰恰证明了感觉具有表征性，其表征内容导致了非表征主义者所说的潜在的判断，而不是反过来潜在的判断导致了质料的错误。③

四、表征主义诠释的特设性嫌疑

我们可以看到，表征主义立场的这些反驳建立在对感觉的因果诠释上，并且至少把感觉的原因部分地归于物质对象，感觉的模糊的表征性来源于这种物质性的原因。在这种因果诠释下，感觉具有双重的表征性，它即指示性地表征引起

---

① R. De Rosa, "The Myth of Cartesian Qualia", *Pacific Philosophical Quarterly*, 2007, Vol. 88, pp. 191 – 194; R. De Rosa, *Descartes and the Puzzle of Sensory Representation*, Oxford University Press, 2010, Chap. 2.

② 德罗萨实际上指出了对感觉的理解与对观念一词的理解之间的密切关联。笛卡尔曾表明观念一词有不同的含义，它可以作为理智的一种活动或者思维的一种方式（AT Ⅶ, 8, 40），此时每个观念都形式地或真实地存在于心灵当中，具有形式的实在性；它也可以作为这种活动或思维表征的对象，客观地存在于理智或心灵当中，而且因表征不同的对象而具有不同程度的客观实在性（AT Ⅶ, 8, 40, 102）。非表征主义立场认为感觉观念只具有形式的实在性，而且同时否定了感觉观念具有客观存在和客观实在性，所以才会把笛卡尔的感觉当作不具表征性的感受质。

③ R. De Rosa, "The Myth of Cartesian Qualia", *Pacific Philosophical Quarterly*, 2007, Vol. 88, pp. 194 – 200.

它的物质对象，同时又包含有不同于物质对象的呈现性（presentational）内容，从而呈现性地表征感觉自身。[1] 这种双重性解释了质料的错误，而且让感觉的表征内容符合笛卡尔的原因规定。一方面，感觉的指示性内容让感觉和物质性原因联系起来，并且这种指示性内容是质料错误的来源，它容易导致呈现性内容被表征为某种物质中的属性，从而引起模糊和错误。另一方面，双重性使得感觉和物质对象的不相似性不再与笛卡尔自己设定的因果原则相矛盾，因为这种"混合的"感觉分别让物体和心灵对感觉的效用体现在指示性内容和呈现性内容上，实际上让那种作为体验的，不作为某个东西的感觉的质和对外部物质对象的失实表征（misrepresentation）都能够合理地包含在同一个感觉或感觉观念之中。

然而，这种对感觉的表征性的因果诠释虽然看似解决了诸种矛盾，却因不能确切地解释呈现性内容和指示性内容之间的关联而有是特设性的解释的嫌疑。换言之，这种解释实际上没有说明物质对象如何作为感觉的原因，或者物质对象为何具有这样的呈现性内容的感觉的原因，感觉的双重内容互相之间并不具有可理解的关联，这使得这种对感觉的划分有任意性和不确定性的成分。非表征主义可以说这种划分是为了解释感觉观念的质料错误和失实表征而专门设定的，感觉的表征性根本不是质料错误或失实表征的根源，而是一种强行的设定，这和非表征主义所说的潜在的判断并无实质上的区别。只要表征主义立场不说明表征性来源的合法性，即感觉为何在本性上表征物质性的东西，非表征主义立场就可以不承认来自表征主义立场的反驳，并且把后者的解释纳入自己的立场中，感觉的呈现性内容就是感受质，而指示性内容因有特设性的嫌疑而陷入潜在的判断当中。

因此，**要想真正反驳感受质基础上的非表征主义立场，我们必须澄清笛卡尔为何要让感觉或感觉观念在其本性中，而不是在判断中和物质性属性勾连在一起。**如此我们才有可能摆脱感受质的理解，说明笛卡尔的感觉是具有表征性的，并且这种表征性预先导致了感觉的失实表征。

五、感觉的表征性的真正来源

针对这样的困境，表征主义立场中出现了一种对感觉的"结构性的（structured）"解释，试图在保留因果解释的同时加上先天的范畴观念来规定感觉的呈现，让感觉的表征性成为心灵天赋的理智观念的产物，这种观念使得感觉必然以关于一个存在的物体的表象呈现出来。物质性对象仅仅决定了感觉

---

[1] M. Wilson, *Ideas and Mechanism: Essays on Early Modern Philosophy*, Princeton University Press, 1999, pp. 72–77.

的出现,而感觉及其观念的表征内容由心灵关于对象的天赋观念或简单概念,如广延、实体、持存等概念规定和描述。在这种解释下,感觉的表征性不可能是附加的判断,而是心灵本身对外物引起的感觉表象的规定和构造(cf. De Rosa, 2010: Chap. 5)。

然而,这种解释仍然需要一个合理的依据,即一个感觉表象必须要由关于对象的天赋观念来规定的依据才能真正克服特设性的嫌疑,而我们要指出的是,这一依据只能从笛卡尔在方法论和自然哲学中建立起来的感觉理论中才能找到。

在《指导心灵探求真理的原则》(以下简称《原则》)中,笛卡尔曾把对外部事物的感觉的过程还原为形状(figure)的传输过程,外部感觉的产生源自可感物中的形状从可感物到外感官、通感、想象及神经这一系列的传输,在每一过程中形状就好像图章在蜡的表面上盖戳一样被印下,而感觉就产生于这种对形状的接收。同时,笛卡尔认为所有可感物都不能离开形状被设想,形状不仅仅是一个外在的触发感觉产生的原因,而且形状成为了可感物的"本性(nature)":

> 没有什么比形状更容易落入到感官当中,我们实际上触得到也看得到形状。……形状的概念是如此普遍和简单,以至于所有可感物都包含了它。简言之,无论你把颜色假设为任何你想到的东西,你一点都不能否认它仍然是广延的,因此你也不能否认它有一个形状。……我们在颜色那里排除所有其他东西,只留下颜色的形状本性,并且设想白色、蓝色、红色等之间的差别就像以下形状或其他类似的形状之间的差别。

> 我们可以对所有事物都这么说,因为可以肯定的是,形状的无限数量足以表现所有可感物之间的差异。(AT X, 413)

由此可见,可感物在排除所有其他东西后留下来的是其形状本性,而且形状间的差别可以表示可感物或可感属性之间的差别。正如 J.-L. 马里翁(Jean-Luc Marion)所指出的,笛卡尔在《原则》这里让形状成为可感物在物理上和认识论上所还原为的东西,它使得可感物是可理解的。① 更进一步地,笛卡尔把这种可感物最终还原为的形状等同于观念,而且认为只有通过形状才能形成

---

① J.-L. Marion, *Sur la théologie blanche de Descartes*, PUF, 2009, p. 236.

关于所有事物的观念（cf. AT X, 415-417, 441, 450）。这意味着，形状替代了观念成为解释和认识事物的关键，或者说，我们借以认识事物的观念实质上是一种具有广延的、形象化的形状，它存在于身体真实的部分当中①。

笛卡尔在《论人》中进一步将这种被等同于观念的形状限定在腺体——想象和通感的所在地——的表面上，而且它就是精神在感觉或想象时所考虑的"形式或图像"（cf. AT XI, 176-177）。至此，我们看到笛卡尔把感觉奠定在了一种物质性或肉体性的形状之上，而且由于形状等同于观念，等同于精神在感觉时所思考的东西，感觉实际上已经由形状所解释和规定，形状不仅仅触发了感觉，而且同时规定了感觉的内容，它就是精神在感觉时的所思所想。也就是说，是同一个形状规定了可感物以及对其的感知，可感物所还原为的形状本性决定了对可感物的感觉。此外，形状的这种规定性不仅仅局限于第一性质，比如形象、运动、位置等，它同样适用于所有第二性质，比如颜色、声音、冷、热等，无论是对形象化的可感属性还是对非形象化的可感属性的感觉最终都通过形状的印记来被察觉（cf. AT X, 412-413），甚至是那些与身体和精神自身相关的感觉，比如疼痛、饥渴、快乐、忧伤等也同样如此（AT XI, 176-177）。这意味着在笛卡尔看来，一切感觉都统一由形状来产生和规定，是形状决定了感觉的内容。需要特别指明的是，这一形状不是可感物的表面形状或者形状属性，如果是那样的话形状作为一种与感觉处于同一层级的经验属性并不能解释感觉和广延之间的必然关联，形状恰恰是一种作为"本性"和"观念"先行对可感物以及对其的感觉进行规定的东西，它是使得后者是可理解的基础。因此，形状对感觉的规定在笛卡尔这里并不是经验判断或者设定的后果，它早在判断之前就决定了感觉的内容。

这种把一切感觉奠定在形状上的做法源自笛卡尔的这样一种意图，即按照"普遍数学（mathesis universalis）"的方法，通过把一切事物还原为作为一般量的种的广延，一切认识对象可以被同质化从而是可度量可精确的，同时未知物可以通过与已知物的类比来被认识，由此广延可以被用来解释和认识一切事物（cf. AT X, 440-441, 447）。这种意图在对光现象的阐释上被进一步展现。在《屈光学》中，笛卡尔指出光和颜色的本质在于运动及其方向的改变，并且这种运动是由几何学规定的，光和颜色是一种可几何化表示，即可还原为几何线段和图形规定的运动（cf. AT VI, 83-104）。这种在光的解释中体现出

---

① 在《原则》中，笛卡尔明确表明："想象自身以及在其中存在的观念不是任何其他东西，而仅仅是真正有广延和形象化的真实物体"（AT X, 441），精神在想象上既可以接收来自通感的形状，也可以自己形成新的形状或者观念，而在《论人》中，观念被笛卡尔进一步限定为腺体表面上的形状（AT XI, 176-177），这些都表明在早期被等同于形状的观念是一种身体性的、具有真实广延的形象之物。

来的机械化和几何化被笛卡尔应用在以视觉为代表的感觉解释当中,笛卡尔一方面把感觉还原为机械运动的进程,一方面又把几何图形或线段构成的几何关系置入视觉的产生机制中(cf. AT Ⅵ,106 - 138),让感觉也同样作为一种可几何化的自然现象与其他自然现象一道处于几何学的规定之下。这样的几何学不是以别于物体的概念或规定为对象的抽象几何学,而是解释自然现象的普遍的几何学,它和机械物理学所描述的对象是同一的,即那些在"普遍数学"的方法下以广延为基础的对象。① 在这一意义上,笛卡尔的物理学等同于几何学,因此《屈光学》里用以规定光和视觉的运动和几何图形都是这种几何-物理学对可感事物或自然现象的解释,感觉内容和活动首先作为一种自然现象被纳入以广延为基础的几何-物理学的解释当中。

我们已经看到,从《原则》到《屈光学》,形状、运动和几何形象都是笛卡尔用来解释和规定感觉的工具,而它们归根结底只是不同的广延图式或样态,笛卡尔实际上给出了一种奠定在广延之上的感觉理论,而这样的感觉理论源自他把一切对象还原为广延使其得以通过度量和排序被确定和认识的意图。基于这样的意图,一切感觉首先作为可在秩序和度量中被解释的自然或可感现象遵循以广延为基础的几何-物理学的规定,即使是对非形象化的可感性质的感觉也同样奠基在广延之上。

这种笛卡尔在早期建立起来的感觉与广延的密切关联就是感觉的表征性的真正来源,而且我们现在可以进一步指明感觉的表征性不是笼统地由天赋的理智观念决定,而是具体到由广延来决定的。即使笛卡尔在心物二分的背景下突出了感觉作为一种心灵样态的清晰性,他也没有改变感觉奠定在广延图式之上、由广延来规定的看法,因为他在后来的著作中仍然把运动作为感觉的原因,而且让运动与感觉一一对应(AT Ⅶ,87 - 88)。② 这种对应不是单纯的偶因论式的安排,而是可以追溯到笛卡尔在《原则》和《屈光学》中所设想的

---

① Cf. AT Ⅱ,268;M. Fichant, *Science et Métaphysique dans Descartes et Leibniz*, PUF, 1998, p. 32;钱捷:《笛卡尔"普遍数学"的方法论意义初探》,载《头上的星空——康德的〈纯粹理性批判〉与自然科学的哲学基础》,安徽文艺出版社2013年版,第267-270页。

② 除此以外,笛卡尔在晚期的著作《灵魂的激情》中仍然以神经运动来解释感觉,而且认为灵魂的激情,即那些与灵魂自身相关的感觉被灵魂接受的方式与外感知中对象被灵魂接受的方式一样(AT Ⅺ,350),这说明笛卡尔仍然认为关于外部对象的感觉模式对所有感觉而言具有代表性。我们已经在《原则》和《屈光学》中充分地看到笛卡尔如何让对外部可感对象的感觉奠基于广延之上,而这种奠基在《哲学原理》中也没有被动摇,外部感觉仍然源自物体中物质微粒中的广延属性所引起的运动,而且外部感觉把这种物质微粒作为其对象(AT Ⅷ-1,318 - 321)。这些都说明即使在后期的著作中,笛卡尔的感觉也不完全是不具有客观内容的心灵体验,而仍然依赖于某种以广延为基础的物质性的东西。

广延对作为可几何化的感觉的先天的规定。正是因为笛卡尔在早期构建起一种建立在广延之上的感觉理论,而且他在中后期的著作中很大程度地保留并延续了这一理论,他才会在感觉作为与对象不相似的心灵样态被突出时仍然认为感觉"在本性上""在抽象中"就包含有错误,把一个不是其本身的物质对象作为其表象。

六、总结

至此,我们可以看到,形而上学的心物划分让笛卡尔开始意识到作为主观体验的感觉,但由于他还保留着感觉奠定在广延之上的观点,他才会在心物二分和因果原则的前提下仍然把感觉的原因归于物体的广延属性所导致的神经的各种运动,而且让感觉必然在本性上、在判断之前就先行与某种物质性东西关联在一起。这也是为什么持非表征主义和表征主义立场的双方都能在笛卡尔的文本中找到支撑他们观点的依据,因为笛卡尔在意识到感觉作为思维的活动和心灵样态的同时没有放弃感觉由广延产生和规定的看法,因此笛卡尔还没有完全形成当代心灵哲学里的感受质概念。广延不是附加在感觉之上的判断,而是在感觉的本性当中的东西,只有回溯到早前几何-物理学框架下的建立在广延之上的感觉理论,我们才能理解笛卡尔为何坚持让感觉在其本性或观念中表征物质性的东西,从而反驳感受质基础上的非表征主义,并且在来源上为表征主义立场中让感觉在其本身包含物质性属性的做法提供充分的理由,让这种做法避免是特设性的。

胡塞尔"部分"范畴的形成:一段概念史的考察

毛家骥

自 18 世纪末以来,非欧几何与抽象代数的发展使数学研究更加超越了直观领域,数学家们不再局限于物理学问题而自由地进入各种抽象领域开展数学的专门、独立研究,同时"分析的严格化"促使数学家们反思数学的逻辑基础问题。数学的这些发展直接推动了形而上学对基础真理的追求,数学家与哲学家逐渐认识到数学的真正对象不再是自然数、实数等各种各样的数——正如胡塞尔 1890 年 2 月 13 日(在弗雷格批评之前)给施通普夫(Carl Stumpf)的信中说:"那个指导我去完成就职论文[《论数的概念》]的想法,即数的概念构成了一般对象的算术(universal arithmetic)的基础,不久被证明为错误的。(序数的分析已经使我得出了这个结论。)没有任何技术,没有任何'非本真表象(uneigentliches Vorstellen)'能使人们从数的概念中得出负数、有理数、无理数以及其他各种复杂的数……事实上是一般对象的算术(包括数学分析、函数理论等等)在数(数的理论)中得到应用。……一般对象的算术(arithmetica universalis)不是一门科学,而是形式逻辑的一部分。"[①] 在这种新的数学思路中,数学家和哲学家提出了各种各样的"一般对象"(即各种各样的逻辑形式以及关于它的运算的逻辑理论)来刻画数学的本质:莱布尼茨提出了区别于代数并被代数所隶属的组合术(ars combinatoria),鲍尔扎诺提出了以"具有(to have)"形式为元件的逻辑运算,布尔提出了以"真值的代数结构"为元件的布尔代数,康托尔提出了以"集合结构"为元件的集合论,弗雷格提出了以"函数结构"为元件的谓词逻辑,而胡塞尔继承布伦塔诺学派的新亚里士多德主义本体论提出了以"部分关系"为元件的流形论(Mannigfaltigkeitslehre)。

[①] J. Philip Miller, *Numbers in Presence and Absence: A Study of Husserl's Philosophy of Mathematics*, Martinus Nijhoff, 1982, pp. 12 – 13.
胡塞尔说的一般对象即逻辑形式,因此 universal arithmetic 指对逻辑形式的算术,莱布尼茨提出的 arithmetica universalis 最早代表这种对数学对象的理解。米勒特别强调胡塞尔这封信中所谓的形式逻辑指的不是哲学逻辑或知识论,而就是形式化的符号逻辑,即胡塞尔提出的纯粹逻辑学中的"意义范畴理论"(形式命题学),它与"对象范畴理论"(形式本体论)对应。

诚然，数学家们最后接受了"集合"作为基础形式的逻辑理论，但布伦塔诺学派看重的"部分"形式经过胡塞尔的首次专题性研究也得到了发展机会。或许是缘于布伦塔诺学派对"部分"形式的重视，特瓦多夫斯基（Kazimierz Twardowski）的学生勒什涅斯基（Stanisław Leśniewski）1916 年建立了第一个公理化的部分论（Classical Mereology），目前以哥白尼大学逻辑系的《逻辑与逻辑哲学》杂志为代表在无点几何与拓扑方面发展了勒什涅斯基的部分论。另一方面，怀特海在《自然知识原理研究》中探讨了部分整体关系，怀特海在哈佛大学的学生发展了这门理论——莱纳德（Henry S. Leonard）和古德曼（Nelson Goodman）1940 年的论文"The calculus of individuals and its uses"分析了集合论所无法分析的不同层级的类之间的合并，以及种类上具有包含关系的个体之间的关系；刘易斯（David Lewis）则在 1993 年的论文"Mathematics is megethology"中用添加了复数量化（plural quantification）[①] 的部分论对集合论进行了结构主义还原，随着第二代实用主义者对同一性问题、复数指称（plural reference）与量词的探讨，部分论在北美的形而上学研究中得到了发展。

我们认为，不仅在数学基础研究中部分论作为集合论的竞争理论具有逻辑优势与形而上学优势，而且在应用研究中它还可以深化我们对语义网和知识图谱建设中数据结构的理解，此外部分的结构更密切地关乎形式本体论的构造，并据此具有多方面的形而上学意义：例如，它可以解释个体的结构、时空中的位置结构、同一性、随附性、因果关系以及唯名论的界定等形而上学论题。

因此，本文认为对部分关系这个结构性范畴的起源与流变的概念史考察可以呈现部分范畴丰富意义，也可以帮助我们明了现代部分论何以由来。尤其是在勒什涅斯基建立第一个经典的部分论公理系统之前、在部分论单纯地作为集合论的竞争者之前，从鲍尔扎诺到胡塞尔对部分关系的哲学研究正体现了"部分"这个本体论范畴的多维哲学价值。在胡塞尔开启的形式化研究之后，经过波兰逻辑学派的发展，部分论主要作为集合论的竞争者而被探讨。因此，以胡塞尔为界，考察胡塞尔对部分范畴的哲学研究及其概念史缘起，在概念史中我们能更加生动地理解"部分"这个形式本体论范畴，这会有助于我们对当代部分论理解的深化与扩展。

---

① 刘易斯为了修正 1991 年长论文"Parts of Classes"的不足而添加的复数量化参见 George S. Boolos, "To Be Is to Be the Value of a Variable (or Some Values of Some Variables)", *Journal of Philosophy*, 1984, Vol. 81, pp. 430 – 449; George S. Boolos, "Nominalist Platonism", *Philosophical Review*, 1985, Vol. 94, pp. 327 – 344.

胡塞尔"部分"范畴的形成：一段概念史的考察

一

从哲学史的观点看，亚里士多德最初研究了部分与整体的结构，它刻画了本体范畴之间的依存关系，尤其是实体范畴和偶性范畴之间的关系。① 中世纪，经院哲学中形而上学和逻辑学延续了亚里士多德实体属性论的研究。莱布尼茨单子论中也讨论了实体属性的范畴结构，他的单子论反对关系性偶性（relational accidents）的存在。②

19世纪以来，在德国古典哲学之后兴起了传统的亚里士多德形而上学研究。典型的代表人物是鲍尔扎诺（Bernhard Bolzano），他以康德学派所说的"前批判方式"做研究③，重新开始在亚里士多德的本体论基础上建立逻辑学。他在1837年完成的《科学论》中认为基本逻辑形式（Satz an sich）是"A has B"，他指出："所有命题都有三个部分，主词概念，具有概念，以及谓词概念，如表达式'A 具有 B'所示。"④ 例如，亚里士多德具有白（whiteness）、智力（intelligence）和头痛（headache）。鲍尔扎诺认为每个基本的逻辑句子都要具有动词，而每个动词要么就是"to have"，要么包含它。因为，首先，保持句子意义不变的前提下每一个动词都可以变为 is 加它的分词形式，例如 A does 可以变为 A is doing。其次，is 出现在句子中要么句子形式是 A is，要么句子形式是 A is B，例如，"是"构成的句子要么是"上帝是"，要么是"花是红的"。而鲍尔扎诺认为，这两种"是"形式的句子本质上都可以转化为"具有"形式的句子。具体而言，A is 可以转化为 A has existence；A is B 可以转化为 A has b，其中 b 是一个抽象项（abstractum），它属于具体项（concretum）B。A is B 和 A is 不同，后者是一个存在命题，强调 A 具有存在；而 A is B 则不承诺 A 具有存在。因而，鲍尔扎诺认为 A is B 中 A 指的不是存在某个 A，而是指的作为概念的 A，那么 A is B 指的就是 A 这个概念具有 B 的属性 b，因此 A is B 可以转化为 A has b 或 A has the attribute of being a B，例如，"三角关系是复杂的"可以转化为"三角关系这个概念具有复杂性"或"三角关系这个概念具有复杂的属性"。综言之，一切命题的基本形式便是"A 具有 B"了。随后，类似于用 A has B 的形

---

① Barry Smith and Kevin Mulligan, "Pieces of a Theory", in *Parts and Moments: Studies in Logic and Formal Ontology*, ed. Barry Smith, Philosophia Verlag, 1982, p. 18.
② Barry Smith and Kevin Mulligan, "Pieces of a Theory", in *Parts and Moments: Studies in Logic and Formal Ontology*, ed. Barry Smith, Philosophia Verlag, 1982, p. 20.
③ 涅尔夫妇：《逻辑学的发展》，张家龙、洪汉鼎译，商务印书馆1985年版，第460页。
④ Bernhard Bolzano, *Theory of Science*, trans. Rolf George and Paul Rusnock, Oxford University Press, 2014, pp. 173–174.

式解释 A is B，鲍尔扎诺进一步用具有形式解释了 A should/acts/wills/feels B，以及 if A is the case, then B is the case 等复杂命题的形式。

鲍尔扎诺继承了莱布尼茨的单子论，他认为原子命题 A has B 中的部分 A 和 B 没有任何关系，关系只存在于独立的部分 A 和 B 所构成的整体命题中。① 具体而言，即整体就是一个具有（to have）关系，它将各个部分 A、B、C 等联系起来，但 A 和 B 和 C 之间是各自独立的部分，它们没有关系。因此，鲍尔扎诺似乎认为整体是结构，而诸部分是无结构的单子，整体与部分的关系是结构和个体的关系。此外，鲍尔扎诺还用部分整体概念讨论了类（class，具体的个体对象的类）、集合（set，未规定的元素联结而成的类）、广义并（sum，集合中所有元素的元素合并的集合）、序数（sequence）、逻辑后承（consequence）、单一体（unity）、复数体（manifold）、全体（totality）以及有穷和无穷（finite and infinite quantity）等概念。② 与鲍尔扎诺不同，胡塞尔认为整体是完全的意义，整体不是关系，因为关系的本质是一个带有两个或两个以上变元位置的不完全的意义。例如，"亚里士多德是哲学家"这个整体指的就是作为哲学家的亚里士多德这个事态。因为胡塞尔区分了两种部分（因素和块片），所以他在《经验和判断》第52节中可以描述"具有判断"和"是判断"的区别，即"A 具有 B"呈现了一个整体中两个独立部分的结构，而"A 是 B"呈现了一个整体中独立部分与非独立部分的依存结构。例如，"亚里士多德有一朵玫瑰花"和"这朵玫瑰花是红色的"它们内部结构不同。虽然，鲍尔扎诺对原子命题的逻辑形式的理解（具有形式）与后来的数学家和逻辑学家不完全一致，并且他由此所坚持的用莱布尼茨式单子论来处理逻辑关系的做法也没有得到大部分数学家和逻辑学家的支持，但是他复兴了实体属性论和整体部分结构对逻辑形式的刻画。

受到鲍尔扎诺对传统亚里士多德形而上学和逻辑学的复兴的影响，布伦塔诺学派对部分整体结构进行主题性研究。③ 事实上，不仅布伦塔诺学派，例如，洛采（Rudolph Hermann Lotze）在指导施通普夫（Carl Stumpf）研究空间知觉时提出的部位记号说（Theory of Local Signs）中也使用了部分整体结构分

---

① Bernhard Bolzano, *Theory of Science*, trans. Rolf George and Paul Rusnock, Oxford University Press, 2014, p. 122.

② Barry Smith and Kevin Mulligan, "Pieces of a Theory", in *Parts and Moments: Studies in Logic and Formal Ontology*, ed. Barry Smith, Philosophia Verlag, 1982, p. 21.

③ 主要有施通普夫（1890）、马蒂（1884/1895, 1908）、迈农、霍夫勒（Alois Höfler, 1980, 1912）、厄棱费尔（Christian von Ehrenfels, 1890）、特瓦多夫斯基（1894）、胡塞尔以及勒什涅斯基（1916）。

析知觉领域,而这项研究通过施通普夫被格式塔心理学派发展。但是对胡塞尔而言,他的老师布伦塔诺和施通普夫关于部分整体结构的理解更为直接地影响了他的部分整体理论。

二

布伦塔诺的部分整体理论主要源于他对对象的种属关系、实体与属性以及意识现象与物理现象的关系问题的探讨。根据西蒙斯(Peter Simons)、鲍姆伽特勒(Wilhelm Baumgartner)、史密斯(Barry Smith)、和克鲁德齐姆斯基(Arkadiusz Chrudzimski)对布伦塔诺部分论的研究,布伦塔诺的部分整体结构的观点大概可以分为两个时期。一是早期,1967年任教维尔茨堡大学时做的形而上学讲座和1874年任教维也纳大学时出版的《从经验立场出发的心理学》;一是晚期具体主义(Reism)哲学中涉及的部分整体结构的分析,这些观点被编辑在他去世后1933年出版的《范畴理论》中。①

布伦塔诺在维尔茨堡讲座时期区分了三种部分概念:第一种是物理部分,第二种是逻辑部分,第三种是形而上学部分。首先,物理部分是指事物可分离的部分。受亚里士多德影响,它不仅仅指物理对象的部分,而且包括意识内容的部分。例如,原子作为整体,它的部分有电子、质子、中子。而质子作为整体,它的部分有夸克。但是电子本身作为物理对象不再具有部分了,可是意识对它却仍可以划分出部分,电子在意识中可以被进一步划分为上半部分(the top half of E)和下半部分(the bottom half of E)。由此,布伦塔诺在物理部分中又区分了两种对部分的"划分",一种是分离的部分(separable parts),另一种是区分的部分(distinguishable parts)。② 显然可见,区分的部分不能独立于意识活动而存在。一个分离的部分一定是可区分的,但区分的部分未必是分离的。其次,布伦塔诺所谓的逻辑部分刻画的是事物之间的种属关系。例如,颜色是红色的部分,人是苏格拉底的部分。布伦塔诺主张属是种的部分,依此类推,种是种差的部分,作为最高属的范畴是最小部分。再次,形而上学部分指的是实体和属性,其中实体是整体,而属性则是实体的部分。在作为整体的实体中,布伦塔诺进一步将作为部分的属性区分为本质属性和偶性。以"亚里士多德是瘦弱的、是理性动物、是哲学家"为例。"是哲学家"这个部分对于亚里士多德而言就是偶性,我们完全可以设想某种可能性,在其中亚里士多德是个厨师;而"是人"对于亚里士多德而言就是本质属性,因为不具有这

---

① Wilhelm Baumgartner and Peter Simons, "Brentano's Mereology", *Axiomathes*, 1994, Vol. 5, p. 61, 64.
② Uriah Kriegel, *Brentano's Mereology*, (2019 – 10 – 03), https://philpapers.org/archive/KRIBM.pdf.

个部分，亚里士多德将不存在。①

总之，维尔茨堡讲座时期布伦塔诺用部分和整体关系来解释种属、实体和属性以及物理现象和意识现象的关系。虽然，布伦塔诺区分了两种部分之间的关系：双边依赖关系（mutual correlation）和单边依赖关系（one-sided correlation）。具体而言，一个连续体的界限（boundaries）和这个连续体（continuum）的关系就是一个双边依赖关系。例如，一个广延物和它的形状，我们无法设想一个没有形状的广延物，也无法想象一个没有广延的形状。但是，布伦塔诺更为重视的是单边依赖关系，尤其是他在解释种属、实体与非实体范畴以及物理现象和意识现象关系时。首先，布伦塔诺认为种属依赖于最小种差而存在，一切范畴、属、种、种差都最终依赖于不可分离的最小种差。其次，布伦塔诺认为非实体依赖于实体。即实体的属性不能独立于实体存在。但实体中不仅指物理对象，而且包括意识对象。再次，布伦塔诺认为意识现象依赖于物理现象。例如，意识内容中的区分部分（distinguishable parts）依赖于分离部分（separable parts），意识中的区分部分若没有相应的分离部分，那么它就是意识内的虚构，不能独立存在。例如，在漫威 616 宇宙中，"变种人"依赖于"X 战警"，"X 战警"依赖于"复仇者联盟中的 X 战警"，"复仇者联盟中的 X 战警"依赖于"红女巫""快银""金刚狼"等，但"金刚狼"等人物在物理宇宙中是不存在的，所以基于他们的一些种属也是虚构的。此外，布伦塔诺认为内知觉（意识自身）依赖于外知觉（对象意识）而存在。他认为任何对象意识都具有一个自身意识（self-consciousness），自身意识就是内知觉，它并不是外知觉之外又一个附加知觉行为，而是外知觉身上一个非独立的部分。在这一时期，布伦塔诺虽然没有持严格的唯名论立场主张只有具体物才存在（Reism），但他的本体论结构是洋葱式的，即共相的实在性奠基于具体物（letzte einheitliche Substanz）。

布伦塔诺晚期转向了具体主义（Reism），该观点认为只有具体物以及具体物的部分和集合才是真实的存在，属性只是具体物的集合。克鲁德齐姆斯基和史密斯认为，布伦塔诺形而上学立场转向的原因有两个。首先是因为布伦塔诺发现属性不是事物的非独立的部分，属性本质上是具体物的集合。例如，"这朵花是红色的"中属性"红色的"是所有红色的具体物的集合。在这个意义上，他不仅承认事物（物理对象和意识对象）是存在的，而且它们的部分和集合也是真实存在的。但在维尔茨堡时期，布伦塔诺还承认属性和种属作为

---

① Arkadiusz Chrudzimski and Barry Smith, "Brentano's Ontology: From Conceptualism to Reism", in *The Cambridge Companion to Brentano*, ed. Dale Jacquette, Cambridge University Press, 2004, pp. 201–204.

胡塞尔"部分"范畴的形成：一段概念史的考察

非独立部分而存在，例如，他早期承认"人"是存在的，但"X战警"是不存在的，因为前者有所依赖的具体物，而后者没有所依赖的具体物。但晚期布伦塔诺则完全拒绝种属是存在的了，他将种属和属性还原为了具体物的集合。因此，布伦塔诺晚期认为"人"也是不存在的。事实上，这种强唯名论源于他对部分概念的理解已经发生了变化，他此时认为部分是一个扩展的整体，即非独立的部分是独立部分组成的整体。布伦塔诺晚期形而上学立场转变的另一个原因是维尔茨堡时期依据概念论路线对属性的还原出现了内在的理论困难。具体而言，若概念（种属、属性等）是实在的，而某物a具有属性F，那么该物a可以被意识表象为F，即如果属性F是实在的则它就可以被意识表象。例如，"花"这个概念若是实在的，那么我的意识必须能够表象"花"这个概念。但是因为一个表象或意识的显象又是意识的属性，即"花"作为意识现象又是意识的属性，而意识的属性具有真实（authentic）和虚构（fictional）的区别，它若是实在的而非虚构的，那么它所指的这个概念必须是实在的。布伦塔诺认为这将导致循环论证，概念因为实在所以能够被表象，但概念的表象不是虚构又必须要求概念是实在的。基于这两个原因，晚期布伦塔诺放弃了概念论而转向了具体主义。①

布伦塔诺本体论的具体主义转向，导致他对部分整体结构的观点发生了变化。早期布伦塔诺认为属性是实体的非独立的部分，部分的实在性取决于它所依赖的实体的实在性，而属性是实体的部分。例如，"这朵玫瑰是红的"，"红"是"这朵玫瑰"的部分。但晚期布伦塔诺完全否定属性、种属、概念的实在性。他认为部分不再是非独立的存在，而是一个独立的存在。实体和属性的部分整体的关系也由此是颠倒的。例如，"这朵玫瑰是红的"，"这朵玫瑰"是"红"的部分，并且"这朵玫瑰"和"红"都是独立的实在。因为，"红"是所有是红色的具体物，这朵玫瑰是所有是红的东西的部分，因此实体是属性的部分。这与他早期对实体属性的部分整体结构的观点完全颠倒。晚期布伦塔诺认为，部分指的是具体物，即具体物的某个整体。实体和属性、种类的关系是具体物和具体物集合的关系，并在唯名论的意义上它们之间的关系是事物集合内部的关系。例如，"这朵玫瑰是花"的结构是"这朵玫瑰是所有是花的具体物集合的一部分"，这种部分关系不外在于作为具体物集合的花。晚期布伦塔诺的部分整体结构否定了具体物之间关系的实在性，将非实体的属性（除了性质属性也包括关系属性）全部进行了唯名论的还原，以至于具体主义的

---

① Arkadiusz Chrudzimski and Barry Smith, "Brentano's Ontology: From Conceptualism to Reism", in *The Cambridge Companion to Brentano*, ed. Dale Jacquette, Cambridge University Press, 2004, pp. 212–213.

宇宙中只有具体物的存在。①

值得注意的是，这里体现了胡塞尔的部分整体结构与布伦坦诺的一个关键差异。这个差异表现为三个对立的方面。一方面，晚期布伦塔诺的本体论中部分概念被整体概念取消了。甚至布伦塔诺的学生卡斯悌尔（Alfred Kastil）在布伦塔诺《范畴理论》（*Kategorienlehre*）编者导言里说布伦塔诺晚期本体论"不存在部分概念"。在布伦塔诺晚期本体论中，事态"A 是 B 的部分"被转换为"B 包含作为部分的 A（B contains A as part）"，其中 A 和 B 是两个个体，A 并不是 B 的部分。在这个转换中，部分概念变成了一种两个独立整体之间的补充关系，其中 B 是一个较大的整体，而 A 则是一个包含在 B 之中的较小的整体。因此，任何存在者的部分都变成了一个独立的整体，部分整体结构变化了独立整体之间的包含关系（种属关系也被解释为独立整体之间的包含关系）。可见，部分概念被消解了。② 另一方面，对胡塞尔而言，事物之间的关系除了是两个独立对象的关系，还包括了事物及其部分之间非独立的联结。而独立对象之间的关联是偶然的。例如，一个乌龟叠在另一个乌龟身上，但我们完全可以想象它们俩没有叠罗汉，而是并排趴着。但非独立对象之间的联结则是先天的。例如，施通普夫举的广延和颜色的例子，一旦它们一者出现，那么另一者也必然出现，它们之间联结的不可能性是不可能想象的。因此，胡塞尔的世界观是一个普遍关联的事物世界，而布伦塔诺的世界观则是一个相互离散的事物世界。再一方面，与布伦塔诺晚期具体主义本体论中部分概念被消解相对，胡塞尔部分整体结构则倾向于整体概念的消解。胡塞尔认为，在正式的（形式化的）部分整体结构的形式理论中，部分和整体概念是通过"奠基"概念得到定义的。胡塞尔说："在我们所做的与此相关的定义和描述中预设了整体这个概念。但这个概念处处都可以省缺，人们可以用那些被称之为部分的内容的简单共存（奠基统一）来替代它。"③ "奠基"的定义是"如果一个 α 本身本质规律性地只能在一个与 μ 相联结的广泛统一之中存在，那么我们就要说：'一个 α 本身需要由一个 μ 来奠基。'"④ 根据奠基概念，严格的整体概念被定义为一个统一的奠基所涵盖的部分的总和。一个整体 A，它包含若干个部分 a、b、c、d……这些所有的部分之间相互奠基，因此这些部分的总和（a、b、c、d……）的统一不依赖于总体外的其他对象，因此这样的情况被称为奠基统一，这个奠基统一的总和就是"整体"概念；相反，若 A 的诸部分中有

---

① Wilhelm Baumgartner and Peter Simons, "Brentano's Mereology", *Axiomathes*, 1994, Vol. 5, pp. 64 – 65.
② Wilhelm Baumgartner and Peter Simons, "Brentano's Mereology", *Axiomathes*, 1994, Vol. 5, p. 64.
③ 胡塞尔：《逻辑研究》，倪梁康译，商务印书馆 2017 年版，第 674 – 675 页。
④ 胡塞尔：《逻辑研究》，倪梁康译，商务印书馆 2017 年版，第 657 页。

胡塞尔"部分"范畴的形成：一段概念史的考察

一个部分奠基于非 A 的部分，那么 A 的所有部分的总和就不是一个奠基统一，那么 A 就不是一个整体。例如，中华民族就不是一个整体概念，因为它之中的某个个体可能是非中华民族的个体的后代，或某个个体既具有中华民族这个属性又具有非中华民族这个属性，换言之，中华民族中某个个体的存在可能依赖于非中华民族的个体，因此中华民族中所有的部分并不存在奠基统一，那么中华民族不是一个整体。相反，一个杯子，它的每一个非独立的部分奠基于这个杯子中的部分，它的依赖特征没有延伸到这个杯子外面，那么这个杯子就是一个整体。此外，严格的整体概念预设了部分之间的奠基关联所形成的"统一"并不是一个实在的谓词，胡塞尔称之为"范畴的谓词"，因此严格的整体概念或统一体概念即是一个二阶范畴。① 以上，根据奠基概念和部分概念，胡塞尔还原了整体这个概念。这一方面与布伦塔诺恰好形成一个极端的对立。因此，如果可以用现代形而上学的术语，布伦塔诺的本体论是实体论（substance theory）的，而胡塞尔的本体论则更接近束论（bundle theory）。

不过，值得注意的是布伦塔诺早期的洋葱式本体论虽然承认具体物的属性、关系、种属的相对实在性，但是部分整体结构在洋葱式本体论中更多刻画的是事物的种属关系，这种结构展示为从上到下的还原论模式，而寻找终极存在者的研究风格和当代自然主义范式似乎是相似的。因此，布伦塔诺晚年转向具体主义似乎是必然的，事实上，具体主义根本上摧毁了世界中事物之间的部分关系，否定了事物的结构。与布伦塔诺相比，胡塞尔更重视非独立部分的相互奠基结构，种属关系本质上是一种在某个范畴内部的单元奠基结构。而胡塞尔更重视的是不同种类事物的诸范畴之间的范畴关系。正如胡塞尔说："布伦塔诺认为逻辑种属关系是一种部分关系。他这样认为是由于在某些例子中，我们认为我们所直观地发现的是逻辑部分'在'整体'之中'。然而，在另一些例子中（例如，1000 是一个有穷数），我们所认识到的关系，我们并未发现所谓的部分在整体中，至少没有什么作为某个明确的部分。有人可能也会反对说他们所谓的被诸部分联结为统一体中的部分和整体并不适用于这里的例子。但是在我看来，这里似乎仅仅是通过一个遥远的类比而对部分整体概念的引申，例如我们所说的例句中的包含与排斥（关系），尽管其中没有组合，没有现实的被包含（但仍存在部分整体关系）。"② 由于不同种类事物的本体范畴之间是相互依赖的关系，因此事物才体现为普遍联系的结构。形式本体论的主题是研究

---

① Peter Simons, "The Formalization of Husserl's Theory of Wholes and Parts", in *Parts and Moments: Studies in Logic and Formal Ontology*, ed. Barry Smith, Philosophia Verlag, 1982, p. 122.

② 转引自 Robin D. Rollinger, *Husserl's Position in the School of Brentano*, Springer, 1999, p. 62.

范畴之间的结构，并发展出关于结构的逻辑系统，而不是研究一个范畴内部的单元奠基结构并据此寻找终极存在者。因此，部分整体结构在布伦塔诺本体论和胡塞尔本体论中的角色差异体现为种属关系和逻辑关系的差异。

三

相比于布伦塔诺，施通普夫在空间知觉和声音知觉的研究中对部分整体结构的讨论更多地影响了胡塞尔。施通普夫在他开设的逻辑学讲座中继承了布伦塔诺对部分概念的划分，即将部分概念划分为物理部分（包括事物的集合中的部分）、逻辑部分（即种属关系）和形而上学部分（实体与属性关系）。但是，正如我们上文对布伦塔诺和胡塞尔部分整体结构差异的分析，胡塞尔对布伦塔诺的这个划分持批评的态度。一方面，胡塞尔认为部分整体结构是各种事物及其本体范畴之间的奠基关系，而不是事物和事物集合的属于关系，后者至多是整体部分关系的一种派生；另一方面，胡塞尔认为部分整体结构刻画的不是事物的种属关系而是范畴的逻辑关系。因此，施通普夫的部分整体结构对胡塞尔的影响并不在于他开设的逻辑学讲座中，而在于他对布伦塔诺的几个部分概念的进一步划分与分析，而这方面的观点出现在他公开发表的著作《论空间表象的心理学起源》（1873）和《声音心理学》（1883—1890）中。①

施通普夫在对空间表象的研究中划分了两种部分，一种是独立内容，它对应于布伦塔诺本体论中的具体物，另一种是部分内容（partial contents），它对应于布伦塔诺本体论中的种属与属性。他认为独立内容可以向下追溯和寻找它的起源，例如，具体物是由化学元素构成的，化学元素是由原子和电子构成的，原子中又有更基本的独立内容；但是，部分内容则不能这样追溯，表象不能还原为更原始的表象，因此他强调表象的联结是一种相互联结（mutual correlation），而不是一种还原性的单边联结（one-sided correlation）。进而，施通普夫对意识表象的相互联结关系进行了划分。他划分出四种相互联结情况：首先是不相容的内容之间的排斥关系，例如"黑的红"和"木的铁"，施通普夫认为它们看似是矛盾的，但必须接受它们的联结，因为它们是判断"木的铁是不可能的"的基础②；其次是不同感觉材料的表象的联结，例如声音和颜

---

① Robin D. Rollinger, *Husserl's Position in the School of Brentano*, Springer, 1999, p. 102.

② 后来胡塞尔在逻辑语法学（《第四逻辑研究》）中区分了两种无意义概念：一种无意义（Unsinn）对应的是非合式（non well-formed）的逻辑形式，例如胡塞尔举的"绿色睡觉"这个例子，或"+2=0"这个表达式；另一种无意义（Widersinn）对应的是无对象表象，即施通普夫此处举的"黑的白""木的铁"的例子。胡塞尔的这个区分对应于卡尔纳普后来提出的逻辑的形成规则（rules of formation）和变形规则（laws of transformation）。

色；再次是同种感觉材料的表象的联结，例如不同声音表象联结成为和弦；最后是不同的表象的相互依赖，例如颜色和广延的相互依赖，我们不可能想象没有颜色的广延，也不可能想象没有广延的颜色。① 施通普夫认为，意识内容本身都是独立内容，它们可以被分离地表象，但是独立的意识内容仍可以通过意识的注意而显现为非独立的部分，这第四种部分间的联系就是通过注意得以显现的。然而根据他对表象的联结形式的划分，所有的表象都是相互联结的，似乎不存在一个可分离的独立意识内容，施通普夫持此观点走向了布伦塔诺的另一个极端方向。史密斯（Barry Smith）将这个困难称为分离表象的不可能性："一对表面上（相互依赖的）部分内容可能事实上是被深层联结而绑定在一起的独立内容，这种联结只能——如果存在的话——被一类不可言传的长期的精神训练克服。"② 例如，广延曾经被我们认为是独立的实体，但在空间表象中它只是作为与色调、明暗度、饱和度的依赖性部分而存在。因此，在意识领域中，似乎没有能够独立存在的表象内容。按照施通普夫的意思，非独立的内容是通过意识的注意而被给予的，而我们只能通过特殊的（没有普遍学习规则的）精神修炼，像僧侣和道士一样，消除自然的注意倾向才能具有独立内容的分离表象，例如看到真的广延。

与布伦塔诺相比，显然施通普夫更注重的是部分内容之间的相互联结关系，部分内容在这种联结关系中是不可还原的。而布伦塔诺则更重视独立的事物和单边的联结关系，并通过单边的整体部分关系将一切非事物因素还原为具体物。虽然有论者指出了施通普夫的意识理论中分离表象的困难，但它至少克服了莱布尼茨、休谟和布伦塔诺式的单子论，或许恰恰指明了独立存在者的假象。本文认为，独立存在的个体也不是最终的存在者，因为它可以再被划分出独立的部分和非独立的部分。例如，亚里士多德这个独立的个体，他的大脑、躯干、四肢仍可以被区分出来作为独立的个体，因此独立部分仍可以具有部分，个体所属的范畴本身并不保证它的不可分性。甚至，独立个体可能恰恰是非原始的被构成项，几何学对点的执着、物理学对时空中位置的执着、逻辑学对单称词项（single term）的执着、形而上学对存在者的执着或许才是我们排斥过程与融合作为原始存在与逻辑元件的错误预设。此外需要注意的是，部分整体结构刻画是个体及其范畴的结构关系，它是逻辑结构；而并不是帮助我们在一个范畴内部根据种属的单边依赖关系寻找最低种差（终极存在者）的工

---

① Robin D. Rollinger, *Husserl's Position in the School of Brentano*, Springer, 1999, p. 103.
② Barry Smith and Kevin Mulligan, "Pieces of a Theory", in *Parts and Moments: Studies in Logic and Formal Ontology*, ed. Barry Smith, Philosophia Verlag, 1982, p. 28.

具。因此，相比于布伦塔诺洋葱式部分整体结构，施通普夫的互不独立的联系的部分整体结构更合理。这种无核心的本体论模式被胡塞尔继承。

四

胡塞尔部分整体结构的观点主要源于鲍尔扎诺对部分范畴的逻辑学理解以及布伦塔诺和施通普夫对部分范畴的形而上学理解，尤其是继承了施通普夫对独立部分和非独立部分的划分，但又有所改造。一方面，他不认同布伦塔诺将部分整体结构看作种属关系，而认为部分整体结构主要刻画的是不同种类个体之间以及不同范畴之间的关系。因此，他没有像布伦塔诺一样进行追溯最终个体的还原论研究而是像鲍尔扎诺一样强调事物之间逻辑关系的研究；另一方面，他在继承施通普夫对部分的划分的同时扩展了部分整体结构的适用领域，从表象领域推广到了一切存在者领域，并将它看作跨区域的形式本体论范畴之间的结构。因此，胡塞尔是从两个方面发展了他的部分整体理论。

第一个方面是对象范畴与部分关系的结构。

在《观念1》第11节和第14节以及《形式的与先验的逻辑》附录I中，胡塞尔将形式本体论范畴区分为两类，一类是句法对象范畴，另一类是基底对象范畴，并且句法对象是基底对象的衍生范畴。进一步，基底对象又被分类为此处这个（Dies-da/tode ti）和基底本质（Substratwesen）。此处这个不等于个体，因为个体的独有的特征是不可分性（Unteilbarkeit）。① 不可分性是指个体的传统定义：个体自身不可再分，并且相互区分（Individuum non est divisum in se, et a quolibet ente divisum.）。此处这个概念不具有个体概念的这两个特征。换言之，此处这个（Dies-da）强调的是这一个（tode ti/thisness）的形式特征，例如一个复称词项（plural term），尽管在它之中包含了可量化的诸个体，但它仍是一个词项。因此，此处这个标明的只是独立存在这个特征，而独立存在并

---

① 胡塞尔：《纯粹现象学通论》，李幼蒸译，中国人民大学出版社2014年版，第27页。

不是个体独有的特征，胡塞尔承认作为本质的具体项也独立存在。① 相应，基底本质则标明的是非独立存在这个特征。例如，最基本的句法对象就是事态，具体例如"这朵花是红色的"这个事态。这个事态中，"这朵花"是独立存在的个体，而"红色的"则是非独立存在的具体项，而事态"这朵花是红色的"是它们这两类对象的组合。再例如，事态"这个红色太亮了"中"这个红色"作为此处这个是事态中的具体项，而"亮度"这个基底本质则是事态中的抽象项。因此，胡塞尔主要根据它们在事态结构中的位置，将"此处这个"和基底本质再划分为个体项、具体项和抽象项。② 任何一个存在者，若剥去它所属的区域的特征，那么它必然落在某一个形式本体论范畴之下。因此，它要么是复杂的事态，要么是原子事态，要么是最终的基底对象，换言之，它要么是对象的组合或复合，要么是简单的对象：个体项、具体项和抽象项。

在部分整体理论中，我们首先要澄清的是部分整体结构与对象范畴的区别。部分与整体的区分并非完全等于对象的种属区分。虽然根据种属关系可以还原为部分整体结构，但部分整体结构主题刻画的是范畴间的关系，胡塞尔说："相反，形式本体论的一切范畴应被表示为本质性的单个体（eidetische Singularitäten）。"③ 根据种属，我们只能简单决定种对属的包含关系，并且种属的区分虽然也可以通过部分整体关系表达。例如，桃花、水仙、荷花、玫瑰等和花是种属关系，然而我们无法想象一个不是具体某种花的花，因此花是具体某种花的非独立因素。但是，部分整体关系还可以表达作为本质性单个体的范畴之间的奠基结构，例如，相互之间没有种属关系的自然数 2 与自然数 3 之间的运算，再例如一个影子之中它的颜色与它的形状的联系。因此部分整体范畴绝对不能理解为概念的种属结构的表达。一个概念的种属实际上仍是一个概念，只不过是一个外延更广的概念，因此将部分整体结构理解为种属结构就会将部分范畴或整体范畴理解为种属阶梯上的某个对象范畴。

---

① 从广义的非独立性概念看，胡塞尔指出所有范畴、包括基底范畴都是非独立的。然而在分析基底范畴中个体、具体项和抽象项时，胡塞尔说："现在我们抛开这类（广义的）非独立性，并采用一种明确的非独立性或独立性概念，它们相关于实际的内容性关系，种属关系（Verhältnisse des "Enthaltenseins"），统一体，以及或者在更真意义上的联结性关系。"（胡塞尔：《纯粹现象学通论》，李幼蒸译，中国人民大学出版社 2014 年版，第 28 页）胡塞尔的这个划分是为了保证具体项的独立性。胡塞尔说："一直绝对独立的本质被称作为具体项。"（胡塞尔：《纯粹现象学通论》，李幼蒸译，中国人民大学出版社 2014 年版，第 28 页）胡塞尔的具体项概念，作为本质何以独立的问题有待另文分析。胡塞尔的具体项概念还涉及内在时间意识中不变的时间相位内充实的具体项在纵意向性中的个体化，即具体项构成个体的过程。那么具体项是否本体论上优先于个体？这是否否定了个体范畴的不可分性？这个问题类似于亚里士多德的形式概念疑难，涉及形式、个体与质料的关系，亦需要另文研究。

② 胡塞尔：《纯粹现象学通论》，李幼蒸译，中国人民大学出版社 2014 年版，第 29 页。
③ 胡塞尔：《纯粹现象学通论》，李幼蒸译，中国人民大学出版社 2014 年版，第 26 页。

胡塞尔对部分范畴的分析指明了：部分的奠基结构是对象范畴的结构（落在范畴中的对象因此具有了部分的奠基结构）、形式本体论的范畴框架，但不是对象范畴、形式本体论的范畴。胡塞尔说："这（部分整体结构）是先天建基于对象的观念之中的关系种类。"① 因此，区别于面向对象的（object-oriented or beings-oriented）形式本体论范畴，我们可以将胡塞尔的部分范畴看作面向范畴自身的（Being-oriented）元范畴。

那么进一步，对象范畴和它的部分整体结构是怎样的关系呢？本文认为，对象范畴虽然具有部分整体结构，但是它们作为范畴具有相对独立性，而不能还原为它的结构。否则，我们将消除形式本体论范畴之间的独立性和不可还原性。对作为本质性单个体的范畴进行个体、具体项和抽象项的划分仍旧属于结构功能的划分，而不是实质性划分。例如，此处这个玫瑰花和它的花瓣之间是整体和部分的关系，事态"玫瑰花是红的"是同样的整体和部分关系，我们若将范畴还原为部分整体结构，那么就消除了"此处这个"和"事态"的范畴差异。

胡塞尔的部分论贡献即特别指出了部分的奠基结构表示的是范畴关系，例如，亚里士多德和柏拉图是哲学家，亚里士多德和柏拉图这两个个体之间是哲学家这个整体中两个相离散的独立部分之间的关系。同样，一个范畴内部也可能具有部分整体结构，例如，具体项哲学家中具有古代哲学家和现代哲学家等具体项。因此，范畴不能还原为部分整体结构，但通过部分整体结构却可以分析范畴的关系和原理。

综上所述，与布伦塔诺相比，布伦塔诺将部分整体关系等价于范畴内部的种属关系，但胡塞尔则是将部分范畴看作对象范畴的结构。因为对象范畴的结构对应于逻辑形式的关系，因此它落实在范畴之下的事物上时不仅表现为种属关系，而且是事物之间的形式法则。

胡塞尔说："然而在这里必须注意，从我们的学说来看，统一这个观念或整体这个观念是建立在奠基（即部分的结构）之上，而奠基又建立在纯粹规律之上；其次，规律一般的形式是一个范畴形式（规律不是含有实事之物，即不是可感知之物），而且就此而言，奠基整体的概念也是一个范畴概念。但包含在任何一个这样的整体中的规律之内容是受那些奠基性内容类和进一步被奠基的内容类的质料特殊性所规定的。"② 因此，部分的奠基结构不是事物之间的偶然事实关系，而是事物及其范畴之间的逻辑关系。但是范畴结构并不能

---

① 胡塞尔：《逻辑研究》，倪梁康译，商务印书馆2017年版，第611页。
② 胡塞尔：《逻辑研究》，倪梁康译，商务印书馆2017年版，第685页。

独立于事物的实际事实情况。西蒙斯指出种类奠基并不能独立判定个体奠基，例如，夫妻概念奠基于丈夫概念和妻子概念，但张三是一个丈夫，李四是一个妻子，他们之间并不必然构成一个婚姻整体，张三也许是王五的丈夫，因此个体之间的奠基关联成立与否还包含了实际情况作为条件。① 因此，部分的奠基结构也能够描述落在范畴之下的事物的（非先天）规律而具有跨区域的普遍性，但这必须结合区域中的经验条件。然而无论如何，尽管经验事实作为条件介入了个体的奠基关联，个体奠基刻画的仍是一种规范性的关联，而非纯粹偶然的事实关系。

第二个方面是将部分范畴从表象领域到任意对象领域的推广，并由此形成了成体系的形式本体论。

胡塞尔在《基本逻辑的心理学研究》（1894）中继承了施通普夫对独立部分与非独立部分的划分，又在《第三逻辑研究》（1901）中推广了这个划分。胡塞尔认为，部分这个概念具有广义和狭义两种理解。广义上的部分概念是我们日常理解的部分概念，即任意一个对象之中可区分的部分。狭义上的部分概念比日常理解的部分概念更为精确，它指独立部分和非独立部分两种部分。胡塞尔在讨论独立部分与非独立部分时没有使用施通普夫的"内容"这个术语，即没有使用作为独立部分的内容（独立内容）和作为非独立部分的内容（非独立内容）的术语，而是使用"对象"这个术语。因为在施通普夫看来，物理对象都是独立的，而非独立的部分只是意识领域中的表象内容。意识领域中之所以存在非独立的内容是因为意识的注意将它显现了出来，我们能够通过心灵的训练克服注意的意识，从而能够显现可分离的独立表象。

但是，胡塞尔认为任意的对象，不仅包括意识区域的对象，而且包括其他存在区域的对象，都存在独立部分与非独立部分的划分。胡塞尔在《观念1》中称对象落入其中的范畴为最终基底，它又可以划分为"此处这个"和"基底本质"。因此，落入最终基底范畴中的任意对象要么是"此处这个"，要么是"基底本质"。而"此处这个"和"基底本质"这两个对象范畴与其他范畴的关系便也同样具有差异，前者与其他范畴的关系是独立部分与其他部分或整体的关系，后者与其他范畴的关系是非独立部分与其他部分或整体的关系。进一步，每个落在"此处这个"和"基底本质"这两个对象范畴下的对象就要么是一个独立部分，要么是一个非独立部分，总之每个落在基底对象范畴下的

---

① Peter Simons, "The Formalization of Husserl's Theory of Wholes and Parts", in *Parts and Moments: Studies in Logic and Formal Ontology*, ed. Barry Smith, Philosophia Verlag, 1982, p. 131.

对象本质上是部分存在（Teil-Sein）。胡塞尔说："对象——自为的对象，即从它交织于其中的所有联系中抽象出来的对象——在'实在的'意义上，或更确切地说，在实项的意义上所'具有'的一切，做一个现实地建造他的东西上所'具有'的一切，都是部分。"① 可见，在胡塞尔的视野里，世界中的一切对象都是根据部分的奠基结构相互交织的。另外，"所有部分都是对象"，他的意思并不是指对象可以终极还原为部分，而是指任意对象都可以作为独立部分或非独立部分而与它者发生关系。因此，当我们说，某个对象是一个（非独立）部分时，我们表达的意思是对象和它者间具有某种部分结构，而并非意味着对象等于部分。

从表象内容到对象，胡塞尔将施通普夫区分的部分整体结构推广到了一切对象区域之中。西蒙斯将这点看作胡塞尔《第三逻辑研究》相较于《基本逻辑的心理学研究》和施通普夫的部分论的进步。并且不同于施通普夫将可分离表象看作真实的意识内容并将非独立表象内容看作注意的结果，胡塞尔将非独立部分概念推广到了对象领域，因此胡塞尔的因素（Moment）概念承诺了种类的存在，他的本体论是某种柏拉图主义的。② 然而，胡塞尔的因素概念是否指称了非外延的种类？或者，胡塞尔的形式本体论是什么意义上的柏拉图主义？这个问题仍值得探讨。例如，事态"这朵花是红的"，"红"是一个非独立部分，我们承认非独立部分的存在，并非意味着我们认为"红"这种性质是存在的；我们的意思仅仅是"红"作为非独立的部分与"这朵花"之间具有某种结构而已。我们并非需要承诺"红"的性质是存在的，我们只是承诺了这种结构是存在的，而"红"的存在必须根据区域而论。部分论研究的只是这种结构的形而上学特征以及它的逻辑规则，而并不关心这种结构在某个区域的具体例示。

综上所述，胡塞尔刻画范畴的部分的奠基结构，揭示了诸范畴的差异化分类中隐含的系统性。我们认为，这种隐含在范畴的框架与结构中的部分与整体的逻辑即是胡塞尔提出作为"纯粹逻辑学"体系第三层次的"纯粹流形论"的根据。具体而言，若诸范畴乃是根据其内在结构而相互区分，而部分与整体关系刻画了范畴的内在结构和范畴体系的框架，那么范畴自身实际就是结构不同的各种部分的奠基统一体，建基于范畴的所有可能理论便可以通过一门普遍的部分论来表达，而这便是胡塞尔所构想的作为所有可能理论的理论，即

---

① 胡塞尔：《逻辑研究》，倪梁康译，商务印书馆2017年版，第613页。
② Peter Simons, *Philosophy and Logic in Central Europe from Bolzano to Tarski*, Kluwer Academic Publishers, 1992, p. 75.

"纯粹流形论"。

（本文原载于《四川师范大学学报（社会科学版）》2020年第47卷第1期，内容略有修改）

The Return of Ricci's Letters to China[*]

MEYNARD, Thierry (梅谦立), S. J.

Ricci is famous today for his scholarly works, but only his letters give us a deeper sense of his rich personality. During his lifetime, some of Ricci's letters were already published in Europe, since the Jesuits in Europe systematically used letters from the missions to publicize their activities in foreign lands and to gain support. However, it was not until the early twentieth century that Ricci's letters began to receive serious scholarly attention. In 1909, the Jesuit historian Tacchi Venturi discovered in the Jesuit Roman Archives the Italian manuscript of Ricci's most famous work in the West, *Della entrata della Compagnia di Giesù e della Christianità nella Cina* (Chereinafter referred to as *Della entrata*), previously known only through the Latin edition of Nicolas Trigault (1615). Venturi published the Italian original as the first volume of *Opere storiche del P. Matteo Ricci*. Venturi understood well the close relationship between Ricci's work and the letters. He went on to collect the original letters and completed a scientific edition as *Le lettere dalla Cina* (published in 1913) which corresponds to the second volume of *Opere storiche*. This first edition includes 53 letters by Ricci. In this collection the first letter is written in Cochin, India (18 January 1580), and the last is written only a few months before his death (17 February 1609) in Beijing.

Venturi was a historian but was not a sinologist and he did not have extensive knowledge of the Chinese language. Following his return from China, the Italian Jesuit Pasquale D'Elia went to Rome to teach missiology at the Gregorian University. D'Elia researched extensively and deeply the life and works of Ricci. His *Fonti Ricciane* (1942 – 1949) includes an annotated edition of Ricci's *Della entrata* with many references to Ricci's letters, and until today, his scholarly work deserves to be consulted. Importantly, D'Elia identified many Chinese names which are mentioned only

---

[*] Originally published in: Brendan Gottschall, *Matteo Ricci: Letters from China*, Beijing Center Press, 2019, pp. 15 – 20.

in a Romanized transliteration in Ricci's letters.

More recently, drawing on Venturi's edition Francesco D'Arelli edited Ricci's letters, adding an extra letter that was not included in Venturi's edition: this letter, Number 15 in the Quodlibet edition, was written by Ricci to Ludovico Maselli on 29 October 1586 at Zhaoqing. This letter had been discovered and published in 1935 by D'Elia. Also, D'Arelli added to an appendix an extract from a letter of Ricci, written on 12 November 1607, which was quoted inside a Jesuit report for the years 1607 – 1608. To better appreciate the content of those letters, D'Arelli and other scholars added many notes, mostly drawn from those of Venturi and D'Elia, as well as a useful list of names with the Chinese characters. This second edition of the Ricci's letters was published in 2001 by Quodlibet at Macerata. Since the edition by Venturi is not easily found, the Quodlibet edition has today become the primary reference work for Ricci's letters, and can be considered the definitive work—notwithstanding a major new discovery of Ricci's in the future.

To commemorate the four-hundredth anniversary of the death of Ricci (1610 – 2010), some fifteen letters were translated from the Italian into French or English. The more substantial contribution was realized for the conference organized by the Ricci Institute of Paris in the headquarters of the UNESCO. For this occasion, eight letters of Ricci were translated into French by Jacques Gellard, S. J., based on the Venturi edition (corresponding in the Quodlibet edition to letters Numbered 7, 19, 21, 31, 40, 42, 52 and 54). These translations were edited by Michel Masson S. J. and appeared in *Matteo Ricci, un jésuite en Chine: Les savoirs en partage au XVIIe siècle* (Editions facultés jésuites de Paris, 2010). The notes by Venturi are also translated, and the editor also added other explanations and included original names in Chinese characters.

Also in 2010, The Beijing Center for Chinese Studies began work on translating and editing five letters (corresponding in the Quodlibet edition to letters Numbered 7, 10, 36, 40 and 54). The editor, Gianni Criveller, added many scholarly notes and also used Chinese characters for the names of persons and places. The work was published by The Beijing Center in 2011 with the title: *Matteo Ricci, Five Letters from China*.

Finally, at the occasion of the celebrations organized in 2010 by the Gregorian University in Rome, two letters were translated (corresponding in the Quodlibet edition to letters numbered 41 and 53) and are included in: *Matteo Ricci in China: In-*

culturation Through Friendship and Faith, edited by Christopher Shelke, S. J., and Mariella Demichele (Gregorian & Biblical Press, 2010).

Some forty years before 2010, celebrations were held in Taiwan the marking the four-hundredth anniversary of Ricci's entry into China (1584 – 1984). Following those celebrations, Kuangchi Cultural Group in Taipei published the *Complete Works of Ricci* (*Limadou Quanji*, 1986) which includes the 53 letters of Ricci, translated into Chinese by Luo Yu. This publication did not include letter Number 15 which is now available in the Quodlibet edition, but it did include letters by Michele Ruggieri and other Jesuits writing at the time of Ricci. The translation into Chinese of Ricci's letters by Luo Yu has been critically important for Chinese and Western researchers who cannot read the Italian, and also for those who did not have an easy access to the Italian original text before the 2001 Quodlibet edition.

The new Chinese translation of the 54 letters by Prof. Wen Zheng (Beijing Foreign Studies University) is an important milestone. Prof. Wen benefited from the help of Prof. Eugenio Menegon (Boston University) to revise his translation. Besides the 54 letters and one document in the appendix included in the Quodlibet edition, in this Chinese edition there are also two letters which have never been published before in any language. The first of these is addressed from Zhaoqing to Francesco Benci, and dated 20 November 1585; it describes the imperial examination system, and there is similar content in *Della entrata* (*De Christiana expeditione*, Chapter 5 of Book 1). The second letter is addressed to Ricci's brother, Antonio-Maria Ricci, and is dated 12 December 1605. This letter is much more valuable in content since it describes Ricci's work in the capital. One point here deserves special attention. Ricci writes that in the past he did not consider it important to use Chinese rites, and therefore there was little result. But Ricci notes that he was now beginning to use Chinese rituals which are compatible with Christian doctrine and his identity as priest. Though Ricci did not mention what kinds of Chinese rites he was using, this letter shows that he was already using more indigenized expressions of the Christian faith. Those two additional letters were discovered by D'Elia and mentioned in his publication project. However, he was unable to complete the edition of Ricci's letters as planned. Menegon has retrieved these two letters and Wen Zheng translated them in Italian.

This second edition of the letters in Chinese was published in 2018 by Commercial Press (Shangwu Yinshuguan) in Beijing. Now available with the same publisher are: *The True Meaning of the Lord of Heaven* (*Tianzhu Shiyi Jinzhu*), annotated by

Mei Qianli, proofread by Tan Jie (2014, reprinted in 2015), and the Chinese translations by Wen Zheng of *Della entrata* (2014), and Ricci's letters (2018).

I do not know Italian and therefore I am unable to judge the quality of Wen Zheng's translation compared to the one by Luo Yu. I only regret that there are very few notes which are too short, mostly drawing on the notes of Venturi, but without the context. With the development of Ricci studies, especially in Mainland China since the nineteen-nineties, there has been much progress in expanding and developing our understanding of Ricci and his interactions with the Chinese culture and society in his time. More than one hundred scholarly papers were produced investigating the Chinese interlocutors of Ricci: literati, court officials, Buddhist monks, etc. It is therefore quite regrettable that Prof. Wen did not make better use of the wealth of research accumulated in China in the last two decades. Prof. Wen had already translated *Della entrata* and he could have easily made cross-references with the letters, especially since Ricci drew much material from his letters to write *Della entrata*.

I provide here only a few examples. When Ricci was still in Macao and had not yet arrived in Zhaoqing, he mentioned (Letter 7) that Ruggieri was in contact with the *Tutano* (*Dutang*); but in the Chinese translation no note is given to discuss the identity of the *Tutano* (Chen Rui). In the same letter, Ricci mentions also a Spanish Jesuit coming with a group of "capuccini" but no information is given on them, nor on the Jesuit (Alonso Sanchez).

In another letter (21) written to his father from Shaozhou (now Shaoguan) on 10 December 1593, Ricci mentions that he is expecting a companion. The Chinese translation fails to add a note indicating that Ricci refers here to Lazzaro Cattaneo. Also, in Letter 52, Ricci mentions the coming of Bento de Goes to Suzhou, but there is no footnote to give basic information about this incredible travel of from India to Suzhou by land.

All the information otherwise given seems to me very sound. I spotted only an obvious mistake. In the letter addressed to Anonio-Maria Ricci on 12 December 1605, Ricci mentions that an old man of more than 60 years old came to Beijing and was baptized. In the note (p. 348), Wen Zheng indicates that this man is Xu Guangqi. This is plainly wrong since Xu was baptized in 1603 (not in 1604), in Nanjing (not in Beijing), at the age of 41 (not over 60 years old), by the Portuguese Jesuit João Da Rocha.

With this second Chinese edition, we can say that the letters written by Ricci four hundred years ago are finally returning to China. Return does not mean going back to an original position. Indeed, both China and the West have changed significantly, and I should say, have been greatly changed by each other. Ricci's letters today bring with them all the subsequent history of a mutual encounter that he pioneered, and with it also misunderstandings and conflicts. Ricci probably never imagined that his letters, which were after all addressed to family members and fellow Jesuits, would one day be translated into the Chinese language. It seems to me that Ricci's letters are relevant for Chinese readers in the present day because they invite readers to take a necessary *détour* since truth is rarely accessed directly, but only through the mediations of time, language and culture. Facing important and complex questions of the identity of Chinese culture and of its relation to the West, readers can learn from Ricci's letters not only how he perceived China, but also what adjustments he made to adapt to Chinese culture and society. In his letters, Ricci often wants to show how much progress he was making in his work of evangelization, how many people were baptized, how much respect and prestige was gained for the Catholic Church. In this missionary enterprise, it seems that Ricci is often driving his own path, but the letters also show Ricci being led by the Chinese: an official authorization to open a new residence in a particular place, invitations of the literati to interact with them, requests for sharing his knowledge in mathematics, etc. Ricci accepted these human mediations, quite remote from direct evangelization, because he believed that God was fully present in them. In this way, Ricci was gradually transformed by Chinese culture and by his Chinese friends, and understood that the purpose of his life was not on how many Chinese he had baptized, or how many churches he had built. Ricci expresses clearly this spiritual awakening at the end of his life, when he writes on 22 August 1608 to Claudio Acquaviva, the Superior General of the Jesuits, that the success of the mission should not be evaluated from the number of Christians but from the foundation being established for something very big (Letter 50). As Ricci was himself transformed by the encounter of another culture four hundred years ago, the letters he left us are an invitation for ourselves to also be transformed by a relationship which is beyond our own control.

奥古斯丁论原罪的必然性

杨小刚

与之前的基督教教父们相同，奥古斯丁主张人拥有自由意愿并因此为自己的罪行负责，但与他们不同的是，原罪概念在他的思想中占据了重要位置。在动笔于 396—398 年的《致辛普里西安》（*De diuersis quaestionibus ad Simplicianum*）中他首次将 peccatum originale（原罪）一词引入了基督教传统[①]，并为他后期的恩典学说奠定了基础。原罪描述的是初人堕落之后人所处的无知与软弱的状态，亚当的后裔必然陷于其中，因此具有某种罪的必然性。奥古斯丁晚期还为这一必然之罪发明了"不自愿之罪（peccatum non voluntarium）"一词。然而，人犯罪如果是源于某种必然性，自由意愿便未起作用，人因此也无须为自己的罪负责。[②] 奥古斯丁对原罪说的重视与演绎将自己置于一个特别的理论困境：他必须为明显相互矛盾的自由意愿和罪的必然性之间的关系提供一个充分的解释。这一问题让他身前就受到佩拉纠主义者（Pelagians）的诘难，佩拉纠主义者认为他前期和后期对罪的定义自相矛盾，对肉欲的谴责与摩尼教的观点无二，对原罪的强调重新落入宿命论的窠臼。[③] 对此问题，当代学者们在吸收自由意志理论研究的基础上，多采取一种兼容论（compatibilism）的解释策略，认为奥古斯丁的原罪学说虽然否定了人拥有自由选择的能力，但仍然为人保留了自我决定的自由，亦即人犯下罪行的意愿仍然源于自身而非由外因决

[①] A. Vanneste, "Le décret du Concile de Trente sur le péché originel", *Nouvelle revue théologique*, 1966, Vol. 88, pp. 581 – 602, here p. 590.

[②] 奥古斯丁对罪的定义的前后变化参见 M. E. Alflatt, "The Development of the Idea of Involuntary Sin in St. Augustine", *Revue d'études augustiniennes et patristiques*, 1974, Vol. 20, pp. 113 – 134; M. E. Alflatt, "The Responsability for Involuntary Sin in Saint Augustine", *Recherches augustiniennes*, 1975, Vol. 10, pp. 171 – 186; W. S. Babcock, "Augustine on Sin and Moral Agency", *The Journal of Religious Ethics*, 1988, Vol. 16, No. 1, pp. 28 – 55; R. J. O'Connell, " 'Involuntary Sin' in the *De Liberto Arbitrio*", *Revue d'études augustiniennes et patristiques*, 1991, Vol. 34, pp. 23 – 36。

[③] 关于奥古斯丁与佩拉纠派的争论可参见 G. Bonner, "Pelagianism and Augustine", *Augustinian Studies*, 1992, Vol. 23, pp. 33 – 51; G. Bonner, "Augustine and Pelagianism", *Augustinian Studies*, 1993, Vol. 24, pp. 27 – 47。

定，因此必须为此负责。① 这种解释策略有其意义，不过它关心的是自己意愿罪和无法不意愿罪，亦即自由意愿和无自由选择之间的兼容，本文则打算采取另一种解释策略，直接澄清体现原罪的肉欲作为以世俗善好为最终目的的倾向性意愿在语义上就不蕴含自由选择，因此其自由与作为原罪的必然性之间本身就无矛盾。兼容论的解释反而显得多此一举，是源于语义混淆的多余问题。

原罪说以《圣经》特别是《保罗书信》为依托，但也吸收了古希腊心灵学说特别是斯多亚情感理论的思想要素。本文的解释将在这一哲学史的背景下进行。我将首先简述奥古斯丁对于斯多亚情感理论尤其是最初波动学说的吸收，借此呈现出一个心灵诸能力之活动与相互关系的一般图景。因为有学者主要从最初波动的角度理解原罪，认为原罪特别地体现在以性器官不可控制的激动为典型的最初波动或谓前性情之中，这会混淆原罪的必然性和最初波动的因果必然性，所以本文随后将探讨原罪发生在心灵活动的哪一过程。最后将分析奥古斯丁对罪的定义的形式要件和质料要件，说明原罪之为罪的理由是什么，由此呈现肉欲是什么形态的意愿，从而为其必然与自由之间的关系做出解释。

一、奥古斯丁的情感理论

奥古斯丁的情感理论袭自古希腊的理智主义传统，他将情感描画为一种双层的认知结构。对情感的讨论主要集中于《上帝之城》卷九和卷十四。卷九中引述了 2 世纪作家盖留斯（A. Gellius）《安提卡之夜》中一个与其同船渡海的斯多亚派哲人的故事，其中提到斯多亚派哲学家爱比克泰德（Epictetus）对于情感的理解。他在转述中说，人的心灵（animus）是否以及何时会受到各种景象（visa）的搅扰（moveant），完全不在其掌控之中（nec in potestate），当惊人、可怕的事物袭来时，即便智者的心灵也难免受惊，以至于片刻间或因害怕而慌张

---

① 代表性研究参见 C. Kirwan, *Augustine*: *The Arguments of the Philosophers*, Routledge, 1989, pp. 82 - 84；F. J. Weismann, "The Problematic of Freedom in St. Augustine: Towards a New Hermeneutics", *Revue d'études augustiniennes et patristiques*, 1989, Vol. 35, pp. 104 - 119；N. W. den Bok, "Freedom of the Will: A Systematic and Biographical Sounding of Augustine's Thoughts on Human Willing", *Augustiniana*, 1994, Vol. 44, pp. 237 - 270；M. T. Clark, "Augustinian Freedom", *Augustinus*, 1994, Vol. 39, pp. 123 - 129；T. D. J. Chappell, *Aristotle and Augustine on Freedom*: *Two Theories of Freedom, Voluntary Action, and Akrasia*, St. Martin's Press, 1995；E. Stump, "Augustine on Free Will", in *The Cambridge Companion to Augustine*, ed. E. Stump, Cambridge University Press, 2001, pp. 124 - 147；J. Brachtendorf, "Augustine's Notion of Freedom: Deterministic, Libertarian, or Compatibilistic?", *Augustinian Studies*, 2007, Vol. 38, pp. 219 - 231；周伟驰《奥古斯丁的基督教思想》，中国社会科学出版社 2005 年版，第 250 - 253 页。

（pavescat），或为悲伤所触动，而这些搅扰（motus）在心智（mens）① 或说理性（ratio）履行自己的职责之前就已产生（passionibus praevenientibus mentis et rationis officium）。但心智并未就此认为发生的是坏事（opinionem mali），也未对它们做出赞同（adprobari）和认可（consentiri）。② 学者们多将此处所说的先于理性履行职责的 passiones 与斯多亚学派的最初波动（primus motus）或谓前性情（propatheia）概念联系起来，认为它指的是不受理性控制的、最初的生理和心理波动。③ 最初波动虽然先于理性判断，但在奥古斯丁看来其中也包含认知因素。他指出，斯多亚派即便不把在最初波动中显示出来的倾向所顾及的事物称为好或坏（bona vel mala），却也把它们称为适或不适（commoda vel incommoda），这同样是一种评价（aestimare），风暴中的斯多亚哲人并不比别人更少地担心自己的人身安全，他同样感受到风暴的来临让他的身体不适，只不过他尚未对这种没用命题陈述出的偏好表示认可（consentire）。（De ciuitate dei IX 4, 3）这一观点与奥古斯丁在其他地方的论述一致。他在《论自由决断》第二卷中提出，人的不同认知能力都在不同程度上进行判断（iudicare），身体感官对外在物体进行判断，按照它们对身体的触碰是轻柔还是激烈而感知到快乐或疼痛，趋乐而避苦。（De libero arbitrio II 5, 12 – 6, 13）最初波动因而可被视为外感官做出的并非以命题形式表达的"判断"，内感官则对外感官运作是否正常进行判断，而最终的、真正的判断要由理性（ratio）或说心智（mens）做出。

在《上帝之城》卷十四中，奥古斯丁便谈到另一种包含了真正的理性判断的 passiones 或者说 perturbationes④，他将之视为意愿（voluntas）的一种形式。他说到，在柏拉图派区分的四种基本的 perturbationes 中，欲求与喜悦包含

---

① animus 指人的包括高级和低级部分在内的整个心灵，而 mens 通常指心灵中的高等部分，我将前者译为心灵，后者译为心智。Cf. G. J. P. O'Daly, "Anima, Animus", in *Augustinus-Lexikon*, eds. C. P. Mayer et al., Schwabe, 1986, pp. 315 – 340; G. J. P. O'Daly, in *Augustine's Philosophy of Mind*, University of California Press, 1987, p. 7.

② *De ciuitate dei* IX 4, 2. 奥古斯丁引文依据 Library of Latin Texts（LLT, URL = http:// www.brepols.net/Pages/BrowseBySeries.aspx?TreeSeries=LLT-O）。该数据库文本根据 Corpus Christianorum series Latina 和 Corpus Scriptorum Ecclesiasticorum Latinorum。

③ Sorabji 对此做了深入研究，参见 R. Sorabji, *Emotion and Peace of Mind: From Stoic Agitation to Christian Temptation*, Oxford University Press, 2000, pp. 372 – 384。其他的相关研究见 S. Byers, "Augustine and the Cognitive Cause of Stoic Preliminary Passions (Propatheiai)", *Journal of the History of Philosophy*, 2003, Vol. 41, No. 4, pp. 433 – 448, here p. 436; S. Knuuttila, "The Emergence of the Logic of Will in Medieval Thought", in *The Augustinian Tradition*, ed. G. B. Matthews, University of California Press, 1999, pp. 206 – 221, here pp. 210 – 214; S. Knuuttila, *Emotions in Ancient and Medieval Philosophy*, Oxford University Press, 2004, p. 155。

④ 奥古斯丁在《上帝之城》卷九中已说过，拉丁文中的 perturbationes、affectiones 和 affectus 都与古希腊作家用以表示情感的 πάθη 一词对应，最合适的翻译是 passiones。见 *De ciuitate dei* IX 4, 1。

着对我们想要的东西认可的意愿,惧怕与悲伤则是这样的意愿,其中包含着对我们不想要的东西的拒绝。包含着对没有得到的东西的认可的意愿是欲求,包含着对得到的东西的认可的是喜悦,包含着对我们不希望发生之事的排斥的意愿是惧怕,而对违背我们的意愿发生之事的排斥是悲伤。(*De ciuitate dei* XIV 6)这四种 perturbationes 便是我们通常意义上理解的情感,在此他接受了西塞罗转述的斯多亚派的情感定义,将理性的认可(consensio)和拒斥(dissensio)视作情感形成的基础,认可和拒斥的对象便是在最初波动中呈现的倾向。由此形成的情感不再是卷九中所说的先于理性履行职责的最初波动,而是以意见为基础的心灵变化,是心灵主动的意愿。尽管意见可能是错误的,但它无论如何是理性的判断活动。①

综合两处文本的论述,可以说,奥古斯丁并不认为情感是以心灵的某一个部分的意见和判断为基础的活动,而是心灵各个部分的不同认知功能相互协作的结果,其形成经历了一个二阶的过程:首先是表象引起的波动传递适或不适的信息,随后理性对此适或不适是否关乎真正的好或不好做出判断,认可自认为关乎真正的好或坏的波动,反之则否决,基于认可形成的情感则是对自认为有益于真正善好的认可,或自认为有损真实善好的拒斥。最初波动传递的信息可能与理性的判断一致或相悖,一致时的认可和拒斥是好,相悖时若心智仍旧依照最初波动呈现的意见做出认可或拒斥则是坏,如是情感有好坏之分。这种二阶的结构不仅被用来描述情感,也用来描述追求(appetitus)的产生(参见 *De Genesi ad litteram* IX 14, 25)。这与奥古斯丁的意愿理论也相契合。研究者很早就注意到奥古斯丁的意愿概念表现出的二阶特性,他们指出,奥古斯丁区分了复数的 voluntates 和单数的 voluntas。在当时拉丁语的一般含义中,voluntas 并不如现代所理解的那样特指行动的意愿、付诸行动的决定,voluntates 便被奥古斯丁用来指称各种倾向性、习惯性、仅停留于想法的情感、追求、愿望、意图,affectus 和 appetitus 都曾被等同为 voluntas②,单数的 voluntas 与 voluntates 对举时则指对这些倾向加以认可或拒斥的决断能力,即 arbitrium voluntatis,经此某种倾向才会被转化为行动的意愿即 voluntas actionis 或者被禁止。各

---

① 参见 J. Brachtendorf, "Cicero and Augustine on the Passions", *Revue d'études augustiniennes et patristiques*, 1997, Vol. 43, pp. 289–308, here pp. 296–300。

② 将 affectus 等同为 voluntas 见 *De ciuitate dei* XIV 6,将 appetitus 等同为 voluntas 见 *De doctrina christiana* II 1, 2; *De peccatorum meritis et remissione et de baptismo paruulorum ad Marcellinum* II 19, 33; *De fide et symbolo* 3, 4; *De trinitate* IX 12, 18。另外参见 B. Kent, "Augustine's Ethics", in *The Cambridge Companion to Augustine*, ed. E. Stump, Cambridge University Press, 2001, pp. 205–233, here p. 221; S. Byers, "The Meaning of Voluntas in Augustine", *Augustinian Studies*, 2006, Vol. 37, No. 2, pp. 171–189。

种杂多的意愿均由意愿的决断能力来安排和筹划，单数的意愿是对各种复数的意愿的意愿。① 关于意愿的决断奥古斯丁还多次强调，心灵是否受表象的侵扰不在我们掌控之中，但意愿的决断可以对这些表象的搅扰做出认可或拒斥。（参见前引及 *De libero arbitrio* III 25，74）将此与奥古斯丁关于情感和追求的描述相结合可以说，意愿的决断首先作用于最初波动，对其认可或拒斥后形成倾向性的情感和追求，亦即复数的 voluntates，然后再在特定的情境下对某个潜在的意愿做出认可，将其付诸行动（情感和意愿活动的结构参见图1）。这样的心灵图景完全继承了斯多亚派源自芝诺的彻底的理智主义立场②，按照这个框架，人不仅要对自己的行为负责，也要为尚未转化为行为意愿的倾向性情感和追求负责。

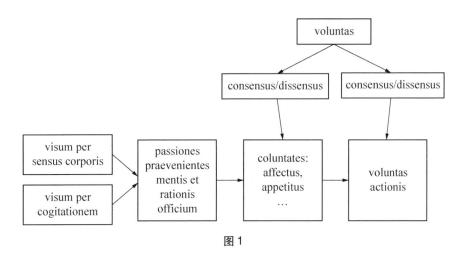

图 1

二、原罪的发生

按照早期奥古斯丁对罪做的形式性定义，凡有罪的都必然是自愿的（voluntarius）（*De uera religione* 14，27；*Acta contra Fortunatum Manichaeum* 20），

---

① 关于意愿的二阶结构参见 T. D. J. Chappell, *Aristotle and Augustine on Freedom：Two Theories of Freedom, Voluntary Action, and Akrasia*, ibid., pp. 150 – 153；N. W. den Bok, "Freedom of the Will：A Systematic and Biographical Sounding of Augustine's Thoughts on Human Willing", ibid., pp. 237 – 270；E. Stump, "Augustine on Free Will", ibid.；J. Brachtendorf, "Augustine's Notion of Freedom：Deterministic, Libertarian, or Compatibilistic？", ibid.；S. Knuuttila, *Emotions in Ancient and Medieval Philosophy*, ibid., p. 172。

② Cf. *Grundriss der Geschichte der Philosophie：Die Philosophie der Antike*, Vol. 4.2, eds. H. Flashar and F. Ueberweg, Schwabe, 1994, p. 545.

"罪是在能自由远离正义所禁止之物时占有或获得此物的意愿"（De duabus animabus 11，15），而意志是心灵不受强制地保存或得到某物的运动（11，14），自愿即意味着不受强制（De libero arbitrio Ⅲ 1，1-2）。但后期的原罪学说认为存在必然的罪。佩拉纠派的代表尤利安（Julian of Eclanum）因为这一自相矛盾反驳了奥古斯丁的原罪概念（例见 Contra Iulianum opus imperfectum Ⅰ 101-106）。学者们一般仅将原罪说当作奥古斯丁的一个神学命题来对待，认为原罪说以人类与亚当之间的联结为前提。① 或者只是认为奥古斯丁是在类比、修辞的意义上称其为罪（参见 De nuptiis et concupiscentia ad Ualerium Ⅰ 23，25），区别于个体要为其完全负责的本罪。② 本文的目的是从哲学的角度同情地理解原罪概念，在哲学心理学的层面探究原罪的必然性如何体现，故须首先明确它是人的怎样一种活动或状态。③

首次提出原罪概念的《致辛普里西安》中就阐明，原罪源于亚当违禁后上帝对人类的惩罚，这一惩罚体现为情感（passiones）和欲求（concupiscentia）。④ 在被认为在罪的定义上与前两卷矛盾的《论自由决断》卷三中则专门说到，那对人来说既是罪亦是罚的是无知（ignorantia）与困苦（difficultas），它们是人的两种准自然状态（De libero arbitrio Ⅲ 18，52，54）。困苦后又被称为软弱（infirmitas）或意愿的软弱（infirmitas voluntatis），也时常被等同为肉欲（concupiscentia carnalis）。软弱和肉欲，被交替用来描述堕落之人的罪与罚。⑤ 直到晚年最后一部著作《驳尤利安残稿》（Contra Iulianum opus imperfectum）中，奥古斯丁也反复解释，原罪源于无知和情感（affectio）或说肉欲的

---

① 例见 M. E. Alflatt, "The Responsability for Involuntary Sin in Saint augustine", Recherches Augustiniennes, 1975（10），p. 181；R. J. O'Connell, "'Involuntary Sin' in the De Libeto Arbitrio", Revue d'études augustiniennes et patristiques, 37（1），pp. 30-35。

② 例见 J. Brachtendorf, Augustins "Confessiones", WBG, 2005, p. 173。

③ 传统上存在三种对原罪的解释，一是将原罪视为人类所继承的初人背离上帝时的僭越（superbia），二是理解为内在于人性的肉欲，第三种是综合前两种解释。第一种解释依赖于很多神学背景，尤其是天使的背叛，会更多涉及形而上学层面所说的造物的有限性，将使本文论述超出范围，故暂不讨论。对这三种解释的一个文献简述参见 Paul Rigby, "Original Sin", in Augustine Through the Ages, ed. A. D. Fitzgerald, Eerdmans Publ. Co., 1999, pp. 607-614, here p. 608。

④ De diuersis quaestionibus ad Simplicianum Ⅰ 2, 17: "cur passiones peccatorum quae per legem sunt, si lex bona est? Quia illas hic uoluit intelligi peccatorum passiones, de quibus saepe iam dictum est, augmentum concupiscentiae de prohibitione et reatum poenae de praeuaricatione."

⑤ 用软弱指称对人的惩罚见 Contra duas epistulas Pelagianorum Ⅰ 3, 7; Ⅲ 3, 4-5, 7, 18; De diuersis quaestionibus ad Simplicianum Ⅱ 2, 4; De nuptiis et concupiscentia ad Ualerium Ⅰ 33, 38; De natura et gratia 51, 59; Contra Iulianum opus imperfectum Ⅲ 110; De correptione et gratia 12, 38。用肉欲指称见 Contra duas epistulas Pelagianorum Ⅰ 13, 27; Contra Iulianum Ⅵ 16, 50; Contra Iulianum opus imperfectum Ⅰ 93。

奥古斯丁论原罪的必然性

必然性。① 无论原罪学说什么时候成熟完善②，对原罪的这一心理层面的界定一以贯之。奥古斯丁的意愿和情感理论是人的心灵活动的一个一般图示，我们应该将上述心理界定放入这个框架中加以理解。③

正如奥古斯丁谈论情感时对 passio、affectus 等术语的使用并不严格④，《致辛普里西安》和《驳尤利安残稿》中上述两句引文所用 passio 和 affectus 指的是最初波动还是成型的情感、欲求并不确切，这正是考虑原罪的心理体现时面对的两个基本选项。在诸多心理欲求中原罪常常和性欲联系在一起，不受控制的性激动是对原罪的一个通俗解释。按照研究了奥古斯丁与斯多亚情感理论关系的索拉布吉的理解，奥古斯丁因为将盖留斯转述中所描述的最初波动误解为情感，故而对仅仅作为一种最初波动的性器官的自然激动做出过度谴责。⑤ 奥古斯丁认为性器官不服从意愿的激起是对初人背离上帝的惩罚，索拉布吉指出奥古斯丁无视在饥饿、口渴等现象中都存在身体不服从意愿的生理波动，独独对性欲做出谴责，却找不到适用于所有人的判定性欲有罪的理由，尤利安对他的反驳因此在哲学上是成立的。⑥ 按照索拉布吉的理解，奥古斯丁的原罪指的是作为最初波动的性激动，宣称最初波动中包含罪在他看来可谓荒谬。针对他的观点，吴飞认为，奥古斯丁谴责最明显地表现为性器官之激动的 libido 并非因为将其与完整的情感混淆，而是从原罪观出发重释了斯多亚派的前性情概念，认为包括 libido 在内的一切前性情正体现了身体与心灵的冲突，这种冲突是人堕落后所遭受的惩罚，并非无辜，是对人类根深蒂固的罪性的

---

① *Contra Iulianum opus imperfectum* I 105: "et peccatis de ignorantiae uel affectionum necessitate uenientibus, quae iam non solum peccata, uerum etiam poenae sunt peccatorum, plenum sit genus humanum."

② 一般认为《致辛普里西安》中已经提出了原罪学说，但 Athanase Sage 在 1967 年发表的论文中认为原罪理论成熟于奥古斯丁和佩拉纠的论战中，Eugene TeSelle 1970 年的论文又认为《创世纪字义》中的原罪学说即已成熟。关于原罪学说发展的文献简述参见 Paul Rigby, "Original sin", ibid., p. 608。

③ 限于篇幅，无知的问题暂不讨论。不过简单地说，无知的必然性也可归结于软弱。在奥古斯丁看来，堕落后的人类虽然丧失了初人对上帝的认识，但仍然拥有认识的潜能并能意识到自己的潜能，如果不努力摆脱无知的状态则只能归咎于自身。奥古斯丁未曾明言无知的必然性可以还原为软弱，但除了理解为亚当后裔理智上的缺陷外，软弱是人为何放弃自己的认识义务的一个合理解释。参见 *De libero arbitrio* III 22, 64 以下。

④ passio 也被奥古斯丁用来指称年老、疾病、劳累等身体的生理变化，参见 *De immortalitate animae* 5, 7。

⑤ R. Sorabji, *Emotion and Peace of Mind: From Stoic Agitation to Christian Temptation*, Oxford University Press, 2000, pp. 375–384.

⑥ R. Sorabji, *Emotion and Peace of Mind: From Stoic Agitation to Christian Temptation*, Oxford University Press, 2000, pp. 400–417.

揭示。①

不过在吴飞所讨论的《上帝之城》文本中，libido 似乎不仅是身体对心灵、非理性欲望对理性意志的反抗那么简单。卷十四第十五节说到身体对心灵的不服从是对初人对上帝的不服从的惩罚，这种不服从是他的心灵（animus）和更低下的肉身不服从他的意愿。（De ciuitate dei XIV 15）这句话确实会让人怀疑他说的仅仅是心灵的非理性部分对意愿的反抗，因而误以为对堕落之人的惩罚即便不单指身体违背意愿的波动，所包含的也不过是心理的最初波动。但在对疼痛、快乐、饥饿、口渴等身体种种不服从的进一步描述中可以看出，统称这些现象的 libido 并不仅仅是最初波动。不服从通过身体所遭受的各种苦与乐表现出来，他以身体的疼痛为例说道："身体的痛是来自身体的对心灵的冲撞及心灵对身体的这种触动（passio）的拒斥（dissensio），就如被称作悲的心灵的痛，是对违背我们意愿发生的事情的拒斥。"② 这一句明显与前文的二阶情感结构相呼应，passio 再一次被用来指称身体的最初波动，而身体之痛不仅在于被动遭受的生理波动，也在于心灵对此波动做出拒斥，与被定义为拒斥不愿发生之事的意愿的悲痛同构。因此要说对意愿的反抗的话，不仅仅是最初波动不受意愿控制地搅扰了心灵，而且是心灵因这波动做出的拒斥和认可本身亦是违背意愿的。

按照之前总结的奥古斯丁的心灵图景，拒斥与认可不在前性情中，而在心智亦即理性之中，构成了完整的情感与欲求的基础，故而 libido 并非指单纯的性激动。《上帝之城》中的定义也说明，libido 是引起性激动的欲望而非单纯的身体反应。③ 奥古斯丁的确常常用性器官不受意愿的控制、服务于性欲来证明人因始祖之罪受罚（De ciuitate dei XIV 17, 24, 26; De nuptiis et concupiscentia ad Ualerium I 5.6－6, 7, 18, 20, 25, 28－26, 29, II 31, 53; Contra duas epistulas Pelagianorum I 3, 7, 16, 32－33, III 23, 52; Contra Iulianum IV 13, 62－

---

① 吴飞：《奥古斯丁论前性情》，载《世界哲学》2010 年第 1 期，第 32－46 页，此处参见第 42－46 页。

② De ciuitate dei XIV 15: "sed dolor carnis tantum modo offensio est animae ex carne et quaedam ab eius passione dissensio, sicut animi dolor, quae tristitia nuncupatur, dissensio est ab his rebus, quae nobis nolentibus acciderunt."

③ 参见 De ciuitate dei XIV 16: "因此，尽管存在对许多事物的欲望，但在说起欲望时不说明其对象的话，心里几乎总是会想到的都是那种欲望，通过它身体醒眬的部分受到激动。"（cum igitur sint multarum libidines rerum, tamen, cum libido dicitur neque cuius rei libido sit additur, non fere assolet animo occurrere nisi illa, qua obscenae partes corporis excitantur.) 19: "欲望将身体的生殖器官据为己用，如果欲望消弭，如果它既未主动亦未因刺激而升起，生殖器官便无力运动。"（at uero genitales corporis partes ita libido suo iuri quodammodo mancipauit, ut moueri non ualeant, si ipsa defuerit et nisi ipsa uel ultro uel excitata surrexerit.)

64),可这并非他谴责的对象。即便性器官不受控制的激动最为明显地表现出身体对心灵的反抗,但原罪的罪性并不在以性激动为典型的最初波动之中。这一论断基于两个前提,一即刚刚阐明的,最初波动中不包含认可或拒斥,二是罪成立的根据在于心灵的认可。这两个前提是本文论证成立的基础,前者虽经上文情感理论图示加以说明,但因吴飞和吴天岳提出过不同解释,故需进一步申辩,这也将进一步确证原罪究竟发生在心灵活动的哪一个阶段。后者是下一节的问题。

吴飞和吴天岳的立论基于对奥古斯丁罪之三阶段的分析。学者们都注意到罪的三阶段与塞涅卡的情感的三动之间存在明显的可对应关系。按照塞涅卡在《论愤怒》中的描述,情感的产生经历三个阶段,首先是不受理性控制的最初波动;心灵察觉这一波动后产生伴随着某种理性判断的第二波波动,例如,愤怒的最初情绪使人做出愤怒对象如何可恶的判断,但理性尚未完全被情绪牵引;最后的波动完全压倒理性,使人失去自制,做出种种狂怒的举动。① 在《论创世纪:驳摩尼教徒》中,奥古斯丁用伊甸园中蛇、夏娃、亚当的形象来比喻罪的发生经历的三个阶段:最初是通过思维或感官产生的罪的暗示(suggestio sive per cogitationem, sive per sensus corporis),但尚未在心灵中激起犯罪的欲求(cupiditas ad peccandum),好比蛇的引诱;然后是欲求已然产生,但尚被理性所压制,好比妇人被蛇所说服;最后是理性认可了对罪的欲求,好比亚当屈从于夏娃的主张。(De Genesi aduersus Manicheos Ⅱ 14, 21)吴飞和吴天岳均认为暗示是完全外在的刺激和景象,先于塞涅卡所说的最初波动,后者已是心灵中的反应。确定原罪的心理定位需要弄清罪的三阶段分别的含义。所以首先要质疑,暗示是否单纯是外在表象。这一问题反映了古希腊哲学中一直存在的一个争议,即表象与意见之分。

与希腊文词语 φαντασία 对应的 visum 一词在日常意义上指各种景象,在认识论的意义上可译为表象②。至少从柏拉图开始,就在讨论表象与意见(δόξα)的关系。(Sophista 263e – 264d)索拉布吉在前引著作中曾指出,柏拉图认为表象是一种意见,而亚里士多德第一个提出,表象和意见是两种不同的

---

① 参见 Seneca, De ira Ⅱ 3, 1 及 4, 1。文本据 L. A. Seneca, Philosophische Schriften, WBG, 1999。
② 而不是如吴飞引述的译为带有真假判断含义的"幻象"。(见吴飞《奥古斯丁论前性情》,载《世界哲学》2010 年第 1 期,第 32 – 46 页,此处参见第 39 页)在斯多亚的认识论中,幻象由另一个术语 φάντασμα 来表达,奥古斯丁也正是将心中的想象直称为 fantasmata。参见 Diogenes Laertius 7. 49 – 51。文本据 L. Diogenes, Lives of Eminent Philosophers, Harvard University Press, 2000。

东西，斯多亚学派继承了这一区分。① 伯尔斯则接受因伍德（Brad Inwood）的观点，认为斯多亚学派仍然将表象与意见做了某种特殊的联系。在塞涅卡的《论愤怒》中就可以看到，他将激起愤怒的、对不公正之事的感受同时称作 species iniuriae 和 opinio iniuriae（De ira Ⅱ 1, 3, 2, 2, 3, 5, 22, 1, 28, 6），species 和 opinio 的意思分别是形象和意见。② 这种联系意味着在接受外在表象时心灵便形成某种具有认知内容的感知。表象与意见的联系进一步体现在斯多亚术语 φαντασία ὁρμητική③ 中，这一概念将表象和欲求（ὁρμή）联结在一起，意为刺激性表象，它区别于单纯具有认知内容的一般表象，在人的心灵中激起某种倾向，驱使人们采取某种行动，但行动最终的发生仍需要心智的认可。刺激性表象意味着表象中包含的意见已经是潜在的、会引申出好坏判断的认知，比如奥古斯丁说的关于适或不适的感知。伯尔斯在新近一本专著中便将先于心智的认可、但蕴含认知因素的 passiones 与 φαντασία ὁρμητική 概念联系起来，她还提到，suggestio 是 4 世纪拉丁作家们惯用的对这一斯多亚术语的意译。④

如果我们接受伯尔斯的研究，那么暗示即便不是与表象相分离，也不单单是对外在景象的接受，而是已经涵盖表象引起的搅扰即最初波动。吴飞对于暗示对应外在刺激并未给出细致的文本分析⑤，吴天岳则主要依据《论登山圣训》中暗示等同为 fantasmata⑥。这一斯多亚派术语 φάντασμα 的拉丁语转写和 φαντασία 分别表示心中的幻想和通过外感官获得的表象，也就是奥古斯丁说的可能是通过身体的某种瞬时的运动（temporali corporum motu），也可能仅仅通过心灵中的想象（fantasmata in anima）。正如刚刚说明的，斯多亚情感理论中的表象已经牵扯进某种搅扰，fantasmata 也不可能是单纯的感性图像。可资证明的是《论登山圣训》中所说："就如经那蛇产生了暗示和一定的说服

---

① R. Sorabji, *Emotion and Peace of Mind: From Stoic Agitation to Christian Temptation*, Oxford University Press, p. 41。

② 参见 B. Inwood, "Seneca and Psychological Dualism", in *Passions and Perceptions*, eds. J. Brunschwig et al., Cambridge University Press, 2004, pp. 150 – 183, here pp. 174 – 177; S. Byers, "Augustine and the Cognitive Cause of Stoic Preliminary Passions (propatheiai)", ibid., p. 435。

③ 这一概念在古代文本中的记载参见 Stobaeus, *Eclogae* 2.86.17 – 2.87.6, *Florilegium* 2.7.9。文本据 *Stoicorum veterum fragmenta*, ed. H. F. A. v. Arnim, Teubneri, 1903。

④ S. Byers, *Perception, Sensibility, and Moral Motivation in Augustine: A Stoic-Platonic Synthesis*, Cambridge University Press, 2013, pp. 23 – 39。

⑤ 吴飞:《奥古斯丁论前性情》，载《世界哲学》2010 年第 1 期，第 32 – 46 页，此处参见第 36 – 38 页。

⑥ 吴天岳:《意愿与自由：奥古斯丁意愿概念的道德心理学解读》，北京大学出版社 2010 年版，第 70 – 71 页。

（quaedam suasio）。"（*De sermone domini in monte* I 12, 34）此句中的 suasio 表明暗示已然在心中催生了一定效果。不过，这一论据毕竟单薄，也没有证据表明奥古斯丁有意识地接受了斯多亚的 φαντασία ὁρμητικὴ 概念。要界定暗示的心理位置，还得借助于它和罪的第二阶段的区分。

《论登山圣训》中又说罪的第二阶段乃是愉快（delectatio），还说愉快在肉身追求（appetitus carnalis）之中（ibid.）。结合《论创世纪：驳摩尼教徒》，夏娃象征的罪的第二阶段便表现为对罪的欲求、愉快和肉身追求。吴飞和吴天岳均认为这才对应最初波动，不过前者指出，喜爱不单单是被动的反应，而是已包含了主动的成分，因此比初动要重，后者则说斯多亚派不会用欲求、愉快这么重的词来指代最初波动。如果接受这一观点，那就意味着奥古斯丁不仅在 passio、affectio 的使用上模糊了初动和成型的情感，cupiditas、appetitus 等词也同样模糊，而我们知道，在后来的《创世纪字义》中，appetitus 的形成基于心灵的认可。吴飞和吴天岳的表述至少显示，罪的第二阶段无法与最初波动严格对应。本文认为罪的第二阶段对应的是塞涅卡所说的二动即情感，但持此论的最大问题是《论创世纪：驳摩尼教徒》和《论登山圣训》中均言明，在罪的第二阶段并未发生理性的认可。然而，若以罪的第三阶段对应二动似也不妥，因为此时理性已决定将罪的欲求付诸行动（faciendum esse）（*De Genesi aduersus Manicheos* II 14, 21），尽管行动尚未发生，那也只是等待时机的成熟（*De sermone domini in monte* I 12, 33）。

上述两部早期文本尚不足以廓清问题，后期的《论三位一体》卷十二对罪的三阶段又做了更为仔细的描述。吴天岳的核心论点是，早期两部文本中奥古斯丁认定作为罪的第二阶段的初动中无认可发生，故无罪责，但在《论三位一体》卷十二中做了重要修正，转而认为最初波动中也存在罪责。在一篇专门的论文中他指出，奥古斯丁此时不再把暗示看作单纯的心灵映像，而是心灵的某种肉身的（carnalis）或者说感性的运动（sensualis animae motus）将享用流逝和有形事物（rebus temporalibus et corporalibus）的诱惑（illecebram）加诸心灵的意向（intentio animi）之上（*De trinitate* XII 12, 17），但他又强调这种感性运动不能和初动混淆。在他看来，某些中世纪作家和当代学者正是因此错误地将蛇和夏娃的象征视作感性和理性的区分，并将初动归之于罪的第一阶段。他坚持初动处于夏娃所象征的罪的第二阶段，但不同于前两部文本的是，奥古斯丁此时确认了初动中包含有一种初始的认可（initial consent），它不同于亚当象征的心中的认可，决定只要可能即将罪施行，而是对感性运动呈现的意向对象的认可，经由这认可心灵感受到愉快。他强调，认可不是对（to）愉快的认可，而是在（in）愉快中的认可，愉快因认可而起，正因此，最初波动也是罪，尽管只是轻微的罪。①

吴天岳承认他对感知/念想、认可和愉快三阶段的区分太过精细，这三阶段很难从时序上加以分别，只是逻辑上的次序，而且奥古斯丁的论述并不清晰。本文不否认这是对奥古斯丁的一种可能解释，但认为他的分析目的是为了解决文本和理论上的疑难而做的解释调整。他强调，如果不把夏娃视作初动中的认可，而是像某些学者做的那样认为夏娃和亚当分别代表心中的（in corde）认可和行动中（in actu）的认可，那就无法解释奥古斯丁说的对违禁对象的念想而生快乐是比决定付诸行动小得多（longe minus）的罪，因为心中决定只要机会允许即行动已然是确凿的本罪。之所以认为这是疑难，在于依他所述，罪的发生包括感知外在对象、基于对对象的认可产生愉快和决定行动三个阶段。如果奥古斯丁意思如此，就太不符合日常经验。日常经验中罪行的发生显然不是感知到违禁对象后即决定犯下罪行，而是存在欲念的潜伏和反复的挣扎。再者，最初波动一定是感知或念想某个具体对象时方才产生，这就使得夏娃象征的罪的第二阶段只局限于一个瞬间，不足以描述罪的发生的复杂过程，而且，即便任何罪行都可以追溯到最初某个感性对象的刺激，但并非所有罪的欲求都针对那个初始对象，也不是针对一个特定对象，而是对某一类事物的欲求，对特定对象的欲求也很难被理解为必然的，因为必然还意味着普遍的。第三，愉快如果是基于对感性对象的认可才产生，这一逻辑次序太让人难以理解，人们不禁要问，因为什么认可一些对象、不认可另一些对象，感性运动加诸心灵意向的诱惑又和初动有何不同？吴天岳的解释还意图解决他在论文开始提出的一个理论难题：人是否应当为自己的最初波动导致的后果负责？他举例说，一个经验丰富的船长面临风暴惊愕迟疑了十秒钟，在这期间船撞上冰山，船长是否该为此负责？②且不说在如此极端的思想实验里，什么样的举动可以使得一艘船在十秒钟内避免厄运，我们还可以轻易构造出反例，某人恰恰因为惊愕迟疑避免了仓促行动犯下错误，此人是否因此当受到明智的褒奖？

上述反驳想说明，对哲学文本的解释除了依据文本也要考虑理论本身是否合理。本文主张奥古斯丁随着对人性的更深入理解和原罪说的发展，在《论三位一体》卷十二中重新界定了罪的第二阶段。不同于早期两部文本，他不再认为只要我们遏制住了罪的欲望就并未坠入罪，而是指出，因为我们认可了感知或念想中的事物传递给我们的感性诱惑，即最初波动，而有意地在持续的

---

① Tianyue Wu, "Are First Movements Venial Sins? Augustine's Doctrine and Aquinas's Reinterpretation", in *Fate, Providence and Moral Responsibility in Ancient, Medieval and Early Modern Thought: Collected Studies in Honour of Carlos Steel*, eds. P. d'Hoine et al., Leuven University Press, 2014, pp. 479–486.

② Ibid., p. 477.

感知和念想中想象拥有这类事物的愉快（cogitationis delectatio），故已然有罪，但这离决心行动占有这类事物的意愿差距尚远，所以是小得多的罪。前者如同夏娃一人独自吃了禁果，后者如同夏娃与亚当一同吃了禁果。在罪的第二阶段产生的不是行动的意愿，而是追求某类事物的倾向（disposition），很多时候它并无明确对象，正如我们受到财富、名誉和各种感官享受的感性表象刺激后，产生追求这类事物的倾向，并在反复的念想中强化这一倾向，但追求哪个具体对象、如何行动是罪的第三阶段。

这样的解释可以避免上述问题，而且可在卷十二中找到依据。奥古斯丁关于蛇所象征的感性运动说得明白，它是诱惑心灵的意向去享用本应服务于永恒不变的公共之善的流逝有形之善，将其当作个人私有的善好。利用流逝有形之善是知识理性（ratio scientiae）的功能，而"追求（appetitus）与它很接近，因为被称作实践知识（scientia actionis）的就是去思考那些被身体感官所感知的有形事物。如果它用得好，就是被用来以至善为目的；如果用得坏，就是被用来享受那些从中获得虚假幸福的善好"。① 此处的追求可让人联想到早期两部文本归诸第二阶段的罪的欲求和肉身追求，与知识联系起来显示出第二阶段的认可具有的认知功能：认可即是判断流逝之善和永恒之善哪一个才是追求的目的，哪一个才值得安享。这和第一节阐述的奥古斯丁的整体认识论框架也相符：感性传达外在刺激适或不适的信息，理性依据知识判断这些适或不适是否值得追求或逃避。同时，也和《上帝之城》中展现的情感及意愿图示相符（参见图2②）。吴天岳将最初波动划归罪的第二阶段，又认为夏娃象征着低等理性亦即知识运作的一个阶段，这就赋予初动太强的认知功能，很难让人理解在初动中如何存在对知识的运用，他还必须解释为何在晚于《论三位一体》动笔的《上帝之城》中奥古斯丁又宣称存在先于理性和心智发挥作用的 passiones。另一个问题是，奥古斯丁屡屡描述罪的第二阶段心灵对罪的欲求的遏制与抗争，如果对罪的欲求是初动，也很难让人理解如何能遏制纯粹的生理反应。

---

① *De trinitate* XII 12, 17: "rationi autem scientiae appetitus uicinus est; quandoquidem de ipsis corporalibus quae sensu corporis sentiuntur, ratiocinatur ea quae scientia dicitur actionis; si bene, ut eam notitiam referat ad finem summi Boni; si autem male, ut eis fruatur tamquam bonis talibus in quibus falsa beatitudine conquiescat."

② 此图中的 passiones 指图1中先于理性运作的 passiones 即最初波动，voluntates 指已经成型的情感和追求。

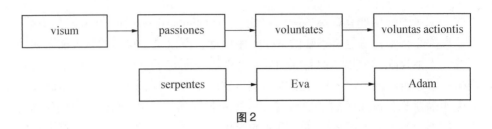

图 2

一个更为系统性的问题是,视最初波动有罪将使得《上帝之城》中好情感之说无法成立。按照奥古斯丁的理论,心灵的理性部分做出的判断并非一定合乎理性,心智可能被最初波动所误导或者屈从于它做出违背理性的拒斥和认可,由此产生坏的情感或追求。① 《上帝之城》卷十四第八节讨论了斯多亚派说的好情感(εὐπαθείας),即理性基于知识认可了最初波动而形成的情感,此时的最初波动并不与理性或者意愿相悖,而是相符。第十九节又指出,欲望和愤怒也会使智慧和节制之人犯错(vitiosas),但他们可用理智对其加以约束和限制,并将其用以正当之事,比如愤怒可用于争取正义,欲望可用于生育后代。奥古斯丁没有用好坏对初动本身做出判断,只用适与不适做出描述。初动会犯错,但并非坏的。另外,如果初动都是坏的,则理想状态是心灵不受任何波动的搅扰,但毫无情感的麻木与迟钝在他看来也与种种恶行无异。如果所有初动都有罪,将再次遭遇索拉布吉的诘问:发抖、流汗是否也有罪?品尝美食口舌愉悦是否也有罪?如果并非都有罪,又照什么标准进行区分?②

经此可以确证,在原罪概念提出后动笔的《论三位一体》中,奥古斯丁指出早期被他视为免于罪责的对罪的欲求、肉身需求已然具有罪性,这一罪的第二阶段并非最初波动,而是对感性波动呈现的流逝之好的认可。我们从而有理由将《上帝之城》中代表原罪、包含认可的 libido 与其相联系,用来指称原罪的欲求、肉欲和肉身需求等词也有明显的相似性③,偶尔用来替换肉欲的 passio 和 affectus 也可证明指的是已经成型的情感。原罪的发生位于罪的第二阶段,是种种以流逝有形之善为目的的倾向性意愿。

---

① 奥古斯丁对理性的这种使用是他继承了的斯多亚情感理论的题中必有之义,关于斯多亚派称情感是理性具有的多重含义参见 B. Inwood, "Seneca and psychological dualism", p. 178 ff. 。

② 吴飞的解释同样会碰上这些问题。参见吴飞《奥古斯丁论前性情》,载《世界哲学》2010 年第 1 期,第 32 – 46 页,此处参见第 42 – 46 页。

③ 奥古斯丁还用过 appetitus carnalis voluptatis (*De Genesi ad litteram* IX 10, 16) 和 carnalis delectationis appetitio (*Contra Iulianum* V 63)。

三、肉欲的必然性

上述观点的依据仍旧薄弱,需要强化论证,同时也将阐明本文的核心论题:原罪的必然性是何意。将原罪理解为以世俗善好为目的的倾向性意愿除了是基于文本的阐释外,另一个优势是和奥古斯丁思想的其他部分相容。无论是原罪还是本罪,都需符合罪的定义。重温一下《论两种灵魂》中的定义:"罪是在能自由远离正义所禁止之物时占有或获得此物的意愿。"① 这一定义既包含罪的形式:自愿或者说拥有不犯罪的自由,也包含罪的质料:占有或追求正义禁止之物。就后者而言,是意愿追求的目的从质料上规定了罪。罪是否以其他选择的可能性为前提在原罪说提出后做了修正,但罪的实质性内容始终没有改变。

关于正义的禁止,《论自由决断》卷一区分了尘世律法和神圣律法的禁止,后者高于前者(De libero arbitrio Ⅰ 4.10 – 5.13),正义则是存在者依其所处的存在者等级秩序中的位置活动,人作为理性存在者即当热爱并追求更高等级的存在者(ibid. Ⅰ 13, 27)。这是奥古斯丁在多部著作中阐述过的正义定义。② 按照这一定义,意愿背离更高等级的永恒不变之善而转向低等的流逝之善即是罪(ibid. Ⅰ 3, 6 – 11, 23, Ⅱ 19, 50 – 53;Confessiones Ⅱ 5, 10)。意愿亦依其目的的等级高低而区分好坏(De ciuitate dei Ⅻ 6)。朝向低等之善的颠舛的意愿(voluntas perversa)同时是罪又是一切罪行的原因(De moribus ecclesiae catholicae et de moribus Manicheorum Ⅱ 6, 8;Contra Secundinum Manicheum 11;De Genesi aduersus Manicheos Ⅱ 9, 12;De diuersis quaestionibus ad Simplicianum Ⅰ 2, 18;De libero arbitrio Ⅲ 18, 50;De ciuitate dei Ⅻ 9, 1)。

现代伦理学显然不会以如此严苛的定义来界定道德责任,奥古斯丁所说的罪是就神圣律法而言。罪发生过程中的认可相应地需要依此来理解,因为认可不是偶发的生理运动,而是有实质内容的理性的判断活动。心灵在感知到外在事物施加的适或不适的感性波动时,首先需要判断的并非是否要得到或躲避这一事物,而是这一事物是好是坏,所谓是好是坏则意味着这一事物是否是值得追求的目的,是本身即是目的抑或为达到其他目的必需的手段。奥古斯丁了解古希腊哲学将善好区分为自在目的、工具和既是工具又是目的这三种做法

---

① De duabus animabus 11, 15: "ergo peccatum est uoluntas retinendi uel consequendi quod iustitia uetat, et unde liberum est abstinere." 另参见 10, 12: "quibus concessis colligerem, nusquam scilicet nisi in uoluntate esse peccatum."

② 参见 R. Dodaro, "Justice", in Augustine Through the Ages, ed. A. D. Fitzgerald, Eerdmans Publ. Co., 1999, pp. 481 – 483。

(*De trinitate* XIII 5，8，XI 3，10；*De ciuitate dei* XIX 1，1)①，他的安享/利用(frui/uti)之分即植根于此：事物分为可享的、可用的以及既可用又可享的，唯有只可享而其他一切均用于对其的安享的是至善，若将可用的当作可享的便是低等的爱和颠舛的意愿。对于奥古斯丁而言唯一可享而不用于任何其他目的的即上帝。②结合这一学说才好理解《论三位一体》卷十二中说的，感性运动诱惑心灵享用本应服务于永恒不变之善的流逝有形之善，也才好理解知识使用的好坏在于对有形事物的思考是否服务于追求至善。最初波动呈现在心灵中需要意愿决定的，不可能一开始就是是否要以及要用什么手段获得某物，而是为了什么目的追求此物。一旦心灵认可了此物本身是可享的并只为了享用此物而追求，在神圣律法的层面即是罪。继续之前对于吴天岳观点的疑问：如果最初波动中包含着初始的认可，认可的是什么？如果仅仅认可感性运动的诱惑会带来快乐，这并非是罪，因为奥古斯丁承认还有既可用又可享之物。以最初波动中包含认可来确认其罪性只考虑了罪的形式，忽略了罪的质料。将原罪的发生定位于罪的第二阶段则是将其理解为做出如下认可的意愿：最初波动呈现的诱惑是本身值得追求、并仅仅为其之故而追求的可享对象。正如学者们指出的，指代原罪的 concupiscentia carnalis 与 libido、cupiditas 等词一样，泛指各种追求低等善好的尘世欲求，而非任何一种特定的欲望。③

朝向低等之善的意愿是一切罪的原因且本身也是罪，而这一罪自身又有原因。在晚年所写的《驳佩拉纠派的两封信》中有言，"罪乃源诸肉欲或无知而违禁行之、言之、思之"④。肉欲和无知指既是罪又是罚的原罪，而原罪的发生又体现为仅以流逝之善为追求目的的倾向性意愿。正因为认可是关乎何者为真正善好的判断，首先需要的是对存在者亦是善好的等级秩序的认识，也就是

---

① 参见 *Republic* 357b – 358a；*Nicomachean Ethics* I 7，1097a15 – 1097b20。奥古斯丁这一观念来源的一个相关研究的简述参见 Kyung-Yeun Burchill-Limb, "The Actuality of Augustine's Distinction between uti and frui", *Augustiniana*, 2006, Vol. 56, pp. 183 – 197, here p. 183, footnote 1。

② 此说见于奥古斯丁多部著作。例见 *De diuersis quaestionibus octogintatribus* 30；*De Doctrina Christiana*, I 3. 相关研究也为数众多，例见 Kyung-Yeun Burchill-Limb, "The Actuality of Augustine's Distinction between uti and frui", ibid.; William Riordan O'Connor, "The Uti-Frui Distinction in Augustine's Ethics", *Augustinian Studies*, 1983, Vol. 14, pp. 45 – 62。

③ G. Bonner, "Libido and Concupiscentia in St. Augustine", *Studia Patristica*, 1962, Vol. 6, pp. 303 – 314; G. Bonner, "Concupiscentia", in *Augustinus-Lexikon*, eds. C. P. Mayer et al., Schwabe, 1986, pp. 1113 – 1122; G. Bonner, "Cupiditas", in *Augustinus-Lexikon*, eds. C. P. Mayer et al., Schwabe, 1986, pp. 166 – 172; Tianyue Wu, "Did Augustine Lose the Philosophical Battle in the Debate with Julian of Eclanum on Concupiscentia Carnis and Voluntas?", *Augustiniana*, 2007, Vol. 57, pp. 7 – 30.

④ *Contra duas Epistolas Pelagianorum* I 13, 27: "peccata autem sunt, quae secundum carnis concupiscentiam uel ignorantiam illicite fiunt, dicuntur, cogitantur."

对神圣律法的认识。这并非前文所说 scientia。奥古斯丁在《论三位一体》卷十二中区分了知识（scientia）和智慧（sapientia），前者如上所述关于变化流动的事物，后者关乎永恒不变的事物（De trinitate XII 14, 21 - 22）。奥古斯丁没有详细讨论作为罪的原因的无知是对什么的无知，从罪的定义看，首先必然是对上帝创造的存在者秩序的无知，是对神圣律法、公共善的无知，用实践哲学的术语来说，是对原则性知识的无知。诚然，仅有原则性知识而无实践知识也会犯错，但没有原则性知识必然犯罪。所以对实践知识的使用必须以基于原则性知识的对至善的追求为目的。原则性知识不能等同于智慧，但理应是智慧的一部分。①

不过，即便拥有了原则性知识和实践知识也不能保证不犯罪。在罪的原因亦即原罪的两个要素中，奥古斯丁更强调肉欲。单就理论本身而言，原罪说的提出②体现了奥古斯丁思想的一个重要转变：早期奥古斯丁继承了古希腊理智主义传统，认同知识即德性，相信依靠理智的完善可以实现德性，但后期改变了这一看法，提出德性是有序的爱（De ciuitate dei XV 22），强调没有上帝的恩典人无法摆脱对低等之善的爱，不可能爱更高的善好。③ 人所无法摆脱的便是肉欲，原罪之必然性即在于此。

奥古斯丁对原罪的必然性做了很多解释和辩护，核心一点是原罪之为罪源于人类后裔与初祖亚当的联结，亚当所犯的初罪（peccatum originis originans）使人类承袭了原罪（peccatum originatum）④，肉欲是罪，因为它产生自初罪（De nuptiis et concupiscentia ad Ualerium I 23, 25; Contra duas epistulas Pelagi-

---

① Cf. T. D. J. Chappell, *Aristotle and Augustine on Freedom: Two Theories of Freedom, Voluntary Action and Akrasia*, St. Martin's Press, 1995, pp. 155 - 160.

② 原罪说的提出可能也不仅仅是思想本身的发展，而是有着复杂的教会和政治背景。参见 Kurt Flasch, "Logik des Schreckens", in *De diuersis quaestionibus ad Simplicianum* I 2, eds. Kurt Flasch and Walter Schäfer, Dieterich, 1999, pp. 7 - 138. 不过 Flasch 的观点有很大的争议。

③ 关于奥古斯丁思想的这一转变参见 Marcia L. Colish, *The Stoic Tradition from Antiquity to the Early Middle Ages*, E. J. Brill, 1990, pp. 213 - 218; Frederick S. Carney, "The Structure of Augustine's Ethic", in *The Ethics of St. Augustine*, ed. William S. Babcock, Scholars Press, 1991, pp. 11 - 37; Brett Gaul, "Augustine on the Virtues of the Pagans", *Augustinian Studies*, 2009, Vol. 40, pp. 233 - 249; Joseph Torchia, "The Significance of the Moral Concept of Virtue in St. Augustine's Ethics", *The Modern Schoolman*, 1990, Vol. 68, pp. 1 - 17; John M Rist, *Augustine: Ancient thought baptized*, Cambridge University Press, 1994, pp. 168 - 173。

④ 施莱尔马赫很早就区分了初罪和原罪。参见 Friedrich Schleiermacher, *Der christliche Glaube: nach den Grundsätzen der evangelischen Kirche im Zusammenhange dargestellt; zweite Auflage (1830/1831)*, ed. Rolf Schäfer, de Gruyter, 2008。奥古斯丁论初罪参见 S. MacDonald, "Primal Sin", in *The Augustinian Tradition*, ed. G. B. Matthews, University of California Press, 1999, pp. 110 - 139; Jesse Couenhoven, "St. Augustine's Doctrine of Original Sin", *Augustinian Studies*, Vol. 36, 2005, pp. 359 - 396, here pp. 364 - 369。

anorum Ⅰ 13, 27; *Contra Iulianum opus imperfectum* Ⅰ 71)，在我们诞生那一刻就与初罪发生了关系（*Contra Iulianum* Ⅴ 29）。但这个意义上的原罪更多被强调为对人类的惩罚，是人类整体担负的罪责（culpabilitas）。除此之外，奥古斯丁也宣称，原罪是内在于人性的缺陷，是人的第二自然，即他从提出原罪概念到晚年反复陈说的无知和肉欲。可以先用婴儿的状态来解释这一准自然。尽管奥古斯丁大多时候从与亚当联结的角度解释初生婴儿沾染原罪及其受洗礼的必要性，但也描述了婴儿并非无辜的表现。在原罪说成熟的重要著作《论罪之惩戒与赦免与婴儿受洗》中他写道，婴儿正是因无知和无力而被非理性的波动（motibus irrationalibus）搅扰，不服从理性的命令和管教，只能被疼痛、惩罚和恐吓制止（*De peccatorum meritis et remissione et de baptismo paruulorum* Ⅱ 29, 48, 另参见Ⅰ 19, 25, 35, 66）。如果这一段会让人以为说的是婴儿被最初波动驱使，以至于原罪又落到初动层面，那么《忏悔录》开篇对婴儿的著名描写则更加凸显了婴儿自身的罪性。在他的描写中，婴儿哭闹着要求有害的东西，迫使大人们顺从自己的意愿，嫉妒自己的兄弟，不愿让他分食母乳。"无辜的不是婴儿的心灵，只是婴儿身体的孱弱。"人们显然可以问，奥古斯丁本人也在这里问，婴儿时的罪是什么样的罪。就在这一段开头，他痛呼人的罪真可恨，上帝造了人但并未造他的罪，所有人在上帝面前都非无辜，即便婴儿也如此。（*Confessiones* Ⅰ 7）这是后来论说婴儿原罪的常用修辞，虽然婴儿的罪已表现在行为上，但称其为本罪无论如何显得太过严重。事实上如果成人合乎世俗律法但仅以追求世俗善好为目的的行为若都被视为本罪，人的罪性就太过沉重，那将要求所有人都去过修道的僧侣生活。更为合理的解释是，婴儿的行为和成人并未违反世俗律法的行为之为罪，并不在于已经付诸行动，而是在于都是追求低等善好亦即原罪的表现。婴儿源于无知，成人往往源于肉欲。①

写于他晚年的《驳尤利安》中对肉欲的一段描述更显示出其第二自然的特性：有一种坏的性质（qualitas mala）内在于我们，当没有碰上念想或感官所欲求之物时，并不会被什么诱惑（tentatio）激动，可一旦碰上就会唤起一种欲念（desideria），这欲念是肉欲的效力（actus），虽然当心智不认可时不会有什么效果（effectus），但就效力来看肉欲仍旧存在，这是内在于人的恶。就此而言，即便受洗之后肉欲的效力仍旧存在，只是它的罪责被赦免了，但基督

---

① 晚近对奥古斯丁原罪学说的研究中，Jesse Couenhoven 明确主张肉欲不仅仅是在类比意义上、在与亚当联结意义上被称为罪，而是的的确确内在于人的罪。参见 Jesse Couenhoven, "St. Augustine's Doctrine of Original Sin", ibid., pp. 369 - 381。传统上也有不同观点，认为肉欲仅仅是原罪的表征（sign）而非原罪本身。对此的反驳参见 Couenhoven 文第378页及以下。

徒依旧要与其争斗。①（Contra Iulianum Ⅵ 19, 60）这段描述呈现出的肉欲具有实现和潜能两个层面，在潜能层面肉欲是一种性质，一旦出现感性表象的刺激，就会产生追求感性对象的欲念。不过这里被称为心灵运动（motus）的欲念仍然会让人以为他谈论的是生理性质一般的最初波动，尤其是这里又说心智没有认可肉欲的效力。我们不得不承认，奥古斯丁的文字经常存在模棱两可的地方，在《驳尤利安残稿》中，他又多次说，心智、精神或者意愿不认可肉身中的运动、对快乐的追求和肉欲（Contra Iulianum opus imperfectum Ⅰ 68, 101, Ⅴ 50, 59）。然而没有认可，无论是在初动阶段还是在倾向性欲求阶段，罪都无法成立。

奥古斯丁被尤利安诟病的地方是他取消了罪基于自愿或者说不犯罪的自由这一形式化要件，转而认为存在不自愿之罪、必然之罪。奥古斯丁罪的定义是否包含自由选择概念便成为聚讼不止的论题。某些著作确实表现出他在思考自由选择，尤其是《论两种灵魂》中定义意愿是心灵趋向做或不做的自由运动，是控制自己行动的能力。② 但考虑到自由选择意味着在行动的时刻拥有不这样行动的自由③，其他谈到貌似自由选择的地方就令人疑惑。比如《论自由决断》卷二常被引用的一段：意愿是中等的善，既可以用于好也可以用于坏，既能朝向不变公共之善也能朝向低等私有之善（De libero arbitrio Ⅱ 18, 47 – 19, 53）。卷三则说，意愿能朝向这也能朝向那（ibid. Ⅲ 1, 3），是在我们掌控中的接受或者拒绝的能力（ibid. Ⅲ 25, 74）。这些都不涉及意愿在行动上的选择，而是意愿的朝向或者说追求的目的，在我们掌控中的也就是认可或者拒绝某对象作为目的。按照第一节呈现的意愿结构图，认可或拒绝是二阶意愿的决断能力。如本文开头所述，学者们在解释奥古斯丁的自由意志理论时，区分了自由选择和自由决断两种自由的含义④，认为奥古斯丁对罪的定义虽然否认了堕落后的人类拥有自由选择的能力，用他的话说就是否定了人有"能不犯罪（posse non pecccare）"的自由，但坚持自由决断是人的权能，所有罪都基于自由决断之施行的认可或拒绝，这是一种兼容论的自由意志理论。然而，

---

① 奥古斯丁有时将受洗者心中的肉欲也称作罪或罪的永罚，参见 De peccatorum meritis et remissione et de baptismo paruulorum Ⅰ 16, 21, Ⅱ 28, 45。基督徒要回答的一个自然而然的问题是：难道受洗能一劳永逸地避免犯罪的可能吗？所以奥古斯丁强调肉欲效力的持存非常合理，只是要在教义上与原罪做区分。

② De duabus animabus 12, 17: "quamobrem illae animae quidquid faciunt, si natura, non uoluntate faciunt, id est, si libero et ad faciendum et ad non faciendum motu animi carent; si denique his abstinendi ab opere suo potestas nulla conceditur, peccatum earum tenere non possumus."

③ 参见 C. Kirwan, Augustine: The Arguments of the Philosophers, Routledge, 1989, pp. 84 – 85。

④ 关于奥古斯丁意志自由概念不同含义的一个研究史简述参见吴天岳《意愿与自由：奥古斯丁意愿概念的道德心理学解读》，北京大学出版社 2010 年版，第 222 – 229 页。

仔细勘查罪的不同阶段后，会发现这种解释仍有问题。

首先，奥古斯丁从未否认在本罪的确认上要以人是否不受强制、有选择自由为前提。如《论罪之惩戒与赦免与婴儿受洗》中说，婴儿从不可能犯下罪行，不仅因为他们身心的孱弱、巨大的无知，也因为他们缺乏采取其他可能的理性的充分运用（in alterutram partem rationis usus）（*De peccatorum meritis et remissione et de baptismo paruulorum* Ⅰ 35，65）。其次，也是最根本的，现代自由选择概念中蕴含的意志或者说现代人一般理解的意志已然是行动的意志，选择自由也就是行动自由，也只有行动才存在选择的可能性，而正如德国学者 Christoph Horn 和 Jörn Müller 令人信服地证明的，奥古斯丁时代的 voluntas 并非自然而然地指行动的意志，而是指情感、追求、愿望等各种倾向性意愿，乃至整体的生活态度，也就是奥古斯丁说的两种爱分隔两座城（*De ciuitate dei* ⅩⅣ 1）。① 如果意愿首先不是行动意志，而是停留于思想中的倾向，它们相互之间本身就不存在非此即彼的选择，每个人思想中都可能同时存在多个甚至相互冲突的一阶意愿，每一个都得到二阶意愿的认可。结合原罪的发生，肉欲便是所有那些追求享用低等之善的一阶意愿，而认可更高善好的意愿可能与肉欲同时存在。

尽管奥古斯丁屡屡说肉欲没有得到认可，但他的一些著作表明，这种没有认可指的是不同认可之间的冲突，也就是意愿决断内部的分裂。早在《驳摩尼教徒赛昆丁》中他就使用了这样的表达：被强制犯罪的人被剥夺了不这样做的自由，故未犯罪，但行动时仍旧做了认可，尽管是不自愿的（non voluntate）认可。（*Contra Secundinum Manicheum* 19）此处未做更深入的分析，而在《再思录》这部总结一生思想的著作中，修正《论真的宗教》中对罪的定义的段落里，他明确指出，即便是出于无知或强迫而被叫作不自愿之罪的，也不可能在完全没有意愿参与的情况下发生。无知者犯罪的意愿在于他将不被允许的当作允许的，因肉欲犯罪的虽然不自愿的欲求，没有按照自己真正的意愿去行为，但当他屈服时，也是凭着自己的意愿认可了肉欲，所做的也是他所愿的，是他自由地违背了正义。② 这段说得再明白不过，所谓不自愿之罪并非指不是

---

① C. Horn, "Willensschwäche und zerrissener Wille: Augustinus' Handlungstheorie in Confessiones Ⅷ", in *Unruhig ist unser Herz*, ed. M. Fiedrowicz, Paulinus, 2004, pp. 105 – 122; J. Müller, "Zerrissener Wille, Willensschwäche und menschliche Freiheit bei Augustinus: Eine analytisch motivierte Kontextualisierung von Confessiones Ⅷ", *Philosophisches Jahrbuch*, 2007, Vol. 114, pp. 49 – 72.

② *Retractationum* Ⅰ 13, 5: "quae non immerito non uoluntaria peccata dicuntur, quia uel a nescientibus uel a coactis perpetrantur, non omnimodo possunt sine uoluntate committi, quoniam et ille qui peccat ignorans uoluntate utique peccat, quod, cum faciendum non sit, putat esse faciendum, et ille qui concupiscente aduersus spiritum carne, non ea quae uult facit, concupiscit quidem nolens, et in eo non facit quod uult, sed si uincitur, concupiscentiae consentit uolens, et in eo non facit nisi quod uult, liber scilicet iustitiae seruusque peccati."

出自意愿，亦非指失去了选择自由，而是指意愿之间相互冲突。意愿冲突最生动的例证无过于奥古斯丁花园皈依中说到的内心中存在新旧两种相互矛盾的意愿：极力想摆脱肉身的枷锁，却又难以舍弃肉欲带来的快乐，虽然更多地站在自己认可的精神一边，却又自愿（volens）陷入自己拒斥的肉身之中。（Confesioness Ⅷ 5，10 – 11）

要澄清原罪的必然性还需最后一步，即说明意愿冲突的根源，因为原罪的必然也就意味着冲突的必然。《致辛普里西安》中早已有明示。在解释《罗马书》7：16"若我所作的、是我所不愿意的、我就应承（consentio）律法是善的"一句时，奥古斯丁说，保罗是秉着对律法的认识认可了律法对其行为的谴责，他的罪行则是被一种主宰性的欲望、一种欺骗性的甜蜜所驱使。（De diuersis quaestionibus ad Simplicianum Ⅰ 1，9 – 10）对 7：18"因为立志（velle）为善由得我、只是行出来由不得我"的解释更明确地说，意愿在我们的权能之内，行不得乃是因原罪。这里还复述了《论自由决断》卷一中的一个观点：没有什么比去意愿更容易的事。意愿善没有困难，行出来却困难重重。（ibid. Ⅰ 1，11 – 12）此处涉及奥古斯丁思想中一个重要区分：律法之下（sub lege）和恩典之下（sub gratia）。律法之下的人因为对神圣律法的认识而知道更高的精神之善是当追求的目的，知道上帝是唯一可安享的，然而因为肉欲必然爱低等的世俗之善，必然仅为了享受流失之善而追求之。基于对律法的认识产生认可更高善的意愿自然轻而易举，但终其一生热爱更高的善并付诸实践自然困难重重。意愿的冲突是做出理性判断的认可和基于爱的认可之间的冲突。恩典之下的人唯因上帝的恩典才获得对至善的充足的爱①，才获得第三种意义上的自由：摆脱肉欲的自由，不能犯罪（non posse peccare）的自由②。

肉欲和追求更高善好的意愿是一阶意愿之间的冲突，但根源是二阶意愿中理智的判断能力和爱的能力之间的分裂。③ 我们能够认识到并认可什么是真正的善好，却缺乏足够的热爱，随时都可能背离真正的善好而追求低等的享受。

---

① 恩典与爱是奥古斯丁研究中的经典主题。对恩典学说演变的一个权威性综述参见 Volker Henning Drecoll, *Die Entstehung der Gnadenlehre Augustins*, Mohr Siebeck, 1999, pp. 355 – 362。

② 关于恩典之下的自由参见周伟驰《奥古斯丁的基督教思想》，中国社会科学出版社 2005 年版，第 229 – 249 页；吴天岳《意愿与自由：奥古斯丁意愿概念的道德心理学解读》，北京大学出版社 2010 年版，第 248 – 258 页。

③ J. Brachtendorf 认为意愿冲突仅仅是两个二阶意愿之间的冲突，但考虑到所有二阶意愿都是基于一阶意愿的认可形成，冲突必然有更深的根源。参见 J. Brachtendorf, *Augustins "Confessiones"*, WBG, 2005, pp. 167 – 171。我更倾向于将其解释为二阶意愿中的认知因素和动机因素之间的冲突，参见 J. Müller, "Zerrissener Wille, Willensschwäche und menschliche Freiheit bei Augustinus: Eine analytisch motivierte Kontextualisierung von Confessiones Ⅷ", *Philosophisches Jahrbuch*, 2007, Vol. 114, pp. 49 – 72。

这正是奥古斯丁皈依时的真实处境，也正是他反复解释的"我所愿意的善、我反不作。我所不愿意的恶、我倒去作"（《罗马书》7：19）所刻画的所有人类的真实处境。正因此奥古斯丁不再相信仅靠知识即能实现德性，充足的爱是德性完满的必需条件，而这只有在上帝的恩典之下才能实现。如此来理解原罪的必然性就顺理成章。作为原罪之体现的肉欲不是指向任何一种特定对象的欲求，不是受到任何一种特定感性刺激而产生的波动，而是仅仅追求享用低等善好的倾向性世俗欲求，这些欲求未必转化成行动，甚至不知道通过哪个具体目标实现欲求，但按照奥古斯丁对罪的实质定义，只要以低等善好为享用的目的就是罪。束缚于肉身中的人，无论未受洗还是已受洗，都必然持有享受世俗善好的倾向性意愿，但这些意愿并非出自任何自然或神秘的强制，而是出自意愿自身的认可。

《驳尤利安残稿》中对肉欲的必然性最终这样解释，它一类似于对必然出现的东西的意愿，如对死亡的意愿，这是"对必然性的意愿（voluntas necessitatis）"；二类似于我们必然意愿幸福，这是"意愿的必然性（necessitas voluntatis）"；最后意愿的必然性可以和对这一必然性的反抗并存。（*Contra Iulianum opus imperfectum* IV 93）奥古斯丁言简意赅，根据前文的论证，我们可以做更清晰的说明。对于前两点而言，虽然出现两个新的术语，但两者都可以归结为最终目的的必然性。按照奥古斯丁的存在论秩序，意愿作为中等之善能够朝向的最终目的只有两个，要么向上要么向下，因为亚当的初罪，人失去了免于向下的能力，肉身的有限性使得人必然以世俗善好为最终目的，在最终目的上不存在选择。第三点说的是对相互排斥的目的的意愿可以同时并存，意愿分裂的描述对此已有明证，它指明即便我们一方面认可肉欲带来的快乐，但同时也可以在律法知识的层面拒斥这种快乐，进行认可和拒斥的自由决断始终在心灵的权能之内，因为心灵做出各种不同的认可和拒斥本就轻而易举，尽管它们相互冲突也可以同时并存。

这两方面的最终解释，第一点证明作为倾向性意愿的肉欲本身就不涉及自由选择，它并未强迫我们以哪一种具体世俗善好为目的，但在以世俗善好这一整体的类为最终目的上本身就无选择的可能。兼容论没有注意到倾向性意愿不同于行动的意志，不存在在某一时刻选择只保留一种倾向性意愿这回事，因此用自由决断为奥古斯丁貌似否定了自由选择的意志自由辩护是源自语义混淆的多此一举。第二点表明，虽然奥古斯丁后来取消了选择自由作为所有罪的必要条件，但无论早期对罪的定义还是后期的不自愿之罪都坚持意愿的认可是罪的形式化要件，一旦认可的对象上升到具有一定普遍程度的类，认可就是必然的，说"我必然认可世俗善好是可享用的"在语义上并不矛盾，同时，肉欲中的认可和否定肉欲、对更高善的认可可以并存，肉欲的必然性既未取消自身出于意愿决断的可能性，也未取消其他意愿决断存在的可能。① 原罪的必然性并非什么神秘不可解的教义或者带有基督教偏见的教条，而是呈现出每一个人都可以切身体察的心灵处境。

四、小结

原罪学说是基督教教义中的重要组成部分之一，自文艺复兴和启蒙运动以来受到无数批判，被视为追求人性自由的绊脚石。作为现代自由和自我观念之先声的奥古斯丁却又同时构造出一套束缚人性的学说，这本身也是一件吊诡的事情。然而切实地进入奥古斯丁的文本和他所处的思想传统，可以揭开许多现代偏见的面纱。奥古斯丁虽然因为个人经历对以性欲为典型的肉欲做出诸多谴责，但他所揭示的表现在其中的原罪的必然性是一种人类心灵的普遍困境。原罪说在诞生之初并非神学教条，它除了为上帝的全善辩护、回答恶的起源、论证上帝恩典的必要性之外，也结合圣经传统和古希腊哲学传统应对之前的思想家们早已思考过的意愿薄弱这一难题。与古希腊哲学家们尤其是斯多亚哲人相信依靠德性能够克服人性的软弱相比，他更为坦诚地面对这一困境，承认其根深蒂固、难以祛除。他用原罪的必然性描述这种困境并没有取消无论是自由选择还是自由决断意义上的意愿自由，同时也表明脱离肉欲、不能犯罪的第三种自由的重要性。尽管奥古斯丁将脱离这一困境的唯一希望寄托于上帝的恩典，因此迥异于古希腊传统，但他和古希腊哲学家们一样对人性的完满提出了严格的要求，他尤其和斯多亚哲人们保持一致，在情感理论基础上，要求下人以内省的方式体察念想中每一种因为感性波动而产生的倾向性意愿，体察这些意愿是朝向至善还是低等善好。所以原罪虽然是一个神学概念，但在相当程度上仍是对古希腊哲学传统的继承，原罪的必然性在其本源的意义上也不是对人性的神学枷锁，而是对人的心灵的真实洞察。

---

① 吴天岳从肉身的必然性和肉欲的必然性两方面解释了原罪的必然性，但与本文的解释路径存在不同。参见 Tianyue Wu, "Augustine on Involuntary Sin", *Augustiniana*, 2009, Vol. 59, pp. 45–78。中文版见吴天岳《意愿与自由：奥古斯丁意愿概念的道德心理学解读》，北京大学出版社 2010 年版，第 270–306 页。

人的自我救赎何以可能

——叔本华和尼采的救赎思想研究

杨玉昌

救赎一词通常令人联想起宗教，指的是人因其对神的信仰而摆脱罪的状态，得到拯救。这一过程被视为从黑暗到光明，从绝望到希望，从死亡到永生。救赎前后是两种截然相反的状态，人因其无知和欲望而陷于罪，他渴望摆脱罪而得解救，不过凭自己又难以做到，于是就寄希望于对神的信仰。宗教的救赎观在历史上曾有巨大影响，但自从人类进入现代社会以来，没有传统宗教信仰的人变得越来越多了，这反映了现代社会的世俗化倾向。然而，这种世俗化仅是指人不再相信传统宗教的救赎，而并不否认人在内心深处仍然在渴望着一种新的救赎。正是在这种情况下，哲学的救赎开始取代宗教的救赎进入现代人的生活中。如果说宗教的救赎是神对人的救赎，哲学的救赎是人的自我救赎，那么从宗教的救赎到哲学的救赎就是从神对人的救赎到人的自我救赎。在西方哲学史上，叔本华和尼采正处于从传统向现代过渡的一个关键阶段，他们的救赎思想反映了从宗教的救赎到哲学的救赎的转变，因而对他们的救赎思想的研究有助于我们理解救赎的现代转变是如何发生的，进而尝试回答人的自我救赎何以可能的问题。

一、叔本华的救赎：意志的自我认识

哲学的救赎其实在历史上很早就已有萌芽。古希腊苏格拉底追问什么是善，什么是正义等问题就是试图将人从个人的偏见中引向对具有普遍性的客观真理的追求，这既是对人囿于一己私利的盲目的一种治疗，同时也是从一个高于人的理性神的角度对人的堕落的一种救赎。只有从后者的意义上才能真正理解苏格拉底何以要为哲学而献身。在他看来，哲学对于人并非可有可无之事，而是与人生死攸关。然而，苏格拉底开创的这一哲学的救赎因为其所包含的神学向度而发展成柏拉图主义并被基督教所利用，形成基督教神学，哲学在中世纪也随之沦为神学的婢女，哲学的救赎萌芽遂被宗教的救赎所取代。直到近代文艺复兴和启蒙运动兴起，基督教神学受到批判，影响日趋衰弱，哲学才开始逐渐摆脱宗教，尝试独立承担起对人的救赎的使命。这一历史过程是漫长的，直到叔本华创立意志哲学，才真正开启了从宗教的救赎到哲学的救赎的转向。

从哲学史上看，叔本华的救赎思想源于康德。康德一方面通过批判理性，划分现象和物自身，否定了传统的经院哲学，倡导人要"敢于运用自己的理性"，即人要学会自立，另一方面他又看到了人的理性的限度，提出"我要限制理性，而为信仰留地盘"，把上帝作为理性的必要假设重新引入自己的哲学中，目的是要保证人在现实世界中不可能实现的"福德一致"。这表明康德将西方传统的理性和信仰都发展到了一个极限：他本想做一个"纯粹的"理性主义者，却发现自己仍不得不保留宗教信仰。当理性走到了自己的限度，当上帝变成了"理性的假设"，构成西方传统"救赎"观念的核心的理性和信仰开始变得岌岌可危。叔本华敏锐地意识到康德哲学带来的严重问题："康德问世的直接后果却几乎只是消极的，不是积极的，因为他并未树立一个完全新的体系可使他的信徒多少能够经历一段时期而有所遵循；人人都明白已发生了一个巨大的变化，但是没有一个真正知道发生了什么变化。他们固然看透了所有以往的哲学都是没有结果的在做梦，现在新时代却是从这梦中醒过来，但是他们现在究竟何所适从，他们却不知道。这就产生了一个巨大的空隙，一个巨大的需要；激起了一般的注意力，甚至较为广泛的群众的注意力。"① 简言之，传统宗教的救赎已经落空，而新的救赎却并未产生，人们陷入前所未有的困惑不安之中。叔本华说他的哲学就是要回答康德留下的自在之物问题，而这个回答就是意志。这意味着，叔本华提出了一种对于西方来说是全新的救赎观念：意志的自我认识，他说他的全部哲学都可以概括成这一句话。

叔本华把康德的理性批判视为"理性的自杀"，他彻底放弃了西方传统的理性的认识方式，而转向直接面向世界和人生的直观的认识方式。叔本华由此完全否定了西方传统的基督教一神论、泛神论、自然神论等有神论思想，试图通过对世界和人生的观察和体验提出一种更加真实的哲学。这种哲学就是意志主义。在叔本华看来，意志不是一个假设的东西，而是源于人对自身拥有的身体的感觉和对世界的观察，因而意志比任何理论都更加真实可信。叔本华从意志出发对世界做出了一种与传统哲学截然不同的解释：世界并非一个神或理性的有目的的设计，而是意志本身的客体化。意志只是一种盲目的无尽的追求，没有任何目的可言。这意味着，一方面，关于世界不再存在世界之外的东西作为其理由、根据和目的，世界就是"作为意志和表象的世界"。充足理由律只适用于表象世界，而不适用于意志本身，意志本身是没有任何根据的。在世界

---

① 叔本华：《作为意志和表象的世界》，石冲白译，商务印书馆1982年版，第580页。

上存在的东西都有一个其何以存在的原因和根据,而关于世界本身则没有任何原因和根据。因而人在世界上的生活只能有一个当下的目的,而没有终极目的。这样西方传统宗教所赋予人的作为终极目的的上帝就彻底失落了。人由此丧失了生存的意义,陷入虚无主义。另一方面,意志的盲目性表明人并非是理性自主的,而是在暗中受到意志的支配。正是意志的"无尽的追求"使人陷入一种自我矛盾和冲突之中。"这个世界是一个被折磨的和痛苦的存在物的战场,这些存在物只有通过相互吞食才能持续存在下去。"① 因此,世界的不存在要比存在更好,世界是一个压根就不应该存在的东西,而人生是一个不划算的生意。这样黑暗的世界和人生需要一种不同于传统宗教的新的救赎。

叔本华说:"这是真实的:所有人都希望摆脱痛苦和死亡的状态,他们愿意得到永恒的祝福,进入天国,但不是靠他们的双脚;他们愿意被一个自然的过程带到那里。然而这是不可能的,因为自然只是我们的意志的复制品,影子。所以,她将永远不会让我们跌倒或化为无物,她除了总是让我们进入自然之外不能把我们带到任何地方。而每个人在其生死之中都会体会到作为自然的一部分去存在是多么的危险。因此,生存确实应被视为一个迷途,从中折返就是救赎。"② 本来身处西方宗教传统中的叔本华受到东方印度教和佛教的影响,摆脱了基督教的狭隘的"救赎"观:"罪的行为及其后果必须在某时被他者的赦免,或者被我们自己的较好的知识的显现消除或消灭,否则这个世界就不会有救赎的希望。……原罪本身其实就是对生存意志的肯定,另一方面,对这一意志的否定,作为得到较好的知识的结果,就是救赎。"③ 所谓"较好的知识(better knowledge)"是指看穿意志的个体化原理,对自己与万物内在本性的同一有了直接的认识,从而得以解脱个体的痛苦。这就是通过认识照亮意志,平息意志的无尽的欲求,获得心灵的平静。认识本来是产生于意志并服务于意志的目的的,现在却反转过来认识意志的真相从而取消了意志。归根结底,这是意志的一种自我认识和自我取消。由此否定意志就成为意志的唯一目的。"因此得救的唯一途径就是意志无阻碍地显现出来,以便它在这显现出来的现象中能够认识它自己的本质。唯有借助这认识,意志才能取消它自己;同时也随之而结束和它的现象不可分的痛苦……大自然正是把意志引向光明,因为意志只

---

① Arthur Schopenhauer, *The World as Will and Representation*, Vol. 2, trans. E. F. J. Payne, Dover Publication, 1966, p. 581.

② Arthur Schopenhauer, *The World as Will and Representation*, Vol. 2, trans. E. F. J. Payne, Dover Publication, 1966, p. 605.

③ Arthur Schopenhauer, *The World as Will and Representation*, Vol. 2, trans. E. F. J. Payne, Dover Publication, 1966, p. 608.

有在光明中才能得到解脱。"① 意志通过认识达成的自我取消可以称之为意志的自杀。"得救对于我们本人是一件陌生的事而暗示着要获得解救就必须否定和取消我们这个人格的人。"② 如果人是一个意志的存在者，人生就必须有一个目的，即便一个否定的目的也胜过没有任何目的。在此意义上说叔本华的救赎超过了康德。

值得注意的是叔本华的救赎与传统的宗教救赎的差别："也许这里才是第一次抽象地，不带神话地把神圣性，自我否定，顽强意志的消灭，禁欲等等的本质说成是生命意志的否定"③。对于叔本华，罪不再是来自于祖先的神话，而是源于意志的欲望，罪不再是依靠神秘的信仰得到宽恕，而是可以依靠"较好的知识"加以克服的东西。虽然叔本华的救赎还保留着基督教的影子，但救赎的主动权实际上已从神转移到人自身。"现在，从可能性上说，每个人既是亚当又是耶稣，这取决于他对自身的理解和他的意志根据这一理解所做出的决定。"④ "人的救赎"与"神的救赎"虽然在肯定人需要救赎上是一致的，但在救赎的方式和目的上却是大相径庭的：前者相信人依靠自己就可以得到解脱，成为圣人；后者则相信人只有依靠神才能得救，进入天国，获得永生。前者把原罪和神的观念哲学化了，后者则处于原罪的重压和对神的信仰之中。这说明叔本华试图用人的自我救赎取代传统宗教神对人的救赎，也就是用哲学的救赎取代宗教的救赎。

然而，叔本华从宗教的救赎到哲学的救赎的转向并不彻底。他虽然把人的自我救赎问题提上日程，但是，由于他把人的自我救赎理解为对生命意志的否定，因而他并未抛弃传统宗教的救赎精神。他说《奥义书》"曾是我生命中的慰藉，它也会在我行将死亡时给予我安慰"⑤。叔本华认为他的哲学真正说出了基督教的精神。由此可见，一方面，叔本华取消了上帝，开始返回到世界上寻求人的救赎；另一方面，他并未真正接受他所揭示的这个意志的世界，仍想跳到世界之外去获得人的救赎，这注定是一条自相矛盾和令人陷入绝望的路。叔本华的"救赎"仍需要救赎，而这种救赎是由其后的尼采提供的。

---

① 叔本华：《作为意志和表象的世界》，石冲白译，商务印书馆1982年版，第549页。
② 叔本华：《作为意志和表象的世界》，石冲白译，商务印书馆1982年版，第558页。
③ 叔本华：《作为意志和表象的世界》，石冲白译，商务印书馆1982年版，第525页。
④ Arthur Schopenhauer, *The World as Will and Representation*, Vol. 2, trans. E. F. J. Payne, Dover Publication, 1966, p. 628.
⑤ 吕迪格尔·萨弗兰斯基：《叔本华及哲学的狂野时代》，钦文译，商务印书馆2010年版，第328页。

二、尼采的救赎：超人是大地的意义

与西方传统宗教的救赎诉诸神相比，叔本华的救赎直面世界本身，试图依靠人自身实现救赎，这是西方救赎观念的一次巨大的飞跃。然而叔本华对意志的否定最终使其陷入悲观主义和虚无主义不可自拔。因此，叔本华仍处于从神的救赎到人的自我救赎的过渡阶段，他推倒了在人之外的上帝，却没有能力实现对人自身的肯定。叔本华的救赎只是为现代哲学的救赎提供了一个起点，尼采由此出发，提出了一种更加彻底的人的自我救赎思想。在尼采看来，既然人已然作为意志的客体化存在，人如何能够把否定意志作为自己存在的终极目的呢？相反，人必须首先肯定自己的意志，在肯定意志的过程中实现人的自我救赎。意志的自我认识的结果并不是取消意志，而是自觉肯定意志。这种救赎思想可以用尼采的一句话来表达：超人是大地的意义。

尼采在《查拉图斯特拉如是说》的序言中说查曾把灰带到了山上，在经过十年的修炼之后决定下山，把火带到山下。从灰到火这个隐喻形象地表达了尼采是如何克服了叔本华的悲观主义和虚无主义，把其对生命意志的否定重新变成了肯定的。在尼采看来，叔本华引以为自豪的其哲学在精神上与传统宗教的内在一致性恰恰表明它们在本质上都是一种必须加以治愈的疾病，因为它们最终都试图否定和逃离唯一真实的意志世界。与叔本华看到康德的自在之物给人带来无所适从的危险相似，尼采也看到叔本华把否定意志作为人的目的会使人类陷入一种消极的虚无主义，这种虚无主义盛行的结果是人类将失去精神的追求，沦为末人。末人是只知道关心健康、长寿和消遣的畜群。"我的眼睛从未见过如此斑杂多采〔彩〕的东西。……面孔和肢体被涂上五十种颜料：你们就这样端坐于此，令我惊奇，你们当代人啊！你们周围还有五十面镜子，迎合和传布着你们的色彩游戏！"① 现代人的"教养之邦"中这种千篇一律的堕落状态令尼采感到恐惧和厌恶，他要为人类确立一个新的自己的目的，从而重新赋予人以追求的动力。

首先，尼采对西方传统宗教和哲学做了一个诊断："上帝死了。"这是对传统救赎的观念一种彻底的否定，因为"上帝死了"不仅适用于基督教，而是适用于一切宣扬另一个世界的宗教。尼采由此推倒了包括叔本华依赖的"他者的赦免""天惠之功"等一切外在的东西，从而断绝了人企图逃离自己和世界的所有道路。在尼采看来，叔本华因为意志的无目的、盲目和自我矛盾冲突而否定意志，正说明他并未能真正放弃传统哲学对另一个所谓更好世界的

---

① 尼采：《查拉图斯特拉如是说》，孙周兴译，商务印书馆2010年版，第188页。

追求。这是一种怯懦。在叔本华之后，我们所面对的情况是：既然世界是由盲目的意志所支配，而并非由理性和信仰所推动，那么我们为什么就不能彻底放弃理性和信仰的要求，而转变到接受和肯定意志本身的立场上来呢？这样一来，我们也就不必再为意志的无目的、盲目和自我矛盾冲突而感到绝望和悲哀了，反而能够从中得到一种前所未有的解放和快乐。"在每一瞬间获得神的拯救的世界，乃是最苦难、最矛盾、最富于冲突的生灵之永恒变化着的、常新的幻觉，这样的生灵唯有在外观中才能拯救自己……"① 在尼采看来，不管现象如何变化，事物基础之中的生命仍是坚不可摧和充满欢乐的。与叔本华的否定生命意志相反，尼采要做的是肯定生命意志，为生命辩护。"忠实于大地吧，不要相信那些对你们阔谈超尘世的希望的人！无论他们知不知道，他们都是放毒者。"② 作为一种永无止境的追求，意志总是处于一种对自己不满足和追求超越的状态，这种总是处于不断自我增长之中的意志，不是求生存的意志，而是求权力的意志即权力意志。与叔本华的意志是一不同，尼采的权力意志是多，是多种力量的冲突。尼采用大海中无数涌动的波浪来形容权力意志，认为包括人自己和世界在内的一切都是权力意志，权力意志永远处于生成变化的轮回之中。既然世界并无存在于自己之外的理由和根据，而只是作为权力意志而存在，那么生活于世界之中的人就唯有作为这样的意志才能使自己获得救赎。"一切感受都因我而备受痛苦，且被囚禁起来：而我的意愿之于我，却始终作为我的解放者和慰藉者。"③

其次，尼采提出超人作为人的新的目标以拯救人类面对的虚无主义危机。如果说人有一个消极的目标胜过没有任何目标，那么有一个积极的目标也将胜过只有一个消极的目标。人不能把否定意志当作自己的目标，而要去确立一个具有肯定性质的目标。如果人的确在自己之外找不到一个目标，那么，人就应当由自己把这个目标创造出来。"上帝死了"标志着原来一切在人之外的目标（偶像）的消失，同时也意味着人的全新的目标的诞生。"是人类为自己确定目标的时候了。是人类栽培他最高希望的时候了。"④ 人为自己确定的目标就是超人。人只是通向超人的桥梁。"所有诸神都死了，现在我们要使超人活起来。"⑤ 作为权力意志的体现，超人具有自主性、独特性、创造性和轮回性。超人与以前的信徒相反，超人不依赖上帝和他人，是自立自足的。超人是不同

---

① 尼采：《悲剧的诞生》，周国平译，译林出版社 2011 年版，第 150 页。
② 尼采：《查拉图斯特拉如是说》，孙周兴译，商务印书馆 2010 年版，第 10 页。
③ 尼采：《查拉图斯特拉如是说》，孙周兴译，商务印书馆 2010 年版，第 133 页。
④ 尼采：《查拉图斯特拉如是说》，孙周兴译，商务印书馆 2010 年版，第 17 页。
⑤ 尼采：《查拉图斯特拉如是说》，孙周兴译，商务印书馆 2010 年版，第 121 页。

于末人的独一无二的人。"我们要成为我们自己——新颖、独特、无可比拟、自我立法、创造自我的人!"① 这里尼采把"新颖、独特、无可比拟"放在了人的价值的首要地位。尼采的查拉图斯特拉是一个宣告超人的先知,他说他要寻求的不是信徒,而是同伴,他忠告追随他的门徒:"你们尚未寻找自己:你们就找到了我。所有信徒都是这样做的;因此一切信徒都是如此无关紧要。现在我要叫你们丢掉我,去寻找你们自己;唯当你们把我全部否弃时,我才意愿回到你们身边。"② 这将尼采与传统宗教的创立者清楚地区分开来:他不是要用一种新的宗教取代旧的宗教,而是彻底否定一切宗教,成为"无神的查拉图斯特拉",他对人的要求只是"成为你自己"。因此,尼采是人的独特性、差异性和多样性的倡导者,这使尼采与历史上宣扬对神的信仰的苏格拉底和耶稣形成对照。

"上帝死了"意味着在世界之外并不存在一个作为世界的理由和根据的永恒真理,世界只是处在不断生成变化中的权力意志,因而人就不应把认识,而应把永不停息的创造当作自己的使命、价值和安慰。"而你们所谓的世界应当首先由你们自己所创造:你们的形象,你们的意志,你们的爱,应当由它自身变成!"③ 在尼采看来,创造是对于痛苦的解脱和生命的缓解。不同于致力于认识客观真理的柏拉图主义者和信奉上帝的基督徒,超人要创造的是未有之物,并且这种创造永远不会满足。"我是一个必须永远克服自身的东西。诚然,你们把这叫作创生的意志,或者力求目的的冲动,力求达到高者、远者和多样者的冲动……我必须成为斗争,成为生成和目的,成为目的之对立面……无论我创造了什么,无论我怎样爱它——我必须很快成为它的对手,以及我的爱的对手:我的意志意愿这样。"④ 不断地为自己确定目的并且在目的达到之后确立新的目的,这意味着超人总是处于一种欲望的轮回之中,超人必须做永恒轮回的肯定者。坐在查拉图斯特拉身上的精灵讥讽他说,"你确实把石头抛得很远,——但它将回落到你自己身上!"⑤ 对此查拉图斯特拉诉诸直面轮回的勇气:"这就是生命吗?好吧!那就再来一次!"⑥ 这就是说,你要过一种生活,使你愿意它再来一次乃至再来无数次,这样你的每一个瞬间就都变成了永恒。查拉图斯特拉的动物称颂他是"永恒轮回的教师"。尼采称永恒轮回思想

---

① 尼采:《快乐的科学》,黄明嘉译,华东师范大学出版社2007年版,第310页。
② 尼采:《查拉图斯特拉如是说》,孙周兴译,商务印书馆2010年版,第121页。
③ 尼采:《查拉图斯特拉如是说》,孙周兴译,商务印书馆2010年版,第131页。
④ 尼采:《查拉图斯特拉如是说》,孙周兴译,商务印书馆2010年版,第181页。
⑤ 尼采:《查拉图斯特拉如是说》,孙周兴译,商务印书馆2010年版,第246页。
⑥ 尼采:《查拉图斯特拉如是说》,孙周兴译,商务印书馆2010年版,第247页。

是"人类所能达到的最高肯定公式",他要用永恒轮回来对抗形而上学和宗教。对于人类来说,永恒轮回体现了一种新的救赎观:"把过去者救赎出来,并且把一切'它曾是'改造为一种'我曾如是意愿它!'——这在我看来才叫救赎!"① 这种救赎将人从负罪、怨恨和惩罚中解救出来,肯定了人的生成的无辜,实现了人与时间的和解。查拉图斯特拉把人叫作"偶然性的救赎者",他要用全部心力把残片、谜团和可怕的偶然性编织起来,集为一体。这是因为在世界失去了曾作为其理由和根据的上帝之后,人就面临着被盲目的偶然性所支配,沦为残片的危险,人需要并且只能凭借自己完成对偶然性的救赎。

超人是大地的意义,反映了尼采在"上帝死了"之后试图重新赋予人以意义的努力。他希望通过提出超人作为人类的新的目标,将人从对上帝的信仰以及因为这一信仰失落而陷入的虚无主义的堕落状态中拯救出来。尼采由此真正完成了从宗教的救赎到哲学的救赎的转变,开启了人的自我救赎的新时代。

三、两种救赎思想的比较

叔本华和尼采的救赎思想既前后相继又不断发展,反映了人类在失去传统的宗教信仰进入现代之后,对新的救赎的渴求和探索。他们的救赎思想既有着从宗教的救赎转向哲学的救赎的共性,同时又有着各自不同的特点。对它们进行比较研究有助于了解救赎的现代演变,思考救赎思想的当代意义。

西方传统的宗教的救赎包括柏拉图主义的救赎和基督教的救赎,这两者虽有分别偏重理性与信仰的差异,但在本质上都是以神为中心的,都把摆脱这个变化中的现实世界,上升到一个更高的不变的永恒世界当作人类追求的终极目的。叔本华和尼采都批判了这种意义上的宗教的救赎,开启了从宗教的救赎到哲学的救赎的转变,也就是从两个世界(变化与不变)到一个世界(变化),从神的救赎到人的自我救赎的转变。叔本华提出物自身就是意志,把从柏拉图直到康德的现象世界和理念(物自身)世界改造成同一个作为意志和表象的世界,把原来神对人的救赎改造成意志的自我认识,这就等于彻底取消了作为世界的创造者的上帝。当然,肯定意志的自我认识可以取消意志表明叔本华身上还残留着宗教的救赎的影子。把否定意志(虚无主义)当作目的,虽然与传统宗教的永恒目的大相径庭,但在否定生成世界上却是完全一致的。因而叔本华的救赎与传统的宗教救赎仍有着相似的结构和目的。相比之下,尼采一方面用"上帝死了"宣布了所有的神的终结,另一方面又用权力意志和永恒轮回肯定了生成变化着的世界的唯一性,"超人"是权力意志和永恒轮回的体现

---

① 尼采:《查拉图斯特拉如是说》,孙周兴译,商务印书馆2010年版,第222页。

者,"超人是大地的意义"肯定了权力意志和永恒轮回的世界即生成世界,这是尼采对人类的一种新的救赎。他彻底地抛弃了传统的宗教的救赎,转向哲学的救赎即人的自我救赎。因此,从叔本华到尼采,可以看到从宗教的救赎到哲学的救赎的开始和不断加深,人类越来越放弃传统的神,接受一个世俗化的世界,不过人类对救赎的需要并没有因此而丧失,而只是改变了表现形式。

随着从原来的两个世界到现在一个世界的转向,人在救赎中的地位发生了彻底的改变。在宗教的救赎中,人与神有着本质的区别,神是人的创造者,掌握着人的命运,人从根本上来说是被动的,人能否得救取决于神。而在哲学的救赎中,由于神已被取消,人及其生活的世界成为唯一的世界,人变成主动者,人能否得救就完全取决于自己。在叔本华和尼采的救赎思想中,人能否得救的关键分别是人能否进行自我认识和自我创造。只有当人能够做到时,他才能得救,否则就不能。在此人是自己的命运的主宰者。所谓得救也不再是升入神所代表的永恒世界,而是获得了自己的独特性。而不得救也不再是坠入被神所抛弃的地狱,而是丧失了自我。得救也不再是一次性的,而是一场只要人在世时就需要不断进行的斗争,一种持续的自我超越和自我更新。从自我认识到自我创造,自我在救赎中的地位变得越来越重要,救赎成为自我对自我的救赎。由此救赎完全成为内在性的,失去了外在的标准。

随着救赎性质的改变,人与世界的关系也发生改变:在基督教的救赎中,上帝分别创造了世界和人,人被赋予管理世界的使命,因而人是高于世界的。而在柏拉图主义的救赎中,人被认为是唯一具有理性的动物,不同于其他动物,只有人才能认识高于现实的理念世界进而获得灵魂的救赎。这两种救赎观都确立了人在世界上的独特而崇高的地位,代表了传统宗教对人与世界的关系的认识。相反,在现代由叔本华和尼采等人开启的哲学的救赎中,不再有神作为人和世界的创造者,也不再有理性作为人的独特性的保证者,因而人不再是一个高于世界,与其他动物有本质区别的动物种类。人的这种地位的变化一方面将人从高处拉了下来,降到与其他动物本质相同的水平,另一方面也打破了人与世界的隔绝,建立起人与世界的一种新的相互依存的共生关系。叔本华的意志来自人对自己身体活动的感觉和体验,因而用意志解释世界就是用生命来理解世界,把世界看成生命,人与世界上的所有东西都是生命意志的体现。"经历有其自己的现实,过去几乎没有一个人像叔本华那样么重视这种现实。他相信'被感觉到的意义的独立性',通过这种独立性,表象就获得了要求'我们全部本质都加以关注的地位'。这样叔本华就完成了在对世界的思考中向生命哲学的转向。这一转向打开了一个自己的逻辑空间:同纯概念的意义不同的'生命意义'。"① "意志是一"中蕴含着"万物一体"的思想。既然人与万物都是意志的客体化，那么人也就并非独立于万物之外，而是就处于万物之中。作为意志的最高级别的客体化，人身上最集中地体现了意志的自我矛盾和冲突，人是最痛苦的动物。同时，人是具有认识能力的，人的自我认识体现了意志的自我认识，意志正是通过人实现了自我认识，从而获得救赎。这就是叔本华所谓的看穿个体化原理，也就是当人看到个体的痛苦其实是意志本身的痛苦，认识到所有人乃至所有生灵的痛苦都是同一个痛苦，他就摆脱了个体的局限而得到了解脱。叔本华反对康德将理性作为道德的标准，在人与动物之间划出一条鸿沟，认为同情才是一切道德的基础，从而将人与动物连接起来。由此叔本华成为西方现代最早的动物保护的提倡者之一。作为最能感受和认识意志的痛苦者，人有责任和义务减少世界上的痛苦，"不损害任何人"，"尽你力之所能帮助一切人"。圣人不仅要追求自我的解脱，也要帮助他人乃至一切生灵获得解脱。尼采用权力意志和永恒轮回将人与世界统一起来：人和世界都是权力意志，处于永恒轮回之中。由此人和世界就都自然化了。这是人与自然的关系在经历柏拉图主义的理性和基督教的信仰的长期隔离之后的恢复和重建。"超人是大地的意义"就是其集中体现：一方面，大地只有在超人身上才能找到其意义；另一方面，大地始终是超人的家园，超人始终忠实于大地，而并不企图超越大地。大地诞生了超人，超人美化了大地。超人不仅进行自我创造，同时也鼓励他人进行自我创造，超人是像太阳一样的"道德的赠予者"。超人与大地的这种同处共生的关系在超人的预言者查拉图斯特拉身上体现出来：查拉图斯特拉称鹰和蛇是他的朋友，是超人和永恒轮回的象征。鹰在他生病时为他弄来各种水果，其他动物则昼夜陪护着他。因此动物在他恢复健康即得到救赎的过程中发挥了不可或缺的积极作用。查拉图斯特拉只是启发者，而非偶像。他反对同情，把痛苦看作对生命的激励，每个人作为权力意志的体现者都必须致力于自我救赎。

叔本华和尼采的救赎思想都表现出从以神为中心的救赎到以人为中心的自我救赎的转变。这一具有颠覆性的转变是否意味着人的自我救赎已经成功地取代了神的救赎？换句话说，人的自我救赎何以成为可能？回答这一问题需要考察从宗教的救赎转变到哲学的救赎的一个关键步骤，即叔本华所谓物自身就是意志。正是叔本华迈出的这一步引发了人类救赎观的根本转变。然而他在这样做时其实是十分犹豫的，他反复阐明和强调物自身是意志并非一个真理性认识，而只是我们对物自身的一个猜测、一种近似的看法。对于我们，物自身就其本身来说仍是

---

① 弗迪南·费尔曼：《生命哲学》，李健鸣译，华夏出版社2000年版，第28页。

不可知的，意志本身是什么也不可知。这反映出叔本华与康德哲学之间有着继承关系，他对基督教和柏拉图主义所代表的传统的宗教救赎保持着某种肯定和敬畏。不过，这一步已经跨出，后人就会只顾向前而不再回顾它了。尼采不再考虑传统的宗教救赎的价值，而用人的自我救赎取而代之。这也使得尼采的救赎从一开始就蕴含着难解的问题：如果物自身是意志本身并不能完全确立，那么用权力意志解释世界，把超人视为人的唯一目标就是难以成立的。当查拉图斯特拉被精灵讥讽他将被自己的投石击毙时，他意识到了人的自我创造的困境：如果没有来自物自身的某种保证，人的所有创造最终都会落空。单靠人的自我创造不仅不能真正克服虚无主义，反而会陷入更深的虚无主义的泥潭。

  传统的宗教救赎通过对神的信仰赋予人生以意义，这种意义必然随着人的理性的现代发展而失落，由此人不得不开始直面自己存在的意义问题。叔本华的救赎正是在此背景下提出来的，他企图用意志的自我认识实现人的自我救赎，这种自我救赎具有消极性，它在重新赋予人生以意义的同时付出了否定生命意志的代价。与叔本华不同，尼采尝试用超人是大地的意义实现人的一种积极的自我救赎，这种自我救赎最终将人引向超人的迷途。这说明叔本华和尼采用以取代神的救赎的人的自我救赎实际上都有各自的问题，新的救赎应该在肯定人的生成性和丰富性的同时承认人的有限性，努力发挥人的潜力，推动人的全面发展，重建人与自己、人与人、人与自然的关系。在叔本华和尼采之后，现象学和存在主义既反对传统宗教对所谓真正世界的寻求，也反对把人定义为意志，主张在正视人的现世存在的基础上，不断重新探索人实现自我救赎的可能性。胡塞尔用现象学克服"欧洲科学的危机"，重塑人类精神，建立生活的普遍意义。海德格尔思考"存在的意义"，在真理的遮蔽与去蔽中探求"存在的澄明"。萨特提出"存在先于本质"，人的自由选择造就了他自己。实用主义对救赎持一种改善主义的看法，认为对于人来说，救赎既不是必然的，也不是不可能的，而只是一种可能性，救赎能否实现有赖于人类自身的努力和其他各种相关因素的配合，这种配合做得越好，实现救赎的可能性也就越高。现代哲学在批判柏拉图的同时继承并发展了亚里士多德的传统，肯定了世界中变幻不定的东西对于人类生活的意义："对于亚里士多德来说，最好的人类生活是这样一种生活：它充满着对自我之外的人和事——友谊、亲情、政治纽带、与财产和财富的某种类型的联系——的依恋。因此，最好的人类生活是一种在爱、忧伤、恐惧乃至愤怒的情感可能性方面都很丰富的生活。"[①] 罗蒂认为尼

[①] 玛莎·努斯鲍姆：《欲望的治疗——希腊化时期的伦理理论与实践》，徐向东、陈玮译，北京大学出版社2018年版，第40页。

采作为第一位公然呼吁丢弃"认识真理"这种想法的人,彻底改变了人类的救赎观念①:救赎不再是与一个比自己更伟大、更永久的东西接触,而是——用尼采自己的话说——"把一切'它曾是'改造为一种'我曾如是意愿它'"。尼采的视角主义认为人作为一个濒死的动物,其所寻求的慰藉不在于他能够超越动物性,而在于他能以独特的语言描述自己、创造自己。罗蒂同时指出,尼采式的纯粹只有行动而没有回应的人生是不可能的,人的自我描述和自我创造都只能发生在特定的社会历史之中,没有人的生命是圆满自主的,"人生乃是这种永远无法完成、却又时而英雄式地不断重织的网"②。个人通过接触不同的人,尤其是不同文化背景下的人,可以不断开拓自己的视野,重新描述自己,避免对他人的残酷,让自己的生活同时也让世界变得更丰富,更有意义。我们不应该像尼采那样单纯强调超人与末人的等级差别,而要把创造性意识赋予每一个人,认为每个人的生命都具有重新描述自己的潜力和意愿。由此看来,叔本华和尼采的救赎思想虽有其缺陷,却是我们思考自我救赎的一个不可回避的起点。对于现代人来说,自我救赎仍是一个还没有找到答案的需要继续探索的问题。

---

① 理查德·罗蒂:《偶然、反讽与团结》,徐文瑞译,商务印书馆2003年版,第45页。
② 理查德·罗蒂:《偶然、反讽与团结》,徐文瑞译,商务印书馆2003年版,第63页。

哲学的内在精神*

——2003 年世界哲学日演讲

翟振明

估计有些听众下午已经参加了我们的讨论——讨论很热闹——可以说我们现在是继续讨论。对那些下午没来的，可以说我们现在开始讨论。刚才，就是在我来之前——我是七点钟到的——我看过我的 email，是联合国教科文组织负责这个项目的人发过来的。发来的 email 说什么呢？是他在巴黎的致辞，庆祝哲学日开幕式的致辞。他说了一下去年的情况，去年有 51 个国家参加，那是第一次庆祝哲学日。哲学日定在每年 11 月份的第三个星期四，去年估计中国基本上没有什么庆祝活动。今年呢？大概北大也在庆祝这个节日，其他地方我还没有听说。刚才联合国教科文组织给我的 email 说了，今天有 130 多个来自不同国家的哲学家被请到巴黎联合国教科文组织总部，和当地的群众、当地的一些对哲学有一点感觉的人、一些门外汉或是一知半解的人进行交流讨论。这些哲学家来自 36 个国家，可以说这是一个非常隆重的联合国教科文组织定的节日。你看看，大概没有其他哪一个学科在联合国教科文组织有节日的，哲学可能是唯一的一个。这是刚刚才开始的，去年是第一次，今年是第二次。所以往后每年我们都要庆祝这个哲学的节日。这次我们主要是在校内活动，但是联合国教科文组织的宗旨还不是这个，是要我们面向社会的。这个活动的中坚力量是谁？靠什么人来带动呢？是我们搞哲学的人。今天在场的，虽然也有很多是哲学界之外的人，但是我们还没有达到最主要的目的，那就是到校园外去讲哲学。他们在巴黎有什么活动呢？在咖啡馆、书店、图书馆这些公共场合，还有其他一些地方，有卖哲学书的书市，还有在这之前就发布过公告的论文竞赛，让人写论文，评出来好的，就在哲学日的时候宣读，等等。另外，也有音乐会。这真正是一个很有意义的节日。特别是我们中国，在联合国享有重要的地位，我们想想看，如果我们都不参加、不庆祝这个节日的话，大概不太相称吧。刚好我们和联合国教科文组织有直接的联系，和他们直接联系上的，大概只有我们这里。他们寄来一卷海报，是他

---

* 本文根据 2003 年 11 月 20 日为庆祝世界哲学日所做的演讲的录音整理修订而成。

们印好的,有中文简体和英文两种。主体是一幅抽象画,文字就写"联合国教科文组织哲学日",英文也是这个意思。

一、哲学日的理念背景:自由、自律、尊严、权威、普遍性

这里先讲讲哲学日的一些背景,弄清它到底是什么东西。他们这个 email 给我寄来一些原来是小册子上的内容,基本上是关于哲学与人类尊严的关系问题的。文中说,无论我们身处何种环境,不管遇到什么艰难困苦,即使是在失去所有人身自由的处境中,如果我们保持了这种哲学思考的能力或者这种活动状态,我们的尊严就保持了一大部分。这是联合国哲学日的负责人说的,这也是我们这次庆祝活动要领略到的第一宗旨。

他还提到:第一,哲学追求思想自由;第二,哲学是自由心智的运演。这是两个不完全相同的东西:思想自由是思想内容本身的无限制,而自由心智的运演是自由自在地进行思考。还有,哲学是唯一把思想本身作为自己的主宰的一种探讨,它不承认任何思想之外的权威。这是哲学最根本的基点。所以,不能问哲学有没有用,因为"用"是思想之外的东西,也不能问它的社会效用如何,这也是思想之外的东西。哲学思考是思想本身的内在要求,不是对其他外在要求的回应,坚持这种要求,是人类尊严的最基本的要素。至少在那位哲学日的发动者看来,哲学思考是体现这样一种精神的。自由不是胡思乱想,所以我还要特别强调哲学精神当中的普遍主义,即你的自由思想是要按照严格的学理要求达到普遍的有效性。普遍主义很容易被误解为大家统一思想,其实不是这样的。普遍主义是说大家要反对专断,反对用思想之外的力量来统一大家的思想,把没有普遍性的东西强行灌输给别人。我们要用思想本身的力量来看它自己能达到什么地方,走到哪里就是哪里。我们试图达到普遍共识,达到理性的沟通,但没有达到理性共识的地方,就让它悬而不决。这就是普遍主义,没达到普遍性,决不罢休。

哲学讲的普遍性,不是一般所说的"大家统一"的意思。它同"大家"这个词没有多大的联系。比如说逻辑的普遍性,是理性本身的自明性得出的,不是说非得大家都懂逻辑,才能得出来。就是只有一个人懂,它照样是具有普遍性的。不是说大家都接受的东西,大家都相信了,它就具有学理上的普遍性。它要求理念本身具有自明性和不可置疑性。如果它达不到这种不可置疑性的话,就要继续往前走,继续探索。之所以哲学给我们的印象是它永远达不到一种结论,是因为哲学是不轻易接受结论的。哲学精神是怎样的呢?理性以为自己做出的判断有疑问,就诚实地把它当成有疑问的。其他人说它没有疑问,真正的哲学家还是不买账,他要用思想本身的固有原则加以检验才算数。所

以，总是在正方和反方听起来都同样有道理或同样没有道理的地方，哲学问题才冒出来。如果大家觉得倒过来也一样，反过来也一样，说先有鸡也一样，说先有蛋也一样，说鸡生蛋也一样，说蛋生鸡也一样，看不出对立双方谁更在理，一般人就说这无所谓了，不管它了。哲学家如果碰到这类问题，如果是重大的——鸡和蛋的问题不一定很重大——或是最基本的问题，如果发现好像这个也对，那个也可以，就不会服气，他们就在这里进行探讨。所以说，由于哲学追求绝对的确定性，让它看起来在任何时候好像都是无定论的，没有什么确定性。其实哲学的精神是一定要追究到它以为理性能过关的理由，才能够把问题放下来。不然的话，它会继续追究。人们觉得可以放弃了，认定是说不清楚的问题，哲学家却认为这么重要的问题不说清楚就把它放下了，这怎么行呀！这就是思想本身引导思想，不是其他东西引导思想。正因为如此，哲学经常是有理有据地向人们证明：我不知道，我真的不知道。走向极端，就是苏格拉底所说的："我唯一确定知道的就是我的无知。"

说到哲学和人类尊严的关系，如何理解？比方说你坐在牢里或者说你快要死了，你没有其他东西做了，不能进行其他活动了，但如果你还在思考着最基本的哲学问题的话，你是否觉得你的尊严被保持了一大部分呢？大概是的吧。所以说，人类尊严是和哲学精神紧密联系在一起的。自由自律，就是说按照自己内部的要求来行动，自由也就是这个意思。自由不是乱来，不是说爱做什么就做什么，那不是自由。康德的自由概念就是说人有一个理性的自觉的自我主宰，那是自由的。如果说人是由欲望或一时的冲动主宰，或者说你吸了毒、喝了酒之后干任何事情，没有人阻碍你，好像你挺自由的，其实那是最不自由的。被自己身上的盲目力量主宰，与你在别人逼迫下做事情是同样的不自由。只有在一个真的我控制自己时，才是自由的，这是理性要求做自己认为值得做的事，而不是让自己的一时冲动去主宰，更不能让别人牵着鼻子走。这就是康德所说的理性的绝对命令，是对行为的自我把握。这个命令不是别人发出的，康德又把它叫作心中的道德律（而非其他地方来的道德律）。假如你命令我做什么，我不听话就有什么惩罚性的后果，所以我要跟着干以避免惩罚，这样就和自由精神相违背了，也与道德的终极要求相违背。这个终极价值本身的根据在什么地方？现代的人大部分都觉得这是相对的，不同的民族、不同的文化都有自己各自的价值，而在这里，理性似乎就起不了什么作用，理性只能处理别的东西。但是哲学在开始的时候偏偏不是这样认为的，不认为道德的原则是由传统或其他偶然因素来主宰的。苏格拉底问的全部是关于价值的问题：哪个是真的价值，哪个是假的价值，哪个是有效的价值，哪个是无效的价值。他所问的就是这类问题：什么叫神圣？什么叫正义？这些都是最典型的苏格拉底的

哲学的内在精神

问题。这些问题，如果没有经过考究，没有经过审思的话，在苏格拉底看来，我们就白活一辈子了。因为这些问题决定了你一辈子要干什么、不干什么。价值是决定你一辈子要干什么的基点，决定你的人生取向。在你面前有无限种可能性，你只选择其中的一种。一个人的生活道路是唯一的，但是可能性不止一个，你要挑一个。根据什么呢？根据你的价值判断。这价值判断，如果你就随随便便，碰到什么就是什么，就这样去做抉择的话，一辈子你就被出卖了。所以他说没有考究过的生活，在价值层面没有进行过思考的生活就是无意义的生活，过无意义的生活就是对生活毫不负责任。

如果由于你偶然出生在某种家庭或者有某种宗教背景，或者在某个社会阶层里，你偶然得到一种观念，或者你父母告诉你一个东西，或者在你周围的社会环境里偶然听到某个说法，你就盲目地加以采信，接着在你的整个生活当中就以这种东西为支点过下去，这样的话，在苏格拉底看来，你过的生活是没有价值的，也就是说，你从一开始就失去了尊严。这就好像在垃圾堆里捡到一个雕像，人家扔掉的一个破东西，你却把它当神来崇拜，一辈子就跟着它。说这个雕像就是我的偶像，其实这是别人家丢掉的一个玩具。如果你真正要找到自己的价值基础的话，就一定要想通这到底是什么，为什么要坚守它。很多现代人觉得这是做不到的，理性做不到这个，就说我的价值是中国人的价值，苏格拉底是西方人，有的是西方的价值。东方价值、西方价值、儒家价值、基督教价值，这种种分法，在道德哲学家看来是不能苟同的。因为这是传统，而传统是思想之外的东西，所以我不能够以它为价值的根据。如果这价值找不到理性的根据，而只是因为大家都这么信，传统就是这样，从来都是这样子，你就也照样认可了。哲学家却认为，正是因为从来都是这个样子但又看不到其理性根据，我才要挑战。不然，作为观念源头的哲学就不存在了。

当然，这种以思想本身的力量来挑战传统和权威的哲学行为，是与用思想之外的力量来进行"文化革命""思想改造"的政治行为截然不同的。哲学如果要影响大众的话，必然要经过受方自己的理解，通过讲理的方式，让人自觉自愿地接受新的观念。这里的前提是，必须把听众当成自由自主的有理性的人，由他们自己做出判断。因此，这种对传统和权威的挑战，不但与社会工程式的"文化革命"或"思想改造"不同，而且是与其两极对立的制衡力量。强权的对立面是讲理，而哲学就是最彻底的讲理。

其实，哲学并不一定要时时计较被多少人接受。张华夏老师今天下午提出了一个命题，接着有学生问："你这个说法能不能得到社会的承认呢？"张老师没有回答得多复杂，他就一句话：哲学追求的是真理，人家承不承认和我没关系。他回答得很好，因为这里追求的是普遍性，而真理的普遍性，与大家接不接受没有必然的联系。虽然"真理"这个词现在看来过于强烈了些，但是普遍性并不是随便能丢弃的。我们讲数学的普遍性，比如说数学命题的普遍性，这是明摆着的，它是普遍有效的。但数学不能说是哪个数学家的数学，不能说这是华罗庚的数学，那是纳什的数学，等等。数学就是数学，和具体的人是没有多大关联的。普遍性是针对普遍有效而言的，只有一个人懂的数学定理，只要没搞错，就具有最大的普遍性。价值本身也存在这样的问题。有人说那个启蒙理性不是失败了吗？那么长的时间一直找不着理性的根据，所以就说没有这个根据了。这个思路很牵强，找不着就说没有，哪有这么傲慢的。找东西找了一会儿没找着，就宣布它不存在，这不能说是哲学。哲学是那么难、那么根本的东西，即使是一般的东西也不能这么说。你的钱包掉了，找了一会儿没找着，能说我本来就没有钱包吗？不能这么说吧，是不是？后现代哲学中的某些人认为理性根本就不能达到什么目的，他们的证据是近来没看到什么成功的例子。但是，当他们宣布哲学的终结的时候，我们为什么不认为哲学才刚刚开始呢？一两千年在人类的历史中并不算什么，哲学的道路是极其漫长的，因为它是最终极的追求，它怎么能就此完成了呢？完成了才怪，没完成才是正常的。这些就是哲学的内在要求，当然，有些人不同意这种见解，他可以出来挑战。通过这样的不断挑战，一来一回，哲学就这样向前发展了。除了自由、尊严、理性之外，这样理解的普遍主义也是哲学日的另一个主题。

也许有人会说自由和普遍主义是相冲突的，讲普遍主义就不能说自由，讲自由就不能提倡普遍主义。其实，这是概念混乱导致的误解。康德早就向我们表明，自由就是自主，是理性本身给自己立法。这个立法不是随心所欲的，而是理性直观到的先验必然性。这也可以帮助我们理解倪梁康教授研究很多年的胡塞尔现象学的"面对实事本身"，这就是理性把它自己带到实事本身面前。这个理性可以是直觉的理性，不一定是推理的理性，不一定是演绎的理性，这就是传统上理性主义哲学最关键的一点。大家现在一般把理性理解为工具理性，说是科学主义代表了理性主义，这是一种误解。真正的理性主义者要坚持的是理性直观，然后直达到原则本身的先验的自明性，这才是理性主义的特点。所以说在这点上，科学主义的那一套不是代表理性主义的，它基本上是代表经验主义的传统。所以从哲学意义上讲，科学主义不是理性主义。现在人们似乎忘记了理性对价值问题可以言说，可以判别，可以有板有眼地讨论其根据，而不只是感叹"道德没有了宗教怎么办""上帝死了怎么办"之类的问题。

后现代主义哲学好像都是有关解构的，在这里，好像没有什么一种具体的标准，也没有什么主客之分，这怎么办呢？好像它能把哲学一扫而空，其实这只是浮在面上的热闹哲学。就像逻辑实证主义在四五十年前是热门的话题，现在留下了一些它有道理的东西，就慢慢消退了。现在那些什么"理性的终结""哲学的终结"等说法，不知是否会有这么长的热门时间，也不知是否能留下什么有价值的东西。中国学界的很多人在研究外国的思想时只追着那种最看得见的、最热的、最响的，以为那样就走在前沿了。其实，如果你到西方哲学系去教书或去攻读博士，你就会知道，这些热门话题在主流哲学界那里只是一点点浪花，而不是主流。我在美国教了七年书，没人教我很多后现代主义，也没有人让我教他们这些东西。其他的一些教授也没有几个是教这个的，他们觉得这些东西有很大的颠覆性和文化批判功能，但其正面的建树似乎很薄弱，基本上是上不了教科书的，因而教给学生这些东西是不负责任的。这些不出名的教授，坚守他们认为有价值的东西，而那些热门的、外面的人可以看得到的教授就引领时髦。因为那是热门的东西，所以他们就容易被外面的人所知道，也就是说，容易出名。

联合国教科文组织虽然是一个政治性的国际组织，但它并不热衷宣扬这种比较热门的东西，它在这个哲学日所宣扬的是哲学传统中最实在的、最核心的基本精神。后现代主义是法国人首先搞出来的，负责这个项目的人也是法国人，但他并不因为现在法国国内表面上都在说"后现代"，他也跟着在这里宣扬"后现代"。以上所说的，都是他给我寄来的邮件中所讲的，主要是讲他的宗旨。他的精神指导是什么？哲学思维是制衡什么东西的呢？它所谴责的或说它的对立面是什么呢？那就是以各种形式出现的非思想的权威。只要是非思想的强制力量，它就要抵制，包括传统、礼俗、习惯、自然、意识形态等。这些以非思想的形式出现的东西就是它要制衡的东西。哲学的精神在这里就体现了尊严，因为在我们看来会独立思想的存在才是最有人性的，或者简单地说，只有人才会有思想。所以，哲学以思想的力量去追求普遍的原则，"将讲理进行到底"，就是与作为自由对立面的强制性力量抗争。在此基础上去设计自己的人生，实现自我超越，就是真正的自由了，就有了尊严的大部分了。

二、哲学精神与大学精神

这里还有一个哲学精神和大学精神的关系的问题。现在大学里哲学系是最不热门的，大部分来哲学系的学生都是调配过来的，自己志愿报哲学的人不多。但是，在大学里面，和大学精神最吻合的恰恰是哲学。这里有哈佛大学的校长和耶鲁大学校长所说的话，他们本身是要讲大学精神的，但强调的却似乎是哲学精神在大学里的重要地位。哈佛大学的校长康南特是这样说的："学生们一代接一代，如同海水一浪接一浪冲击着陆地，有时静静地，有时则是带着暴风雨的怒吼。不论我们认为历史是单调的还是狂暴的，有两件事总是新的，就是青春和对知识的追求。"耶鲁大学的校长小贝诺·施密德特是这么说的（这是他在1987年迎新典礼上的讲话）："我先谈谈知识的态度问题，知识像我们周围的宇宙以及我们内心的世界一样，多层次多棱面，而且绚丽缤纷。我们有千万条理由尊重知识，但我们用人文学科去教育人们渴求知识的感人价值在于我们坚信知识是工具，是力量，而最重要的是它本身就是价值。我们渴求知识，坚持青年必须用文明人的好奇心去接受知识，根本无须回答它是否对公共事业有用，是否切合实际，是否具备社会价值等问题。如果仅仅以"有用"来解释我们对知识的忠诚，就无异于认为人性已经泯灭了。"这是耶鲁大学的校长说的大学精神，但听起来好像是讲哲学的内在精神。刚才我们所说的关于人的尊严问题和这里所说的"人性的泯灭"，是多么合拍啊。从这些讲话当中就可以看出哲学精神是与大学精神最吻合的。

也许他们讲得有些过分，在我们国家很多人不太接受这种不讲社会价值的纯粹学理的追求。如果工程技术学科确实还是要问其是否有用的话，哲学、历史等人文学科的价值却明显不是以"有用"为准绳的。我在因特网上搜了一下，美国有个网站，是专门回答网友的哲学问题的。在这里回答问题的不是某些教授，而是一些学生之类的人。即使是这些初出茅庐者，对这些问题都有比较清晰的理解。有人问："哲学有没有用，如果没用的话，那么你搞哲学不是浪费时间吗？"好！回答是这样的：这个问题问得非常好，去做所有那些不浪费时间的事，去做有用的事，它的目的是什么？是为了让你最后有更多的时间不去考虑有用与没用，去享受生活本身的内容，而生活本身的内容是没有进一步的用处的。这就是做有用的事情的目的，"有用的"是相对其他目的而言的，单单作为工具，任何东西都不会对自己"有用的"！所以做各种"有用的"事情，目的是什么呢？就是为了让人有更多的时间去做"无用的"事情：去爱，去审美，去理解宇宙的奥秘，去哲学玄思，去获得幸福。在解决了人的基本生存需要之外，剩下的目的就只有这个。在美国这样的发达国家，生存问题基本解决了，那人研究与生存相关的学科是为了什么？为了有时间去追求"无用"。这样的回答是非常妙的，这是一个普通的学生的回答。所以可以看出，"无用的"东西是目的，"有用的"东西是手段。但是我们在目的里面还在问有用没用，这不是本末倒置吗？

所以，哲学本身是具有自足价值的，关乎人类的终极价值、终极目的、终极追求。其他的一些涉及终极价值或终极目的的东西也是这样。你问幸福有没有用。我们要得到幸福，不是为了用幸福来做"有用的"工具。我们追求有用的东西，至少部分地是为了得到幸福。目的是得到幸福却还在问幸福有没有用，这不有点思维混乱吗？爱情有用吗？爱情是拿来用的吗？你问爱情有没有用,这不是亵渎爱情吗?这都是生活本身的内容,其他东西是为了这些目的来提供服务的。这是我从网上看到的一个非常不起眼的话引申而来的。以前我也说过类似的话,但是我用别人的嘴说出的话好像更有说服力。我和我的学生也说过类似的话,开课的第一天我就是这么说的。所以不是什么东西都能够问它有用没用。如果你坚信哲学有它的内在价值的话,哲学和人类的基本尊严是合在一起的话,就不能老来问哲学的用处到底是什么。这是哲学内在精神的另一个方面,和有用的东西的关系就在这里。这与前面说的哲学的内在精神关乎人的自由精神是密不可分的。这本身也是联合国教科文组织办哲学日的宗旨之一。

前面说了哲学精神与大学精神最吻合,这里重提一下。上次我写了一篇文章——《大学改革的八大戒律》。文中说了大学改革一定不能够把像哲学这些刚刚摸到些眉目的基本的人文学科给改歪了。如果把这些给改掉的话,那么改革就一定是被改坏了,而不是改好了。包括对知识本身的追求的精神也不能够改。至少有一部分东西我们不能够质问它有没有用。这些是和哲学的内在精神密切联系的。哈佛的校训是什么,你们知道吗?美国是个实用的国家,经济很强大,很多人都以为那是个尊奉强权的国家。但其最著名的大学的校训却是"以柏拉图为友,以亚里士多德为友,更以真理为友",短短的一句话里面却包含两个哲学家的名字。这里也许可以从另一个侧面表现出,大学精神和哲学精神是紧密结合在一起的,这些著名的大学在阐明大学的精神时都把哲学点亮的精神火炬高高举起。

三、最能概括哲学内在精神的几个警句

这是一个公众性的演讲,所以我不打算以学术论文的方式来论证哲学问题。今天这个讲座不是以理论论证的方式,而是通过对一个个哲学名言的点评,来阐发其中体现的哲学的内在精神,也就是把各个名言警句的亮点向大家做个介绍。当然,正式讲课是不能这样的,我在学术讨论会上也是另外一种讲法。在这里我们采取的是一种庆祝节日的做法,讲的是精神的亮点。我在这里举出几条最能概括哲学精神的警句,然后以松散的方式逐一阐述其大致的内涵。前边已经讲过苏格拉底的"未经考究过的生活是不值得的"这个至理名言,现在转至笛卡尔的名言。

笛卡尔的名言是"我思故我在"。很多人把它理解为只有我思才能够在社会上竞争,争得一己的生存,如果你不思,你就失去了竞争力,就可能没有办法生存。这样的理解与"我思故我在"是没有多大联系的。笛卡尔问的是"什么东西具有确定性",答案是思想本身是第一个能确定的人的本质属性。

经过一系列的怀疑沉思，最终无可置疑的东西是什么呢？是"我在思考"，而我在思考说明我存在。其他东西在不在呢？不知道，要慢慢才知道。所以这个"思"确立了自己的在。有的人说"我吃饭故我在"或者是"我喝水故我在"，不然的话就都要死的嘛，医生也是这样说的嘛。干嘛就不这样说，偏偏说"我思故我在"呢？"我吃故我在"是自然的力量在起作用。"我思故我在"是思想的力量在肯定自己。"在"与吃喝的关系是因果律，因果律在哲学看来是研究自然的强制性，那属于实证科学的事情。而"我思故我在"是说我要想清楚哪个东西是最有确定性的，思想本身说：我在思想，这是不会错的，而"思"的发生必然要求一个作为思者的"我"存在。其他东西之存在的确定性有没有？这我还不知道呢，要慢慢来才知道。这句话里的哲学的内在精神也就体现在这里，以思想的力量主宰思想。既然思想的能力是第一个能够确定的人的本质属性，坚守它的独立自主，不就获得了人的最基本的尊严么？

还有"面对实事本身"这句话，前边已有所涉及。这是胡塞尔的名言。有一次，我们在开现象学研讨会的时候，有人问我说："事实和实事有什么两样呢？两个字对调一下又有什么要紧呢？干嘛要这样加以区分呢？"实际上，"实事"这个词是倪梁康教授的译法，是胡塞尔现象学中的特有术语；而"事实"是我们的一般口语，也是经验主义哲学传统下的一个关键词。在经验主义当中，感官观察得到的事件叫作"事实"。"事实"指的是一个事件，比如说，"下雨了""没下雨"这些都是一个具体的事实。描述事实要依赖于概念，有些概念是必不可少的，是一些康德式的必然范畴，是我们不可避免的；有些概念是临时约定的，如"计算机"概念，就是有了这种东西后，用一个较为固定的概念来指称这类东西比较方便，人们就发明了计算机这个概念。把一种东西摆放在那里，不给它命名也可以。把桌子与椅子拼凑在一起，另外给它一个命名，也可以成为一个新概念。这些概念都是为了方便临时约定的。比如，在中文里，兄、弟、姐、妹是四个各有所指的概念，而在英语里把这些放在一起，用一个概念来指称，叫 sibling，在中国就没有这样的一个对应的概念了，但也没造成很大的问题。这些东西本来就是一种约定，有非常大的任意性。要描述"事实"，需要这种东西。讲"事实"需要概念，包括范畴性的必不可少的概念和临时约定的概念。而现象学的对"实事"的把握，是试图摈弃一切概念，错误的概念不要，正确的概念也不要，剩下的就只有"实事"本身。这就是胡塞尔说的"面对实事本身"，也就是智性直观所得到的东西。不过，无论你直观到什么样的"实事"，要描述出来，要传递给他人，还是要运用概念。这就遇到一个很困难的问题了。哲学的困境就在这里，现象学的难懂也部分地源于此处。从这句名言中可以看出，哲学试图追求的是绝对的无偏见、无预设，是要把握未受任何偶然因素干扰过的本真状态。如果真能达到这种状态，普遍主义当然也就实现了。

我自己也有一句常说的话，虽不算名言，但对哲学精神的概括力也不小。那就是："将讲理进行到底。"原来是"将革命进行到底"，后来的新新人类就说"将爱情进行到底"。现在我们讲哲学的时候，我说"将讲理进行到底"，这也是哲学的内在精神。人都会讲理，有时讲理，有时不讲理，有的人讲的是半截子的理，讲到这个事情能够通过就行了，就不继续讲下去了。哲学不一样，哲学要求讲理要讲到底，没讲到底的要继续往下讲，一千年没讲完还要接着讲。一千年不算什么，讲理不是那么容易的，讲一千年算什么呢？讲到底就是这个意思。它讲的这个道理，不是说你有你的理，我有我的理，公说公的理，婆说婆的理。如果是这样的话，似乎对立双方各有各的理，哲学干脆说这两个理都不成立，要继续找理。

这样，要反驳某种哲学，只要你说出一个问题使得这种哲学说不清楚，那么你就把这个哲学给反驳掉了。被反驳了，就得重来。有这样的要求，就使得哲学是一个非常难搞的东西。所以哲学就需要一直做下去，尝试一遍又一遍，哲学家也就一个接着一个。哲学永不轻易买账，如果相反的说法似乎同样有道理，那就不对了。当然，哲学关心的是最重要的有普遍意义的问题，对于今日菜市场的物价的可能走向等无关紧要的东西，哲学家是不进行争论的。但是重要的问题，比如说"理念是什么""价值判断的有效性的根据是什么"等这类问题，哲学是需要追根究底的。

亚里士多德的《范畴篇》就是把人说话方式的最基本的结构、那些不可避免的概念、说任何一句话都要涉及的概念拿出来进行系统的分析，这一整套概念就叫作范畴。"实体"是一个最基本的范畴，为什么要讨论实体呢？因为我们每说一句话都有主语，把所有东西中我要说的那个挑出来，我才能进一步说它。世界上有这么多的东西，其背景无限地模糊，其数目无限地多。我要挑一个东西来说，把一个东西先拿出来。现在我就说哲学日这个东西，一说这三个字，我就把不是哲学日以及和它无直接关系的东西全部排除了，就是把这个东西给截取了出来。当被截取的东西被设想成一个自存的对象时，就暗含了实体概念。比如，我说"这个杯子"，我就把桌面排除掉了，把旁边的纸排除掉了，把杯子里面的水也排除掉了。就讲杯子，其他的不是我要讲的东西。这就设想有一个什么东西呢？杯子这个东西，就是实体。接着，我说杯子是圆的，是白的，等等，这些都是它的一些属性。所以说属性和实体这些范畴是我们说话必然要暗含的概念，是描述性语言的主谓结构决定了的。不要这些就没法说话，也就没法进行命题式的思维。有了"实体"这个范畴，接着就又有了

"属性"这另一个范畴。这样,实质性的哲学问题就涌现出来了:除掉属性以后,还有没有实体?我们说杯子有圆的、白的等属性。如果除掉这些属性还有杯子吗?实体到底在哪里,它存在吗?这样,形而上学的问题就应运而生。在这里,贝克莱说排除了可感属性之后就没有杯子。当然可感属性是靠我们感官而获知的,所以他就说"存在就是被感知"。这样的问题,一直潜藏在那里,只是哲学家把它给挖了出来。哲学不是我们哲学家强加给人们的东西,而是你自己本身内部深藏的东西,哲学家带领你挖出来考察。所以说哲学是回到精神的家园,在家园里本来就有这个东西,只是被掩盖了,遮蔽了。虽然我不太喜欢后现代主义,但"遮蔽"这个词还是挺好用的。有什么把它遮蔽了,我们就把它揭开,我没有把一个哲学精神硬塞给你,而是你自己在自己的内心深处找到了它。哲学是要启发你自己走上精神探索之路,顺着这条思路你一定会发现这些深刻的哲学问题,哲学就是这样只诉诸思想本身的力量。就是说,要把被遮蔽的东西揭开来,恢复其本来面目,让你回到精神家园,这又是哲学的内在精神的一个面相了。

哲学在上述这个意义上是最保守的,不是说要创造很多东西,不是说要给你什么新东西,东西本来就在那里,而是让你往后退,去挖。找出信念后面的东西,找出其根据来,这是内心深处理性的演进。哲学的所谓进步就是"退步",哲学本身在进步,但是在逻辑上它就是退得越来越到点子上了,越到根上了。那么哲学有没有"进步"呢?也许有,但依然会存在问题。在那个有问题的地方,哲学就开始讨论什么意味着有哲学问题存在。就是在有悖论的地方,有互相缠绕、说不清楚的地方,哲学就在那里探险。而一清二楚的,还讨论个啥?所以哲学是在思维的边缘运作。

关于哲学的"退"与"进",与哲学对人类共通理性的认定有关。哲学必须认定你我之间有共通的理性,但如果哲学理性是共通的,哲学争论为什么还没有结束呢?历史上,这个哲学好像在某个地方找到人类认识的起点了,另外的一种哲学又说在另一个地方也找到认识的另一个起点了。这两者看起来同样有道理或同样没有道理,后来的哲学家就有工作做了。因为共通的道理不可能得出不相容的结论,哲学在这里就要求重来,继续深挖更根本的起点。哲学就是这样一步一步往前走的或者说往后"退"(推)的。这就是所谓"将讲理进行到底",一直到碰壁为止。什么是"到底"的指标呢?既然要彻底讲理,就不可能讲着讲着突然就任意停掉,这是不行的,那就不叫"讲到底"。讲到出毛病了,悖论出现了,说不清楚了,那就说明道理已讲到现在我们所能够达到的"底"了。哲学碰到了某种现时的限度,就是刚才讲的出现了悖论,或者是相反的说法听起来似乎同样有道理。碰到这个,就说明我们到了哲学的前

哲学的内在精神

沿,进入哲学的活跃地带了。所以在这个意义上,后现代主义确实具有这个特征,所以我也不绝对地否认它。它只是常常人为地制造悖论,而不是按理性的要求往前走自然地碰到了悖论。这样,后现代主义就在某种程度上具有刺激性和挑战性,但人为地制造陷阱,宣布哲学的终结,似乎是哗众取宠,与"将讲理进行到底"的精神相违背。

康德还有一个名言:头上的星空,心中的道德律。这是哲学的内在精神的又一个集中表现。"头上的星空",就意味着去追问万事万物是什么或者追问我们有关这些东西的观念的根据是什么。我们是如何追问的呢?追问到底有没有星空,"星空"的现象背后到底有没有实体,是不是除去了属性就什么也没有。这可以说是在追问"头上的星空"。还有在遥远的我们看不见的"星空"的背后还有什么东西?这也是一个对"头上的星空"的追问。无限与有限也能在"星空"一词中得到比拟。这些追问不是要搞清其中的因果关系。如果这样的话,那就是天文学、物理学了,和哲学就没有直接的关联了。在以前,这些学科和哲学没有相分离,现在却成为一门门相对独立的学科了。说这个"星空"到底是什么,是恒星,是中子星,还是黑洞等这些说法都是与哲学没有多大直接关联的,哲学家也不会直接去追问这些属于因果系列的东西。哲学追问的是一个非因果的东西:是能辩明的理由。不是找原因,而是找理由,是reason,而不是cause。原因有实证科学去找,而我们有什么理由要这样理解而不是那样理解,则是哲学家所追问的。而康德所讲的那个"心中的道德律",也是追问理性存在者接受道德律的理由,而不是找我们的行为在自然和社会过程中的原因。对因果决定性的"他律"之追寻,不是哲学伦理学的任务。了解到因为他是在这个家庭长大的,他受过这种教育,他读过这本书,所以他就相信了这些,这是社会学或者说是心理学的任务。而哲学伦理学本身是说:相信这样做是对的,那是错的,这是好的,那是坏的,为什么?告诉我理由。你说这看上去是好事,那看上去是坏事,我把它倒过来说为什么就不行,你给个理由呀。你把这件事情发生的前因后果找出来也许有帮助,但还一点也没涉及对这件事的价值判断。康德由"心中的道德律"又转化到"绝对命令"、绝对的理性上来。所谓"绝对命令"是一个"先天综合判断",不是康德自己随便给出的一个命令。在康德看来,所有理性的存在物,如果他认真地去反思道德判断的根据的话,得到的必然是这个东西:绝对命令。所以说"绝对命令"几乎是和自律、自由等概念相当的。

"心中的道德律"在心中,而不是说别人告诉我什么是道德的,我就遵照执行。当然,如果人家觉得这样做是不道德的,我这样做的话,人家就给我眼色看。这样,在社会压力之下,我无奈地遵行大家所认为的所谓"道德"。为

· 221 ·

了避免麻烦,你不得不遵守社会规范,但这半点都没有说明你具备了道德人格。道德人格是从内心自己要求说要这样做,仅仅因为这是道德的,而不是因为经受不住社会的压力。相反,能冒天下大不韪去做你的理性告诉你应该做的事,才真正说明了你具备强有力的道德人格。这里依靠的是内心的理性的独立判断,是"自律",而不是大多数人的意见,更不是由自然因果或社会因果决定的"他律"。也许大家搞错了,要我做不符合理性之"绝对命令"的事,而我不为所动,还要按照我的理性发现的原则去行事,无论后果会给自己带来多大的物质或名誉损失,这才是遵照心中的道德律。

当然,如果是你的理性搞错了,那怎么办?那就没办法了,再重来吧。什么东西都可能出错。做数学题,你以为做对了,以为自己考了一百分,可是卷子发下来一看,不及格。但是你不能不按自己的思考来做,只是看看旁边有一个"2"字,我就抄上去;看到墙上有个"3"字,我就顺便写个"3"。不能这样干是不是?或者说我靠扔硬币,把答案随便弄两个,甚至一百或一千个。这是不行的。你总得按照自己的思考来行事吧。到底你搞错了没有,那谁也不敢保证。哲学家随时都有一种开放的概念。在他看来,他找到了这个答案,但是他随时准备着接受别人说"这是不对的"或者"这是有问题的,你搞错了"。因为只要是用思想本身的力量让他信服他搞错了,他就接受,否则他就不接受。如果理性找不到这个东西,或者所有能提供的理由都似乎同样有理或同样没理,他就否定这个判断。他就理直气壮地说:"我不知道。"苏格拉底就是这样说的:我之所以比你们聪明一点是因为我知道我是无知,你们却是无知自以为有知。他说无知不是随便说无知就算了,而是理直气壮地,有板有眼、有理有据地说:"我不知道。"通过这样证明给你看我是不知道的。这就是讲道理"讲到底"的态度,没有被证明的东西不能作为一个准则来指导人生。

四、哲学最清楚理性的限度

在哲学中将讲理进行到底,当然不是说在实际生活中,也要把道理搞透了才采取行动。实际行动中的决定,并不能等到把相关的问题的道理全部想通了才可以做出。比如说我正在思考哲学问题,但突然发现有人拿枪指着我好像要开火,我大概不会马上想到和他讲道理吧,也许我有什么东西砸过去就砸过去了,或者干脆撒腿逃命,反正要即刻做出决定,到底决定是否做对了,天知道。这就是说,哲学本身是一种独立的思想、纯粹的思想活动,它也许可以帮你在非紧急关头做好人生中最重大的关键性的决定,但对日常生活中每天都需要做的技术性决定或应急措施来说,哲学式的彻底考察是不可能的。

所以，你再也不会问：哲学家一天到晚都讲这个，他会行动吗？最后都没有结论，他怎么办呢？他不用吃饭？不用走路？他会不会想这块地会不会随时陷下去？你现在终于知道，这些问题都出于对哲学的本性的误解。哲学家在做哲学思考的时候也许是没有多少行动的，但平时还是和我们一样生活在现实当中。笛卡尔就是这么说的："我再不做这个沉思的话，我就老了，死掉了，没有机会了。"但是，我的理性能力以前弱，特别弱，所以要长大成熟以后才能做，轻易不能去做这种根本性的沉思工作。但是现在没时间了，没办法了，不得不开始做这个工作了。所以理性主义哲学首先是承认了人的不理性。很多人误解为理性主义哲学家是只把人当成完全理性的，这是绝对的错误。笛卡尔的《第一沉思》结尾时就说，你看，我使劲想，想出了一些与习惯不符但很有道理的东西，我如果不把这些新思想加强，我的老习惯又会把我拉回老套中去了。不过这种思考太费力，这样下去我受不了，我还是休息一会儿吧。笛卡尔认为理性的力量是很微弱的，所以我们一定要有意识地去弘扬它，去推动它，使劲去运用它，才有可能找出一点点可能是真理的东西，不然的话根本就没有希望了。这里隐含了他对自己的这样一个基本估计："我知道我理性的力量还是挺弱的，我一般情况下是不理性的。"所以理性主义哲学家对人的本身的理解，不是把人看成完全理性的存在，而是知道人的理性的力量很微弱，所以需要我们最大限度去运用它，使劲去促进它。因为我们要找到真理，找到正确的判断，只有一种力量可以做到，就是理性的力量。理性再弱也得用它，没有其他办法。用我们的情感不可能找到真理，用感觉也找不到真理。真理是一个判断，判断存在真假。分辨真假是理性才会做的事情，其他东西不会做这个。在经验主义传统里思考的哲学家，像休谟、洛克等，虽然主张观念起源于感觉经验，但当他们做出这种经验主义的哲学判断时，不可能宣称自己只是凭感觉说话的，他们照样以为自己的哲学最合乎理性，尽管他们对理性的解释非常不同。

所以理性主义不是说生活只有理性，没有人会这样认为。只是说，我们要进行判断，要进行哲学性的思考，要搞清楚问题到底是怎么一回事，就必须用理性，用其他东西来代替是绝对没有出路的。而生活本身，大部分时间是根本没有理性可言的。我呼吸，我走路，我吃饭，好吃的、不好吃的东西都扔了，这些都没有多少理性可言。就拿我自己来说，吃东西我似乎是最不讲理性的。也不按照一天三顿来吃饭，什么时候饿了我就吃。有时候即使我饿了也不吃，有时候吃三顿，有时候吃两顿，一天半顿也有可能。我们大多数人也不会按照营养配方来吃，起码平时我就很少有这样的概念，即使我知道有某个好的配方，我也不去理会它，我是怎么方便怎么来。即使这样，别人也觉得我是一个很讲理性的人,好像是理性的代表,但是我为何又表现得好像那么不讲理性呢?其实理性主义传统讲的是价值理性,不是指这些工具理性。理性就是说该用理性的时候就使劲用它,不该用理性的时候就别让理性掺和。比如说,我们需要想半天再嚼一口饭吗?每吐一口唾沫需要思考它的来龙去脉吗?如果整天如此,就是非理性了,而不是理性。不是理性管的地方而用理性来制衡它就是非理性。如果在谈恋爱的时候说"你到底为什么爱我,说不出来我就不理你",这是非理性的人才做得出来的。又比如,"你讲不出道理,还想来娶我,没门。你讲出个爱我的道理吧,不然别来见我",说出这种话的人是绝对的非理性的人。在不是道理管的地方叫人讲道理那是非理性的绝对表现。

  刚才谈的是在私人生活层面理性的适用范围。在社会政治层面,就更有必要弄清楚这个道理。一个滥用理性尺度的不理性的社会,会在你根本没有触动到其他人的利益的时候,叫你非要讲出个道理来才让你干一件事。虽然你没有损害到别人,但是你讲不出道理为何要这么做,就不让你这么做。这样的社会看似讲道理,其实是最不讲理的社会。我要画一幅画,你却问"你为什么要这样画",还说"你说不出道理来就不能这样画"。只有最不讲理的社会才会逼着人家在这不必讲道理的时候去讲所谓的"道理"。我要喝水或喝茶,你要喝咖啡,旁边却有声音说"干嘛喝这些,你讲出个道理来"。我们说"我不知道,我爱喝这些",这声音却说"讲不出道理就不许喝"。我写了几句诗:"高耸的远山/盘绕着痴迷的思绪/阳刚给典雅描眉/往日酿造的劲歌/到此刻才唱出醉意",如果有人看了,就问:"你这里边的逻辑关系是什么,是根据什么普遍原则写出来的?"还说,讲不出个所以然来就不许这么写,我就只能哑然失笑,置之不理。如果某个社会到处如此逼人"讲道理",这是不是最不合理的社会呢?我看差不多就是了。其实,一个合理的社会,就要在维持社会基本稳定的条件下,让所有的人在不损害他人的前提下实现自己的各种愿望,不管这些愿望有多么离奇怪异。所以理性这个概念不要滥用,不是它管的东西却硬要用理性来衡量,这就变成非理性了。顺便再次强调一下,我们现在经常说的理性是指科学理性或工具理性,这在哲学传统中主要属于经验主义,而不是理性主义。哲学中的理性主义与经验主义的工具理性,不但不一样,而且相互对立。康德的理性主义,主要体现在理论理性与价值理性,而不是工具理性。哲学理性主义的特征主要是坚持认为存在独立于感觉经验的必然真理或普遍原则,而对于逻辑推理的有效性,经验主义和理性主义都同样承认,不存在很大的分歧。至于情感或欲望之类的东西,无论在哪个学派、哪个传统中,很少有哲学家认为这类东西会有什么认知判断的功能,更没有人以为这些非理性的东西应该从生活中清除出去。

总之，理性本身的力量是微弱的，但是我们要把问题搞清楚，要下判断，其他东西都是无能为力的，只能使用理性了。感情再丰富、再浪漫，你再英俊、再有钱、再高贵、再性感，与判别什么东西是对还是错没有必然的联系。要做哲学，要去思考，要追求普遍性，而还要诉诸非理性，我就不知道怎么去做了。这有可能吗？不可能，因为你说要什么主义也是理性在判断。你可以大力提倡浪漫主义的甚至反理性的生活方式，但是只有借助理性的部分功能才能做出这种提倡。情感是不会说话的，感觉也不会，说话的只有这个理性。语言是理性的，没有逻各斯这种东西，我们能肯定或否定任何东西吗？这是不可能的。哲学的内在精神——讲道理——和理性的概念的联系就体现在上面所说的方方面面之中。

五、哲学与实践

接下来讲哲学与实践这个问题，这就与上面谈到的哲学之有用还是无用的问题联系在一起了。一般在哲学中讲实践，有两个概念特别容易搞混，实践哲学和"哲学就是实践"这两个东西总是让人给弄混了。有一种哲学是把"实践"作为最基本的概念，说"检验真理靠实践"，实践是理解一切东西的出发点，是衡量其他一切东西的价值的标准，这是一种实践哲学。但是有人就把这个说成"哲学就是要去实践"，那就完了，搞混了。讨论这个实践是什么的标准的时候，它是在做理论上的思考，不是在干某种事情。如果有人说："我是哲学家，所以我是实践方面的专家，你不是搞哲学的，你不要实践，我来实践。"这一定是一个荒唐的人，是在胡说。所以"哲学就是要去改造社会"这种说法需要好好地考虑。当然可以为了改造社会而去搞哲学，但是搞哲学那阵子本身是在思考，而不是在做某种具体的改造社会的事情。搞哲学需要思考，而不是让我们去"实干"。所以，可以说，有时哲学是为了实践，在这种层面上我们可以去讨论哲学的功能。但哲学不是让我们去具体操作，去"干"。谁都知道，搞哲学的最典型的形象是坐在那里"想"。一个长着长胡子的人紧锁眉头，仰望着天空，或是一个满脸络腮胡子的老人手抚着下巴，注视地上，沉思着。这种典型的哲学家的形象怎么就变成了最实干的人呢？这是两种对立的形象。实践哲学与把哲学说成"就是实践"是经常被混淆的。哲学是讲道理的，它是要把道理讲清楚的。有没有可能通过实践把人都改造成讲道理的呢？哲学本身是没有这个责任的。起码它让你知道，要讲道理的话，什么才是道理，让你明白你要讲道理的话该怎么讲。比如说研究伦理学、研究道德哲学，就算你把价值第一原则找到了，你认识到这些道理了，你就必然会变成一个很道德的人吗？不一定哟。如果你想知道做哪种事是道德的，做哪种事是不道德的，哲学会帮你这个忙。但你最后是否会去做道德的事，哲学却不敢担保。哲学作为一种思想本身并不主宰这个，这是哲学主宰不到的。所以康德他可以有他的道德哲学，但是他的行为可以看起来完全不道德。生活中我们可以有不道德的行为，即使我们主张的是一种道德哲学，这二者是不相矛盾的。道德哲学只是说要认清楚道德判断该如何做才有根据，才合乎理性，哪种道德判断是错的，哪种判断是对的，只是这些。不是说你认识其中哪一条道理，你就必然会变成道德的人了。人的性格（你是怎样的人）和想清楚什么问题是两码事。当然如果没有把前面一个问题搞清楚，你有可能自以为是做了好事，其实是做了坏事了，因为你不知道如何区分好坏。

　　流行的价值观，就很有可能包含毫无道理的戒律，甚至还有颠倒是非的东西。比如说，有些不同文化里头不同的观念，是历史上某种偶然的因素带来的，它所禁忌的东西可能是道德中性的东西，把这个当成不道德（不是道德中性的），就是判断的错误，就是应该从道德理念系统中清除出去的。有些却倒过来了，好的东西被当成坏的，或者说坏的东西被说成好的，理性试图把这些东西都搞清楚，是好的东西就留住，颠倒的东西重新颠倒，中性的东西排除出去，让它不起作用。这就是道德哲学的一种理想。能否做到呢？很难。有谁尝试过没有？大家一直都在尝试，大多数原创性的道德哲学家都在干这种工作。现在的西方大学哲学系的伦理学教的全是这种东西，不会教其他东西的。就是说，你把某位公认的道德哲学家的伦理学理解透彻，看他如何导出一个伦理判断的标准，然后学会按这种标准给自己的道德抉择做引导，如果另外一些道德哲学家的伦理学导致不同的结果的话，问题就暂时没有定论，这就需要我们继续讨论，伦理学的课程都是以这种讨论的方式进行的。如果教其他东西并把它叫作伦理学，那是误用了"伦理学"这个名词。人家会说："怎么教伦理学教这个，你一定是搞错了。"由于道德哲学的定论很少，我们就要继续深入思考这其中的最根本的出发点。当然，我也试图做这种工作，我的第一本书就是讨论这个的，讨论道德判断的最终根据是什么的，只是现在还没有中译本。

　　哲学的内在精神与实践问题处处有瓜葛。价值问题是实践问题的一个预设，你没有价值判断就不可能实践。因为实践不等于行为，行为只是可以观察到的身体的动作，而实践可不一样。那实践是什么呢？你有一个想法，然后按照你的这个想法去把东西改造成同你的想法相符合，这就是实践。自动地从窗口掉下去，那不叫实践，也不叫行动。实践是一种行动。行动又是什么呢？有意识、意念在先的动作系列才叫行动。如果你睡觉睡着了，别人将一把手枪放在你手里，让另外一个人拿着你的手抠了一下，"嘭"，打死了一个人。你醒来以后有人说是你干的，说是"你用手抠的"。你会说，我没有用枪打死人，那不是我干的。你没有这个行动,你不应该负责任。因为什么呢?因为当我们说这是你的行动的时候,就意味着,你开始想这么干,后来就这么干了(这段时间多快都无所谓,只要有这个过程就行了),这就叫行动。实践基本上是和这个概念相吻合的,实践是这样的意图先行的东西。这样的话,就说明要实践首先必须要在价值定向上进行选择,没有选择的随便自动的行为就不叫实践。选择一个东西去做就存在一个价值判断,不然的话就没有行动,这个价值判断事先规定了我们要怎么做。有些判断是康德所说的假言判断,即假如想要达到那个目的,你要做些什么才能达到。这叫假言判断,是工具理性。就是说,目标已经知道了,如何达到它,是现在需要搞清楚的,这就走进技术理性的范畴了。我想把这个房子给盖起来,盖五层。在动手盖之前就需要设计,还要计算人力物力等。完了把它盖成你所想要的那个样子,这叫实践。这个工具理性也是实践理性。还有一种实践理性不是假言的,而是定言的判断,也就是所谓的"绝对命令"。这个定言的判断表达的是目的本身,而不是实现目的的手段。要把目的本身是什么东西找出来,搞清怎样的目的是正当的,才是我应该追求的目的。这就是道德理性,道德哲学一开始要做的,就是要找这个第一原则。最高原则找出来了,其他具体规则就可以从中导出来了。这就是伦理学、价值判断和实践理性需要遵循的东西。

如果不是这样的话,你随随便便就说我来一个经验主义的伦理学,不搞理性,调查研究一下大家信什么之后,就把发现的东西公布出去,就说是伦理学的研究成果。这个东西,你想想看有没有起到伦理学应该起的作用。比如我调查了50个人的意见是什么,结果是大家的道德观念一致,接着就公布了。但是既然大家的道德标准本来就是一样的,还需要你公布干嘛呢!你伦理学家有什么用,你把这个弄出来有什么用?把大家已经有的东西写在纸上就是你的任务?这本来就有的,和你没有多大关系。如果我弄出来的结果是这50个人的观念不一样,各有各的,弄出好几条规则。那么我就将规则做"哪儿来哪儿去"的处理,各自分别发回给他们。这样的话,人家的道德观念和我照样无甚关系,人家本来就有这些观念嘛,我把它写在纸上还给他们并不代表我就做了一个伦理学家该做的事。如果是我调查了大部分人一致的道德观念,完了以后,告诉少数持不同道德观的人说:"你属于这个社会,你不同意也得就范,你非得服从不可。"这样的话,你是蛮不讲理,这不是将讲理进行到底。你调查的时候把我排除在外,完了以后弄出来的规则又要求我去遵守,就说我应该按照你的要求去干我自己的事情,你不是无赖是什么?所以,按照经验所总结出来的东西是不可能成为规范意义上的伦理学的。它要么是无所作为的,要么是不讲理的。不讲理的东西还叫伦理学吗?让人家不服也得服,这叫什么?这叫暴力,叫强权。强迫人家按照你的想法做,就算人家真的做了,也和伦理道德的本来要求背道而驰了。

哲学与实践的关系的关节点就在这里:关乎我们的价值判断问题。哲学就是运用思想的力量找到价值判断的根据。如果理性在这里失败了,也就意味着价值理性的彻底失败,实践理性也就只能是完全的工具理性了。这就澄清了哲学与实践的关系的某个层面。我这里主要讲了哲学思考与实践是如何通过价值判断来达到结合的,还强调了不能把"哲学就是实践"和实践哲学相混淆:哲学本身是理论不是实践,但我们可以讨论实践哲学的可能性。

六、结语:哲学是严格的学术而不是意见和观点的集合

很多人以为哲学是没有规范的偶得信念:你有你的哲学,我有我的哲学。如果真是这样,哲学怎么还能成为一门学问呢?大学里面怎么还会有哲学系?并且,如果在一所传统的名牌大学里面撤掉哲学系的话,那么这所大学就名不副实了。其他实用一点的学科或许可以撤掉,但把哲学给撤掉的话,我们一定会提出这样的疑问:这还是大学吗?但是,在生活当中似乎还真是各人有各人的哲学。这又做何解释?

"哲学"这个词是有歧义的,在学术之外,它有时确实是指人们不加追究就接受下来的基本预设,而不指哲学家那样的对这些基本信念的系统的有板有眼的质疑和理性重建。这些基本预设的例子有:"外部世界确实存在","存在区分真与假的标准","事实是判断的依据",等等。从这个意义上讲,哲学和宗教的问题域基本上是一样的,一些基本的假设都是它们要关心的。但是,从学术的意义上讲,未经考察过的基本信念叫作"意见",而有了对这些意见的不信任,哲学才真正开始。真正的学术上的哲学的关心方式和我们一般的,包括宗教的,关心方式是不一样的,甚至是相反的。一般的关心,是想方设法守住这些基本信念,而真正的哲学上的关心是质问这些信念有没有根据。你说要信这个,到底能不能信它,如果没找到根据,或者不是在理论上不可或缺,就不要信它。在没有质问它之前,不要说"这个东西就是我的哲学"。把这些基本信念拿来拷问,问它对不对,这就是我们讲的学术上的哲学,是古希腊以来开拓的传统意义上的哲学。我们本科生、研究生是在做学问,当然应该以学问的眼光来理解什么是哲学了。在柏拉图那里,哲学一开始就把自己与意见区分开来了。哲学是理性的,是把道理讲到底。如果我们随便说几个观点或随便信点什么就是哲学的话,到大街上去随便问任何一个人,他可以平均一小时给你十个"哲学"。这样的话,"哲学"就太多了,大家都是哲学家了,大学里还要哲学系干嘛。哲学不是意见的堆积,不是随便说说自己的看法,在无限多的

观点和看法中再增加一个，不是凑热闹。起码真正的哲学家是因为其他的哲学所说的道理有错误、有缺陷或者没有把道理说透，而他说的比那些更有道理，他才搞出自己的哲学来。不然的话，他就不搞了。不是这样的话，说出来的话再正确，也不能算是在做哲学。

哲学在某种意义上说确实是很个性化的，几个人一起干在大多数情况下恐怕很难做出原创性的哲学成果。哲学的命题要具有普遍性和必然性，做不到就得重来，但与实际上有多少人认同又没有多大关系。这样，哲学的内在精神就同时包括了自由、自主、普遍性、必然性、探索性、独特性等激动人心的东西，这也就是这个哲学的节日所要庆祝的东西。我所要讲的哲学的内在精神大概就是这些。我是以散论漫谈的形式来进行的，从不同时期不同哲学家的几句名言中引发我所要讲的东西。最后，还是让我用我以前写的一段"为何要学哲学"来做结束语吧。

你是否想过，人们都追求快乐，但是，除了快乐之外，生活是否还有更高的目的。如果有，那是什么？如果没有，那么为何人们对快乐的追求要有所限制？假如做一只蝴蝶比做一个人更加快乐，你愿做一只蝴蝶还是做一个人？当你觉得你自己或别人做了不应当做的事，你是根据什么标准说那是不应当的？此种标准可靠吗？

你是否想过，除了世界上能被看见的东西，还有没有根本看不见的东西存在？你如何能够把一个有思想感情的人与一个行为和人差不多的机器人区别开来？一只狗有没有思想？如果动物学家告诉你狗没有思想，你凭什么相信他？如果你相信狗有思想，那么蚊子也有吗？含羞草呢？玫瑰花呢？冰箱呢？计算机呢？你能说出个令人信服的然和所以然来吗？

你是否想过，空间有没有尽头？时间有没有开头？当你把一本厚书从书桌上放到书架上时，书原来占据的空间是留在了桌面上，还是跟着书上了书架？或者根本就没有自存的"空间"？我们要对准时钟时，怎么知道谁的钟最准？最准的钟的所有者是不是有什么秘密能接触时间本身？有"时间本身"吗？

你是否想过，除了我们从生活经验、实地调查和科学实验中得来的知识，还有没有其他种类的知识？知识的可靠性如何得到保证？有没有某种东西，再聪明的人们联合起来再坚持不懈，也根本无法对其有丝毫的认识？那些有名的数学定理，在任何一个数学家发现和证明它们之前，是否已事先存在？如果存在，在哪里存在？如果不事先存在，如何能够被人"发现"呢？

你是否想过，为什么要建立国家和政府？从最根本上看，是国家为个人服务，还是个人为国家服务？在政府该管和政府不该管的事务之间，我们应根据什么去划清界限？立法的根据是什么？什么是正义？正义与大多数人的利益是一回事吗？或许有些符合大多数人利益的事也是非正义的？

　　所有这些问题，都是与每一个人的生活密不可分的，虽然大多数人并不总能意识到这些问题可以有板有眼地追问，并且尝试对它们做出回答时需要具备严密的逻辑推理能力、丰富的想象力和独到的洞察力。哲学是什么？哲学就是教你如何挖掘出你这种本来具有的、但尚未展露的或被严重压抑了的能力。苏格拉底说"未经考究过的生活是不值得的"，你为何不以轻快的步伐迈进哲学的殿堂，静下心来认认真真地进行一番探究，培养一点"将讲道理进行到底"的精神，给生活多增添几分豁达和深沉？如果你不想整个地被牵着鼻子走，在原则问题上有自己系统而深入的看法，来学习哲学吧！

人性的启蒙

——何谓康德的纯粹理性的建筑术？

张 广

虽无法"高达苍穹",但仍须能使人"家居"。① 除去知识上似是而非的"幻象（Schein）",也还是"人得以为'人'的规定（Bestimmung des Menschen）"。甚至,不论是赖以栖身的"房舍",还是不可企及的"高塔",只要是"建筑"就足以表明：存在着一个主体营造自身的构想。因为,不管是否可能,作为"规划（Plan）","建筑"都建立或传达了人对自身存在的某种处置。并且,在批判之中,也有此意：不仅借助"直观"和"概念"的区分②被发现为让我们知识得以一以贯之的"统觉",通过对形而上学问题的解析,理性的综合也被追溯为建构主体自身的"理想"。因此,尽管出现在一个知识论的理性批判之中,但是作为说明理性如何建构的"方法论",批判不仅是一个说明何谓"科学"的"导引（Propädeutik）"③,也是一个阐明"人之为人"④的"启蒙（Aufklärung）"⑤。

并且,指出存在着有衍变成"幻象"的可能,不仅不意味就此否定了理性的建构,反而因此排除了它的自我否定,还为"家居"的自我建构提供了可能。因为"幻象"源自"辩证"只是种混淆,因而它并没有从根本上否定了理性建构的可能。因为,也正因为指出了"辩证",才提醒了人们要谨守理性的"界限",不要因为错误招致自我否定的"背反",从而取消自己的"建筑"。为此,批判排除了基于"幻象"而提出来家长式的"独断（dogmatisch）",确立了能够使理性建构得以实现的"自由公民的同意（Einstimmung

---

① Kant, *Kritik der reinen Vernunft*, Meiner, 1998, B 735. 本文标注页码并非引用书籍所标页码,而是按照研究习惯标注原著 A、B 两版中的相应页码。

② Kant, *Kritik der reinen Vernunft*, Meiner, 1998, B 29, 74, 863.

③ Kant, *Kritik der reinen Vernunft*, Meiner, 1998, B 868.

④ Kant, *Logik—Vorlesung*, Meiner, 1997, IX, S. 25. 涉及康德其他著作,也按照研究习惯标注普鲁士科学院版相应篇目缩写与页码。

⑤ Kant, *Beantwortung die Frage：Was ist* Aufklärung, Meiner, 1999, VIII, S. 35.

freier Bürger)"。① 可见，批判不仅阐明了理性的建构所以引发非议的原因，也提出了确保自我建构的"规范（Kanon）"。如此一来，批判不仅可谓是涉及一个建构人性的启蒙，也可谓是一个建构人性的奠基。

当然，要理解这一人性的奠基，绝非易事。理解的困难就在于批判也道出了奠基的不可能。因此，之所以难以理解就在于它确立一个"体系"的方法：区分"直观"和"概念"这两个性质完全相反的知识元素。以此，它不仅道出了理性概念的建构总是受到感性直观的限制，也指出了与"直观"辩证还会导致对"概念"的自我否定。更不要说，批判也的确缺少一个"概念"如何建构出一个体系的详尽演绎，尽管它提供了进行这一说明的所有环节。因此，不同于一个说明了自我建构何以可能的方法论，批判也难免给人一种印象：它并非一个说明了人的道德本质的启蒙，而只是一个至多说明了如何体系化知识的认识论。更不要说，它还被批评为只是我们知识元素的罗列。②

一、科学：合目的的体系

作为一个理性建构的说明，对于康德而言，显然"建筑术（Architektonik）"③ 这一术语并非如字面所表是一门关于如何建造屋舍、修葺庭园等技巧的"技艺（Kunst）"④。不同于此，他所谓的"建筑术"与我们的认识能力相关，是对我们系统化我们的知识使之进阶为"科学"这一理智能力的描述和提点。就此看来，似乎康德只是在比拟的意义上使用了这一术语：就像人们将四处分散的、不同性质的材料搜集起来，继而建造出具有一定结构和功能的场

---

① Kant, *Kritik der reinen Vernunft*, Meiner, 1998, B 766.

② 这种困难体现在有关批判的研究上的突出的表现就是人们局限知识论中对理性的限制，以及批判并没有提供一个概念的系统以及说明概念如何演化为一个系统，而否定批判已经导出了建构知识的体系的可能（Kemp Smith, *A Commentary to Kant's Critique of Pure Reason*, Palgrave Macmillan, 2003/1923, p. 579; Paul Guyer, *Kant and the Claims of Knowledge*, Cambridge University Press, 1987, p. 5; Dieter Henrich, "Systemform und Abschluβgedanke——Methode und Metaphysik als Problem in Kants Denken", in *Kant und die Berliner Aufklärung: Akten des IX. Internationalen Kant-Kongresses*, Bd. I, de Gruyter, 2001, S. 90 - 104）。当然，尽管人们也会运用实践的目的论来纠正这种偏差，但还是忽略了其在知识论中研讨的必要（Höffe, "Architektonik und Geschichte der reinen Vernunft", in *Immanuel Kant——Kritik der reinen Vernunft*, hrsg. Morl und Willaschek, Akademie Verlag, 1998, S. 621）。可见，作为"科学"的"导引"，批判还没有被充分地揭示为展示建构理性体系的可能的方法论。不过，这为本文的写作留下了空间。

③ Kant, *Kritik der reinen Vernunft*, Meiner, 1998, B 860.

④ Höffe, "Architektonik und Geschichte der reinen Vernunft", in *Immanuel Kant——Kritik der reinen Vernunft*, hrsg. Morl und Willaschek, Akademie Verlag, 1998, S. 619; Paula Manchester, "Kant's Conception of Architectonic in its Historical Context", *Journal of the History of Philosophy*, 2003, Vol. 41, p. 195. 在此，Höffe 的特别贡献就是凸显了批判的实践旨趣，或者更确切地说是引入世界公民的意图；Manchester 则回溯了建筑术的学术史，为我们理解这一概念的发展提供了相关背景。

人性的启蒙

所那样,我们也会运用我们的理性,将我们杂多的感知按照一定的规则整合起来,从而建立起它们之间的关联,使之成为具有特定对象或者一般规定的系统性知识。不过,这样一来,对于批判而言,使用"建筑术"这一术语简直就是因为修辞而进行的一个冒险:将虽然有相似之处然而却完全不同的两个领域相提并论,尽管可以借助一个具象的领域来将一个抽象的领域描述得浅白易懂,但是这也会因为前者的具体而遮蔽后者的抽象。并且,"建筑术"这一术语也涉及建造这一活动的基础与意义,并且是人之于他存在的基础性意涵。因为,建造立足于对自我生存整体"规划"之上。因此,"建筑术"不仅意味着具体的建造,也意味着构造出人存在的基础和整体。因为,"建筑(Gebäude)"意味着"定居(Anbau)"。不同于没有固定居所的"游牧(Nomaden)","定居"意味着人建立了固定的、一般的、整体性的生活。因此,作为"建筑"的科学,"建筑术"也就可以与外在的建造活动相剥离而看作是对人本质的研究和建构,因而就是一个说明了存在的"智慧(Weisheit)"的启蒙。所以,"建筑术"这一术语可能不仅仅是一个修辞而是发觉知识包含着人本质的建构的洞见。因此"建筑术"这一术语不是形容了"科学"的形式结构,而是深化了知识的本质。

对于感性认识而言,我们只有串联起我们杂多的感知,建立起它们之间的关联,才能领会对象。因为,存在于时空之中的对象,它所以如此,而不是别样,有赖于发现导致这一结果的原因。而建立起这一原因和结果的关联,无疑需要一个主体的综合。① 不然,对我们而言,对象就只是杂多的观感,而非因果的关联。并且,这样的一个认识只有追溯到一个主体之上才能得以完成。因为,要想达到对对象本质的认识,就要求对对象有一个原则性的把握。而处在感知之下的事物,它所以如此,总是取决于一个先行的原因。但是,在时空之中它永无穷尽,所以由此也不会得到任何对"事物自身(Ding an sich)"的认识。与之相对,原则不是别的什么,就是主体自身的规定。只有与一个主体关联起来,人们才能为一个事物找到一个绝对的原因。可见,知识不仅与主体相关,并且也只有与主体关联起来,它才能真正获得自己的本质。②

也应当注意的是:康德首先是一个哲学家,而不是一位文学家。语词的使用对他而言首先是传达实质,而不是形象地说明。何况,没有本质的澄清也很

---

① 这里对应批判中的"形而上学演绎",即区别于对象的给予,作为表象指出知识与概念之中的综合有关。
② 这里对应概念的"先验演绎",即将概念上升到原则,因而超出一切经验指出概念为主体的规定,知识奠基在主体的综合之上。

难有说明的形象。① 所以,"建筑术"这一术语不应只是一个没有道出知识本质的修辞。将其只看作"科学"形式的形象说明,正如已经阐明的那样,不仅低估了批判的深刻,也会因为肤浅与知识的本质失之交臂。与之相反,"建筑术"不仅给我们提供了认识的一个整体框架,也说明了这一框架植根在主体的规定之上,是我们自身本质的展开。因此,运用"建筑术"这一术语,不仅道出了"科学"的形式框架,也形象地传达出了康德对于"科学"和理性自身的准确把握。就此而言,即使康德可以因为运用一个具体的领域来说明一个抽象的意涵而占有修辞的形象,但是这一功效也要服从于康德作为哲学家对本质的洞见。

事实上,对康德而言,理性的综合不仅表现为发动理性对我们的感知进行整合,使之成为"系统"的"科学"知识,也建立在实现我们"理性自身的诸目的(teleologia rationis humanae)"② 之上,是一个我们本质的建构。因为,在批判之中,借由"直观"和"概念"的区分,康德不仅像在范畴演绎中那样将其展示为整合我们感知的"统觉",也像在辩证论中所做的那样将其追溯到整合主体为一体的理性的"理想"。就此而言,理性的综合无疑不仅被发掘为我们认识的主观的原则,也是构筑我们主体性,并且是使之获得普遍性的建构。因此,作为一个建构"体系"的方法论,批判不仅是一个说明了知识如何系统化的"科学"的"导引",也是说明理性的综合为一个我们本质的建构的"启蒙"。对此,"建筑术"不仅相对于要素论,道出了批判说如何建构"体系"的方法,因而提出了批判的建构;而且将批判从一个说明何为"科学"的"导引"转变为了一个说明如何实现我们本质的"启蒙"。

二、理性:不可能的直观

批判立足于一个主体自身的建构之上,这一见解似乎并不见容于批判。因为,在一个说明科学之为"科学"的"导引"中,无论如何理性都会被要求与对象相符合。并且,借由"概念"和"直观"的区分,批判不仅首先表明理性会运用于"表象"对象之上,进而也将理性的运用限制在"可能经验"

---

① "家居"这一话题也延续在荷尔德林的诗情与海德格尔对其的阐释中。不过,尽管荷尔德林提出了面向神的存在之问(Hölderlin, "in lieblicher bläue", in *Sämtliche Werke*, Bd. 2, hrsg. Friedrich Beiβer, Cotta, 1953/1808),并且海德格尔对此也有展开这一疑问的阐释(Heidegger, "Bauen Wohnen Denken", "…dichterisch wohnet der Mensch…", in *Vorträge und Aufsätze*, GA Ⅶ, Vittorio Klostermann, 2000/1951),但因为缺乏像批判这样一个明确区分直观和概念的方法论的自觉,人们从中所能看到的不过是诸多可能的变幻,甚至只是一个问题,而不是决断的尺度、疑问的实质。因而,批判之于文学或许确有修辞上的抽象,因而较之相应的阐释有脱离具体情境的缺憾,但仍不失为直指根本的觉察。

② Kant, *Kritik der reinen Vernunft*, Meiner, 1998, B 867.

的范围,甚至最后还将理性超验的运用都断定为"幻象"。这样,批判的工作似乎只是消极的:将思辨的理性运用拉回到经验的运用上来。不过,这不仅与"建筑术"所呈现的最终格局相左,也与批判所植根的形而上学的诉求相悖,甚至不能涵盖批判分析的方法所呈现出来的全部内容。因为,致力于导出"先验综合判断"可能性的批判,其目的是提供科学体系的可能性而不是限制理性的建构。因为,形而上学寻求的就是超验的原则。因为,区分"直观"和"概念"不仅表明了理性有直观上的运用,也表明它纯粹主观的概念。

实际上,批判一开始就表明了:理性必超出经验。它所面对的问题,即"灵魂""自由"和"上帝"①,虽与经验相关,并构成经验的基础,但显然都超出了经验,不能混同为经验。首先,"灵魂"尽管是现象的"本体(Substanz)"②,但是它超出了直接的"直观"。继而,"自由"虽是构成现象的"总体(Totalität)"的原因,但是因为是绝对的原因,它不能等同于有限的经验。最后,"上帝"作为"总体"的"总体"而存在一个"理想",更是远离"直观"。可以说,这些问题的提出恰恰说明:人们不会满足于经验的认识,而是要超出经验来认识经验的基础、架构和系统。因此,不管是解答这些问题,还是满足我们不可以满足的认知,都要求我们将理性与经验剥离开来,从超验的规定上来把握我们的理性。如此,康德才是承继了而不是放弃了形而上学。

并且,这三个问题也给我们划定了一个主体的建构。首先,"灵魂"这一观念本身就意味着主体,因而它甚至并不会如康德所担忧的那样被错认为一个超验的客观"本体"。再者,"自由"这一观念因为是自身的原因,它也预设了一个主体。并且,因为与客观的"总体"相关,它还是主体在这世界的展开。最后,作为绝对的主体,因为综合了理性所有的原则,在批判之中"上帝"更是一个主体的全体。因此,形而上学不仅意味着为现象提供一个主体上的根据,也意味着建立一个主体的本质。如此,批判也就预定了自己要在主体上找到客体性,并且还应是一个人类的规定。

与之相应,通过划分自身为一个分析要素的要素论和一个说明如何建构体系的方法论,批判也以此明确地表明了它寻求的是一个主体自身的建构,而不仅仅是一个对客体的综合。首先,通过"直观"和"概念"的区分,批判就已经清晰地说明了:不同于表象客体的"直观",作为"概念"理性是主体自身的综合。进而,在这个基础上,利用一个消极的辩证论,即一个关于"幻象"的逻辑论,批判还进一步说明了这种综合绝不可能是对象的规定,反而

---

① Kant, *Kritik der reinen Vernunft*, Meiner, 1998, B 7, B 391, B 828.
② Kant, *Kritik der reinen Vernunft*, Meiner, 1998, B 401.

是出于主体自身的一个建构。最后，在方法论的说明中，批判更是向我们阐释了区分"直观"和"概念"不只是为了说明"知识的体系（System der Erkenntnisse）"①，而是为了给"人的本质规定"确立一个"立法（Gesetzgebung）"②。可见，批判也是一个确立人之为人的"智慧"的"启蒙"。

当然，无论是在形而上学之中，还是在批判之中，作为"科学"的基础，理性的建构都无法脱离"直观"，都需要与"直观"结合。正如一开始就提及的那样，"科学"无论如何都是关于对象的知识，尽管它同样也是主体的知识，甚至如我们所揭示的那样在本质上为一个主体自身的建构。因此，也如批判所表明的那样，理性的运用都应该限定自身在"可能经验"的范围内，并且不能将自己与"直观"相混淆，因而只能将自己看作纯粹主观的"概念"。但是，这个限定仍只是一个外在的限定，而不是一个根本的否定。它只是限定了理性运用的领域与方式，而没有否定理性运用本身。与之相反，也如我们已经展示的那样，批判不仅给我们提供了一个对理性运用的限制，也提供了一个说明理性的建构是一个主体自身的建构的说明。并且，也如已经提到的那样，后者的可能，恰是因为有了前者的限定，才解除了自我否定的问题。

三、辩证：仍未澄清的概念

为化解形而上学问题，进而说明一个"体系"的可能，正如元素论所展示的那个样子，批判拆解了"体系"。应该说，这样的一个做法，说明了"体系"的可能，也给认识"体系"和批判带来了困难。首先，综合的"体系"湮没在了拆分的"要素"中。当然，相对于此，批判不仅在要素论中最终分离出了"体系"，也运用了方法论说明了这种分离的成功。不过，这种分割的做法，还是可能带来一种误解：批判并非一个提供了建构一个体系的方法论，而只是一个分析了不同要素的要素论。在一个"体系"中分出"直观"和"概念"这两个要素，这一做法不仅将理性展示为"出于概念（Aus Begriffen）"③的一个主体的综合，也展示为一个在直观中的"构造（Konstruktion）"④。并且，后一种意涵被先行地展示了出来。这样，人们很难避免不将批判理解为一个关于"直观"何以可能的探究，而不是将其理解为"概念"

---

① Kant, *Kritik der reinen Vernunft*, Meiner, 1998, B 867.
② Kant, *Kritik der reinen Vernunft*, Meiner, 1998, B 868.
③ Kant, *Kritik der reinen Vernunft*, Meiner, 1998, B 741. 这里对应的是康德所谓的"哲学知识（philosophische Erkenntnis）"，即源自概念自身规定的知识。
④ Kant, *Kritik der reinen Vernunft*, Meiner, 1998, B 741. 这里对应的是康德所谓的"数学知识（mathematische Erkenntnis）"，即运用在直观上的概念的表象。

人性的启蒙

建造了一个"体系"的说明。换言之，批判似乎更是一个"直观"的解析，而不是一个"概念"的发掘。

其次，作为点明批判分离两个要素是为了分离出一个体系的可能的方法论，相较于要素论的面面俱到，过于抽象和支离。这无疑也增加了人们理解批判为一个说明建构一个"体系"的难度。方法论作为最后的总结，本应有点睛的功效，但是它还是分出四个章节，并且在每个章节中，还有进一步的划分。不得不说，这样的做法在力图充分说明批判的意图和功能的同时，也削弱了它自我总结的能力。并且，尽管不可不谓是面面俱到，但是在一些关键的地方，方法论还是有些含混。

然而，事实上，相对于要素论，作为说明一个"体系"何以可能的总结，正如已经提到的那样，方法论不仅提出了知识的系统化架构，完成了批判的建构，也因为引入了一个实践的目的论，从根本上改变了批判的意涵。较之这些基本的意义，一个支离且抽象的方法论不可不谓捉襟见肘。再者，康德在辩证论中分别处理了三个特殊的形而上学问题，却没有充分说明它们相互间的关联，也削弱了它说明形而上学问题作为发源于同一个理性而具有的普遍意义的能力。他应该将这些问题串联起来，进而将它们演绎为理性走向一个体系的不同环节。但他并没有如此做，可以说，我们看到的更多的是一个个特殊的形而上学问题，而不是一个普遍的形而上学。然而，形而上学作为理性的诉求，正如康德所揭示的那样，它不仅是三个问题，不仅来源于三个不同的推理形式，也是源自一个理性的一个"体系"。无疑，康德在一个需要发声的地方保持了沉默。更不要说，这些问题的化解在一个分出两个要素的要素论中，不仅被放置在最后的逻辑论中，还相对于肯定性的分析论被放入了否定性的辩证论。这样的做法无疑也隐藏了批判试图解决形而上学问题的抱负，因而遮蔽了它作为阐明一个体系何以可能的本意。

还有，对康德而言，区分"直观"和"概念"的做法，不仅是一个分离出体系可能的方法，也是对理性运用的一个限制，甚至因此取消了理性的运用。利用一个要素论，批判不仅将"概念"与"直观"分离了开来，进而在"概念"之中发掘出了一个体系，也就是理性的"理想"。与此同时，批判也表明了，理性的建构不仅与"概念"相关，也与"直观"相关。并且，为此也明确地将理性的建构限制在了"可能经验"的范围之内。可见，批判在说明一个体系何以可能的同时，也带出了对一个体系的限制。这就是说，理性的建构总受"直观"的限制。又因为相对于"概念"，"直观"总是有限的感性形式。如此一来，可以说，批判不仅将理性的建构限制在了"可能经验"的范围内，也取消了它得以完全实现的可能。因此，的确在发现了体系在"概

· 237 ·

念"有其可能的同时,批判也揭示出了理性建构的限制,并且在这一限制上取消了它现成地建成一个体系的可能。

并且,批判不仅道出了对一个"体系"的否定,还将这一否定追溯到了理性建构的自我否定。正如已经表明的那样,批判是为了化解形而上学问题,才批判理性。对于形而上学问题的分析,批判在"直观"和"概念"的区分中指出:相对于客观的"直观",作为"概念"的理性是纯粹主观的"观念",因而它不仅缺少建构一个现实的"体系"的客观性,也不可能由有限的"直观"那儿借取充分的客观性。但是,批判并没有只停留在指出"直观""概念"的区分上,在这之上,它还将形而上学问题揭示为理性自我否定的"二律背反",并且是取消了理性"理想"的"辩证"。如此一来,批判也就不仅向我们展示了建构一个体系的限制,也展示了一个从根本上取消建构一个体系的可能。可以说,正是因为要化解形而上学问题,寻求理性建构自我的可能,批判也带出了理性自我否定的可能,因而它事实上不仅是一个说明了理性建构何以可能的重建,也是一个取消这一建构可能的毁弃。并且,正是通过与"直观"的分离,批判道出了毁弃。

四、批判:启蒙人性的导引

罗列认识"科学"进而明了"智慧"的诸多困难,并不表明在批判之中洞察这些进展就毫无可能,亦不意味着从根本上就否定了批判带来了这样的转变。当然,困难是确实存在的,而且也确如已经表明的那样,它不仅体现为批判表述的繁难,也体现为这种转变自身就带有问题。但是,问题的存在并不意味着就可以为我们的一知半解或者拒绝认识这一转变提供托词。因为,困难的存在也意味着进行转变的必要。因为,问题不仅意味着进入一个领域的障碍,也意味着我们的需要还没有得到满足。对一边受到感性挤压,一边又会被理性引导的我们而言,一个超验的"理想"我们不仅不会放弃,还会必然地主张(参见 antagonismus)[①]。何况,作为"科学"的"导引",批判不仅在一个要素论中分离出了一个"体系"的可能,也在一个方法论中运用"建筑术"这一方法论的说明说明了上述方法开启了这种可能。可见,它既不乏进入"科

[①] Kant, "Idee zu einem allgemeinen Geschichte in weltbürgerlicher Absicht", in *Schriften zur Anthropologie, Geschichtsphilosophie, Politik und Pädagogik*, Suhrkamp, 1977, Ⅷ, S. 20.

学"的动力，也已经带出了"科学"。①

无疑，植根在"理性自身目的"之上的理性的综合，不仅是一个建构"科学"的"技艺"②，也包含着实现我们自身的"智慧"。并且，借由要素论中"直观"和"概念"的区分，批判已经向我们明确地展示了：我们的理性不仅在"直观"中朝向客体，作为"概念"它也植根于主体，并且建构着主体。因为，它不仅被追溯为架构"直观"的"统觉"，也是被揭示为建构了"概念"普遍规定的"理想"。与此同时，方法论中通过"建筑术"这一章节，也说明了上述方法所具有的相对于力图揭示事物自身发展的"实现"（参见werden）③而具有说明一个主体自我成就的能力。可以说，在"科学繁荣（Wachstum der Wissenschaft）"④的时代，批判不仅立足于科学追求实效这一现代潮流，也揭示出了这种诉求所植根因而引为基础的一个主体的自我建构。因此，它不仅揭示了"科学"的实质，阐明了"科学"的意味，也开启了"智慧"，不可不谓是一个对人之为"人"的"启蒙"。

并且，批判的上述功能，不仅体现出了一个以"科学"为特征的现代立场，也带出了追求自我普遍实现这一一般的诉求。正如我们已经阐明的那样，"先验综合判断"之所以不仅是一个"科学"的架构，也是一个"人本质"的普遍"立法"，不仅是一个区分了"直观"和"概念"之后的一个结果，也是一个本来就存在于形而上学之中因而存在于理性之中的我们的一个普遍诉求。当然，批判并没有像基于"概念"和"直观"的辩证而赋予这一诉求以绝对的客观性。但是，将其还原为一个主观的"理想"，不仅修正了过去的错误，避免了现代的虚无，也超越时空道出了理性的本质和能力。在这个意义上，批判对于理性进而对于人的说明具有一般意义。由此不仅批判可以提炼出自身的基础，理性也为人展开其普遍的规定。当然，作为纯粹主观的规定，理性不仅显示为一个可能与他人达成一致因而超越了纯粹主观性的立法，也显示为个体可以拒绝与他人达成一致，甚至因此引发与他人形成冲突的"任性（Willkür）"。并且，只要理性是一个主观的规定，这种冲突的可能就不会消除。

---

① Höffe, "Architektonik und Geschichte der reinen Vernunft", in *Immanuel Kant—Kritik der reinen Vernunft*, hrsg. Morl und Willaschek, Akademie Verlag, 1998, S. 625. 德国观念论将批判贬义为还不足够科学的导引，而将自身称之为科学的展开，无疑忽略了导引对康德而言具有使科学成为科学的本意，批判也发现和展开了科学的根据，即我们理性的建构。尽管无论是费希特的主观观念论展开了观念自身的活动，还是黑格尔客观的观念论呈现了观念历史的演进，这些确实展开了科学不同的向度。

② Kant, *Kritik der reinen Vernunft*, Meiner, 1998, B 860.
③ Hegel, *Phänomenologie des Geistes*, Meiner, 1988/1807, S. 13.
④ Kant, *Kritik der reinen Vernunft*, Meiner, 1998, B V.

当然，理性总是主体的规定，这种冲突的可能也不会消除。因此，面对这一形而上学问题，尽管批判呈现了化解的可能性，但是声称可以使我们理性获得"完全的满足"，批判还是有因为对自身成果的乐观而遮蔽我们理性自身复杂性的嫌疑。因为，达成一致，只是一种可能，一个"理想"，而不是客观的现实，不是全部的可能。但是，这并不妨碍我们将批判当作一个揭示了理性"立法"的"导引"。并且，是一个对理性"立法"的修正的修正：区别于因为辩证而主张的"独断的运用（dogmatischer Gebrauch）"①和现代怀疑主义的放任自流，批判提出了理性"争论的运用（polemischer Gebrauch）"②，带入了一个"世界公民（Weltbürger）"③的视角。

不同于被动表象对象的"直观"，作为主动运思的"概念"，理性意味着主体自身的发动。即使这一主动因为有对对象的关切，因而被要求与对象相对应，以至于在这一对应中我们不再区别"概念"与"直观"的差别，将"概念"就认作为"直观"，从而让纯粹主观的理性陷入自我否定的困境，进而失去了它自我实现的可能。但是，作为一个普遍的"概念"，理性既不能由有限的"直观"所赋予，也必然会超出"直观"，表现为一个主体自身的规定。因此，即使没有批判，人们也还是会察觉，我们对世界的感知并不局限于有限的"直观"，对对象的把握除了这种被动之外，还有我们自身的主动，并且是能赋予我们感知基础和整体性的主动。不过，对于曾迷失于、将来还会迷失于与"直观"的辩证的我们而言，作为一个指出我们的本质植根于我们自身的"概念"的说明，批判永远都不失为一个必要的、能揭示我们本质的一个启蒙，而且是一个揭示了我们本质普遍实现的启蒙。

五、结论

指出我们在世"家居"，就不仅道出了在世所具有的整体状态，也道出了人的操持这一建构的主体。可以说，"建筑术"不仅呈递了"体系"这一我们感知的基础形式，也呈递了构筑这一基础形式的主体性。因此，理性的建构在批判中不仅可以理解为整合我们外部世界的一个建构，也应该理解为发端于人自身对存在的一个全面"规划"，因而是人自身本质的一个展开。并且，就实质而言，它只能被理解为后者。因为，正如批判区分"直观"和"概念"所表明的那样，能够赋予存在以整体性的只能是提出了普遍原则的内在的自我意

---

① Kant, *Kritik der reinen Vernunft*, Meiner, 1998, B 741.
② Kant, *Kritik der reinen Vernunft*, Meiner, 1998, B 767.
③ Kant, "Idee zu einem allgemeinen Geschichte in weltbürgerlicher Absicht", in *Schriften zur Anthropologie, Geschichtsphilosophie, Politik und Pädagogik*, Suhrkamp, 1977, Ⅷ, S. 17.

识，而不能是随时空转变的外在的周遭世界。另外，相较于"巴比伦塔"式的主张，"家居"还是一个修正，并且是修正的修正：它不仅排除了引发争议的理性"独断"的运用，并且也以"争论"的运用方式展示了理性普遍运用的可能性。

对批判而言，"建筑术"不仅综合了它之前所区分出来的"直观"和"概念"这两个不同的要素，提出了"体系"这个理性可以赋予知识同时也可以赋予批判以整体性的"科学"架构，也因为联系到一个实践的目的论在基础上改变了"体系"因而也改变了批判的意涵，让批判由一个说明了科学何为科学的"导引"进阶为阐明人何以为人的智慧的"启蒙"。无疑，"建筑术"是批判达臻成熟和深化的标志。并且，借由上述两个要素的区分，批判不仅排除了引发争议的理性与"直观"的辩证，也补足了近代立足于经验而无法洞察经验植根于我们自身的普遍规划之上的不足。这样，它既赋予了理性运用立足于"科学"的现代形式，也补足了现代对于道德考量的不足，提出了理性普遍运用的可能。当然，作为一个形而上学问题的化解，批判不仅提供了建构"体系"的可能，也带出了否定"体系"的可能。

（本文原载于《现代哲学》2018年第6期）

论胡塞尔现象学中自身意识的反思模式

张任之

引 子

自身意识（Selbstbewusstsein）理论是近代以降哲学的基本问题。20世纪下半叶以来，在欧陆哲学的研究传统中，自身意识理论得到了某种意义上的"复兴"①。而当代自身意识理论的复兴的根本理论前提在于：将传统自身意识理论的基本模式归纳为"反思模式"，进而指出这一模式存在着无法摆脱的困境，即"循环"困境。

所谓自身意识的"反思模式"是指，自我将注意的目光从外部对象上超脱出来，折返回内在领域，开始"反思"自身。与对外部对象的表象完全相似，在自身意识中，作为主体的自我（或意识活动）将其自身当作客体来表象。但这样一种反思模式存在着两个基本困难。首先，反思模式试图通过作为主体的自我对作为客体的自我的表象或认识来谈论自身意识问题，然而这里已经预设了进行表象活动的"自我—主体"，但如果没有"自我—主体"预先对自身的意识到，这样一种"自我—主体"的回返自身又如何可能呢？因此，这里存在一个典型的"循环"：要解决的问题本身（自身意识）实际上在讨论的开始就已经被预设；其次，反思模式预设了自我对自身的认知只有通过回返自身才得以可能，因此也就必定预设了进行认知活动或返转目光的"自我—主体"与被认知的客体自我是同一的，或者说，预设了认知行为与被认知者的同一，只有这样，人们才能谈及**自身**（或自己）意识。但是这样一种同一性又将如何被给予呢？难道它不恰恰就是在自身意识中被给予的吗？因此，循

---

① 有关这一复兴更为详细的论述，可以参看张任之《质料先天与人格生成——对舍勒现象学的质料价值伦理学的重构》，商务印书馆2014年版，第5.1—5.4节。

环在这里又一次出现。①

为了避免传统自身意识理论的"循环"困境,以亨利希(D. Henrich)为代表的海德堡学派替代性地谈论一种"前反思的""非对象化"的"自身亲熟(Selbstvertrautheit)"。因为所谓自身意识,必然意味着"我"在其中所亲熟的东西是它自身,尽管人们未必需要概念性地描述它,但无论如何,它必须能够确定地断言"(主)我=(客)我",即主我与客我的同一。然而,为了知悉这种同一,"我"必定已经预先知道如何将他所遭遇的东西归化(zuschreiben)给自身。因此这种作为自身归化的自身意识就不会是反思的结果,而毋宁说是反思的前提,传统自身意识理论的反思模式乃至任何一种自身意识理论实际上都在一开始就已经预设了这种自身归化或自身亲熟。②

图根特哈特(E. Tugendhat)基本上也是在前述两个基本困难的框架内来检视传统自身意识理论以及海德堡学派的努力的。与亨利希一样,图根特哈特也认为传统自身意识理论陷入了困局,但是他还更进一步,认为以亨利希为代表的海德堡学派"标明了传统自身意识理论的一个醒目的终点"。③ 或者更确切地说,图根特哈特彻底放弃了传统(包括海德堡学派在内)解释自身意识的方法——直观的方法(人们在"精神视觉"的意义上"看到"如何认知自身),而选择了语言分析的方法,即分析考察我们是如何使用"认知自身"这个表达的。在他看来,这是一个非此即彼的选择,要彻底摆脱传统理论(包括海德堡学派)的困境,只能选择后者。他将我们描述自身意识现象的表达概括为:"我知道,我 φ",因此,认知自身并不具有主体与其自身的一种自身关涉的形式,也不意味着认知者与被认知之物的同一,而毋宁说,所谓"认知自身"意味着主体对一个事态、一个意识状态或体验(即"我"所具有的

---

① 参阅 D. Henrich, "Fichtes ursprüngliche Einsicht", in *Subjektivität und Metaphysik: Festschrift für Wolfgang Cramer*, hrsg. Dieter Henrich, Vittorio Klostermann, 1966, S. 193ff; D. Henrich, "Fichtes 'Ich'", in *Selbstverhältnisse: Gedanken und Auslegungen zu den Grundlagen der klassischen deutschen Philosophie*, Stuttgart 1982, S. 62ff. 除去亨利希这里概括的两个基本困难,费希特实际上还提出一个"无穷回退"的问题:为了获得"自身意识",我必须把我自身变成客体,但这样一来,实际上我根本就达不到自身意识。因为这个主我要认识自身,就需要一个更远的主体,如此以至无穷(可参阅 M. Frank, *Die Unhintergehbarkeit von Individualität*, Suhrkamp, 1986, S. 35; M. Frank, *Selbstbewußtsein und Selbsterkenntnis: Essays zur analytischen Philosophie der Subjektivität*, P. Reclam, 1991, S. 25)。

② 参阅 D. Henrich, "Selbstbewußtsein: Kritische Einleitung in eine Theorie", in *Hermeneutik und Dialektik: Festschrift für H.-G. Gadamer*, hrsg. R. Bubner, K. Cramer, R. Wiehl und J. C. B. Mohr, J.C.B. Mohr, 1970, S. 266ff。

③ E. Tugendhat, *Selbstbewußtsein und Selbstbestimmung: Sprachanalytische Interpretationen*, Suhrkamp, 1979, S. 54.

如此这般的状态)的认知,这一事态体现为一个命题句("我 φ")。① 这里的关节点在于,索引词"我(ich)"的首字母不能被大写而名词化,因此它本身不能成为对象,"知道"的对象始终是含有"我"的命题句("我 φ"),因此在他看来,只有采用这种对"我知道,我 φ"的语义学的解释方法,才能真正避免自身意识理论中"(主)我'知道'(客)我"的"循环"困境。

与此同时,图根特哈特还批评海德堡学派对传统理论困境的揭显在根本上勾销了"自身意识"现象一般,因为海德堡学派发展出的"自身亲熟"实际上首先是将"自身意识"问题限制在了前反思的层面,而将对象化和论题化的维度划归给"自身认识(Selbsterkenntnis)"。因此,"自身意识"概念在海德堡学派这里受到"窄化",在此意义上,人们也可以说,传统理论对于"Selbst"或"Ich"的"对象化的"谈论这一维度在海德堡学派的"自身亲熟"中被勾销了。②

早于海德堡学派和图根特哈特,传统自身意识理论的基本主题在胡塞尔的现象学中就已得到了专门而细致的关注,而且,借助于胡塞尔现象学的"自身意识"理论,人们能够更好地厘清当代自身意识理论复兴中的种种争执。本文将特别关注这些争执中最为根本的一个,即"自身意识"的"反思模式"究竟有没有陷入循环?对象化的反思模式是不是全然是"坏"的?它究竟是否有其自身的存在权利?我们将在以亨利希为代表的海德堡学派和图根特哈特有关自身意识的探究和争执的背景中,追问胡塞尔现象学所能提供的是一种怎样的"自身意识"理论,进而去思考这种现象学的"自身意识"理论是否能够避免传统自身意识理论的"循环"困境,以回应图根特哈特的批评。

一

首先来看图根特哈特对于胡塞尔现象学的自身意识理论的讨论。

图根特哈特将传统自身意识理论概括为这样的一种基本图式:"z 表象 x (z stellt x vor)"。而且,在他看来,全部的传统自身意识理论都可以根据"(1) x 是否被看作与 z 同一,以及(2) x 和 z 被看作标示什么"这两点来加

---

① 参阅 E. Tugendhat, *Selbstbewußtsein und Selbstbestimmung: Sprachanalytische Interpretationen*, Suhrkamp, 2010, S. 56f。
② 有关亨利希和图根特哈特在自身意识问题上的争执和讨论,还可参阅倪梁康《自识与反思——近现代西方哲学的基本问题》,商务印书馆 2002 年版,第三十二讲;郑辟瑞《亨利希与图根特哈特的自身意识之争》,载《现代哲学》2010 年第 1 期,第 94 – 100 页。

以区分。①

传统自身意识理论在第二个问题上主要有两种看法,继而分为两个阵营:将 x,以及与之相关的将 z 要么是看作"自我",要么是看作"φ"状态(一种意识的状态)。或者说,在图式"z 表象 x"中 x 和 z 的两个候选者,一方面可能是"自我",另一方面则可能是"φ"状态(有意识的状态或经验)。

进一步的问题就是上面的第一个问题:在这个图式中,x 是否被看作与 z 同一。首先来看 x 和 z 这二者不同一的情况,即 x≠z 的情况。那么根据上面的第二个问题的看法,这里的 x 和 z 只能分别被归给"自我"或"φ"状态。我们无法在不设定一个"自我"的情况下去"表象"一个"自我",换言之,以"φ"状态作为主词(z)去"表象"一个"自我"(x)这在 x≠z 的情况下是决然不可能的。那么,这里能够存在的可能性只有两种:(1) x 和 z 分别被视为"φ"状态和"自我",即"自我表象意识状态";(2) x 和 z 分别被视为两种不同的"φ"状态,即"一种意识状态表象另一意识状态"。② 图根特哈特认为,在自身意识理论史上,这两种可能性都有其代表人物,前一种可能性由康德所代表,后一种可能性则由胡塞尔所代表。这一点是我们这里关注的焦点,后面还会再回到这个问题上来。

至于 x 和 z 这二者同一的情况,即 x=z 的情况,也有两种可能性。人们要么将 x 和 z 同时视为"自我",要么将 x 和 z 同时视为"φ"状态。也就是说,(1)"自我表象自我";(2)"意识状态表象意识状态"。图根特哈特将费希特视为前一种可能性的最重要代表,而将布伦塔诺视为第二种可能性的代表。以亨利希为代表的海德堡学派也是从一开始就拒绝了 x≠z 的模式,而致力于假定 x=z 的理论。

限于篇幅,我们这里当然无法进一步展开图根特哈特的论述,但是可以简要提及的是,图根特哈特的论证策略是,首先赞同亨利希和海德堡学派对于 x≠z 的模式的拒绝,进而集中火力批评了亨利希所假定 x=z 的理论,最终表明无论是 x≠z 的模式,或者是 x=z 的模式,它们的根本问题都在于"表象"上,正是对"表象"的诉诸,使得这里所提到的各类传统自身意识理论都不可避免地陷入了循环困境。像亨利希和海德堡学派那样纠结于 x 是否与 z 同一

---

① 参阅 E. Tugendhat, *Selbstbewußtsein und Selbstbestimmung*: *Sprachanalytische Interpretationen*, Suhrkamp, 2010, S. 51。

② 这里似乎还存在着第三种可能性,即 x 和 z 分别被视为两种不同的"自我",即"一种自我表象另一自我",但这种看法是荒唐的,因为此处谈论的是"自身"意识,如果这两种自我是不同一的,如何还能谈论自我对其"自身"的意识?实际上,我们马上会看到,图根特哈特对这里的、由胡塞尔所代表的第二种可能性也提出了类似的批评。

根本上是无济于事的，只要 x 和 z 一方面被从整体性的"我 φ"中切割为"我"和"φ"，另一方面连接 x 和 z 的谓词是"表象"的话。而他恰恰是从如下两个方面开始突进，继而提出其根本性的替代方案的：（1）将被切割开来的"我"和"φ"重新规整为"我 φ"；（2）彻底拒斥"表象"作为谓词。这一方案就被表达为："我知道，我 φ。"

我们回过头来看这里图根特哈特对于胡塞尔的批评。他将胡塞尔的现象学的（主要是《逻辑研究》第一版中的）自身意识理论归为 x≠z 的模式的第二种情况，即"一种意识状态表象另一意识状态"。在他看来，胡塞尔在那里以一种"极端、未被污染的形式呈现出来的内感知学说"阐明了这一点。x 和 z 都是体验，不过是不同的体验。每一个体验都可以被第二种"同时的"体验，以一种"内感知行为"所表象。但是"这种理解的弱点是显而易见的。根据这种理解，一个体验 a 表象另一个体验 b，但究竟在什么意义上这种情况可以被宣称为自身意识呢？"① 简单来说，图根特哈特对于胡塞尔的批评主要在于，在一种表象的视角下，与体验 b "同时"的体验 a 对于这个体验 b 的"内感知"是如何可以被视为自身意识的。

这里的关节点在于两个方面：一方面，胡塞尔这里的"内感知"是不是一种主—客体关系意义上的"表象"；另一方面，胡塞尔这里是否预设了 x≠z，或者体验 a 和体验 b。

图根特哈特这里所依据的是胡塞尔在《逻辑研究》第五研究中所谈论的三种"意识"概念中的第二种意识概念。在那里，胡塞尔宣称：这第二种意识"就是人们所说的那种——无论是在一般情况中，还是在某些类别情况中——伴随着现时体现的体验并将这些体验作为其对象而与之相联系的'内感知'"②。胡塞尔对这一种"意识"概念的界定常常会引起误解，比如在图根特哈特这里，这主要源于他的相关表述。

这里的困难之处在于这样两组表述：一方面是"伴随着现时体现的体验"，另一方面则是"将这些体验作为其对象"和"内感知"。根据胡塞尔，在现象学还原以后的意识流（或体验流）中，存在着两种类型的"被体验到的存在"："体验的抽象要素"和"体验"本身。胡塞尔说："随着这些体验在其整体上和在其具体的充盈中**被体验到**（erlebt），构成这些体验的各个部分和

---

① 参阅 E. Tugendhat, *Selbstbewußtsein und Selbstbestimmung*: *Sprachanalytische Interpretationen*, Suhrkamp, 2010, S. 52f.

② Hua XIX/1, A 333/B$_1$ 354. 本文所引胡塞尔文本分别参考了倪梁康、王炳文等先生的汉译本，特此致谢。时有改动，不一一注明。

抽象要素也一同被体验到，这些部分和要素是实项的意识内容。"① 单以"感知"为例，比如我们现在感知眼前的电脑，胡塞尔这里说的是，只要这个对电脑的"感知"行为本身"在我们的意识中发生"，它就是被我们"体验到"的，它也就是一个"体验"本身。对电脑的感知行为本身的被给予方式与电脑的被给予方式有着根本的不同，前者是"被体验到"的，后者则是"被感知到"的；而随着这一感知行为的"被体验到"，构成这一感知行为的"各个部分和抽象要素"也一同"被体验到"，比如此处例子中的电脑的那些面，那些感觉材料等。这里实际上出现了一种新的要素，即感知行为的"抽象的、杂多的感觉材料"，它们也是"被体验到"的。那么，根据上面胡塞尔的界定，第二种意义上的意识就是指一种对所有在体验流中现时体现的体验的、伴随性的把握到，它既包括对"体验的抽象要素"（比如，电脑的感觉材料）的把握到，也包括对"体验"本身（比如，对电脑的感知）的把握到，而且这种"把握到"意味着一种"将这些体验作为其对象"的"内感知"。换言之，按照这里的表述，我们既可以把"对电脑的感知"作为一个对象进而"内感知"这个"感知"行为，同样也可以把"电脑的感觉材料"作为一个对象进而"内感知"这些"感觉"材料。

我们知道，前一方面在胡塞尔的现象学中毫无问题，此处的对象化的"内感知"无非意味着一种"反思"，从素朴地朝向电脑（对其感知）转而进行一种目光的别转，一种对感知及其内容的"反思"或"内感知"完全是可能的。相反，这样一种描述的方式在后一方面，即在涉及"体验的抽象要素"时，会带来巨大的困难。

在胡塞尔这里，如果"体验的抽象要素"主要标识的是一个行为之因素或内容（感性材料）的特征，那么它们就只能"被体验到"，而始终不会"具有被感知性"，不会"具有感知客体的被给予性特征"。因为它们都是"'单纯的'或者前现象的体验的存在：整个素朴的感知和在此之中的一切组成成分（比如感觉材料、注意、统觉）是被体验到的，并且单纯被体验到"②。但是，"'体验'并不意味着对象性——拥有（Gegenständlich-Haben），并且以这种或者那种方式'指涉'此对象性，并且由此以这种或者那种方式表态等，而是说，它意指一切现象学上在现象学时间的关联体中'可发现之物'（Vorfindlichkeiten）以及也许是'已被发现之物'（Vorgefundenheiten）的统一体"③。因而

---

① Hua XIX/1, A 326/B₁ 348.

② Hua XXIV, S. 244.

③ Hua XXIV, S. 247.

在此之中包含着"前客体的、非对象性的"存在,这种"前现象的体验的存在"本身是"被体验到"的,而且是一种"单纯的""非对象性的"同时伴随着这些现时体现的体验本身的"被体验到"。

在1901年的《逻辑研究》中,除去上面提到的、易生误解的"内感知"的表述,胡塞尔也选用较少误解的"内意识(inneres Bewusstsein)"来标示这种"被体验到",而在《逻辑学与认识论引论》(1906/1907年)以及《内时间意识现象学》中则更为妥帖地将之称作"原意识(Urbewusstsein)"①。因此,胡塞尔此处所界定的第二种"意识"概念在根本上就不会意味着一种对象化的"内感知",而是指伴随一切体验进行之本身、并对此体验进行自身的一种非对象化的"原意识",它与亨利希和海德堡学派那里的伴随性的、前反思的、非对象性的"自身亲熟"指的是同一种现象学实事。

那么,这种"原意识"不仅是这些本身不能被对象化的"体验的抽象要素"的被给予方式,同样也是那些"体验"(感知)本身的被给予方式。特别之处只是在于,后者不仅仅是"原意识到"的,它还通过"反思"被"对象化"。简言之,"感觉材料"是被"体验到"("原意识到")的,而"感知"则既可以被"体验到"("原意识到"),也可以被"反思"所把握。

如此说来,尽管胡塞尔在《逻辑研究》中所使用的概念和表述——比如"内感知"、对象等——常常会带来误解,但是胡塞尔在那里所要表达的意思却是明确的。我们在意识流的进行之中,可以伴随性地、非对象化地、前反思地"原意识"或"内意识"到意识或体验的行进本身。因此,这样一种"原意识"或"内意识"也就是一种严格意义上的"自身意识"(与"自身认识"相对),这里所说的"自身"就是指意识或体验自身,"自身意识"就是意识或体验本身在其"流动"的同时被"非对象化的""伴随性的"意识到。这样一种"原意识"或"内意识"(以及带有歧义的"内感知")根本上不是一种对象性的"感知"或"表象",所以,图根特哈特批评中的第一点是不能成立的。或者也可以说,图根特哈特努力以一种"非表象"的语言分析的方法来代替的胡塞尔这里的"内感知"本身并非一种"表象",而是另一种的"非表象",或者更好地说是一种"前表象"。

基于此,胡塞尔这里存在的就不是一个第一性的意识行为之进行(体验a),而后有一个新的、第二性的意识行为(体验b)对之进行对象化的表象,事实上,这里只有一条意识流,在此意识流行进之中,对此意识流之行进的

---

① Hua XIX/1, A 332/B₁ 354; Hua XXIV, S. 247; Hua X, S. 118ff, 124ff;也可参阅倪梁康《自识与反思——近现代西方哲学的基本问题》,商务印书馆2002年版,第389-399页。

"原意识"或"内意识"是这个意识流自身之中不可分割的要素,而且,正是这一伴随性的、不可分割的要素本身才使得那样一种随后的对象化的、反思性的"体验 b"得以可能。就像耿宁曾借用瑜伽行派的比喻所做的说明那样,意识进行与其伴随性的原意识之间的关系并非像刀(刀可以切割它物,但不能切割自己),而是像灯(灯可以照亮其他物,同时也照亮它自身)。① 就此而言,并非像图根特哈特所说的那样,胡塞尔在 x≠z 的模式下探究自身意识,实际上,胡塞尔与亨利希和海德堡学派(当然还有布伦塔诺等人)一样是在 x = z 的模式下讨论自身意识的。而且,不同于图根特哈特对论题化的、命题化的自身认识的强调,胡塞尔这里所谈的仍然是一种严格意义上的前反思的、非论题化的"自身意识"或"原意识",是"非本我论的",或者说,在这里并不需要一个对"自我"的预设。这一点无疑使之更为接近亨利希的"自身亲熟"的立场。

二

但是,与亨利希和海德堡学派不一样,胡塞尔并没有仅限于前反思的维度,事实上,"反思"的维度才是其现象学的重中之重。换言之,图根特哈特对于海德堡学派的批评不会适用于胡塞尔,胡塞尔并没有放弃反思,更没有勾销或窄化传统的自身意识理论的主题。胡塞尔在 1913 年重新开始讨论"纯粹自我",那么,他又是如何来谈论"我"的给予性的呢?

胡塞尔在这里使用了图根特哈特和海德堡学派都视为"循环"困境之同等物的"反思"概念。甚至我们也可以说,胡塞尔发展了一种现象学的自身意识理论的反思模式:纯粹自我和人格自我都是一种反思的自身统觉的对象。② "每一 cogito(我思)的本质中一般都包含着如下这一点:一个被我们称作'自我—反思'(Ich-Reflexion)的新的类型的 cogito 在原则上是可能的,这个新的 cogito 在之前的、自身现象学地变化着的 cogito 的基础上把握到该 cogito 的纯粹主体"③。显然,胡塞尔这里将一种与意识流行进之中的、自身流变着的"我思"相比而言是新的类型的"我思",也就是一种次生的、第二性的"我思"称作"自我—反思",正是在这一"自我—反思"中,纯粹自我作为对象而本原地被给予。无论是那些自我在其中现时地生活着的"突显的"意识体验,还是那些自我非现时地生活着的"背景"意识,所有这一切都是在

---

① 参阅耿宁《胡塞尔哲学中的自我与自身意识》,张任之译,载耿宁著、倪梁康编:《心的现象》,商务印书馆 2012 年版,第 216–218 页。
② 参阅 Hua Ⅳ, S. 247f.
③ Hua Ⅳ, S. 101.

"反思"中被认识到的。正是反思使得我们通常意义上所说的作为现象学研究对象的"纯粹意识领域"被给予出来。

这里的这种新型的"我思",并不仅仅是指"自身感知",实际上也是指那些"相应的自身把握之变式的可能性,即一种自身回忆、自身想象等的可能性"①。简言之,这样的一种第二性的、新型的"我思"或"自我—反思"是一种对象化的意识,在它之中,纯粹自我自身被给予。当然人格自我同样也在这种反思中被把握到。

那么,现在的问题就在于,这样的一种"自我—反思"对"自我"的对象化的把握的现象学本质结构是怎样的?它是否还会陷入传统自身意识"反思"模式的循环困境之中,或者说,它如何规避这种循环困境?

我们可以从两个方面来回答这里的问题:首先是这种对象化的"自我—反思"和"原意识"之间的关系,其次是这种"自我—反思"本身的结构。

前文提到,传统自身意识理论反思模式意味着一种"主我'反思'客我",它陷入循环困境的症结主要在于,如果要避免一种无限回退,人们需要确知这个进行反思的"主我"是如何把握到自身的。根据胡塞尔的现象学的自身意识理论,就像在亨利希和海德堡学派那里一样,在意识流行进的同时存在着一种伴随性的"原意识",它是前反思的、非对象化的。正是这种原意识或自身意识使得一种"意识流的自我极化(Ich-Polarisierung)"得以可能,因为自我在这里首先意味着一种"与格的我(mir)"②,是"ego cogitio"中始终"在着"的、构成一种"归化"的"自我极"(它既可以指一种形式的、空乏的自我极,也可以指一种个体性的、人格的习性极)。因此,恰恰是在这种"原意识"之中,"活生生的意识"非对象性地"亲熟"其自身。这种"原意识"始终是第一性的,它构成了随后一切类型的"反思"或"自身把握之变式"赖以可能的基础。"自身感知是一种反思(纯粹自我的自身反思),并且就其本质而言预设了一种非反思的意识。"③ 换言之,在胡塞尔这里,一种第一性的原意识为其后的、次生的"自我—反思"奠定基础,因此在传统自身意识理论中反思模式的那种困境就消除了。"反思"并非是全然不好的,只要

---

① Hua Ⅳ, S. 101.

② 所谓的"与格的我",在这里意味着,意识体验流本身的一种自身给予方式,或者一种意识向着自我的极化,或者意识流的一种第一人称的被通达方式。自我,无非意味着意识流的一种同一化,而这种同一化首要的在于意识的第一人称的自身被给予性的方式。需要注意的是,这里的意识流的同一化(Identifikation),不同于意识流的统一化(Einheit)。在胡塞尔那里,后者是由意识流的双重意向性来保证的(参阅 Hua Ⅹ, 第38、39 节)。

③ Hua Ⅳ, S. 248.

它不去"僭越"它自身的本质。

不仅如此,如同图根特哈特一样,胡塞尔也正是在对这种"自我—反思"的本质结构的现象学考察中探究了"自我"的问题,从而也避免了像图根特哈特所批评的海德堡学派那样勾销了"传统自身意识理论"中的"自我"这一重要维度。

问题是,在胡塞尔这里,这种"自我—反思"的现象学结构是怎样的,或者说,这种反思的对象是什么。是孤零零的"我",孤零零的"φ",或是一个整全的"我φ"?在20世纪20年代初的"第一哲学"讲座中,胡塞尔给出了明确的答案:由于现象学还原的这种"加括号","我获得了我的如其真正地和纯粹地在自身中存在或曾存在那样的作为体验的'我感知'。我获得它作为我的超越论的主体性的成分,这种超越论的主体性从它那个方面说,只应该是自我和自我生活,如其在自己本身中和为自己本身所是的那样"①。在这里,胡塞尔告诉我们,借助于一种现象学的悬搁,即我们不去管世界存在还是不存在,仅仅去关注那些自我在其生活中对于世界的经验,我们所获得的就是一种"我感知"的体验,在这种体验之中,世界作为一种现象作为一种意识被包含在内。

我们可以举一个具体的例子来看胡塞尔这里试图表达的意思。比如,当我走近文科楼,我素朴地、直向地观察它,继而获得对它的感知。在这里,我们可以发现,当我专注于文科楼时,我是以一种"自身迷失(Selbstverlorenheit)"或者"忘却自身(selbstvergessen)"的方式进行感知的,也就是说,我完全投身于对这栋楼的打量、观察中,"自我"并没有凸显,它"迷失"了。但是这里所说的"迷失"主要是指它没有被主题性地关注到,事实上,就像胡塞尔对于"注意意识(attentionales Bewusstsein)"的强调那样,在这种意向性的"感知行为"中,"自我"始终是现时地生活着的。那么,在这里的这个对文科楼的专注感知的例子中,这个意识行为的根本结构就是一个三重体:ego-cogito-cogitatum(本我—我思—我思对象)②。它包含着一个始终"现时地"生活于其间、但又"自身迷失"了的 ego(我),一个具体的进行着的 cogito(感知)以及与之相关的 cogitatum(被感知到的对象,文科楼)。就此而言,一个当下意识行为的现象学的本质性结构的"独一无二"之处就表现在语法上的"主语—宾语—述谓"中。③

---

① Hua Ⅷ, S. 87.
② 参阅 Hua Ⅰ, S. 28.
③ 参阅 Hua Ⅷ, S. 88.

现在，这个对文科楼的关注的感知行为在"自我迷失"之中"流过去了"，我开始尝试"回过头来""反思"我刚才的行为，那么，我们会发现，在这个（后）"反思"的行为中成为对象的究竟是什么。它不是文科楼（我思对象），它也不单单是感知行为（我思），它更不会是那个"自身迷失"的我，而毋宁说，构成（后）"反思"行为对象的是刚刚流逝过去的那个"三重体"ego-cogito-cogitatum，那个语法上的"主语—宾语—述谓"。这里我们发现了胡塞尔现象学进路与图根特哈特的语义学进路的惊人的一致之处，这里的"三重体"，这里的语法上的"主语—宾语—述谓"不就是图根特哈特所强调的那个整全的、不该被切割的"我 φ"吗？很显然，并不是像图根特哈特所理解的那样，任何"自身意识"理论的意识哲学的进路，或者说"自身意识"的"表象"模式都会纠结在"主我"和"宾我（mich）"这样的分裂中，都会纠结于对"我 φ"的不合宜的切割中。胡塞尔的现象学的意识哲学进路恰恰坚持了对"反思"之对象的整全性的把握，在此意义上，我们完全可以说，现象学反思的对象就是一种"我 φ"，但它首先是一种前语言的整全的"我 φ"。

在现象学的反思中，"我"作为反思的自我执行了一种"反思—返向抓取（zurückgreifen）"，借此而将那个素朴的已经流逝的感知行为和忘却了自身的自我重新"发觉"出来，也就是说，恰恰是在这种反思之中，在这种"后发觉（Nachgewahren）"之中，这个进行着反思的"我""拥有了我在'我感知'这个行为中的再次出场，在这种再次出场中，我使那个忘却自身的自我和先前未被感知到的'我感知这栋房子'变成我通过把握而指向它的被感知内容"①。正是反思，使得之前的那个意识行为本身（我对文科楼的感知）成为了对象——这个意识行为之三重体在之前并没有被感知到，在之前被伴随性地、前反思地、非对象化地"原意识"到的只是意识行为体验——而不是直接将这个意识行为的对象（文科楼）取过来作为反思的对象，而且，也正是反思，使得在之前那个意识行为之中"自身迷失"的自我得以"再次出场"，并且是在这个三重体之中的出场，或者说，反思使得这个原本自身迷失的自我被激发出来成为可被把握的。所谓的"自身认识"或者"自我—反思"恰恰就始终是在对所有那些"三重体"的反思性抓取中，获得对这个"自我"的理解和认识的，哪里存在对一个孤零零的"（宾）我"的反思或认识呢？

问题看起来已经很清楚了，一种现象学的自身意识理论的"反思模式"，在根本上就是通过对前语言的整全的"我 φ"的"反思—返向抓取"来把握、认识"我"的。这种"反思模式"如果用语言表达出来就是："我反思，我

---

① Hua Ⅷ, S. 88.

φ"。如果说，在图根特哈特那里，"认识的自身意识"理论一方面强调的是不同于"**客体**知识"的"**事态**知识"，另一方面强调的则是不同于"**客体**表象"的"事态**表达**"，那么，在胡塞尔这里的这种现象学自身意识理论的反思模式强调的也同样不是"**客体**知识"和"**客体**表象"，而是"**事态**知识"和"事态**反思**"。

但是，与图根特哈特试图通过分析我们是如何使用"我知道，我 φ"这样的语言表达的语义学进路来探究"自身意识"现象决然不同，现象学的进路最终诉诸的是我们的直观、明见性和自身被给予性。套用胡塞尔一段对现象学之"无可比拟的作用"的强调的话来说，使得"自身意识"现象得以有效探讨的，"不是一个从语言概念中跃出的思想，一个远离直观的构思游戏，而是一种**直观地取材**于现象学的被给予性的**研究**"。①

三

从总体上来看，尽管海德堡学派和图根特哈特都在"自身意识"的名下讨论问题，但他们对于这一概念的两个组成部分（"自身"和"意识"）都有着不同的理解。唯一共同的地方只是在于他们的出发点，即拒绝将"自身"理解为"自我"。双方随后的发展则鲜有交集。在亨利希这里，"自身"意味着"活生生的有意识的生活"自身，"意识"则意味着对这种"自身"的前反思、前课题化的"亲熟"；而在图根特哈特那里，"自身"则是指"我 φ"（一种可以命题化的"我的如此这般的状态"），"意识"则是一种论题化乃至命题化的"认识"或"知识"。

海德堡学派和图根特哈特也分别提供了走出传统自身意识理论"循环"困局的不同模式或方案，但他们的模式并不像他们自己所认为的那样完全对立，而是可以相互补充。在对（广义的）"自身意识"的探究中，人们不仅需要规避或解决传统模式的循环困境，比如像海德堡学派那样区分"前反思的"和"反思的"维度，并借此而强调一种"非对象化的"自身亲熟，同样也需要强调反思的维度，图根特哈特式的语义学的解释方式的确可以更好地处理"反思层面的"自身意识（自我意识）问题。基于这一突破性贡献，图根特哈特坚决拒斥"直观"的方法，而坚持"语言分析"的方法，坚持认为只有采用语义学的解释方法，才能真正避免自身意识理论中的"循环"。因此他将其研究自身意识理论的代表性著作《自身意识与自身规定》一书的副标题标示

---

① 参阅 Hua XXV, S. 80f。有关于此，也可参阅汉斯·莱纳·塞普《现象学是如何被动机促发的?》，余洋译，载《广西大学学报·哲学社会科学版》2014 年第 4 期，第 34–40 页。

为"一项语言分析的解释"。

相较而言,图根特哈特的语义学的进路在论题域方面的确要比海德堡学派(至少是第一代海德堡学派)更为宽广,而且,不同于他之前的众多语言分析哲学家,图根特哈特借助于语义学的方式探究了传统哲学的诸多核心问题,也使得传统问题的层次、困难和表述更为清晰化。具体到这里的"自身意识"问题,通过对"我知道,我 φ"这一结构的强调,图根特哈特的确使人们能够更为恰切地把握住命题化的"自身认识"的结构,这一点是他超出早期海德堡学派的地方。

然而,诚如海德堡学派对于图根特哈特的反批评那样,一方面,在拒绝了一种"前反思"的"自身意识"的先天可能性以后,这样一种命题化的"自身认识"如何能够摆脱"循环"的困境?另一方面,这种语义学的方案在根本上预设了所有(意向性的)意识都是命题性的①,那么在这样一种意向性的意识和命题性的表达之间的关系又如何?前一个方面主要质疑的是图根特哈特的语义学进路是否能够走出传统自身意识"循环"困局的问题,这是本文关注的重点。后一个方面则在根本上质疑图根特哈特这种与意识哲学相对的、语言哲学的出发点。这一哲学根本出发点上的争执在当代的最主要形态就是在语言哲学与现象学之间的争执。事实上,对现象学、特别是胡塞尔现象学的批评的确也构成了图根特哈特引入其语言分析哲学的起点。②

我们已经看到,胡塞尔的现象学事实上既为我们提供了一套"意识流"之"自身"的现象学描述,同时也为我们提供了有关于"自我"的现象学理论。换言之,一门广义上的现象学自身意识理论既包含着前反思的、非对象化的(狭义的)"自身意识"或"原意识"维度,也包含对象化的、反思性的"自身认识"维度。

不仅如此,胡塞尔还强调,后面这种第二性的、反思性的维度始终要奠基在前面那种第一性的、前反思维度的基础上,前反思的"原意识"是一切类型的对象化的反思得以可能的基础。正是基于"前反思的"和"反思的"这两个维度的区分与突显以及这两个维度之间奠基关系的强调,胡塞尔现象学的自身意识的"反思模式"避免了传统自身意识理论的循环困境(主要是前文论及的传统理论反思模式的两个困难的第一个方面)。同时,胡塞尔这里的反思也并非传统的模式,而是与图根特哈特的语义学模式相对应的意识论的模

---

① 参阅 E. Tugendhat, *Selbstbewußtsein und Selbstbestimmung: Sprachanalytische Interpretationen*, Suhrkamp, 2010, S. 20。

② 参阅 E. Tugendhat, *Vorlesungen zur Einführung in die sprachanalytische Philosophie*, Suhrkamp, 1976。限于本文的主题,我们主要关注的是前一方面,后一方面则无法展开。

式。通过现象学的研究,他清楚地揭示出反思的本质性结构,从而使得传统理论反思模式的基本困难得到解决。

但是,如果我们这里将现象学的自身意识理论的反思模式规定为"我反思,我 φ"的话,那么,我们还得面对弗兰克(M. Frank)对图根特哈特的"我知道,我 φ"所提出的那个质疑,那个在图根特哈特的语义学进路中无法应答、乃至他认为无须应答的质疑:在"我知道,我 φ"(以及"我反思,我 φ")这样的表达中,在主句"我知道"(或"我反思")和从句"我 φ"中,索引词"我"两次出现,它们之间的同一性是如何保证乃至得到论证的。① 它类似于前文论及的传统理论反思模式的两个困难的第二个方面。

让我们再次回到前面的那个例子上去。我忘却自身地专注于对文科楼的感知,"而后"我"反思—返向抓取""后发觉"之前的这个包含着忘却自身的我、这个"我"的专注的感知行为及其对象的"三重体"。从这些表述中,人们很容易理解到在之前专注于感知行为的"我"和"而后"进行反思的"我"之间的一种"在时间上的分离"。我们如何能说,这两个在时间上分离的"我"是同一个我呢?胡塞尔说,分离不代表着一种绝然的无关,人们首先需要避免两个论证方面的歧向。

首先,这种"分离"不是必然的,因此,我们没有理由以时间上的分离作为根据来否证我的同一性。反过来也可以说,我们也完全无须在论证中尝试解决分离的困难来论证同一性。这里所说的"时间上"的分离与否都涉及一种外在客观时间,它与内时间意识无关。比如,如果我持续性地观察这栋楼房,也就是说,我始终在反思和直向的观察行为之间来回变换,那么,在这个活生生的现在,"我以共实存的方式拥有了**双重化了的自我和双重化了的自我—行为**;就是说,拥有现在连续地观察这栋房子的自我,和实行下面这个行为的自我:即'我意识到我连续地观察这栋房子',而这个行为可以用下面这种方式表示:我观察这栋房子"。② 换言之,我们完全可以不分离地就把握到"双重化了的自我",对同一性的追问,恰恰是指向这里的"双重化"的,即便不分离,人们仍然得面对前述弗兰克的质疑。

其次,在反思之中,先前忘却自身的自我被反思激发起来,但是同时,在现在进行的这个反思活动,它又是一个意识的"三重体",在其中,当我专注于被反思的对象时,这个进行反思的"我"又是"自身迷失"的。我们如何

---

① 参阅 M. Frank, *Die Unhintergehbarkeit von Individualität*, Suhrkamp, 1986, S. 79f; M. Frank, *Selbstbewußtsein und Selbstbestimmung: Sprachanalytische Interpretationen*, Suhrkamp, 2010, S. 423f.

② Hua VIII, S. 89.

把握这个"我"呢?胡塞尔说,我们需要一个更次生的、或者更高阶的反思行为。对这个反思行为的对象"三重体",我们可以描述为:我意识到"我感知到这房子"。此处的 cogito 变成了"意识到",cogitatum 则是"我感知到这房子",ego 还是作为主语的这个"我"。对这个更次生的、或者更高阶的反思行为本身的描述就会变成:我知道,我意识到"我感知到这房子"。那么人们当然会继续追问,对这个主句中主词我的把握呢?胡塞尔肯定了一种继续下去、乃至无限的"反思"的"可能性"。这不就是传统自身意识理论反思模式的循环困境中的"无限回退"的问题吗?这个问题能否置现象学的自身意识理论于死地呢?胡塞尔会告诉我们,当我们试图这样论证或否证的时候,实际上我们又走上了一条新的歧途。因为这里被他所肯定的可将反思"无限"地推延下去,只是一种可能性。现象学在这里保持了它的本质科学的本色,一种无限推延下去的"反思—返向抓取"的可能性是永远存在的,但这样的"无限回退"不是坏的,不是所谓的经验—事实科学的考察,而仅仅是一种"自由的想象变更",正是在这种有着无限可能的"自由想象变更"中,那个作为常项的本质可以被我们把握到,也就是这里的"自我—反思"行为的本质一般性被我们直观到。所以,人们完全没有理由以这样一种可能的、可无限推延下去的"我"的无限之链来否证"我的同一性"的不可能性。

那么,如果我们不走上这两条可能的歧途,事情的真正解决又在哪里呢?基于现象学的明察,我们明见到,我们的意识流始终是流动着的,但它也始终保持为一,在内时间意识的维度上说,直向的感知行为,而后的反思行为,乃至处在可能性中的无限的反思行为,的的确确有着一种内时间意义上的演替,然而"自我"却不在这儿,自我并不实项地存在于这个意识流之内,当然它也就不生活于这种演替之中,所谓的自我在时间上的"分离"根本上是在客观时间的维度上说的,它无关于内时间意识层面的事情本身。同时,"自我"又一直地在着,而且是"在数值上"同一地在着,变换不居的是体验,"自我"则始终保持为一。这只是因为,这里的"自我"在首要的意义上是"与格的我",无论是感知行为、反思行为,甚至是可能的、无限推延的反思都以一种特有的方式被给予"我",或者被"我"所通达。在这里,没有多个或者无数个我,我始终只是在"ego-cogito-cogitatum"中的同一个 ego。同一性的问题,根本上是"极化"的问题。"我看到,我本身能够将我自己作为在更高的反思中进行概观的自我建立起来,我能够在**明见的综合同一化**中意识到所有这些行为极的以及它们的由情况决定的存在方式之多样性的同一性。因此我说:在这里我到处都是同一的,我作为反思者是同一的,它在以后的把握中被理解为是未被反思的,它作为对自身进行感知者,将我看成例如对房子进行感知者，如此等等。"① 这个"我"是我永远都无法勾销的我，如影随形。

这正是意识自身所葆有的令人讶异的事实，而现象学的自身意识的"反思模式"所尝试的恰恰是将这种奇特的意识景象展现出来，哪里还存在着什么循环的困境呢？

简短的结论

以亨利希为代表的海德堡学派和图根特哈特都将传统自身意识理论的困境判为"循环"困局，双方又都为摆脱"循环"困局而另辟蹊径，但又都被对方驳斥为仍身陷其中。似乎，"循环"困局要么成了对传统自身意识理论或当代自身意识理论异己立场批评的利剑，要么成了当代自身意识理论所竭力规避的标签。毫无疑问的是，自费希特以后，"循环"这个字眼与自身意识理论紧紧联系在了一起，但"循环"是否真的是一切自身意识理论无法逃脱的宿命？

事实上，由海德堡学派和图根特哈特所提供的走出传统自身意识理论"循环"困局的不同模式或方案，在根本上并不完全对立，而是可以相互补充。在对广义上的"自身意识"的探究中，我们需要同时在"前反思的"和"反思的"两个维度上着力，海德堡学派的"自身亲熟"关注的是前一维度，而图根特哈特式的语义学的进路更多强调的则是后一维度。

然而，在对后一维度的强调中，图根特哈特坚决拒斥了任何"意识哲学"进路的可能性。在其语义学的解释框架下，只要胡塞尔的现象学依然强调反思、内感知等直观方法，现象学在探究"自身意识"问题时就根本无法摆脱循环困局。图根特哈特曾经宣称胡塞尔的现象学已经被分析哲学所超越。把这一宣称放到我们问题的语境中来，他也一定会认为，胡塞尔对"自身意识"的现象学研究已经被其对"自身意识"的"语言分析的解释"所超越。但问题是不是这样？

我们已经看到，尽管图根特哈特的这项对"自身意识"的"语言分析的解释"发表于1979年，但是它对胡塞尔的讨论和批评仍然仅仅依据于胡塞尔1901年的《逻辑研究》，而对发表于1960年前后的《第一哲学》（1959年）和考证版《内时间意识现象学》（1966年）等研究视而不见或者避而不谈。但正是在后面的这些著作中，胡塞尔对"自身意识"的现象学研究才得到较为系统的展开。

在这里，胡塞尔的现象学向我们展示了，"我"是如何"前反思"地知悉"我"，又是如何"反思地"把握到"我"的，以及根本上，这个"行反思"

---

① Hua Ⅷ, S. 91. 强调形式为笔者所加。

的"我"意味着什么,它自身的统一性是如何获得的,如此等等。胡塞尔的现象学进路不正体现着对海德堡学派和图根特哈特这两种立场的综合吗?尽管是以其本己的方式("原意识"和"我反思,我 φ")的一种"预先"的综合。而且,正是在对"原意识"和"反思"二者之间的奠基关系的明确和强调中,传统理论的"循环"被勾销了。

实在说来,图根特哈特语义学的激进路线对当代"自身意识"理论贡献亦颇为显著。然而,他对 1960 年前后发表的胡塞尔系统的现象学进路的"视而不见或者避而不谈"却使他错失更多。在一定意义上,本文的工作可被视为:在更为整全的胡塞尔的立场下,对图根特哈特的"自身意识"的语义学进路或"语言分析的解释"的一种"现象学式"的回应。

(本文原载于《世界哲学》2015 年第 1 期)

德里达能否走出逻各斯中心主义？

张逸婧

逻各斯中心主义是德里达所要解构的重点对象之一。德里达是否成功做到了这一点？本文将通过考察其题为"系词的替补"的文章来回答这个问题。为此，首先有必要简单介绍"系词的替补"这个主题为什么对于解构工作具有重要的意义，接着展开对德里达文章的评论，并在此基础上揭示德里达的思想自身可能面临的局限。

一、"在场"及其"替补"

德里达的哲学工作有很大一部分是对在场形而上学的批判，或曰解构。在场形而上学的一个特点是德里达所谓的逻各斯中心主义，又称语音中心主义。语音中心主义涉及西方传统语言观念中语音和文字的对立。由于西方的语言文字都是拼音文字，所以会产生书面文字的地位低于语音的偏见。为了推翻语音中心主义，德里达的做法是把文字看得比语音更重要。在场形而上学把语音看作在场者，而文字不过是对语音的替补，即当语音不在场时充当其替补。德里达却认为，替补的地位并非从属的，而是原始的，因为任何语言符号的意义都来自延异（différance），即在时间（的延迟）中形成的符号与符号之间的差异。人们所以为的在场本来就是延异的结果，所以没有原初的在场，有的只是踪迹和替补。文字就是踪迹和替补。或许可以说，文字是延异的具体化。德里达发明"延异"这个词也是为了突显文字的重要性，因为这个词在法语中和"差异（différence）"是同音词，不能仅从语音辨识，而必须借助文字。

"在场"一词在法语中是 présence，在古希腊语中是 parousia。根据海德格尔在《存在与时间》第 6 节中的解释，形而上学把存在者的存在理解为实体和在场。① "实体"在古希腊语中是 ousia，它是"在场"，即 parousia 的词根。而 ousia 的词源则是古希腊语中的"存在"，确切地说是既表示"存在"又具有系词功能（即连接主语和谓语）的一个词，其不定式为 einai，相当于法语

---

① 转引自 Jacques Derrida, "Ousia et grammè: Note sur une note de *Sein und Zeit*", in *Marges de la philosophie*, Minuit, 1972, p. 33。

中的 être。海德格尔所说的"存在者",即古希腊语中的 to on,也是从 einai 变化而来。由此可见,系词、实体、在场、存在者这些词都有着同一个词源。但真正把实体和在场等同起来的人与其说是亚里士多德,不如说是海德格尔。"在场形而上学"是德里达从海德格尔那里借用来的说法。在对待形而上学的态度上,德里达受海德格尔的影响非常深。这也在很大程度上决定了他能否走出逻各斯中心主义。本文将予以揭示。

以上的概述或许过于简单化了,但笔者只是想要突出"替补"和"系词"在德里达解构在场形而上学的工作中所占据的位置。这样可以帮助理解,德里达为什么要作一篇长文,题目就叫"系词的替补(Le supplément de copule)"。和德里达的许多文本一样,这篇文章不是建构性的,而是解构性的。也就是说,德里达并没有从正面建立自己的理论,而是以批判性地阅读别人的文本为主。本文的目的不是综述德里达的文章内容,而是批判性地阅读德里达的批判。

《系词的替补》一文所批判的对象是本维尼斯特(Emile Benveniste, 1902—1976)的文章《思想的范畴和语言的范畴》(Catégories de pensée et catégories de langue)以及其他相关文章。本维尼斯特是旅居法国的语言学家,索绪尔的再传弟子。他在印欧语系比较语言学和普通语言学方面的研究影响了许多法国哲学家。他在《思想的范畴和语言的范畴》这篇文章中,逐个分析了亚里士多德《范畴篇》中十个范畴与古希腊语语法范畴的关系,并进一步探讨了系词问题。亚里士多德的范畴简单来说就是谓词的种类。谓词需要通过系词来实现谓述功能。因此,系词是范畴理论的基础。然而,用同一个词来表达"存在"这个含义并充当系词,是古希腊语特有的语法现象。本维尼斯特还给出了没有系词的语言的例子,并通过跨语言的比较得出结论,不但范畴是古希腊语的范畴,而且正是古希腊语的结构使"存在"获得了哲学地位。此论一出,招来法国许多亚里士多德研究专家的反驳:亚里士多德对存在问题进行了如此深刻的思考,怎么能说他只是无意识地把希腊语的语法范畴当作了思想的范畴?言下之意,这大大有损亚里士多德逻辑学作为思维法则的普遍性。这里有必要补充一点,本维尼斯特并非第一个指出亚里士多德的范畴与古希腊语有关的人。最早的发现者是亚里士多德著作的阿拉伯语译者,因为他们是最早把亚里士多德著作翻译成非印欧语系语言的人[①]。此外,在本维尼斯特之

[①] 阿拉伯语世界内著名的亚里士多德研究者,如阿维洛伊、阿尔－法拉比等,都留下了关于阿拉伯语中如何翻译古希腊语系词的相关论述。参见 Alain de Libera, "Prédication", in Vocabulaire européen des philosophies: Dictionnaire des intraduisibles, éd. Barbara Cassin, Seuil/Robert, 2004, pp. 1014 – 1015。另见 Rémi Brague, Encadré 1, "Existence, arabe 'wuğūd', et 'Vorhandenheit'", in Vocabulaire européen des philosophies: Dictionnaire des intraduisibles, éd. Barbara Cassin, Seuil/Robert, 2004, p. 1382。

前，已经有不止一位西方的哲学史家指出过这个关联，在德里达的文章中也有提及。但似乎本维尼斯特引起的反响最大。或许原因是他从比较语法的角度重新阐述了这个关联，又用法语写作，所以他的话更有分量也传播得更广。

在亚里士多德的形而上学中，范畴和"存在"一词的意义有关。海德格尔重提了存在的意义问题。德里达是站在海德格尔的立场上来理解亚里士多德的。本维尼斯特的文章自然也就引起了德里达的注意。由于德里达是对本维尼斯特做选择性的引用和评论，下面将以德里达的思路为顺序展开。

二、对非逻各斯中心主义的逻各斯中心主义解读

德里达首先批评本维尼斯特无视历史性。这里的历史性是指哲学概念的历史。德里达认为，本维尼斯特所说的语言体系，以及与之相对的范畴体系、逻辑体系，这些概念本来就是形而上学史的产物。① 既然形而上学比语言学更为古老，所以本维尼斯特用来批判形而上学的概念本身已经是形而上学的，而且他对此并没有反思，不加批判地运用这些概念。德里达的批评看起来似乎很有道理。然而，德里达自己在批判形而上学的语音中心主义时，尤其是在提出他的标志性用语"延异"时，在很大程度上借用了索绪尔的语言学理论，他自己是否做到了批判地运用语言学、也就是说形而上学的概念呢？当他在另一篇题为"延异"的文章中说，延异"不再仅仅是一个概念，而是一切概念、一般意义上的概念体系和过程的可能性条件"时②，很难说延异就不是形而上学史的产物了，顶多只能说他试图借助延异来思考形而上学的本原。然而，本原问题本身就是一个形而上学问题。

现象学家贝尔奈特（Rudolf Bernet）在评论德里达的早期著作《声音与现象》时指出，德里达用来反对形而上学的一些主张本身是形而上学的，这妨碍了他对于语音与文字之间关系的分析。③ 在笔者看来，这一批评同样适用于"系词的替补"。或许正因为德里达多少意识到自己受制于形而上学思维，所以他在《延异》一文中说，延异是索绪尔所说的差异的本原，但"本原（origine）"这个词不适用于延异。④ 然而，德里达又喜欢把延异叫作"本原文字（archi-écriture）"或"本原痕迹（archi-trace）"⑤。法语中的前缀 archi- 来自

---

① Jacques Derrida, "Le supplément de copule", in *Marges de la philosophie*, Minuit, 1972, p. 216.
② Jacques Derrida, "La différance", in *Marges de la philosophie*, Minuit, 1972, p. 11.
③ Rudolf Bernet, "La voie et le phénomène", in *Derrida, la tradition de la philosophie*, éds. M. Crépon et F. Worms, Galilée, 2008, p. 66.
④ Jacques Derrida, "La différance", in *Marges de la philosophie*, Minuit, 1972, p. 12
⑤ Jacques Derrida, "La différance", in *Marges de la philosophie*, Minuit, 1972, p. 13, 14.

古希腊语的 archê，这个词的含义有"开端""原则"等。因此，上述用语无不表现出他对本原的执念。所谓本原文字就是现有语言符号的本原，但又不应该称之为本原。又说是本原，又说不是本原，这种做法就像德里达从海德格尔那里借用来的另一种做法，写出一个词又给它打上叉，都表现出一种无能为力，亦即想要摆脱但又无力摆脱自己所使用的语言对于思想所施加的影响。而语言对于思想的影响，正是《思想的范畴和语言的范畴》一文的主题。

德里达对历史性的强调和他对本原的执念是一致的。他着重指出了本维尼斯特所忽视的三个历史性。

第一个历史性是语言和思维这两者区分的本原。本维尼斯特的结论是亚里士多德的范畴来自古希腊语的语法范畴，即思维的范畴来自语言的范畴。德里达认为这一结论预设了一个前提，那就是语言和思维的区分。德里达批评本维尼斯特默认语言和思维是两回事，却没有质疑这一区分从何而来。在笔者看来，这是因为德里达和本维尼斯特两个人看问题的角度不同。德里达的角度是哲学史、形而上学史。本维尼斯特的角度是语言学、比较语言学。换言之，德里达是在印欧语系内部看问题，而本维尼斯特是从外部、从非印欧语系的角度看问题。正是这一差别决定着两人对亚里士多德范畴学说与希腊语语法的关系这一问题的认识。一个不会任何外语的人很容易以为语言和思维自然而然地是完全一致的。在一种语言内部，语言与思维的关系根本不会作为问题被提出来。由于西方哲学的主要语言都是印欧语系的语言，它们都有"存在"这个词，所以西方哲学家无法设想没有"存在"的语言，传统的形而上学家更无法接受"存在"的地位被降低到一个语法特征上。德里达批评本维尼斯特默认语言和思维的分离，这无异于说他自己默认了语言和思维的一致。然而，德里达的同胞伏尔泰在三百年前就通过耶稣会传教士了解到了中国文化的存在，从而质疑了基督教文化的普世性。当然，中国人也是在遇到西方传教士后才知道中国不是世界的中心。中西相遇之后，德国语言学家洪堡、法国汉学家雷慕沙都通过对中文的了解，反思了语言与思维的关系。无视历史的人恐怕是德里达。

第二个历史性涉及范畴这个概念自身的历史。按照德里达的理解，亚里士多德所做的，不是像本维尼斯特说的那样，把哲学范畴还原为语言范畴，而是追问语言和思维的共同根基。这个根基就是"存在"。在亚里士多德那里，语言和思维的区分不存在，是因为范畴同时是语言的范畴和思维的范畴。[1] 为什么德里达说"存在"一词把语言与思维统一起来，而且统一比分离更为原始？

---

[1] Jacques Derrida, "Le supplément de copule", in *Marges de la philosophie*, Minuit, 1972, p. 218.

德里达能否走出逻各斯中心主义？

和我们今天所说的日常意义上的范畴（在西方语言里一般等同于"类别"，在中文里有时混同于"范围"）不同，亚里士多德的范畴有特定含义，并且属于特定的语境。亚里士多德在《形而上学》中多次指出，"存在（或译'所是'）以多种方式被说"，范畴属于这些说存在（所是）的方式。换言之，十个范畴就是"存在/所是（古希腊语 to on）"一词的不同意义。亚里士多德的范畴中包含着思维与语言的同一，但这个同一性的根基并非由亚里士多德奠定，而要上溯到巴门尼德。思维与语言的同一来自巴门尼德所说的思维与存在的同一。因此德里达强调，本维尼斯特在思维和语言之间、思维的范畴和语言的范畴之间所做的区分根本就不适用于亚里士多德的范畴学说，因为这一学说的理论出发点恰恰是思维与语言的同一。① 为什么巴门尼德和亚里士多德会认为思维、语言和存在是同一的？这倒不完全是因为他们不知道有其他语言的存在，而有更深层次的原因：对古希腊人而言，只有希腊语是语言，即逻各斯（logos）；说其他语言的人说的都不是 logos，而是 barbaros（外国话），也就不是语言。在这个意义上，我们不禁要问，德里达在批评本维尼斯特的同时，是否又回到了他自己所反对的逻各斯中心主义的立场？本维尼斯特之所以把语言和思维的分离作为出发点，是因为他是一个现代语言学家，他的立场从一开始就是语言多样性的立场，希腊语只是各种语言中的一种，并且他的确把希腊语和别的语言进行了比较。而语言与思维同一的立场，是古希腊哲学家的立场，也就是逻各斯中心主义的立场。如果说在语言与思维的关系上，只有两种立场，即两者或是分离，或是同一，那么德里达既然反对本维尼斯特，他就站在了逻各斯中心主义的立场上，无论他是有意还是无意的。当他批评别人把未经反思的论断作为出发点时（本维尼斯特把语言和思维的分离视为理所当然的），他自己所做的并无二致（认为语言和思维的同一是理所当然的）。此外，即使考证出范畴概念的历史源头及其从巴门尼德到亚里士多德的发展，也不能证明本维尼斯特的观点是错的，反而证明他是对的，因为证明了历史上只有用希腊语思考的人才提出了存在问题和范畴问题。

在这一部分讨论的结尾，德里达说本维尼斯特质疑"存在"的方式不够新颖。大概他认为解构才是新颖的做法。在笔者看来，本维尼斯特的目的本来就不是海德格尔式的重提存在问题，而是揭示"存在"问题本身的局限性。本维尼斯特并且还开启了新问题的方向，那就是和没有"存在"的语言做比较。顺着这一方向，可以把形而上学和不以"存在"为核心问题的哲学相比较。德里达当然没有能力这样做。他只是继续停留在存在问题的框架内，他对

---

① Jacques Derrida, "Le supplément de copule", in *Marges de la philosophie*, Minuit, 1972, p. 218.

本维尼斯特的批评都是以"思维与存在同一"为前提的。套用一句海德格尔的话，德里达一直居住在逻各斯（语言）之家中守护存在。

第三个历史性是对第二个历史性的补充。德里达批评本维尼斯特没有把亚里士多德的文本放在亚里士多德的哲学体系中来考察，也没有提到康德对亚里士多德范畴的批评和改造。也就是说，本维尼斯特对《范畴篇》这个文本的探讨脱离了哲学史。笔者以为，康德的范畴简单来说是从判断的形式中分类归纳出来的。这些判断的形式都是基于系词的谓述结构，在这一点上，康德和亚里士多德并没有本质的区别。因此可以说，康德更多是在改造亚里士多德的范畴理论，目的是使之摆脱偶然性、获得普遍性（这个目的有没有达到另当别论），他并没有完全抛弃亚里士多德的思维方式。从这个角度来看，本维尼斯特从亚里士多德的范畴入手是完全正确的，而有没有讨论康德的范畴，都不会改变其结论。本维尼斯特选取了最有代表性的例子，而德里达却质问他为什么不研究康德的范畴和语言的关系。这样刻意把问题复杂化，似有画蛇添足之嫌。而且德里达自己对于康德的范畴和语言之间是什么关系也语焉不详。

在德里达之前，已经有很多研究亚里士多德哲学的专家批评过本维尼斯特的观点。其中大部分人的理由可以概括为一句话（虽然他们的论据各不相同）：亚里士多德并不是"无意识地"（法语 inconsciemment，这是本维尼斯特的用语）把语言的范畴错当成了思维的范畴，而是相反，主动地、有意识地对希腊语的一些用法做出了哲学上的反思。① 这其实也意味着，这些人或多或少都承认，亚里士多德的范畴和希腊语是有一定关联的。德里达不是专门研究亚里士多德的学者，却比他们更为激进地捍卫亚里士多德、反对本维尼斯特，竟至于指责后者没有资格从语言学家的立场来对待哲学文本，理由仍然是历史性：没有包括亚里士多德《范畴篇》这个文本在内的哲学，就不会有语言学，语言学家所使用的概念都是从哲学那里来的②。可是，德里达自己在《论文字学》中解构卢梭的文本时，有没有考虑过，如果没有包括卢梭在内的作家所创造的法语，就不会有他所用来从事哲学的语言？他有没有资格从哲学家的立场来对待文学作品呢？

德里达除了指出本维尼斯特忽视了三个历史性之外，还对他的一句论断中所出现的"经验的（empirique）"一词大加挞伐。本维尼斯特的原话是："无意之中，他[亚里士多德]把一个语言表述的经验必然性当成了确立每个谓

---

① Cf. Aristote, "Catégories de pensée et catégories de langue: le débat contemporain", in *Catégories: Présentation, traduction et commentaires de Frédérique Ildefonse et Jean Lallot*, Seuil, 2002, pp. 328–342.

② Jacques Derrida, "Le supplément de copule", in *Marges de la philosophie*, Minuit, 1972, p. 225.

词的标准。"(Inconsciemment, il [Aristote] a pris pour critère la nécessité empirique d'une expression distincte pour chacun des prédicats.)① 德里达花了好几页篇幅来评论"经验的"这个词。为什么对这个词如此敏感？这不能不让人怀疑，德里达仍然沿袭了形而上学的思维方式，包括感性和理性的二元对立、经验和超越的二元对立。按照这种思维方式，如果亚里士多德的范畴是普遍的思维范畴，那么它们就不能仅仅是经验的，因为哲学思维高于经验。所以，把一种哲学冠以"经验的"一词是冒犯。在此不重复德里达的全部论据，仅提一点：德里达认为，本维尼斯特的错误在于，他的论断中预设了普遍的逻各斯必然（只能）通过某一特定的自然语言而获得经验的表述②。德里达这样说显然是把逻各斯的普遍性和本维尼斯特所说的经验性对立起来。也就是说，德里达是从形而上学的角度去理解一个语言学命题。亚里士多德的确是用希腊语来表述范畴的，希腊语作为一种自然语言属于经验世界。本维尼斯特只是陈述了这个事实。这有错吗？从上下文来看，本维尼斯特在使用"经验的"一词时，并没有涉及哲学的普遍性问题。与其说是本维尼斯特不自觉地保留了形而上学预设，不如说是德里达不自觉地带着形而上学的有色眼镜在读本维尼斯特。而且在下文中，德里达再次运用历史性论据指出，经验这个概念即使不是亚里士多德提出的，至少在亚里士多德那里已经有了，因此本维尼斯特又犯了同样的错误：未经反思地使用来自哲学的概念批评哲学。不知德里达在一心反对本维尼斯特、支持亚里士多德的时候，是否记得，他所批判的在场形而上学也是来自亚里士多德？至少在该文中，德里达并没有交代清楚，他在什么意义上（不）是亚里士多德主义者。

一般来说，当一个研究者阅读某个哲学家的著作时，他首先应做的是进入该作者的问题意识，沿着作者本人的思路去理解其文本。可是，已经建立自己学说的哲学家在阅读别人的著作时，往往从自己的理论框架出发来判断别人的观点，而难以做到耐心地倾听对方。事实上，德里达在阅读本维尼斯特时，自始至终都只看到他想看到的东西，而他所强调的东西，往往不是本维尼斯特所表达的重点。在某些细节上，他甚至张冠李戴，把别人批评本维尼斯特的话当成本维尼斯特自己的话。只能说他读得真的太快了。

回到历史性上来。德里达为什么反复念叨历史性？或许部分原因可以从德里达的重要概念"延异"中寻找。历史性涉及延异的时间性维度。在《延异》

---

① Emile Benveniste, "Catégories de pensée et catégories de langue", 转引自 Jacques Derrida, "Le supplément de copule", in *Marges de la philosophie*, Minuit, 1972, p. 228。

② Jacques Derrida, "Le supplément de copule", in *Marges de la philosophie*, Minuit, 1972, p. 228.

一文中，德里达说，延异就是"使得语言，或一切符号，一切意指系统'历史地'形成为差异之织体的活动"①。延异是德里达进行哲学思考的方式本身。因此德里达十分在意概念的形成历史，至少在批评别人的时候是这样。德里达还说，延异比海德格尔的存在论区分更为古老。② "存在论区分"的"区分"在法语中是 différence，它不仅和延异（différance）有词形上的联系，也暗示了德里达与海德格尔在思想上的联系。德里达也承认，延异可以看作海德格尔的存在论区分的一种展开方式。③ 从延异的角度来看，系词这个符号就像任何符号一样，本身已经是延异活动的结果，是踪迹之链、替补之链的一个环节。延异既然比系词更古老，也就比系词所承载的思维与语言的关系更古老。当然，这里的"存在"和"系词"是同一个词。说到底，延异这一运思方式所关注的还是存在的意义。德里达要解构的只是存在者，他并不想抛弃存在。

在海德格尔的语境中，历史性意味着存在被遗忘的历史。根据德里达对海德格尔的解读，存在被遗忘的历史就是存在论区分的踪迹被抹去的历史时刻，在抹去的同时也留下了踪迹，这个踪迹就是形而上学文本④。既然踪迹是形而上学所由以产生的踪迹，而延异才是真正产生踪迹的那个原初活动，那么关于延异的全部思想就不是为了脱离形而上学，而是为了比形而上学更接近存在。海德格尔是逻各斯中心主义的捍卫者，这一点是毫无疑问的，因为他从来不认为有除了古希腊哲学以外的任何真正的哲学，或者说除了古希腊语以外的任何真正的哲学语言。如果这样想的人是亚里士多德，还情有可原。正如德里达所引用的一句卡西尔的话："对他［亚里士多德］而言，还没有任何进行比较和限定的可能性条件。他无法从希腊语的外部或对立面来思考，而只能通过希腊语、借助希腊语来思考。"⑤ 但对于海德格尔和德里达这些 20 世纪的人，就不那么情有可原了。德里达对于本维尼斯特关于非印欧语系的语言的论述，似乎没有真正理解其用意。

本维尼斯特用 ewe 语为例来说明，古希腊语中用同一个系词来表示的含义，在 ewe 语中需要用五个不同的词。他还在别的文章中研究了更多没有系词的语言。德里达从中发现了一个"矛盾"：本维尼斯特一方面指出很多语言没有系词，另一方面又认为所有的语言都有某种用法或结构可以和系词的功能相等同。在德里达看来，这一矛盾足以推翻本维尼斯特关于系词与形而上学关系

---

① Jacques Derrida, "La différance", in *Marges de la philosophie*, Minuit, 1972, pp. 12 – 13.
② Jacques Derrida, "La différance", in *Marges de la philosophie*, Minuit, 1972, p. 23.
③ Jacques Derrida, "La différance", in *Marges de la philosophie*, Minuit, 1972, p. 23.
④ Jacques Derrida, "La différance", in *Marges de la philosophie*, Minuit, 1972, p. 25.
⑤ Jacques Derrida, "Le supplément de copule", in *Marges de la philosophie*, Minuit, 1972, pp. 223 – 224.

德里达能否走出逻各斯中心主义？

的论断。① 在我们看来，本维尼斯特的思路并无矛盾。他在列举了 ewe 语中五个等同于系词的词语以后，明确指出，这种对 ewe 语的描述实际上有人为强加的成分，因为描述的视角是"我们的语言"，即有系词的语言。也就是说，这是从逻各斯中心主义的视角来看 ewe 语。在一个以 ewe 语为母语的人看来，这五个词是互不相干的。只有在把 ewe 语翻译成一门有系词的语言时，由于后者的语法，译文中不得不使用系词。比如，"天很蓝"这句话中并没有系词，但如果要翻译成英语，"The sky is blue."，就要用到系词，否则就不符合英语语法。如果德里达看到则会说，既然"天很蓝"翻译成英语是有系词的，这就表明中文里有某种东西"和系词的功能相等同"。本维尼斯特并没有举中文的例子，但是从很多语言没有系词这一事实——确切地说是没有把"存在"意义和系词功能结合在一起的一个词——他总结道，应该问的问题不是：存在这个词如何可以省略？这是颠倒的思考方式。真正的问题是，"存在"这个词如何会出现。②

但是德里达似乎正是从颠倒的方向来思考的。"存在"的省略正合他意。按照他对本维尼斯特的解读，在没有系词的语言中，系词的功能表现为词汇层面上的空缺（absence lexicale）③。参考延异理论可以想见，"空缺"（或"缺席"，法语 absence）就是"在场（présence）"的反面。缺席比在场更为原始，这是《延异》的题中应有之义。这就是为什么德里达接着说，"存在"的缺席就是缺席本身。"缺席"的词义依赖于"存在"的词义和语义。④ 言下之意，有些语言中没有系词，这不是因为"存在"可以省略，而恰恰是因为先有"存在"，才有省略或者说缺席。于是，被本维尼斯特降格到古希腊语语法层面上的"存在"，经过德里达的一番解读，其地位完全反转过来了，变成了一切语言的意义源头。那些没有系词的语言，因为可以被翻译成有系词的语言，所以全部变成了系词的替补。在德里达的语境中，系词的替补本就是"存在"的踪迹，因此没有系词的语言也都成了"延异"的证明。

德里达不仅没有认识到把系词问题放在语言多样性的背景中来研究具有突破逻各斯中心主义的意义，反而还把这一语言比较看成系词的替补，重新纳入他自己的视角，即印欧语系的视角。可以说，本维尼斯特用完全不同于延异的方法解构了在场形而上学，德里达却没有把他引为同道。本维尼斯特的视角是

---

① Jacques Derrida, "Le supplément de copule", in *Marges de la philosophie*, Minuit, 1972, p. 240.
② Emile Benveniste, "Catégories de pensée et catégories de langue", 转引自 Jacques Derrida, "Le supplément de copule", in *Marges de la philosophie*, Minuit, 1972, p. 241.
③ Jacques Derrida, "Le supplément de copule", in *Marges de la philosophie*, Minuit, 1972, p. 241.
④ Jacques Derrida, "Le supplément de copule", in *Marges de la philosophie*, Minuit, 1972, p. 241.

非逻各斯中心的,甚至可以说是反逻各斯中心的,而德里达却从逻各斯中心主义的视角阅读本维尼斯特。

在笔者看来,德里达自己的思路前后形成了一个矛盾。从德里达所强调的历史性中,可以引申出,只有亚里士多德才能建立范畴理论,也只有在希腊语中才能建立范畴理论——因为历史上亚里士多德说的是希腊语。强调亚里士多德的主动性,即他没有被动地受到希腊语语法的支配,这也是德里达赞同的那些亚里士多德研究专家的观点。可是,德里达又把一切语言都看作系词的替补,并且认为这足以推翻本维尼斯特关于范畴来自希腊语的论断。这等于是说,换一种没有系词的语言(反正有"系词的替补"),亚里士多德照样也可以建立范畴理论。这不仅和历史性是矛盾的,也没有可能性。也许有人会问:为什么范畴理论没有出现在没有系词的语言中?这个问题其实已经预设了"'存在'这个词如何可以省略"的问题,即本维尼斯特所说的颠倒的思考方式。并且,认为没有系词的语言也可以产生范畴理论,这还预设了本维尼斯特所说的人为强加,即把印欧语言的结构硬套到非印欧的语言上。如果亚里士多德只会古汉语,而不会古希腊语,那么他的脑海中,恐怕根本不会出现关于"系词"的任何概念,也不可能从古汉语中看出任何可以替补系词的东西。

三、德里达是否意识到自己的局限?

德里达在反对本维尼斯特时,还一再地引用海德格尔,这使得他对于逻各斯中心主义的态度更加令人不解。例如,他引用了海德格尔《形而上学导论》中的话,大意是如果没有"存在"这个词,那么结果不是我们的语言中少了一个词,而是根本就没有语言了。在某些语言中,"存在"作为系词时具有谓述功能,这是一回事;在所有语言中,语言的意指功能构成了语言和外部世界的关系,这是另一回事。在笔者看来,海德格尔把这两件事混为一谈了,仿佛只有通过系词,语言才能意指。这显然是因为他把系词当成了"思维与存在同一"的前提,即语言之所以能言说存在的前提。海德格尔的西方中心视角在这里表露无遗:没有"存在"的语言根本不是语言。为了给海德格尔"洗白",德里达说,海德格尔不是这个意思,他肯定有别的意思,只是没有表达清楚,应该结合其他文本来理解。到底怎么理解呢?德里达居然说,他不可能彻底研究全部的海德格尔著述来回答这个问题。[①] 于是他就这么堂而皇之地绕过了问题,转而继续批判本维尼斯特。如此不顾一切地维护海德格尔和反对本维尼斯特,只能说他是非常忠实的海德格尔主义者了,舍不得放下"存在"

---

① Jacques Derrida, "Le supplément de copule", in *Marges de la philosophie*, Minuit, 1972, pp. 238–239.

德里达能否走出逻各斯中心主义？

也就不足为怪了。

最令人大跌眼镜的是《系词的替补》一文的结尾。德里达把海德格尔《形而上学导论》中讨论"存在"词源的章节和本维尼斯特的文章放在一起对比，得出结论：两人都关注"存在"一词的意义问题，而且讨论该问题的步骤是类似的。德里达大概想说，本维尼斯特的研究作为"系词的替补"只不过证实了海德格尔关于存在的理论。"存在"的词源是一个历史事实，如果两个人讨论的内容有很大出入，那才奇怪了。至少在该文中，德里达真的是把海德格尔主义贯彻到底（或许在他眼里，海德格尔并非逻各斯中心主义者？）。在笔者有限的阅读范围内，把本维尼斯特和海德格尔看成一样的只有德里达一人，认为两者立场截然相反的法国学者至少有两个。奥本克（P. Aubenque）说，在承认本维尼斯特指出的亚里士多德范畴与古希腊语之间关联的基础上，"我们是应该因为希腊语的缘故而把形而上学的地位相对化，还是反过来，以形而上学的名义把希腊语的地位夸大，把后者说成像海德格尔写的那样，'所有语言中最伟大的语言、最是精神语言的语言'？"① 卡森（B. Cassin）指出："在海德格尔和本维尼斯特之间，不仅有方法和结论的不同，还有目的和隐含意义的不同。"② 笔者补充一点：这两位学者都曾经深受海德格尔影响，都是古希腊哲学专家。可以说，他们不是单纯的反海德格尔主义者，而又比德里达更熟悉古希腊语，因此他们的观点可以和德里达的观点对照来看。

上文提到，德里达在《延异》一文中说，延异比存在论区分更古老。结合《系词的替补》一文，可以说，是延异及其踪迹产生了存在论区分、系词的替补。这再次表明德里达的"延异"和"替补"不是为了脱离存在，而是为了接近存在。《延异》一文以海德格尔的一段话作为结尾，其最后一句是"存在到处并永远通过一切语言而言说"（l'être parle partout et toujours au travers de toute langue）③。德里达强调，延异作用于这句话中的每一个词或词组，文章到此为止。他并没有说到底如何作用。我们可以把《系词的替补》一文看作《延异》一文的延续。德里达把一切语言都看作系词的替补、"存在"的踪迹，这完全就是"存在到处并永远通过一切语言而言说"的另一种说法。如此看来，德里达和海德格尔对待存在的态度是一致的。在德里达眼里，一切语言都言说存在，只不过每种语言中，系词的替补表现为不一样的形态而已。然

---

① Pierre Aubenque, "Aristote et le langage", in *Problèmes aristotéliciens*, *Philosophie théorique*, Vrin, 2009, p. 29.

② Barbara Cassin, "Introduction", Parménide, in *Sur la nature ou sur l'étant. La langue de l'être？*, présenté, traduit et commenté par Barbara Cassin, Seuil, 1998, p. 28.

③ Jacques Derrida, "La différance", in *Marges de la philosophie*, Minuit, 1972, p. 29.

而，如果把一切言说都看作存在的延异，那无论怎么解构都只是围绕着逻各斯中心打转而已。

后期的德里达曾说，如果要我给"解构"下一个定义，"我连句子都不用：不只一种语言（plus d'une langue）"①。他还解释道："第一，人向来只说一种语言（on ne parle jamais qu'une seule langue）；第二，人从来不只说一种语言（on ne parle jamais une seule langue）。"② 由此看来，德里达似乎意识到解构工作还远没有达到其目标，或者说解构方法有其局限。事实上，德里达从一开始就面临的一个困难就是难以解构他自己所说的语言本身。他在早期作品中学海德格尔的样子，给某些词打上叉，毕竟是出于无奈的做法。更何况，把系词打叉以后，为什么又要给系词找替补？只能说，他不知道也无法想象，一种从来不需要系词的语言是怎样的，一种从来没有把系词作为问题提出来的哲学运思可以怎样展开。当然，如果他真的是海德格尔主义者的话，那他肯定认为没有系词的语言是不会产生哲学的。这让人想起德里达晚年访问中国时，在和王元化对谈中说的那句举座哗然的话："中国没有哲学，有思想"③。根据王元化先生谦虚的叙述，那场对话并没有产生很好的效果。德里达到底想说中国没有哲学是一件幸事还是不幸，如今不得而知。无论如何，把哲学和思想对立起来，这本就是逻各斯中心主义的产物，因为简单来说，逻各斯 = 理性 = 哲学。但德里达既然来到中国，想必不是为了停留在逻各斯中心里。他来到中国这一行动本身可以看作对"（不）只一种语言"这句话的注解。遗憾的是，对一个不了解任何印欧语系以外语言的西方哲学家而言，想要脱离逻各斯中心主义，等于是要脱离自己所说的语言来思维，而这无异于想要抓住自己的头发离开地球。

最后说明一点，本文的论述方法是以其人之道还治其人之身，即用德里达对本维尼斯特的批判式阅读方法来阅读德里达的批判。限于篇幅，本文没有对德里达洋洋洒洒的全部论述进行面面俱到的梳理，而仅仅着墨于笔者认为值得商榷之处。但这并不意味着德里达的论述没有可取之处，正如德里达对本维尼斯特的批判不代表后者的观点没有可取之处一样。本文的目的也不是捍卫本维尼斯特的观点，他对亚里士多德的范畴的讨论确实在一定程度上脱离了亚里士多德的思想语境，所以才招致诸多亚里士多德专家的异议。本文所要强调的是语言多样性这一视角对于重新审视西方哲学某些重要命题和学说的意义。本维

---

① Jacques Derrida, *Mémoires pour Paul de Man*, Galilée, 1988, p. 38.
② Jacques Derrida, *Le Monolinguisme de l'autre*, Galilée, 1996, p. 21.
③ 王元化：《清园近作集》，文汇出版社 2004 年版，第 23 页。

尼斯特的独特贡献正在于把亚里士多德的范畴学说放在了语言多样性、非逻各斯中心的视角中来考察，这是任何只懂西方哲学主要语言的亚里士多德专家和哲学家都没有做到的。

（本文原载于莫伟民主编《法国哲学研究》第二辑，上海人民出版社2018年版）

作为情绪概念发展过渡的《形而上学是什么?》中的畏

张云翼

一、导言

海德格尔著名的《形而上学是什么?》是其 1929 年在弗莱堡接任胡塞尔教职时所进行的讲座的讲稿。该讲座通过对畏(die Angst)和无(das Nichts)的澄清①标志了海德格尔的哲学思考切入点逐渐转变的开端:一方面,海德格尔展现了《存在与时间》《现象学之基本问题》和《康德与形而上学问题》这一系列作为其前期思想之标志著作中所面临的问题——由时态性(Temporalität)和存在论差异(ontologische Differenz)引出的问题;另一方面,关于畏和无的讨论以及被一笔带过的无聊(die Langeweile)成为 1929—1930 年的《形而上学之基本概念》中对无聊的详尽分析的前导,而后者在对无聊的逐层解读中更是进一步推进了《形而上学是什么?》中关于畏的讨论尚未达到的东西。换言之,这一就职讲座既是海德格尔思想转向(die Kehre)之尝试,亦可视为海德格尔在 1927—1930 年这一时期其思想内部试图寻求转变之努力。

关于畏的详细讨论首先出现在《存在与时间》中:作为一种基本的(本真的)现身情态(Befindlichkeit)②的畏揭示了一种可能性,即此在(Dasein)在何种意义上能够遭遇自身。在畏中,此在陷入"无物宜可涉(bewandtlos)"或"无意蕴(unbedeutsam)"而不知所措。这就引出了无(Nichts)。它在首先与无意蕴相关,进而在朝死存在(Sein zum Tode)的相关讨论中得到进一步

---

① 参见 Walter Schweidler, "Die Angst und die Kehre. Zur strukturellen Verbindung Heideggers mit Kierkegaard", in *Zeitschrift für philosophische Forschung*, Vol. 42, 1998, S. 200.

② 现身情态是海德格尔用于命名存在论意义上的情绪(Stimmung)的术语,而情绪更适用于存在者(日常)状态:"Was wir *ontologisch* mit dem Titel Befindlichkeit anzeigen, ist *ontisch* das Bekannteste und Alltäglichste: die Stimmung, das Gestimmtsein." 参见 M. Heidegger, *Sein und Zeit*, de Gruyter, 2006, S. 134. 在《存在与时间》中,情绪更多的是在存在论意义上被讨论,即便是本真存在中,畏这一本真现身情态也并未直接地在日常的意义下得到实现。与之不同,《形而上学是什么?》中海德格尔开始尝试使用"情绪"一词——尽管他的用词还是以现身情态为主;而到了《形而上学之基本概念》中,"情绪"的使用占了主导地位。这一变化亦是海德格尔思想转变在文本术语意义上的一个佐证。

作为情绪概念发展过渡的《形而上学是什么?》中的畏

阐释,最后在决断(Entschlossenheit)中被表述为"不能非本真地存在(nicht-uneigentlich-sein-können)",即罪责存在(Schuldigsein)。由此不难发现,《存在与时间》中关于无的讨论由畏引出,其详尽讨论则与此在的本真存在方式相关。而在《形而上学是什么?》中,海德格尔改变了其阐释策略:它依然出于关于畏之讨论,但不再首先①被视为意蕴(Bedeutsamkeit)的对立面。从根本上说,它与存在(Sein)相关。通过这一改变,海德格尔亦更新了现身情态的含义:在《形而上学是什么?》中,现身情态不再指现身于被抛状态中(Sichbefinden in der Geworfenheit)②,因为被抛状态所蕴含的此在本己的存在方式并非这里所要讨论的重点。该文本中对于现身情态的解读更侧重于现身于……之中(Sichbefinden in...)。这也就是说,《形而上学是什么?》中的现身情态所展现的此之在(Da-sein)并没有具体的"内容"——尽管被抛状态和此在本真存在都不能用一个具体的"什么"来指代。这亦是海德格尔哲学发展的一种倾向,即不通过此在之存在方式来解释存在。在《形而上学之基本概念》(第一部展现海德格尔著名的转向之意向的作品)中,海德格尔通过对无聊的阐释进一步发展了这种倾向——尽管在该文本的后半部分海德格尔又重提了许多《存在与时间》时期的关键性思想,但其内涵——如,此之在——已有所不同,更准确地说,已更加完善。而情绪的含义如何从《存在与时间》中的畏发展到《形而上学之基本概念》中的无聊也是理解海德格尔转向的一个可能的入手点。而作为两部著作间的过渡的《形而上学是什么?》中的畏则分有了以上两部著作中情绪的各自特性:一方面,它也关联着"无物宜可涉";另一方面,它也表达出了在深度无聊(tiefe Langeweile)中的"无关紧要(Gleichgültigkeit)"。

那么,这个过渡性的畏的特性又是如何呢?在《存在与时间》中,畏迫使此在直面其自身。在这种情况下,所有的日常打交道活动(Umgang)在"无物宜可涉"的意义上都已失效,即此在面临着无(死亡)。与此相较,《形而上学是什么?》中的畏之阐释从"无作为否定"伊始。在此,海德格尔再一次"肯定"了他的哲学方式,即无要在解释学—现象学(hermeneutisch-

---

① 在《存在与时间》讨论畏的章节中,无首先是通过"无意蕴"展现出来,但海德格尔并没有将其单纯规定为意蕴的对立面。在此,无的澄清还需要借助于此在本真的存在方式——朝死存在,因为畏这一现身情态的作用是将我们(或曰:此在)带到此在之为此在的存在方式之前,而不是展现这一存在方式究竟为何。因而,倘若我们仅仅将关于畏的章节独立来看,那么无首先是意蕴的对立面。而在《形而上学是什么?》中的无则并不需要"借助"此在的任何一种存在方式来获得完整的解读。

② "Seiendes vom Charakter des Daseins ist sein Da in der Weise, daß es sich, ob ausdrücklich oder nicht, in seiner Geworfenheit befindet. (具有此在性质的存在以这样的方式是它的此,即它——无论明确与否——现身于其被抛状态之中)。参见 M. Heidegger, *Sein und Zeit*, de Gruyter, 2006, S. 135。

phänomenologisch）的意义上自身显现，同时随时警惕"无是××"这类表达方式，如"无是逻辑上的否定"。那么，这样的"无"如何可能？

二、无不是否定

首先，无之讨论须得与科学研究保持距离，如心理学或人类学领域中关于畏的讨论并不能直接地让我们更好地理解海德格尔对无的阐释①。对他来说，关于无的发问是某种非同寻常的东西（etwas Ungewöhnliches）②。这是因为：当我们通过某种方式了解了某物，便获得了关于该物的某种知识。但这并不适用于无，因为这种知识（Wissen）——尽管未必完整，如：它可能仅仅意味着"知道了什么"——会将无导向某种可确定性，即我们可以通过"不寻常"这一标签在确定性（Bestimmtheit）——至少是可确定性（Bestimmbarkeit）——的领域中为无找到一席之地。也正因为如此，对无的发问（追问）才如此不同寻常。一般而言，我们把某物之对立面理解为对该物之否定。既然对无的追问是非同寻常的，那么是否能够将其视为对"寻常的东西"之否定呢？不能。相反，海德格尔刻意将其对无之解释与在逻辑领域③中的否定保持距离。这是因为：否定总是对某物的否定。也就是说，否定需要奠基在"某物已经以某种方式被把握"之上，亦即我们已然获得了对某物的知识。如果没什么被把握，或者甚至连"某物"都没有，那么否定也是不可能的。这也适用于多重否定：否定中的否定者其本身也是否定，即对另一物的否定。但这种否定亦可被确定——因为多重否定必有其源头（Origin），而我们必须对这一源头（原项）具有某种知识，否则否定活动也无法进行。这个意义上说，否定无法通达海德格尔所构想的无。而且，他还认为："［D］as Nichts ist ursprünglicher als das Nicht und die Verneinung（无比不和否定更为原初）"④。也就是说，否定反而应当以无为基础。而我们以上所说的某物和它的否定（非－某物）都仍处

---

① 这样的讨论将畏置于具体的科学领域中并将其把握为一种可确定的东西。例如，Josef Meinertz, "Das Sein und das Nichts, die Angst, Tod und die Zeit Grundzüge des Existierens und Grundprobleme der Tiefenpsychologie", in *Zeitschrift für philosophische Forschung*, 1955, Vol. 9, S. 32–55. 这样的讨论无疑会推进相应具体学科的发展并且具有现实意义。但是，为了能够在相关科学中解释畏，研究者必须修改海德格尔关于畏（甚至是他的哲学）的基本表述，或者忽略某些要点。但这些在具体的科学中被忽略的东西恰恰可能是海德格尔哲学之核心。

② "Was ist das Nichts? Schon der erste Anlauf zu dieser Frage zeigt etwas Ungewöhnliches.（什么是无？通向这个问题的第一步便显示出了某种非同寻常的东西。）"参见 M. Heidegger, *Wegmarken*, Vittorio Klostermann, 1976, S. 107.

③ 这里的逻辑领域仅仅是一般意义上而言的，并没有特指。参见 M. Heidegger, *Wegmarken*, Vittorio Klostermann, 1976, 脚注 b。

④ M. Heidegger, *Wegmarken*, Vittorio Klostermann, 1976, S. 108.

于与无相对的"有"的界限之中。因此,在对某物的否定中,我们仅仅经历了"不/非(nicht)",却无法从其自身把握它。通过否定而产生的"不"的不可理解性的原因在于:"Negation cannot generate the 'not' from out of itself, because in order to negate something, the act of negation first requires that something negate-able be presented to it. But to see that something is negate-able, i.e., susceptible of a 'not', our thinking must already see that 'not-ness' beforehand.(否定不能从自身中产生'不',因为要否定一个东西,否定的行为首先需要有一个可否定的东西呈现在它面前。但要说一个事物是可以否定的,即能用'不'来表达,我们的思维必须事先就已经看到了它的'不性'。)"① 从 Sheehan 的解释中可以看出,对无的任何认识都需要这样一个前提,即无首先必须被解释为无自身。但是,无与存在者相对立,更确切地说,是与所有的存在者相对立。那么,无和存在者全体有何种关系呢?两者的所谓对立关系是在同一个层面的吗?

三、存在者全体和存在者整体

无不是存在者。这只是意味着,它拒绝成为任何一个具体的存在者。更进一步而言,无并不归属于存在者全体[Allheit des Seienden,世界(Welt)在《存在与时间》中的第一个含义②]。那么,无是否可以作为存在者全体的对立面而获得澄清吗?不,问题的关键在于存在者全体的含义:它是一个总和,即一个诸存在者的集合,正如一个被标识为"存在者"的仓库——所有存在者都被堆砌于其中,而它作为堆积的场所无须关心堆积于其中的东西究竟是什么。也就是说,这种集合并不涉及存在者之为存在者的决定性的东西。因此,存在者全体作为一个具体的总和至多是一个比日常事物"更高阶(如思维中)"的东西。换而言之,存在者全体一词并不能比存在者一词说出更多关于存在、存在者方面的东西。在概念上,"××的全体"是"全体"这一概念的实例,至于这个"××"所代表的含义并不是"全体"概念本身所要关心的。同时,我们亦不能强言:这里的"××"是存在者,因而存在者全体一词便能代表整个存在(者)领域。这是因为:全体意味着每一个具体项都是如此这般,但"所有具体项在何种意义上都是如此"却并非通过"全体"这一概念而获得保证。作为总和的全体之所以可能被用来指代一个领域(对象域),

---

① Sheehan, "Reading Heidegger's 'What is Metaphysics?'", in *The New Yearbook for Phenomenology and Phenomenological Philosophy* I, Routledge, 2001, p. 20.

② 参见 M. Heidegger, *Sein und Zeit*, de Gruyter, 2006, S. 64 - 65。下文提及的其他世界含义亦出于此。

是建立在整体性预先得到把握的基础上，否则它只能是堆砌在一起诸物的总称，而不涉及这类诸物的规定性，如：一切桌子归属于桌子全体，但是桌子全体并不能解释"桌子何以为桌子"，它仅仅说出了一切具体的桌子的"归属"。至于这一"归属"本身如何得以被确定，并不是全体这一概念所能解决的问题——"××的全体"并不能规定何为"××"，它仅仅在预设了对"××"已经有所把握的前提下为任何一个具体的"××"提供了其所属。在这个意义上，对存在者全体的否定就连那个让存在者成为这样的存在者的东西都无法澄清，更不用说它的否定了——因为被否定项（存在者全体）本身就不明确。因此，如要讨论无，存在者全体并不是一个合适的切入点。相比之下，存在者整体（Seiendes im Ganzen）[世界的第三个含义，在某种意义上说，也暗示着第四个含义，即世界性（Weltlichkeit）] 更为适合当前话题，因为整体的含义比全体更为丰富：与全体不同，整体不仅展示自身为一切相应事物的"归属"，还说出了它们的"本质"，正如任何一张具体的桌子都"分有"了桌子的概念（整体）。同时，对于整体之否定也可以是清楚明了的，如不符合桌子概念的东西便"不是桌子"。因此，整体及其否定比全体及其否定更为基础。换而言之，作为对存在者全体否定的无至多能达到个别否定——它要么是对全体下某一具体物的否定，要么是对思维对象（如：总和）的否定，而不是这类东西（整体）的否定。在这个意义上，对存在者全体的否定也是可确定的，因为"全体"概念本身就是确定的。因此，即便是对存在者全体的否定，也并不能"将无解释成无"。

因此，无和否定在逻辑意义上的等同并不能对海德格尔哲学中关于无的讨论有什么直接的贡献。无虽然与存在者整体相关，但同时既不属于它，也不等于它。由于存在者整体直接与此在存在之建构联系在一起，那么，存在者整体经由此在之存在所获得的解释便有助于我们推进对无的讨论和理解。在这里，海德格尔再次提到了现身情态：在《形而上学是什么?》中，它指：现身于存在者整体之中（Sichbefinden inmiiten des Seienden im Ganzen）[①]。

四、作为此之在发生的畏

"Die Befindlichkeit der Stimmung enthüllt nicht nur je nach ihrer Weise das Seiende im Ganzen, sondern dieses Entüllen ist zugleich… das Grundgeschehen unseres Da-seins.（情绪的现身情态不仅每每按照其方式揭示了存在者整体，而

---

① 参见 M. Heidegger, *Wegmarken*, Vittorio Klostermann, 1976, S. 110。

且这一揭示活动本身同时也是……我们此之在的基本发生。)"①在这里，我们看到《形而上学是什么?》中的现身情态与《存在与时间》中的现身情态的区别。后者将"现身的（befindlich）"这一特性赋予每个实际的"在世存在（In-der-Welt-sein）"，并迫使此在面对其本己存在方式（被抛状态）。在《形而上学是什么?》中，情况有所不同。首先，海德格尔刻意地减少了其在《存在与时间》时期惯用术语的使用频率［如领会（Verstehen）及其模式，即能在（Seinkönnen）和筹划（Entwurf）］，因为领会及其与时间性（Zeitlichkeit）的关系指向此在之存在并以此导向存在本身，而不是无——尽管本真存在在一定程度上也意味着无，但无和存在的关系并不像《形而上学是什么?》中那样"明显"；其次，海德格尔在《存在与时间》时期主要通过存在方式来阐释此在之存在，再通过此在之存在的澄清来走向存在［或曰：存在领会（Seinsverständnis）］。这亦是导致其存在问题的时间化阐释出现困难的原因（见下文）。因此，在《形而上学是什么?》中，海德格尔将现身情态重新表述为"处身于……之中"。换而言之，现身情态不再意味着此在回归其被抛之存在方式，而仅仅是"在……之中"和"与什么一起、和谁一道"。在此，我们并不需要涉及此在如何与他人发生联系。相反，此在仅仅与其他存在者［无论它是否是此在式（daseinsmäßig）的存在者］一道存在于此。那么，这种现身情态（畏）的特殊性是什么？它在何种程度上有助于存在问题澄清的进一步完善？简而言之，畏使得此之在成为可能，"畏揭示了无（Die Angst offenbart das Nichts）"②。

正如在《存在与时间》中海德格尔通过为何（Wovor）和因何（Worum）来阐释现身情态那样，他在《形而上学是什么?》中关于畏的讨论中依然沿用了这一方法。首先，海德格尔依旧坚持了畏与怕的区别，并将畏之所畏（Wovor der Angst）和因何而畏（Worum der Angst）规定为不可确定性③。在畏中，

---

① M. Heidegger, *Wegmarken*, Vittorio Klostermann, 1976, S. 110. Fink 认为，在《形而上学是什么?》中，此之在并非畏的话题："Sie (die Angst) erschließt nicht mehr Da-sein als solches, sondern vorweg dessen Gegenteil, das 'Nichts' im Sinne jener Unbedeutsamkeit von Welt als Solcher.［它（畏）不再展开此之在之为此之在，而先是其对立面，即在世界之为世界的无意蕴的意义上的'无'。］"参见 Fink, "Die Philosophie der Stimmungen in Heideggers 'Sein und Zeit'", in *Allgemeine Zeitschrift für Philosophie*, Vol. 17, 1992, S. 38. 在《形而上学是什么?》中，海德格尔已经调整了畏的功能：它不再仅仅是一个此之展开的结构要素。更准确地说，它使此在之为此在（此之在）成为可能。

② M. Heidegger, *Wegmarken*, Vittorio Klostermann, 1976, S. 112.

③ "Die Unbestimmtheit dessen jedoch, wovor und worum wir uns ängstigen, ist kein bloßes Fehlen der Bestimmtheit, sondern die wesenhafte Unmöglichkeit der Bestimmbarkeit.（然而，这个让我们所畏和因其而畏的东西的不确定性并不是单纯的缺乏确定性，而是本质上不可能有可确定性。）"参见 M. Heidegger, *Wegmarken*, Vittorio Klostermann, 1976, S. 111。

不仅被照面者（Begegnete）失效了，而且行照面者（Begegnende）——如：你、我、他们等——也是如此，因为这些都是可确定的东西。在此基础上，整个打照面活动（Begegnen）也失效了。剩下的是中性的或最简单的"它（此在）"和"存在着（无确定的照面方式）"，即此在存在着（dass das Dasein ist）。

现身情态所要表达的是"对此在而言如何（wie es einem ist）"；相应地，畏则意味着，惶惶不安对此在而言如何（wie es einem unheimlich ist）。在此，"惶惶不安"就意味着"不可确定"，亦指此在与存在者整体之间的断裂：诸存在者并没有消失，只是此在无法通达它们。而且，由于这种不可通达不是某一具体的打交道活动的失效，而是此在的打交道这一类活动的失效，因而它是存在论意义上的。也就是说，在畏之中，基于日常打交道活动的存在者整体对此在而言失效了；对此在而言，它无法通过这一方式来显现自身为"存在着的"存在者。它的所有打交道的活动以及活动对象都变得无关紧要（gleichgültig）。对此，海德格尔认为："Die Angst läßt uns schweben, weil sie das Seiende im Ganzen zum Entgleiten bringt.（畏使得我们摇晃起来，因为它让存在者整体脱落了。）"① 因为存在者整体包含了作为实际的"我"的此在和其他一切具体存在者，那么作为存在者整体的脱落就意味着整个此在日常生存的失效。在畏中，此在处于存在者整体之中，但并不与之发生关联。换句话说，此在在畏之中面向着诸"没有（kein）"。同时此在也无法采取某种手段，进而使其自身能够作为具体的此在与某具体的东西发生联系。正是这种在畏中展开的无所可依的此在的生存境况使得此在最为纯粹的此之在（此在存在着）成为可能。然而，正如 Sheehan② 所指出的那样，这里仍然存在一个问题，即畏是如何发生的，因为此在很少能体验到真正的畏。在《存在与时间》中，这个问题在"朝死存在"的帮助下得到了缓解：死亡并不是所谓的日常死亡，它总是悬临着（bevorstehend），但此在在日常中无法体验死亡。但只要此在存在，它就总是朝向死亡存在着。由此，此在并不需要一个相应的"死亡经验"来证明"他已然把握了死亡"。在死亡的不可体验的基础上，畏死之畏也并不

---

① M. Heidegger, *Wegmarken*, Vittorio Klostermann, 1976, S. 112.

② "More importantly, all of us do exist and do relate to beings (both those we are and those we not) without this experience of dread (Angst). So dread appears to be an arbitrary invention, and the nothing associated with it seems only a fantasy.[更重要的是，我们所有人都实际存在并且与（我们所是的和我们所不是的）诸存在者相关联，却并没有关于畏的经验。因此，畏似乎是一个随意的发明，而与之相关的无似乎仅仅是一个幻想。]"参见 Sheehan, "Reading Heidegger's 'What is Metaphysics?'", in *The New Yearbook for Phenomenology and Phenomenological Philosophy* I, Routledge, 2001, p. 19。

像怕一样那样在日常生活中随处可见，但它亦是悄然无声地随时侵袭着此在。通过这样的方式，海德格尔规避了畏的可能经验问题。在《形而上学是什么?》中，Sheehan 所要解决的问题似乎更为迫切，因为此之在并没有通过朝死存在得到解释。畏必须"独立"完成彰显此之在的任务。那么，畏如何能够独立做到？此之在能否被揭示为"无内容（inhaltlos）"？对此，我们需要无。

五、作为自身不着的无化的无

海德格尔认为："Das Nichts begegnet in der Angst in eins mit dem Seienden im Ganzen（无在畏中与存在者整体一道来照面）"①。存在者整体在畏中失效，这仅仅意味着，任何一种能够将某物把握为存在者的方式都是无效的。在《存在与时间》中，此在在畏之中遭遇到了朝死存在，并以此从非本真存在走向本真存在。在《形而上学是什么?》中，无并不直接与本真存在等同，而是与存在者整体的脱落一起被提出来："Vielmehr bekundet sich das Nichts eigens mit und an dem Seienden als einem entgleitenden im Ganzen.（毋宁说，无特别地与作为脱落着的存在者整体的存在者并在那里自行显现出来。）"② "脱落（Entgleiten）"在这里意味着失效（Versagen）。而存在者的失效则意味着它失去了其"存在着"的特性，因而不能再作为被此在领会了的存在者而存在。在《存在与时间》中，畏迫使此在回归到本己的存在方式中，以求以此（本真地）在先行的决断中把握其他存在者。与此相比，《形而上学是什么?》中的畏则表达了存在者整体的脱落，即对此在而言的诸存在者的不可把握——因为使得存在者之为存在者的存在方式失效了。在此，失效者的"内容"并非理解畏的关键点，因为对于现象学的阐释而言，"什么失效了"远不如"如何失效"或者"失效如何自行显现"来得重要。也就是说，无论是"哪一个存在方式失效了"，还是"某一存在方式还能否重新起效"，都不是此在关注的要点。此在只"知道"，在畏中，自己处于失效的存在者整体之中，而与之相伴的"残留物"只有使此在之为此在的"无内容"的此之在，这亦是《形而上学是什么?》的畏所带来的"负担（Last）"。

在《存在与时间》中，畏有逃避特性（Ausweichcharakter），即逃离唯一的有威胁者——此在的自身存在，在《形而上学是什么?》中，逃离变成了退避（Zurückweichen）。一方面，海德格尔将退避描述为"一种迷样的宁静

---

① M. Heidegger, *Wegmarken*, Vittorio Klostermann, 1976, S. 113.
② M. Heidegger, *Wegmarken*, Vittorio Klostermann, 1976, S. 113.

(eine gebannte Ruhe)①": 在畏中, 此在不再能投身于任何日常琐事, 也就是说, 它被放任自流; 另一方面, 退缩总是拒斥着的②。拒斥 (Abweisen) 是这里的决定性因素, 这亦是《形而上学是什么?》的无与《存在与时间》的无区别之所在。通常情况下, 存在者——要么此在, 要么其他存在者——能够以任何一种相应的方式存在。而当此在深深地沉入了畏之中而无法通过任何一种活动中来领会自身时, 它便无所适从, 因为一切对其而言都无关紧要; 同时, 由于这种无所适从, 此在也拒斥着的畏所带来的存在者整体之脱落。但这又恰好使其深陷畏中。在这个意义上, 退避描绘了这样一幅图景: 此在无所事事地处于迷样的宁静中; 面对这样的宁静, 它"本能地"抗拒着, 但又无以改变。这便是畏中之无: "Diese im Ganzen abweisende Verweisung auf das entgleitende Seiende im Ganzen, als welche das Nichts in der Angst das Dasein umdrängt, ist das Wesen des Nichts: die Nichtung. (这在整体中拒斥着指向脱落着的存在者整体指引——无作为这种指引在畏中簇拥着此在——就是无之本质: 无化。)"③ 无化是一种拒斥着的指引。拒斥总有其被拒斥者, 即"被不者"。在这里, 被拒斥者自行显现为脱落着的存在者整体, 亦即: 无拒绝成为它, 因为存在者整体的脱落代表着"不-存在着", 无不能以"不-存在着"的方式显现自身。由此可知, 无化并不是另一种形式操心 (Sorge), 而此在也并未 (也并不能) 将无理解为其本己的存在方式。相反, 无使得此在之存在成为可能, 因为"das Nichts in der Angst das Dasein umdrängt (无在畏中簇拥着此在)"④。换而言之, 无将此在带到了最纯粹的"此在存在着"之前。而这一"此在存在着"既不是一个诸如日常打交道活动的具体存在方式, 也不完全等同于最本己的朝死存在。它让此在仅仅作为那个在此-存在着 (da-seiendes) 的存在者而存在。

通过簇拥 (Umdrängen), 畏在两个文本之间的区别的澄清又能更进一步。《存在与时间》中的畏与领会一道构建着此 (Da) 并且保证了此在在决断中能够以整体的方式实际存在; 同时, 虽然它与领会一起发挥作用, 但在时间化的语境下它更多地扮演着"幕后英雄"——这一点在时态性 (Temporalität) 中尤为明显。而在《形而上学是什么?》的畏中, 无指向脱落着的存在者整体,

---

① "In der Angst liegt ein Zurückweichen vor..., das freilich kein Fliehen mehr ist, sondern eine gebannte Ruhe. (在畏之中, 有一个对……退避, 它并不再是逃离, 而是一种迷样的宁静。)" 参见 M. Heidegger, *Wegmarken*, Vittorio Klostermann, 1976, S. 114。

② "Dieses Zurück vor... nimmt seinen Ausgang vom Nichts. Dieses bezieht sich nicht auf sich, sondern ist wesenhaft abweisend. (这个对……退避的结果便是无。无并不引向自身, 而是本质上拒斥着的。)" M. Heidegger, *Wegmarken*, Vittorio Klostermann, 1976, S. 114。

③ M. Heidegger, *Wegmarken*, Vittorio Klostermann, 1976, S. 114。

④ M. Heidegger, *Wegmarken*, Vittorio Klostermann, 1976, S. 114。

同时，无持续地拒斥着后者。在这一情况下的此在不仅无法与任何其他存在者发生关联（一切对其都变得无关紧要），它对这一状况的逃避还使得它更深地陷入其中。由此，此在"赢得"了它最单纯的此之在。在这个意义上，畏不再是此在存在之存在论构建的行建构者，而是此之在的行奠基者。而在畏中的自身不着的无化似乎也能具有更深的含义：既然它不是存在者，亦不是存在之为存在者（存在方式），那么似乎它可被理解为存在自身——尽管这并没有被直接证实，而且我们也不能下判断："存在是无"或"无是存在"。这是因为：暂且不论海德格尔是否有可能同意用"a 是 b"的句式来解释存在，光是"无是××"这种句式就与本文之主旨大相径庭。

显然，在《形而上学是什么？》的解释模式下，《存在与时间》的核心概念领会并未直接发挥作用。当然，这并不意味着海德格尔抛弃了以领会和未来为主所构建的时间化的此在之存在的方法，而仅仅是因为这样的解释方式在某种意义上可能会造成歧义：海德格尔以时间为切入点实现了作为能在的此在之实际存在；但与此同时，当时态化了的此在存在被把握为"一个"或"这一个"存在方式时，就有可能导致这样一个问题，即存在方式变成了可对象化的存在性（Seiendheit）①。如若此在之存在被解读为存在性，那么本来使得此在之为此在的那个"如何（Wie）"，就变成了"什么（Was）"，即此在之规定性（本质或类似的本质性的东西）。在此基础上，这个"什么"甚至能重又被规定为与存在者比肩而立的另一个存在者。

六、结论

通过对《形而上学是什么？》中的关于畏讨论，我们可以发现，海德格尔在该文本已经意识到：《存在与时间》时期的问题是由时态性和不完全的存在论差异所造成的。伊始于《形而上学是什么？》的关于情绪含义的进一步延展不仅仅预示了海德格尔哲学之转向，也代表着他自身的努力，即在其转向前的哲学系统中将上述问题解决——至少是减轻。由此，《形而上学是什么？》中的畏具有过渡性质——当我们将其与《存在与时间》中的畏和《形而上学基

---

① 参见 M. Heidegger, *Zu eigenen Veröffentlichungen*, Vittorio Klostermann, 2019, S. 423。"存在者"一词有时态性和名词性两重含义。两者之间的关系和互相转化的问题是阐释存在问题关键之一。同上，第457页。时间性阐释存在问题是海德格尔哲学活动的一个实例，即通过时态化含义"存在着"来阐释名词性的存在者。而存在性是存在者名词形式的时态化阐释所带来的一个可能结果（即时态性含义本身的被名词化）——虽然在一定程度上是海德格尔不想看到的结果，但并不是唯一的结果。因此，存在性并不意味着存在问题的时间化阐释的失败。它的出现，反而向我们展示了时态化阐释此在存在所可能带来的歧义性。

本概念》中的无聊联系起来时尤为明显：一方面，它与《存在与时间》中的畏相似，因为这两者都为此之在的显现提供了必要的可能性；但这一相似只能就类比而言，因为《形而上学是什么？》中的畏更激进：此之在只有通过无——拒斥着的朝向脱落着的存在者整体的指引——才是可能的，而不是通过存在方式，尤其当存在方式被固定为存在性时，它就与此之在背道而驰。尽管如此，两个文本中的畏并没有决然的区别。Pocai 并不这么认为："In *SZ* ist die Befindlichkeit primär ein Phänomen der Selbstbeziehung des Daseins und weist nur in zweiter Hinsicht eine welterschließende Komponente auf. In *WM* dagegen wird sie basal als Erschlossenheit der Totalität des Seienden, also von Welt, bestimmt…（在《存在与时间》中，现身情态首要是此在自身关涉的现象，其次才是一个世界展开的组成要素。而在《形而上学是什么？》中，它基本上被规定为一种存在者总体性的展开，亦即世界的展开……）"① 但是，此在之自身存在与世界之为世界、乃至在世存在之为在世存在都是同一的。这已经从《存在与时间》关于畏和死亡的解释中得以澄清。也就是说，自身存在与在世存在自身并不构成先后序列，而是从不同角度对此在存在的解释。Pocai 对此在的自身存在与世界的不同一的误解在于：他对世界的理解主要基于世界在《存在与时间》中的第三含义，即此在日常活动所在的处所。这本身并没什么问题，但倘若谈及"世界的展开"，那么所涉及的就不再仅仅是世界的第三含义。毋宁说，它应当指代世界的第四含义，即世界性。这是因为："世界的展开"说的并不是某一具体的此在生存于其中世界向此在展示其内容的包罗万象，而是最为基本的使得世界之为世界的东西，即世界性——这与此之展开不谋而合，亦是海德格尔赋予展开一词的特殊作用。由于此之展开代表着存在论意义上此在存在的一般结构（此在的自身存在），世界的展开根据其含义也应具备存在论意义。那么，现身情态这一此之展开的构成要素又是如何先避开世界性而仅仅关注此在自身存在，然后再进入到世界（第三含义）中去推进其展开呢？显然，世界的展开（世界性）和自身存在一开始便是同一的。因此，Pocai 对在两个文本中的"两种畏"的理解并不准确。

《形而上学是什么？》中的畏只是一个开端，因为它还没有解决畏或情绪在前存在论意义上应当如何理解的问题②。这也就是说，上述的畏尚逗留在存

---

① Pocai, *Heideggers Theorie der Befindlichkeit*, Alber, 1996, S. 97.
② 这亦是海德格尔式的哲学道路，即由"从存在者而出（vom Seienden aus）"伊始，最终"回到存在者（zurück auf das Seiende）"。这一结构与《存在与时间》的"存在者层面—存在论层面—前存在论层面（ontisch-ontologisch-vorontologisch）"无异，往后甚至能与本有（Ereignis）相联系。参见 M. Heidegger, *Zu eigenen Veröffentlichungen*, Vittorio Klostermann, 2019, S. 422, 426, 431.

在论领域。为何如此？此问题的关键在于"存在者整体"上：首先，它符合世界的第三含义，即此在日常活动之所在。这时，我们确实可以将其表述为"诸日常活动的场所"。但这并不意味着，作为世界的存在者整体已被澄清。相反，这一表述所带来的困难与前文所言的存在者全体所带来的困难是一样的。因为"诸日常活动的场所"已经预设了世界之为世界，即世界性。因而，我们必须找到世界展开的方式，才能真正把握何为世界（存在者整体）。在这个意义上，对世界的把握实际上是一个存在论意义上的活动。在《形而上学是什么？》的畏中，存在者整体的展开方式是脱落，而无拒斥着成为脱落着的存在者整体。也就是说，无在此不能等同于世界性。因此，与无相关的此之在（《形而上学是什么？》）和与世界性相关的此之在（《存在与时间》）有所不同。就此之在的实现而言，在《存在与时间》中的此之在还需在先行的决断中才能逐步走向进入前存在论层面的道路——这一切当然还需作为实现（Wirklichkeit）的时间性；在《形而上学是什么？》的畏中，此之在就已经在无笼罩下作为"此在存在着"这一最单纯的事实被说了出来。但这是否意味着无已经进入了前存在论层面？在我看来，这还值得商榷。因为就这种作为拒斥着朝向脱落着的存在者整体的指引的无能够揭示此之在的功能而言，它似乎与《存在与时间》中的世界性并没什么区别。也就是说，它们都在存在论的层面上。但是，如果我们这样理解无，它的"拒绝着"这一特性也将一并被忽略，而且我们将又回到了《存在与时间》时期海德格尔的阐释，即此之在最终在《现象学之基本问题》中被把握为时间（时态）意义上的对能在之筹划，而现身情态则把自己"隐藏"了起来。

如果我们跟随着海德格尔在《形而上学是什么？》中的讨论进而将此之在理解为无内容的、最纯粹的"此在存在着"，那么也许我们还能发现阐释情绪的另一条道路——相对于在时态性中被隐藏起来的现身情态而言——即情绪"仅凭一己之力"展现此在存在的实情：此在作为非人称的"它"处于作为"不是"的存在者之中（Das Dasein als unpersönliches "es" steht inmitten des Seienden als "Kein".）。那么，在何种意义上情绪的阐释有助于此之在不借助存在方式——特别是朝死存在——就能自行显现？这就需要考察海德格尔对情绪概念的进一步发展，即《形而上学基本概念》中的无聊。

虚拟现实的现象学本质及其身心问题

周午鹏

近两年，从 Facebook 的 Oculus Rift 到谷歌的 Cardboard，再到微软的 Hololens，虚拟现实正从科幻领域走进现实生活。2015 年和 2016 年甚至被专业人士分别称之为 VR（Virtual Reality）元年和爆发之年。在可预见的未来，虚拟现实不仅会成为人类认识现实的一种新方式，而且有可能成为社会环境不可或缺的构成部分。鲍德里亚认为"今天的现实本身就是超级现实主义的"，因为全部日常生活都进入一种仿真维度，人们已经生活在一种现实的"美学"幻觉之中。① 进而，未来的现实可能是"超级超现实主义的"，随着虚拟现实技术从设备依赖到完全裸眼化的激进发展，人们很可能无法在日常生活中有效区分虚拟与实在。人们对虚拟现实的期待与担忧几乎同等地在增长，但虚拟现实的本质却仍然模糊不清。

什么是虚拟现实？字面上，它是看起来如其所描述的但不是事实上真实发生的事件或实在。这一表达第一次在法国戏剧理论家阿尔托（Antonin Artaud）1938 年的论文集《戏剧及其两重性》中出现，即"la réalité virtuelle"。二十年后，该书的英译本使用了"virtual reality"来翻译它。如果把虚拟现实简单地理解为"在别处"，那么绘画艺术应该是第一个运用虚拟现实的领域。比如在观看全景画时，那些充满细节和戏剧性的图像使观者处于一个具有全景视野的虚拟历史处境之中。直到 1987 年，可视化编程实验室（VPL）的创立者，被称为"虚拟现实之父"的计算机科学家及艺术家拉尼尔（Jaron Lanier）研发了世界上第一套虚拟现实护目镜之后，Virtual Reality 才真正作为一个科学术语被大众广泛接受。现在，它专指对现实的仿真，通过 VR 技术构造的虚拟环境达到增强感知体验的目的。国内外有些学者在讨论虚拟现实时，常常将 VR 与 VR 技术混同。② 例如海姆（Michael Heim）曾列举大量定性或定量的语汇来描述虚拟现实，诸如模拟性、交互作用、人工性、沉浸性、网络通信、遥在、强

---

① 鲍德里亚：《象征交换与死亡》，车槿山译，译林出版社 2009 年版，第 96 页。
② 康敏：《关于"Virtual Reality"概念问题的研究综述》，载《自然辩证法研究》2002 年第 2 期，第 77 页。

化的实在①等,但它们大多指向技术本身,而非指向技术的现象学本质。

显然,"虚拟现实"在内涵上是自相矛盾的,它意谓"虚拟的实在"。它在科学中能够成立的典型理由是人们可能在感知上难以区分虚拟与实在。理想的虚拟现实能够模拟人所具有的一切感知,能够产生视、听和触等知觉体验。它构造一个与真实环境在感知上相似的世界,使其体验者产生虚拟感。尽管这一概念已被广泛使用,但我们似乎很难在科学及哲学中给予它一个恰当的位置。虚拟现实既不指称事物的本原,也不代表一种精神性存在,更不完全是一种纯客观实在。从其构成来看,它无疑是一种技术性实在,需要大量物质性设备的支持。从其内容来看,它向人提供了一个能够被感知的虚拟世界,在其中充满了各种物理化学效应,并且能够引起人们真实的生理反应。但是,人们在通常意义上使用"虚拟现实"一词显然不意指那些材料与机械,而实质上意指可再现的知觉体验或对物理或心理的某一过程和功能的替代②。对后一种意指的认识只能够从实际的知觉经验中得出,而无法单纯地从概念分析中得出。虚拟体验产生于用户与机器的互动,它既不完全是物质性的,也不完全是精神性的,对其做纯粹客观的科学化描述面临困难。不过,只有把它作为一种特殊的意识现象与物质现象来分析,我们才能够确定"虚拟现实"作为一种人类存在方式的可能性(如《黑客帝国》里描绘的场景),从而为人们当前的选择提供启示。

一、虚拟现实的现象学本质:语言与自身物质性

如前述,"虚拟现实"是对现实的仿真及对真实的再现,不过它在艺术中的运用远远早于科学与哲学。这一词语的发明者阿尔托说:"所有真正的炼金术师都知道炼金符号是一种幻景,一如戏剧是一种幻景。它是一种针对物质制造的永恒幻景。戏剧的原则能够在几乎所有炼金术书籍中发现并被理解为同一种表达,这种同一性发生在一个角色、物件和图像及所有由戏剧发展出来的虚拟现实的事物所构成的世界,和一个由炼金术符号演化出来的纯粹虚构和虚幻的世界之间。"③ 艺术是虚拟现实的,它是现实的符号化表达。无论是绘画还是戏剧,它们所提供的虚拟体验是在场的和充实的,它们唯一虚拟的只是物质化的现实。这是虚拟现实最初的含义。但科学中的"虚拟现实"在某种意义上实现了一种质的跨越:**从制造针对物质的永恒幻景到制造针对心灵的永恒幻**

---

① Michael Heim, *The Metaphysics of Virtual Reality*, Oxford University Press, 1994, pp. 108 – 127.
② Philippe Fuchs, Guillaume Moreau and Pascal Guitton, *Virtual Reality: Concepts and Technologies*, CRC Press, 2012, p. 5.
③ Antonin Artaud, *The Theater and Its Double*, Grove Press, 1994, p. 49.

景。这一过程是通过语言完成的。当科学把"真实"定义为"一个过程在一定条件下,可以准确地再现"① 时,这已体现了它将世界或实在语言化的企图,因为"再现"就是做出一种基于语言的描述。虚拟现实归根结底也是由接近完全形式化的计算机语言所构成,在背后支撑着它的乃是一种科学主义和自然主义的还原论倾向。如果科学使得虚拟现实与现实不可区分,也就意味着感知已被还原成一系列在算法运作下的物理化学效应,从而在某种意义上就证明了"人是机器"。准确地说,证明了人是一台受普遍语法支配的机器,这套语法就是科学语言。科学语言与现实中的文学、艺术和哲学语言不同,在虚拟现实中,它通过逻辑来运作,被呈现为世界的知觉图像。不过,它并不在抽象的逻辑语境下影响个体,而是在具体的知觉经验中渗透存在。科学语言自身成为了某个世界,成为了某物。福柯②最有影响的著作《词与物》(Les mots et les choses) 在英文版中采用《事物的秩序》(The Order of Things) 为标题,就向读者暗示了"词"与"物"不存在截然区分,两者均具有物质性。③ 科学语言把语言的这种物质性运用到了一个特殊领域,即人的知觉领域。根本上,虚拟现实模拟的"对象"不是某种确定的物理现实,而是事物在第一人称视角下被知觉着(被看、被听或被触摸等)而向主体显现的不确定状态,形式上类似于内格尔(Thomas Nagel)提出的"作为一只蝙蝠是什么样"之所是。在那里,语言与身体以及世界的关系发生了改变,语言不再单单指称世界,它创造一个可感可知的虚拟世界,并直接对身体起作用。由此,科学借由语言与实在的关系之路径,进入到知觉与意识的神秘领域。在现实中,我们使用语言谈论天和地,但在**虚拟现实中,语言就是天和地**。甚至可以说,在虚拟现实中,人直接与语言打交道。

"虚拟现实"的现象学本质乃是语言,并且只是语言。它比一般的文学语言、艺术语言甚至哲学语言还要纯粹。它是一种具象化的形式,体现着事物的秩序。在福柯之前,海德格尔、萨特和梅洛-庞蒂等现象学家均探究过语言的物质性,但他们的研究大多集中在文化、艺术与哲学领域。海德格尔认为诗歌指明了语言的物质性;萨特主张散文语言代表的是观念性,只是表象思想的工具,而诗歌语言具有自身物质性;在梅洛-庞蒂那里,"一切语言都是诗",但是,他仍认为"既不存在思想的物质化,也不存在语言的精神化",从而突

---

① 鲍德里亚:《象征交换与死亡》,车槿山译,译林出版社 2009 年版,第 96 页。
② 杨大春:《20 世纪法国哲学的现象学之旅》,社会科学文献出版社 2014 年版,第 409–521 页。简言之,福柯和德里达的哲学在某种程度上可以被归属为"概念现象学"。
③ 杨大春:《话语考古学与语言的物化——福柯与语言问题》,载《湖南社会科学》2006 年第 2 期,第 35–39 页。

出了物质性和观念性在语言中的统一。① 这些哲学家基本上都远离了先验观念主义,在一定程度上承认了语言的物质性;但只是在他们之后的结构－后结构主义者那里,也即在索绪尔、福柯至德里达的思想路径下,心灵、精神和观念才几乎完全从语言中退场,语言自身的物质性力量才获得了极度强调。② **虚拟现实的出现使语言的物质化达到了极致:语言主要不是表象世界,它尤其要为我们创造一个世界**。维特根斯坦曾在《逻辑哲学论及其他》的序言中说:"凡是可以说的东西,都可以明白地说,凡是不可说的东西,则必须对之沉默。"③ 虚拟现实无疑是科学所能够"说"出来的最强力存在,它可能使我们无法区分虚拟与实在,并再现现实,由此我们可以从中推导出一个骇人命题:实在即语言。反过来说也一样:语言即实在。但是,问题在于,虚拟现实真的无法被界定吗?我们可就虚拟物和虚拟体验两方面来进行分析。

首先,虚拟物不是真实事物,而是真实事物的替代物。它具有物质性(作为一种电子图像)与非物质性(作为一套语言法则)。如果人无法在感知上区分虚拟物和实在物,那么理论上构造虚拟物所需要的信息不仅要包括所有已知的感知经验,还应该包括一些可能的感知经验。因为仿真机一定比被仿真的对象复杂。"仿真者在它包含更多状态的意义上总是比被仿真者的系统复杂。……它必须在另一个更大的系统内包含真实世界的每一个细节。"④ 所以,完全替代是不可能完成的任务。虚拟物作为一种逻辑化的语言表达,它与真实的语言表达之间存在根本差异。梅洛－庞蒂表示"我们要重新发现被知觉的世界"⑤,因为科学世界并未发现它所声称的事物的全部价值,它发现的只是事物的价值在某些方面的抽象表达。在被知觉的世界里,有更多的东西可以被言说,也有更多的东西一直隐藏着而无法被言说。在这个意义上,虚拟现实只不过"说"出了那些可以"说"的东西,那些不可"说"的东西不是因为它们不存在,而是因为它们只能够以非科学的其他方式显现。并且,虚拟物的构成遵循严格的逻辑规则,它具有单调的可复制性。在这一点上,与其说它解构了实在与思维的神秘性,倒不如说它放弃了对事物本身的探究——例如在公式"S 是 P"中,"S"和"P"是什么往往是无关宏旨的,但在知觉与意识的领域,"S"和"P"是什么却至关重要——从而虚拟现实不会和现实一样具有无

---

① 杨大春:《身体的神秘——二十世纪法国哲学论丛》,人民出版社 2013 年版,第 327 - 328 页。
② 杨大春:《身体的神秘——二十世纪法国哲学论丛》,人民出版社 2013 年版,第 328 - 329 页。
③ 维特根斯坦:《逻辑哲学论及其他》,商务印书馆 2014 年版,第 5 页。
④ 卡斯蒂:《虚实世界:计算机仿真如何改变科学的疆域》,王千祥、权利宁译,上海科技教育出版社 1998 年版,第 201 页。
⑤ Maurice Merleau-Ponty, *The World of Perception*, trans. Oliver Davis, Routledge, 2004, p. 39.

法被穷尽的意义。

其次，虚拟体验不是对真实事物的感知，而是对虚拟物的感知。它可能接近人的真实知觉体验，从而被认可；另一方面，它必须尽可能包括被虚拟物的所有细节，并对人的知觉行为做出恰当预测，避免产生合理怀疑。但怀疑总能够被提出，因为虚拟体验不会包含现实的每一个细节，它的自身存在仍依赖于现实。笛卡尔曾使用幻觉与梦境为例来怀疑实在的真实性，但怀疑实在世界是虚假的就是说它某种程度上是仿真的，逻辑上便会使笛卡尔所谓的"精神"还必须包括一个或多个更复杂的现实存在的可能性，从而他的怀疑就达不到一种绝对确定性。至少，这一信念不可能在一个被怀疑的、他在其中生活的世界中被给予。另外，虚拟体验总是一个过去体验的复本，虚拟现实不可能创造超越我们过去体验的新体验，因为它不是一个知觉者及被知觉者，不具有活的身体。就体验者"我"来说，如果"我"无法区分虚拟体验与真实体验，那么其实等同于说"我"失去对"我的身体"的知觉或"我"已经不是"我的身体"。但"我"不可能不是"我的身体"，因为"心灵与身体的结合每时每刻都在存在的运动中实现着"①。即便假定虚拟现实具有人工智能，它仍然会面临形式化悖论②的挑战。因为它无法预先获取所有使用者未来可能的状态，即使能够获取也会受到现实资源有限性的限制。并且，现实从来不重复自身，个体总是能够从中发现新的意义，因为在真实知觉中，"表达从来都不绝对地是表达，被表达者也从来都不完全是被表达者"③；但在虚拟现实中，逻辑同一律被严格地实践着，被科学语言表达的存在只能够是它自身，它的意义总是被完全传达，从而虚拟现实体验必然会具有一种可识别的自我重复性。梅洛－庞蒂曾说："……一切知觉都是关于某物的知觉。"④ 在虚拟现实中，除了"我的身体"以外，无"物"存在。虚拟物也不是确定的物，它只是一种由科学语言做出的描述。如果"我"混淆了虚拟与实在，那么也就等同于说"我"用对虚拟物的知觉替代了对"我的身体"的知觉。从而，促使"我"作出无法区分虚拟与实在这一论断的原因仅在于虚拟现实在个体知觉与意识的领域里引发了严重的身心"问题"。

虚拟现实无疑是一种图像化的科学语言。除去必要的物质前提，它完全由计算机语言构成。与模糊的、无限的和开放的艺术语言相比，以虚拟现实为代

---

① Maurice Merleau-Ponty, *Phenomenology of Perception*, trans. Donald A. Landes, Routledge, 2012, p. 91.

② 德雷福斯：《计算机不能做什么：人工智能的极限》，宁春岩译，生活·读书·新知三联书店1986年版，第4页。

③ 梅洛－庞蒂：《世界的散文》，杨大春译，商务印书馆2005年版，第39页。

④ Maurice Merleau-Ponty, *Phenomenology of Perception*, trans. Donald A. Landes, Routledge, 2012, p. 73.

表的科学语言是清晰的、有限的和封闭的。特殊的地方在于,作为一种科学语言而存在的虚拟现实同时体现了语言的物质性(materiality)和身体性(corporality),把语言存在的疆域从逻辑层面扩展到了知觉层面。因为科学语言所制造的虚拟现实世界并不是一个"科学世界",反而是一个"知觉世界"。这个"知觉世界"表象的是事物向主体显现时的样子。于是,以科学语言为基础的"知觉世界"和以实在为基础的知觉世界在身心处境中就会产生微妙的差异:"微妙"在于虚拟现实和语言是同质的,"差异"在于虚拟现实不是真实的知觉形式。传统地运用语言或介入实在,比如艺术领域中的绘画、摄影与电影等实践,不会产生在虚拟现实之中才能产生的身心"问题"。后者的"问题"并非居于人作为身心统一体的背后的发生学问题,乃是因知觉结构变异而引发实在生活异化的伦理问题。一般来说,人对实在不可能产生真实的怀疑,但人对虚拟现实的认识却总是以怀疑作为起点。因为实在先于虚拟,为虚拟奠基,"虚拟的实在"只是一种对实在状况的科学语言化的描述,它永远是可疑的。但这种可疑性在身心处境中却可能被语言自身所消解,因为虚拟现实正是通过一条特殊的知觉语言化和语言知觉化的路径,在知觉与意识领域里影响着身心,并向个体提供一个抽象的虚拟身体。这个身体既不完全是客观的(需要主体的就位),也不完全是主观的(需要客体的支撑)。它在某种意义上介于梅洛-庞蒂意谓的现象身体与客观身体之间,犹如一道架在精神与物质之间的桥梁。它天然地是思维的盟友,诱使主体陷入知觉的幻象。进入虚拟现实这样纯粹语言化的世界,身心必然会受到动摇,要么身心分离,要么身心重构。如梅洛-庞蒂所表达的:"为了全面掌握一种语言,必须接受该语言表达的世界,我们不能同时属于两个世界。"①

二、虚拟现实中的身心困境:分离,或者重构

虚拟现实的诞生一直与人性中对现实的逃避倾向密切相关。对于人来说,现实是一种过于坚固的实在。现实事物始终"是其所是",虚拟事物往往"是其所不是"。按照萨特的说法,"存在先于虚无并且为虚无奠定了基础",从此,虚无开始"纠缠"存在。② 虚拟现实犹如这种纠缠着存在的"虚无",它使世界获得了一个纯粹轮廓的东西③,即作为表象的语言。与现实的唯一性相对,虚拟现实给予人许多个可能世界,但每一个都是对现实的否定。从而,科

---

① Maurice Merleau-Ponty, *Phenomenology of Perception*, trans. Donald A. Landes, Routledge, 2012, p. 193.
② 萨特:《存在与虚无》,陈宣良等译,生活·读书·新知三联书店2013年版,第43页。
③ 萨特:《存在与虚无》,陈宣良等译,生活·读书·新知三联书店2013年版,第45页。

学借由虚拟现实便把一种完全否定的因素引入了我们的现实,它诱惑我们做出选择。我们对此要向科学发问,在虚拟现实中,"好的生活"何以可能?对于某些人来说,现实生活可能是幸福的或令人不满的,但对于所有人来说,现实生活似乎不该是唯一的生活。虚拟现实为我们提供了第二个甚至更多选项,但这个通过科学语言来运作的世界并没有任何主体的深度,因为它模仿的"对象"不是"心",而是"身",它不具有坚实的内在,它只是一些脆弱的感知表象。但因其语言之本质,它亲近于个体的知觉与意识,所以它仍然具有强大的魅惑力。不过,面对由科学语言制造的幻景,存在并非无所作为。尽管主体无法确认模拟信号源自真实抑或虚幻,但在最初的时刻,虚拟现实体验总伴随着一种虚拟感,它是"我的身体"将要做出抉择的前兆。

虚拟感之所以存在,是因为虚拟现实体验乃是一类形式化的空无意向,它需要真实知觉来充实。但这种充实不只是对知觉内容的充实,更是对知觉结构的重构。在虚拟现实中,身体的视觉和触觉被人为分离,大脑无法即时处理这种状况,使人产生了错觉。这种分离是可能的,例如在观看画作或欣赏戏剧时,个体的视觉并不期待触觉给予反馈,触觉只作为一种视知觉背景而存在;但在虚拟现实体验中,视觉总是期待着触觉给予反馈,但这一由机械给予的反馈不仅滞后,而且经常无效。触觉与视觉体验没有完全同时真实地作为一个知觉整体被给予,因为本质上它们并不处在同一个世界之中。然而,在现实中——"视觉所予(visual givens)"只有通过其触觉意义才能显现,触觉所予(tactile givens)只有通过它们的视觉意义才能显现[1]——视觉和触觉乃至所有感知都相互交织于身体之中。"在正常人中,没有分开的触觉和视觉体验,只有不可能确定各种感知分量的融合在一起的体验。"[2] 但是,由于感知分离而产生的虚拟感并不是身心分离的后果,而是身心重构的前兆。具有某种原初习惯的身体受到知觉的质疑,需要重构自身以接纳新的刺激。虚拟现实正是通过使用仿真的知觉结构替代原初的知觉结构来实现的,它通过给予我们事物近似于真实状况的表象特征来使我们混淆对真实事物的知觉,如同处于"缸中脑"状态。另一方面,由于感知没有作为一个知觉整体被给予,身体得不到触觉的充分反馈,它也使得知觉变样为错觉。"在知觉和错觉之间,应该有一种结构差异。真正的知觉应该完全是一种真实的知觉。错觉应该不是一种真实的知

---

[1] Maurice Merleau-Ponty, *Phenomenology of Perception*, trans. Donald A. Landes, Routledge, 2012, p. 151.

[2] Maurice Merleau-Ponty, *Phenomenology of Perception*, trans. Donald A. Landes, Routledge, 2012, p. 121.

觉……不显现为错觉是错觉的特点……"① 这种结构之差使得身心状态中出现了"虚拟身体"这一特殊存在样式，让人误认为身心开始分离。此时，身心既不完全是分离的，也不完全是统一的，毋宁说它是异步的。此时，主体面临着一种充满着风险的选择。如果体验者对原初的知觉结构有着持续的客观要求，他就会在不断被给予虚拟感时对虚拟和实在做出区分。但若体验者有意沉浸于被重构的知觉场，虚拟现实则会在心智上助其实现对肉身的离弃。

当我们把生产虚拟现实的科学语言与现实中的艺术语言（如绘画语言、摄影语言与电影语言等）做比较时，上述身心差异就会凸显出来。艺术语言所创造的体验也有一种虚拟感，但它要求与对象保持距离，身体不在传统的虚拟空间之中。换句话说，"我"不在画作中，不在照片里，更不是电影的组成部分。人们没有直接对对象做出反应的身体体验，人们给出的大多是一种心智投入。电影是现实体验中比较特殊的对象。它是一种时间客体，调整着人类最根本的体验方式——时间。斯蒂格勒（Bernard Stiegler）认为："电影的特殊性揭示了'人类灵魂'的特殊性：它以技术逻辑的方式，发掘了'隐藏于人类灵魂深处的一种技艺'的'机制'。"② **在遵循技术逻辑的意义上，电影和虚拟现实有相似之处：与虚拟现实构建"空间的秩序"相对，它构建"时间的秩序"。它们都不是被思考的对象，而是被知觉的对象。**一个在图像化的时间中，另一个在语言化的空间中。电影大多数时候不要求身体的直接参与，但与其他现实体验要求心智投入相反，电影要求观众在影像所构建的时间河流中主动放弃心智投入，随"波"逐"流"。观众的身与心没有直接参与电影，它们与对象保持一定距离，从而我们不会认为电影和现实不可区分。在虚拟现实中，由于"我"的身与心都被要求沉浸其中，身体与世界之间的距离便被取消了。换句话说，在虚拟现实中，"我"是在虚拟现实之中体验自身，进而重构自身。所以，尽管"我"一般不会认为电影中的"死亡"等同于真实的死亡，但在虚拟现实中"我"会产生类似于真实死亡的错觉及恐惧感。这是因为重构是在主体的允诺下进行的，逻辑上进入虚拟现实的决定总是先于退场之决定。现实体验的可选择性在虚拟现实中亦不复存在——有距离才会有选择的余地，没有距离就没有选择——"我"要么相信虚拟现实而接受这个世界，要么不相信它而退回现实。实质上，虚拟现实总是预先要求主体放弃对真实的

---

① Maurice Merleau-Ponty, *Phenomenology of Perception*, trans. Donald A. Landes, Routledge, 2012, p. 308.

② 斯蒂格勒：《技术与时间 3：电影的时间与存在之痛的问题》，方尔平译，译林出版社 2012 年版，第 10 页。

坚持——"预先消除了一切相信"①，要求主体进行自欺——"在不相信人们相信的东西中逃避存在"②，首先相信自己是一台机器——"自欺就是相信"③，否则其体验就无法顺利地持续下去。这一点在虚拟大学、飞行模拟、虚拟性爱等体验中表现得十分明显，它们均表象为语言化的操作以便能够形成一种内在经验，但只是没有虚拟现实那般彻底。虚拟现实本身也是一台机器的产物。它不是主体，但它在言说。用福柯的术语来说，虚拟现实表象为语言对身体的"规训"，使其完全服从图像背后的机械法则。身体被完全暴露在一个全景敞视主义的虚拟囚笼之中，所有人与世界的互动都是被计算好的，身体的行动必须遵循一定隐藏的逻辑规则，否则就不会得到任何有效的反馈。在这种虚拟的规训游戏中，一种虚拟的关系自动地产生出了一种真实的征服④，它意味着主体的终结。事实上，如果从文化唯物论的角度来理解，我们可以看到，语言在虚拟现实中"具有全然物质性的力量，它体现出充分的自身物质性：语言不再是人的工具，人相反地成了语言的工具"⑤。

　　需要补充的是，虚拟现实与幻觉、梦境有着本质的不同。"我"在某些时候无法区分幻觉、梦境与实在，是因为它们是身体自身的言说，相信它们就是相信自己。我的身体制造它们而不会否定它们，我的思维否定它们而不会制造它们。虚拟现实则是机器对身体的言说，身体必须被驯服，言说的意义才会得到呈现。同时"我"最终能够区分幻觉、梦境与实在，是因为自身对真实的要求。无论"我"是在梦境中或者"我"目睹着幻觉，"我"的身体总是生活在现实之中，它是一具处于生死之间的"活的身体"。这种确定性伴随着虚拟感不断被给予于"我"。但在虚拟现实中，这种虚拟感所指向的确定性却被抛弃了，虚拟感的虚拟性却被身体主体接受了，因为"我"首先要相信——也就是欺骗——自己"在别处"。

　　这即是虚拟现实中身心问题的困境所在：分离，或者重构。当"我"习惯于生活在现实中时，借由伴生的虚拟感，"我"将能够退回到现实；但当"我"习惯于生活在虚拟现实中时，现实却有可能变得无法接受。因为"我"彼时仿真的知觉结构相较于原初的知觉结构发生了根本性的改变——"我"把错觉当成了知觉——重新接受现实将是一个漫长而艰难的过程。不像沉迷、上瘾等偏向于身体性的知觉改变，虚拟现实作为一种科学语言对"我"的改

---

① 萨特：《存在与虚无》，陈宣良等译，生活·读书·新知三联书店 2013 年版，第 105 页。
② 萨特：《存在与虚无》，陈宣良等译，生活·读书·新知三联书店 2013 年版，第 105 页。
③ 萨特：《存在与虚无》，陈宣良等译，生活·读书·新知三联书店 2013 年版，第 102 页。
④ 福柯：《规训与惩罚》，刘北成、杨远婴译，生活·读书·新知三联书店 2014 年版，第 227 页。
⑤ 杨大春：《20 世纪法国哲学的现象学之旅》，社会科学文献出版社 2014 年版，第 623 页。

造既是离身的,又是离心的。它是对真实以及知觉的完全否定,因为它再现真实以及知觉。于是,面对虚拟现实,个体的存在将受到身心上的双重挑战。

三、选择虚拟现实还是现实?

梅洛-庞蒂在《眼与心》中说:"一切技术都是'身体技术'(technique du corps)。"① 尽管如此,科学技术与身体技术仍有本质的不同,它没有自主性。"任何被(科学技术)制作出来的东西本身都不包含制作的原则。"② 身体技术不仅具有科学技术能够实现的某些功能,还能够继承旧的和创造新的制作原则。在这个意义上,身体是所有科学技术的前提,也是其终极目的。科学技术本质上是身体技术的延展。虚拟现实则是科学技术在理论上所能够达到的极限:它用语言创造世界。悖论在于,这一语言在本质上有可能仍是人的创造物。从而,对这一科学语言的执迷无异于人为自身制造语言的囚笼。

另外,虚拟现实声称它会增强人的感知体验,但恰恰相反,它实际上逐渐替代了身体的感知功能。真实的知觉是联动的,如果我看不清楚门牌号,我会眯起双眼或走上前去,如果我关心别人说了什么,我会倾听并记录下来。但在虚拟现实中,知觉与其他知觉之间的距离被大大缩短,甚至被完全取消。技术替代了可能发生的知觉,并且没有提供选择的余地。从而,人的感知能力被无形削弱了,因为身体得不到有效训练。例如,记录技术部分替代了我们对事件的记忆,拼音键盘技术使我们忘记了汉字的模样,网络社交取代了面对面的真实约谈。这些情境都被技术简化或替代了。我们逐渐遗忘自己是一个身体主体,忘记身体本身也是一种需要不断成长的技术性实在,它具有扩展、记忆、想象、平衡、自我修复等功能。当"身体技术"被科学技术所掏空时,存在将成为一具行尸,生活将陷入一种重复,科学也有可能止步不前。因为正是我们存在的肉身为整个社会生活的真实维度奠基,我们的现实为虚拟现实提供内容,我们作为主体的身体为科学技术提供前进的方向。

一旦我们认识到这点,我们就会明白"虚拟现实"的悖谬所在。它起源于艺术,终结于科学。它首先要求一个人不是其自身,然后又要求他必须是其自身。它试图用语言化的身体去替代肉身,但肉身却是个体能够存在的前提。它可能无意使我们相信但实际上却促使我们相信现实生活不是一种真实的生活,问题在于现实生活乃是我们仅有的生活,在虚拟现实中的生活仍在现实之

---

① 梅洛-庞蒂:《眼与心》,杨大春译,商务印书馆2007年版,第47页。
② 斯蒂格勒:《技术与时间3:电影的时间与存在之痛的问题》,方尔平译,译林出版社2012年版,第284页。

中。这也是胡塞尔所担忧的科学危机所隐藏的另一个面向,即科学掏空意识生活之后,又要试图掏空实在生活。科学试图使我们相信,人不仅可以是无"心"有"身"的,亦可以是无"身"有"心"的。在这个意义上,它自身也充满着矛盾,它所创造的虚拟现实正好体现了人是一种同时具有物质性与非物质性的双重存在。

与虚拟现实所提供的悖谬图景相比,现实中的身体从未欺骗我们,它一直是我们知觉经验的真实源泉。反而,我们经常用语言欺骗自身。我们时常会对身体感到陌生,对世界变得麻木,一方面是因为科学技术限定了我们观察世界的视角,另一方面是因为我们自身部分地放弃了对生活真实性的要求。真实的状况是,无论是科学、艺术,还是哲学,它们各自单独都无法提供全部的真理。并且,真实的"我"不会是身心分离的,"我"不仅有一个身体,"我"还是"我的身体",它具有身心统一的自然倾向。"我"并不面对着一个世界存在,而总是在世界之中生活,无论这个世界是现实还是虚拟现实。但这一点并不被直观所揭示,而总是以隐蔽的方式被告知,比如虚拟感。"我"与世界之间的关系也不纯粹是一种表达与被表达的语言关系,更是一种知觉与被知觉的交织关系。后一种关系是虚拟现实这种科学化的语言所无法给予的。最后,针对虚拟现实,我们要担心的可能不是《黑客帝国》式的虚拟现实,那时现实已被破坏殆尽了,而是《盗梦空间》式的虚拟现实。后者向我们提供了逃避现实的绿色通道,它才是对存于我们心灵中的真实信念的深层考验。

(本文于 2016 年 4 月获得浙江大学第二届清源学术年会论文三等奖,终稿发表于《科学技术哲学研究》2017 年第 3 期。本文是结合初稿与受版面限制的已发表稿件重新修订而成的,在内容上依循初稿,表述更加规范,并改正了一个错误)

胡塞尔交互主体性现象学中的双重开端与双重还原*

——兼论交互主体性的原初性

朱 刚

一、引言

在一定意义上，交互主体性现象学可以说是胡塞尔现象学的最终形态。① 但让胡塞尔尴尬的是，他的这一交互主体性现象学自提出之后，更多的是受到批评而不是认可。比如他当时的一批亲炙弟子如兰德格雷贝（Ludwig Landgrebe）、舒茨（Alfred Schutz）包括黑尔德（Klaus Held）等都曾认为其交互主

---

* 本文受到国家社科基金重点项目（编号 15AZX016）资助。

① 《胡塞尔全集》的编者将《笛卡尔式的沉思》作为第一卷以引领整个《全集》，而《沉思》的最后一个沉思又正是首次提出和系统阐述交互主体性的"第五沉思"，这一事实足以表明交互主体性现象学在胡塞尔现象学中所占据的位置。胡塞尔本人到后期对此也越发自觉，比如他在 1930 年给米施（G. Misch）的信中曾说：在《逻辑研究》出版之后，"接下来……我只想对一门超越论的主体性学说、而且是交互主体性学说进行系统的论证，而原先对形式逻辑和所有实在本体论所抱有的兴趣，现在都已荡然无存"。［《胡塞尔书信集》第 6 卷，载米夏埃尔·图伊尼森（Michael Theunissen）《他人当代社会本体论研究》（*Der Andere*: *Studien zur Sozialontologie der Gegenwart*），de Gruyter 出版社 1965 年版，第 282 页；转引自倪梁康《胡塞尔的交互主体性现象学》，载《中山大学学报》2014 第 3 期，第 84 - 85 页］。克劳斯·黑尔德也持类似观点，他认为：下述这个"彻底"的问题——"不仅每一个个体的意识与一个它独自固有的经验世界打交道，而且所有意识都具有一个对它们来说共同的经验世界，即，具有一个包含着它们主观视域的普遍视域，这种情况如何解释？"——"对于胡塞尔来说具有特别突出的意义，因为只有回答了这个问题才能阻止现象学的失败。所以，"只要我尚未……证明，一个对所有人来说共同的、在狭义上的'客观'世界是如何可能的，那么，这门不仅是由我独自一人'本我论'地来从事的、而且还应当与许多人一起共同来从事的超越论现象学就始终还悬在空中"。（黑尔德：《〈生活世界现象学〉导言》，载胡塞尔《生活世界现象学》，克劳斯·黑尔德编，倪梁康、张廷国译，上海译文出版社 2002 年版，第 26 页）。［补充说明：（1）在现象学语境中，transzendental 一词一般有两种译法："先验的"和"超越论的"。（2）Intersubjektivität 在中文中有三种常见译法："主体间性""交互主体性"和"共主观性"。在本文所引中文文献中如涉及这两个术语，本文将统一采用"超越论的"和"交互主体性"这两种译法（标题除外），下文凡改动处不一一注明。］

体性现象学的方案是失败的①,更不用说有些社会哲学家的更为激烈的批评②。持批评态度的人多认为——如黑尔德所概括的——"尽管各自有不同的论证,胡塞尔的批评者们在这一点上却几乎毫无例外是一致的:胡塞尔没有解决交互主体性问题"③。或如扎哈维所说:"他们把胡塞尔的现象学看成是古典主体哲学最后一次也许是最有力的尝试,并竭力揭示其唯我论的荒谬和困境。"④ 所以,他们对胡塞尔交互主体性现象学的批评多集中在其从"我思"出发构造"他我"的"唯我论"特征以及因此导致的无法为"社会性"提供充分说明这一点上。当然也有一些现象学家为胡塞尔的交互主体性现象学辩护。比如耿宁,他在编辑完胡塞尔三卷本《交互主体性现象学》之后认为胡塞尔后期手稿中对交互主体性现象学的思考表明他已经解决了这个问题。⑤ 又如扎哈维也认为:"尽管胡塞尔有这项唯我论者的名声,但事实上,他花了不止25年的时间彻底研究了交互主体性问题的不同方面……胡塞尔并没有倡导一种唯我论的观点,与此相反……也许更为令人惊讶的是,就……超越论哲学的交互主体性转折而论,胡塞尔自己与阿佩尔和哈贝马斯是一致的。最终,我甚至认为,胡塞尔对于交互主体性的说明要比他们的更为合理、连贯和充分。"⑥

因而这里就有一个问题:一方面,现象学之所以为现象学,必须要求从一个绝对明见无疑的开端出发,而这个开端在胡塞尔看来只能是"我思"。正如黑尔德所言:"作为超越论哲学,现象学以方法操作性的反思为依据。但是我只能作为个别的人进行反思。……这种分析只能由我以第一人称的形式(Ichform)进行陈述。"⑦ 在这个意义上,即使是对交互主体性的现象学沉思,从方法论上说也只能从"自我我思"开始,以"自我我思"为开端,因此无法

---

① Cf. L. Landgrebe, "Die Phänomenologie als Transzendentale Theorie der Geschichte", in *Edmund Husserl: Critical Assessments of Leading Philosophers*, Vol. V, *Horizons: Life-word, Ethics, History, and Metaphysics*, eds. Rudolf Bernet, Donn Welton and Gina Zavota, Routledge, 2005, p. 178; A. Schutz, "The Problem of Transcendental Intersubjectivity in Husserl", in *Edmund Husserl: Critical Assessments of Leading Philosophers*, Vol. I, *Circumscriptions: Classic Essays on Husserl's Phenomenology*, eds. Rudolf Bernet, Donn Welton and Gina Zavota, Routledge, 2005, pp. 90 – 116; 李云飞:《论胡塞尔的先验主体间性问题的疑难》,载《现代哲学》2016 年第 6 期,第 69 – 79 页。

② Cf. M. Theunissen, *Der Andere, Studien zur Sozialontologie der Gegenwart*, de Gruyter, 1977, 尤其是第一章。

③ 转引自倪梁康《胡塞尔的交互主体性现象学》,载《中山大学学报》2014 年第 3 期,第 87 页。

④ 扎哈维:《胡塞尔先验哲学的交互主体性转折》,载《哲学译丛》2001 年第 4 期,第 2 页。

⑤ E. Husserl, Hua XIV, "Zur Phänomenologie der Intersubjektivität, zweiter Teil", hrsg. Iso Kern, Martinus Nijhoff, 1973, S. XXXV.

⑥ 扎哈维:《胡塞尔先验哲学的交互主体性转折》,载《哲学译丛》2001 年第 4 期,第 2 – 3 页。

⑦ 黑尔德:《〈生活世界现象学〉导言》,载胡塞尔著,克劳斯·黑尔德编,倪梁康、张廷国译《生活世界现象学》,上海译文出版社 2002 版,第 26 页。

避免地表现出某种"唯我论"的"外表"。但另一方面,胡塞尔之所以要对他的超越论哲学进行交互主体性转向,就是因为他通过对"我思"的"自身思义(Selbstbesinnung)"而最终认识到:就现象学所要揭示的实事本身的奠基秩序来说,真正构成最初开端或最终根据的那种"自身最初的存在",恰恰不是自我我思,而是超越论的交互主体性。① 因此问题就在于:究竟该如何理解自我我思与交互主体性之关系?何者才是最终的本原或最初的开端?与此相关,现象学还原究竟是要还原到超越论的自我或本我,还是还原到超越论的交互主体性?

这就涉及胡塞尔交互主体性现象学中一直被遮蔽了的双重开端与双重还原的问题。这些问题在有关胡塞尔交互主体性现象学的研究中尚未得到系统探讨,甚至问题本身都还没有被明确提出。而这正是本文的任务。

二、胡塞尔现象学中是否存在双重开端与双重还原的思想?

首先是何为双重开端。

哲学自古即是寻求最终本原或最初开端之学。但寻求何种意义上的开端,从古代哲学到近代哲学却经历了一个巨大转变。当古希腊第一位哲学家泰勒斯提出"水是万物的本原"时,就已经为古代哲学所寻求的"本原"或"开端"确立了一个典范:"本原"或"开端"乃世界本身的"本原"或"开端"。但自进入近代哲学后,从笛卡尔开始,人类对世界乃至认识本身都已开始充满怀疑。所以首先要寻求或确立的不再是世界本身的开端与本原,而恰是对世界进行认识的哲学活动本身的开端,即认识能够由之出发的明见无疑的起点。于是,从古代哲学到近代哲学,哲学所寻求的开端就从世界本身的开端转换到了哲学认识活动的开端。前者是本原论意义上的开端,或者——用现象学的术语——实事本身的开端;后者是方法论意义上的开端,即认识活动本身在方法上所要求的开端。

双重开端要求双重还原:方法论意义上的还原和本原论意义上的还原。前者保证我们的认识有一个明见无疑的开端;后者保证我们最终能回溯到那构成世界本身的开端。而就双重还原之关系而言,第一重还原又构成第二重还原的前提:没有方法论意义上的还原做保障,哲学活动就不能启动自身,最终也无法揭示出世界本身的开端。

方法论还原的自觉提出与形成,自笛卡尔始。无论学界对笛卡尔"我思"之含义及其与"我在"之关系有多少争论,有一点为大家所公认:笛卡尔通

---

① 朱刚:《胡塞尔的"哥白尼式转向"》,载《中山大学学报》2014年第3期,第102-105页。

过普遍怀疑这一方法论还原的初步形态首次把"我思"确立为哲学沉思之明见无疑的开端。笛卡尔迈出的这一步造成了西方哲学的一个根本转向,即主体性转向,并在康德尤其是胡塞尔那里实现为彻底的超越论转向。

但随这一超越论转向而来的是西方哲学的一个根本困境:哲学活动本身的开端(自我我思)往往同时被视为世界本身的开端,由此导致方法论上的唯我论变成了本原论上的唯我论。胡塞尔现象学也曾陷入此困境:他一度把哲学沉思者之最先给予自身的我思这一方法论意义上的开端视为构造世界本身的开端或本原。但后来,通过对我思开端或本我领域的自身解释或自身思义,胡塞尔发现,真正构成世界之开端或本原的乃是"单子论的交互主体性",并开始逐渐形成向交互主体性还原的思想。

胡塞尔明确意识到其前期现象学还原的唯我论倾向并发展出交互主体性还原从而试图走出唯我论,应该是在1910/1911年冬季"现象学之基本问题"的讲课中。他在一份大概写于1921/1922年的文本里确认了这一点。他在那里写道:"我最初在这种〔向纯粹意识的〕还原中过分强调了意识流,仿佛涉及的是向它还原。在1907年引入现象学还原时我最初的理解肯定就是如此。在这种理解中有一个根本性的,虽然并不很容易看出的错误。这个错误由于1910年冬季的讲课中将现象学还原'扩展'到单子交互主体性而被消除了。那时我就已经说明:看起来向'意识流'的还原可能会得出一种新的唯我论。但是如果我们弄清楚,还原不仅导致现时的意识流(及其自我极)……那么这种困难就会消除。"① 在这里胡塞尔明确区分了两种现象学还原:一种是1907年初次引入现象学还原时所理解的那种向本我的"纯粹意识"、向唯独属于我的"意识流"的还原,如此理解的还原中"有一个根本性的……错误",即会导致"一种新的唯我论";另一种还原就是这里所说的1910/1911年冬季学期形成的已经扩展到单子交互主体性的现象学还原,这种还原"不仅导致现时的意识流",而且——后面我们马上将揭示出——还导致他我的意识流,最终显示出交互主体性的原初性,从而消除唯我论的困境。

正是在这个意义上,耿宁高度评价胡塞尔1910/1911年冬季学期"现象学之基本问题"的讲课和与此有关的1910年10月的"准备工作",认为它们"对胡塞尔有关交互主体性问题以及他的哲学本身的发展具有最重要意义":因为在这个讲课中,胡塞尔形成了"作为普遍的交互主体性还原的现象学还

---

① 胡塞尔:《第一哲学》下卷,王炳文译,商务印书馆2010年版,第593-594页;E. Husserl, Hua Ⅷ, "Erste Philosophie(1923/24), zweiter Teil", hrsg. Rudolf Boehm, Martinus Nijhoff, 1959, S. 433-443。译文稍有改动。下引该书文献译文如有改动不一一注明。

原",耿宁把这一点视为这个讲课的"真正成就"。① 耿宁进一步引用了胡塞尔自己 1923/1924 年"第一哲学"讲课中的一段话来印证这一点,胡塞尔在那里写道:"如我承认的,对于我本人来说,对现象学还原的最初的认识是一种限制于以上论述过的意义上的认识。许多年我都没有看到能将它形成为一种交互主体性的还原的可能性。但是最终呈现出一条道路,这条道路对于使一种完整的超越论现象学成为可能并且——在更高阶段上——使一种超越论哲学成为可能具有决定性意义。"② 无疑,这条道路就是向超越论交互主体性还原的道路,就是通向那构成世界之最初开端或最终本原的道路。

正是这一还原或这条道路的发现,使胡塞尔得以走出前一种还原所导致的唯我论。但问题在于,虽然前一种还原所导致的唯我论必须被消除,但该还原本身及其所揭示出来的作为哲学沉思之开端的我思,却仍必须予以保留,尽管是在一定的界限内,即不能将之同时视为世界本身的最终本原或开端。因为,唯有我思对于我思来说才具有最初的明见性,才能充当哲学沉思之明见无疑的开端。所以,从方法论上来说,现象学仍不得不首先进行本我论的还原,即向我思或本我进行还原。

三、向超越论本我的还原与"原真性领域"中的他异性

哲学为了能够认识世界,首先自身要能合法地开始。所以在胡塞尔看来,哲学的首要任务是"必须首先为自己争得使一种哲学的开端成为可能的东西"③。而那能充当哲学开端者,必须具有"一种绝然的(apodiktischen)的和自身最初的明见性"。④ 换言之,这种"明见性"必须同时具备两个特征,首先是"绝然性",即这样"一种卓越的特点":"它根本说来不仅是那些在它之中明见的事情或事态的存在确定性,而且通过一种批判性反思,它同时又被揭示为事情或事态的非存在的绝对不可想象性;因此,它事先就把任何可想象的

---

① E. Husserl, Hua XIII, "Zur Phänomenologie der Intersubjektivität, erster Teil", hrsg. Iso Kern, Martinus Nijhoff, 1973, S. XXXV.

② E. Husserl, Hua XIII, "Zur Phänomenologie der Intersubjektivität, erster Teil", hrsg. Iso Kern, Martinus Nijhoff, 1973, S. XXXV.

③ 胡塞尔:《笛卡尔式的沉思》,E. 施特洛克编、张廷国译,中国城市出版社 2002 年版,第 18 页; E. Husserl, Hua I, herausgegeben und eingeleitet von Pro. Dr. S. Strasser, 2. Auflage, Kluwer Academic Publishers, 1991, S. 53.

④ 胡塞尔:《笛卡尔式的沉思》,E. 施特洛克编、张廷国译,中国城市出版社 2002 年版,第 20 页; E. Husserl, Hua I, herausgegeben und eingeleitet von Pro. Dr. S. Strasser, 2. Auflage, Kluwer Academic Publishers, 1991, S. 55。中译文稍有改动。下引该书文献译文如有改动,不一一注明。

怀疑作为无对象的而排除在外了。"① 所以，绝然性指的是绝对的不可怀疑性。其次，这种明见性还必须是"自身最初的"，即这种明见性必须"先行于其他一切可设想的明见性"，并作为这样的明见性而可认识。这样两个特征就既保证了这种"开端"是绝对无可怀疑的，同时又保证了它是真正的第一者、最初者。那么在胡塞尔看来，何种事物带有这种既是"绝然的"又是"自身最初的"明见性呢？"我思"，或作为"我思"的"本我（Ego）""超越论的本我"。胡塞尔如是认为。

所以胡塞尔现象学从方法论上来说首先要确保回到超越论的本我这一开端。其《笛卡尔式的沉思》第一沉思的标题"通向超越论本我的道路"就说明了这一点。也因此，从方法论上来说，胡塞尔首先必须要进行的就是悬搁，即把一切超越于"本我"的事物都悬搁出去："为了正确地前进，方法上首要的要求是：我们首先要在超越论的普遍领域内实行一种独特类型的主题性悬搁。"② 而"他我"就处于这种由于方法上的原因要被排除的主题之列："我的作为单子的具体存在……也包含着那种指向他人的意向性，只是起初由于方法上的原因，这种意向性的综合成就（为我的他人的现实性）才不得不仍然被排除在论题之外。"③ 所以在这样一种还原里，超越于本我的他人或他我必然要被还原掉："我们不考虑一切可与陌生主体直接或间接地相关联的意向性的构造成就，而是首先为那种现实的和潜在的意向性的总体关联划定界限。"④ 既然排除了指向他我的意向性及他我本身，那么这种悬搁从正面来看就是向超越论的本我、我思的还原，而这正是胡塞尔对超越论的还原的最初理解："超越论的还原，正如我们已系统地将它建立起来的那样，曾是向超越论的主体性的还原。我们曾经常以笛卡尔的方式称它为向本我我思（*ego cogito*）的还原，因此看起来就像是十分自然地涉及向我，这个进行还原者的我，自己的超越论

---

① 胡塞尔：《笛卡尔式的沉思》，E. 施特洛克编、张廷国译，中国城市出版社2002年版，第22页；E. Husserl, Hua Ⅰ, herausgegeben und eingeleitet von Pro. Dr. S. Strasser, 2. Auflage, Kluwer Academic Publishers, 1991, S. 56。

② 胡塞尔：《笛卡尔式的沉思》，E. 施特洛克编、张廷国译，中国城市出版社2002年版，第126 - 127页；E. Husserl, Hua Ⅰ, herausgegeben und eingeleitet von Pro. Dr. S. Strasser, 2. Auflage, Kluwer Academic Publishers, 1991, S. 124。

③ 胡塞尔：《笛卡尔式的沉思》，E. 施特洛克编、张廷国译，中国城市出版社2002年版，第128页；E. Husserl, Hua Ⅰ, herausgegeben und eingeleitet von Pro. Dr. S. Strasser, 2. Auflage, Kluwer Academic Publishers, 1991, S. 125。

④ 胡塞尔：《笛卡尔式的沉思》，E. 施特洛克编、张廷国译，中国城市出版社2002年版，第127页；E. Husserl, Hua Ⅰ, herausgegeben und eingeleitet von Pro. Dr. S. Strasser, 2. Auflage, Kluwer Academic Publishers, 1991, S. 124。

胡塞尔交互主体性现象学中的双重开端与双重还原

的本我和我自己的生活还原。"①

如果我们把为了给哲学确保一个开端而从方法上不得不临时启动的这一还原——向超越论本我的还原——视为现象学还原的全部，那么显然，超越论现象学就会呈现出一种"唯我论"的外表："因此超越论的现象学看来只是作为超越论的本我学（Egologie）才是可能的。作为现象学家，我必然是唯我论者（Solipsist），尽管并不是在通常的、荒谬的意义上，而恰正是在超越论的意义上，是唯我论者。"② 但正如前文所表明的，这样一种唯我论恰恰是胡塞尔自己就已意识到的困境，而且也正是这一困境才促使他实行交互主体性转向。所以正如他在《笛卡尔式的沉思》"第五沉思"第 1 节一开始就提出的："当我这个沉思着的自我通过现象学的悬搁而把自己还原为我自己的绝对超越论的本我时，我是否会成为一个独存的我（solus ipse）？……因而，一门宣称要解决客观存在问题而又要作为哲学表现出来的现象学，是否已经烙上了超越论唯我论的痕迹？"③ 这是引领整个"第五沉思"的主导问题。表面看来，对此问题的回答只能是肯定的。但胡塞尔说，如果这么回答并因此得出超越论现象学本质上就是唯我论的话，那么这只是由于"误解"了"现象学还原的真正意义以及这种还原按照真正意义所完成的东西"。④

可是，这一还原不就是把"一切可与陌生主体直接或间接地相关联的意向性的构造成就"悬搁出去吗？因此不就是"向我的超越论的本己领域（Eigensphäre）的还原"吗？⑤ 而且为了强调这一领域的原初性，胡塞尔不正是把这一领域同时又称为"原真性领域（primordinale Sphäre）"吗？⑥ 既然这

---

① 胡塞尔：《第一哲学》下卷，王炳文译，商务印书馆 2010 年版，第 243 页；E. Husserl, Hua Ⅷ, "Erste Philosophie (1923/24), zweiter Teil", hrsg. Rudolf Boehm, Martinus Nijhoff, 1959, S. 173。
② 胡塞尔：《第一哲学》下卷，王炳文译，商务印书馆 2010 年版，第 244 页；E. Husserl, Hua Ⅷ, "Erste Philosophie (1923/24), zweiter Teil", hrsg. Rudolf Boehm, Martinus Nijhoff; E. Husserl, Hua Ⅷ, 1959, S. 174。
③ 胡塞尔：《笛卡尔式的沉思》，E. 施特洛克编、张廷国译，中国城市出版社 2002 年版，第 122 页；E. Husserl, Hua Ⅰ, herausgegeben und eingeleitet von Pro. Dr. S. Strasser, 2. Auflage, Kluwer Academic Publishers, 1991, S. 121。
④ 胡塞尔：《第一哲学》下卷，王炳文译，商务印书馆 2010 年版，第 244－245 页；E. Husserl, Hua Ⅷ, "Erste Philosophie (1923/24), zweiter Teil", hrsg. Rudolf Boehm, Martinus Nijhoff. Hua Ⅷ, 1959, S. 174。
⑤ 胡塞尔：《笛卡尔式的沉思》，E. 施特洛克编、张廷国译，中国城市出版社 2002 年版，第 127 页；E. Husserl, Hua Ⅰ, herausgegeben und eingeleitet von Pro. Dr. S. Strasser, 2. Auflage, Kluwer Academic Publishers, 1991, S. 125。
⑥ 胡塞尔：《笛卡尔式的沉思》，E. 施特洛克编、张廷国译，中国城市出版社 2002 年版，第 159 页；E. Husserl, Hua Ⅰ, herausgegeben und eingeleitet von Pro. Dr. S. Strasser, 2. Auflage, Kluwer Academic Publishers, 1991, S. 145。

一还原所获得的现象学的开端正是这样一种既"本己"又"原真"的领域，那么这样一种超越论现象学又如何不是"唯我论"呢？我们究竟在何种意义上"误解"了这一还原及其"所完成的东西"？

关键就在于这个"原真性领域"。这究竟是怎样的一个领域？是否，我在其中认识到的一切东西都只与我自身相关，都"必须在本己本质上属于我自身"？① 还是相反，在它之中原本就有他异性，就有与陌生主体的关系？耿宁在其正待出版的最新专著《胡塞尔的交互主体性现象学及其现象学哲学》中对胡塞尔的"原真性领域"或"原真经验"概念给出了一个新的区分，可以帮助我们澄清这一困惑。

耿宁认为，在胡塞尔那里可以区分出三个不同意义上的"原真经验"概念：(1)"时间上先于他者经验"的、发生意义上的"原真经验"概念；(2) 静态的"原真经验"概念，它是一种抽象，使在我的"世界"中归因于其他主体的一切都渐趋消隐；(3) 作为莱布尼茨"单子"意义上的"本己领域"的"原真经验"概念。②

既然有这三个不同意义上的"原真经验"或"原真性领域"，那么当我们谈论胡塞尔的向"原真性领域"或"本己性领域"的还原时，我们究竟是在谈论哪一个意义上的"原真性领域"？或者说，胡塞尔试图通过还原而要回到的那个现象学的开端，究竟是哪个意义上的"原真性领域"？为了回答这个问题，首先让我们随耿宁一道看看这三个不同意义上的"原真经验"究竟不同在何处。

关于第一个"原真经验"概念，即时间上先于他者经验的、"作为一个发生概念"的"原真领域"，耿宁认为"胡塞尔不可能真的在发生的意义上理解它"，尽管胡塞尔有时也是这么理解它的。为什么呢？因为，"如果没有其他自我，我们怎么能设想一个具体的自我具有他的自我世界，有实在的空间事物、有用的空间工具、观念的数字……为他自己写关于物理学、生理学、数学……的书？所有这些东西也许都可以由一个高度丧失了其同感的人所创造，但一个从未同感过的人却无法创造这些。"③ 就是说，在胡塞尔那里，任何一

---

① 胡塞尔：《笛卡尔式的沉思》，E. 施特洛克编、张廷国译，中国城市出版社2002年版，第203页；E. Husserl, Hua Ⅰ, herausgegeben und eingeleitet von Pro. Dr. S. Strasser, 2. Auflage, Kluwer Academic Publishers, 1991, S. 175。

② I. Kern, *Husserls Phänomenologie der Intersubjektivität und seine phänomenologische Philosophie*（待出版），第一章第四节。

③ I. Kern, *Husserls Phänomenologie der Intersubjektivität und seine phänomenologische Philosophie*（待出版），第一章第四节。

个超越的客观之物,都已经是交互主体性的构造成就,交互主体性的视角乃是客观之物的必要条件。① 就此而言,耿宁说,一个发生意义上的"原真经验"概念"就是一个不可能的概念",一个'不可能被想到'……的概念"。② 显然,如果用这样一个不可能的、无法被思考的发生意义上的"原真经验"概念来理解胡塞尔现象学还原所获得的那一开端、本原,那么胡塞尔的现象学就的确会陷入唯我论。事实上,胡塞尔也确实曾有这样的倾向,但正如已表明的,他后来已经进行了自我纠正,排除了这样一种理解的可能性。

那么第二种"原真经验"概念,即"静态的'原真经验'概念",又如何呢?

耿宁认为,我们可以以一种抽象的方式理解这个"原真领域"("在唯我论的抽象中的心理物理之物"),它包括一个人类主体能够构造为其主观"世界"的所有东西,即"凭借其自己,凭借其原本的、慢慢成熟的感知能力、语音和其他自身表达能力、回忆能力,凭借其……当下化能力,但不包括在同感中对其他人格或其他主体的当下化"而构造的所有东西。在耿宁看来,这样一种"原真经验"或"原真领域"是"在一个思想实验中"进行"截取"的结果,因为在这种"思想实验"中,"对其他人格或其他主体的当下化"被"渐渐隐去"或"排斥"掉了。③ 所以仅仅具有这种原真经验的那样一种"原真主体(primordinale Subjekt)"在胡塞尔本人看来就只是一种"抽象的唯我主体(abstrakte solipsistische Subjekt)"④,用耿宁的话说即:"它不当下化他人的视角"⑤。所以,"关于这样一种原真性的话语就意味着一种原初的方法论意义上的抽象",即在一种思想实验中以抽象的方式把所有对他人的同感都排除掉。⑥ 在此意义上,所谓"原真主体"就是一种"抽象的唯我主体",它又被

---

① 参见朱刚《胡塞尔的"哥白尼式转向"》,载《中山大学学报》2014 年第 3 期,第 102－105 页;扎哈维:《胡塞尔先验哲学的交互主体性转折》,载《哲学译丛》2001 年第 4 期,第 5－6 页。

② I. Kern, *Husserls Phänomenologie der Intersubjektivität und seine phänomenologische Philosophie*(待出版),第一章第四节。

③ I. Kern, *Husserls Phänomenologie der Intersubjektivität und seine phänomenologische Philosophie*(待出版),第一章第四节。

④ E. Husserl, Hua XIV, "Zur Phänomenologie der Intersubjektivität, zweiter Teil", hrsg. Iso Kern, Martinus Nijhoff, 1973, S. 170.

⑤ I. Kern, *Husserls Phänomenologie der Intersubjektivität und seine phänomenologische Philosophie*(待出版),第一章第四节。

⑥ E. Husserl, Hua XV, "Zur Phänomenologie der Intersubjektivität, zweiter Teil", hrsg. Iso Kern, Martinus Nijhoff, 1973, S. 635.

胡塞尔本人合理地称为"虚构主体（fingiertes Subjekt）"①。既然这个意义上的"原真主体"是"虚构主体"，那么真实的主体就只能是作为"交互主体"的主体了。换言之，就实事本身而言，主体从来、原初地就是交互性的。

现在再来看第三个意义上的"原真经验"或"原真领域"概念。耿宁认为，这第三个"本己领域"或"原真领域"概念限定的是胡塞尔的单子概念。它既"包括对自我的当下的、过去的和未来的同感"，也包括"'对陌生者的任何一种显现方式'，也就是说，也包含陌生主体，如其作为我的本己的感知、同感和交往的意向相关项而在这些行为中被给予我那样"②。显然，这个意义上的"原真领域"是真正意义上的"原真领域"，它没有经过"抽象""截取"，在它之中"原本"就包含着"对陌生者的任何一种显现方式"即"同感"，因此也包含"作为我的同感和交往的意向相关项"的"陌生主体"。所以，如果"原真还原"所要还原到的是这样一个"原真领域"的话，那么，"原真还原就并不意味着向一个经验到其他自我之前的自我还原，而是向一个具有对其他自我的本己经验的自我的还原"③。于是，通过这一原真性概念，他人作为陌生经验之所相关者就已经进入原真性领域；就此而言，交互主体性就拥有了某种原初性：它无待于事后的构造而原本就已存在。

现在我们对上述三个不同意义上的"原真性概念"或"原真领域"做个总结。首先，第一个发生意义上的、在陌生经验之先的原真经验概念是不可能的，至少是不可被思考的；其次，第二个静态意义上的原真初验概念虽然是可设想的，但却是抽象的、虚构的产物，因而并不是真正意义上的原真经验；最后，包含着陌生经验在内的本己经验意义上的原真经验概念——作为单子的原真领域——才是合乎实事本身的原真性概念。

所以，那个作为排除了陌生经验的抽象原真领域的"本我"，只是现象学沉思为了启动自身而不得不从方法上做的一个还原的结果，它并不就是"单子本我"的本来面目。作为单子的本我的原真经验，原本就包含着陌生经验及作为其相关项的陌生主体，原本就有他异性在自身内，因此原初地就生活在交互主体性之中。胡塞尔本人对此亦有清楚意识。他曾明确断言："不言而喻

---

① E. Husserl, Hua XIV, "Zur Phänomenologie der Intersubjektivität, zweiter Teil", hrsg. Iso Kern, Martinus Nijhoff, 1973, S. 170.

② I. Kern, *Husserls Phänomenologie der Intersubjektivität und seine phänomenologische Philosophie*（待出版），第一章第四节。

③ 这句话原出现在耿宁《胡塞尔的交互主体性现象学》（*Husserls Phänomenologie der Intersubjektivität und seine phänomenologische Philosophie*）第一章第四节中，在后来的修改中被删去了。但笔者认为这句话非常准确地表达了此处的意思，故仍引用之。

的是，在我的本己经验中，我不仅经验到我自己，而且还在陌生经验的特殊形态中经验到他人。"① 并由此得出这样的结论：我在我自己身上发现的东西，并不必然都是属于我本己本质的东西——那只是一种假象："所以，这样一种假象就消失了，即作为超越论本我的我从作为存在着的我自身中所认识的一切东西，以及我解释为在我自身中的构造物的一切东西，都必须在本己本质上属于我自身。"②

至此我们可以明确地说：自我主体原本已具有交互性，原本已处于交互主体性之中。但遗憾的是，这一点在胡塞尔交互主体性现象学中往往被遮蔽住了，从而尽管胡塞尔本人再三辩解，他还是难逃唯我论的指责。也正因此，为了把这一原初实事更清晰地揭示出来，我们还需要在第一重还原——向本我的方法论还原——之外，进一步凸显第二重还原：从本我往回回溯，向更原初的超越论交互主体性进行还原。

四、向交互主体性的还原

如前所述，胡塞尔最迟是在 1910 年开始形成向交互主体性还原的思想。他在 1910 年 10 月的一份手稿标题中明确把"交互主体性的还原（die intersubjektive Reduktion）"称为"向……纯粹的交互主体性的还原（als Reduktion auf die…reine Intersubjektvität）"③。1927 年的另一份手稿中也提出要"以超越论的方式向交互主体性还原"④，并且说还原最终"通向超越论的交互主体性"⑤。显然，在这种关于还原的新表述中，超越论的交互主体性不再是被还原的对象、课题，而是还原的终点。从而，现象学还原就不再是终止于本我，而是从本我我思出发，走向超越论的交互主体性。

问题是，如何从本我我思还原到交互主体性？从自我到交互主体性，胡塞尔一般是诉诸同感构造或陌生经验，这也是一般胡塞尔现象学研究者所持的观

---

① 胡塞尔：《笛卡尔式的沉思》，E. 施特洛克编、张廷国译，中国城市出版社 2002 年版，第 202 - 203 页；E. Husserl, Hua Ⅰ, herausgegeben und eingeleitet von Pro. Dr. S. Strasser, 2. Auflage, Kluwer Academic Publishers, 1991, S. 175。

② 胡塞尔：《笛卡尔式的沉思》，E. 施特洛克编、张廷国译，中国城市出版社 2002 年版，第 203 页；E. Husserl, Hua Ⅰ, herausgegeben und eingeleitet von Pro. Dr. S. Strasser, 2. Auflage, Kluwer Academic Publishers, 1991, S. 175。

③ E. Husserl, Hua ⅩⅢ, "Zur Phänomenologie der Intersubjektivität, erster Teil", hrsg. Iso Kern, Martinus Nijhoff, 1973, S. 77.

④ E. Husserl, Hua ⅩⅢ, "Zur Phänomenologie der Intersubjektivität, erster Teil", hrsg. Iso Kern, Martinus Nijhoff, 1973, S. 438.

⑤ E. Husserl, Hua ⅩⅢ, "Zur Phänomenologie der Intersubjektivität, erster Teil", hrsg. Iso Kern, Martinus Nijhoff, 1973, S. 439.

点。但是究竟该如何理解这种同感构造或陌生经验呢？可以有两种理解：一种是认为本我的原真领域最初只是一个唯我的领域，然后通过同感才构造出他我，建立起交互主体性——但这一理解的前提，即那个最初只是唯我的原真领域，如上所说，已经被胡塞尔放弃了。第二种理解是承认本我的原真领域原本就包含有陌生经验，因而本我对他我的同感就并不是事后的构造，而只是对本我原真领域中原本就包含的陌生经验的自身解释，由此开显出那原本就作为陌生经验之意向相关项的潜在他我，并把这一他我作为超越者而现实地实现出来。其实，这种用自身解释来理解同感的做法，首先也正是胡塞尔本人提出的。比如在《笛卡尔式的沉思》中胡塞尔就曾说过："我们完全可以在一种扩展了的意义上说，那个本我，即那个作为沉思着的解释者的自我，通过自身解释（Selbstauslegung），也就是通过对我在我自身中发现的东西的解释，而获得了一切超越性，并且这些超越性都是作为超越论地构造出来的，因而不是在素朴的实证性中所接受的那种超越性。"① 显然，这里所说的"通过对我在我自身中发现的东西"的"自身解释"而获得的"一切超越性"中，必然包含作为超越者的他我："这种不容置疑的超越论解释……还向我们表明：那个超越论的、被具体把握到的本我……既会在他原真的本己存在中把握他自己，也会在他的超越论的陌生经验这种形式中把握他人，把握其他的超越论的本我。"②《笛卡尔式的沉思》第49节标题"关于陌生经验的意向解释过程的轮廓"就已清楚表明：对他人构造的现象学分析本质上就是一种对作为既成事实的"陌生经验"的"意向解释"。我们总已拥有并生活于陌生经验之中，总已通过陌生经验"构造"出他人。永远没有这样一回事：先有一个无他人的孤独自我，然后通过"同感"构造出他人。

  胡塞尔对这种"现象学解释"的方法论意义具有充分自觉，并且认为正是这一自身解释的方法，使得他的交互主体性现象学作为单子论虽然表现为"对莱布尼茨形而上学所作的……刻意效仿"，但仍从根本上不同于后者所具有的那种"形而上学的构造"："这种单子论……纯粹是从对在超越论还原中所敞开的超越论经验所作的现象学解释中获取它的内容的，因而是从最原初的、所有其他可设想的明见性都必须植根于其中的明见性中，或者说，是从最

---

① 胡塞尔：《笛卡尔式的沉思》，E. 施特洛克编、张廷国译，中国城市出版社2002年版，第203页；E. Husserl, Hua Ⅰ, herausgegeben und eingeleitet von Pro. Dr. S. Strasser, 2. Auflage, Kluwer Academic Publishers, 1991, S. 175。

② 胡塞尔：《笛卡尔式的沉思》，E. 施特洛克编、张廷国译，中国城市出版社2002年版，第203页；E. Husserl, Hua Ⅰ, herausgegeben und eingeleitet von Pro. Dr. S. Strasser, 2. Auflage, Kluwer Academic Publishers, 1991, S. 175。

原初的、所有其他合法性尤其是认识的合法性总是能够从中产生出来的合法性中获得它的内容。"① 这种"自身解释"的方法也被胡塞尔称为"自身思义（Selbstbesinnung）"："在超越论还原的形式中，在对由超越论还原所开启的超越论本我所作的意向性的自身解释的形式中，现象学的方法也就是自身思义的方法。"②

所以最终，交互主体性无须外求，就在本我自身之中。对本我的原真经验进行自身解释或自身思义，就可以发现本我原本就处于交互主体性之中：超越论交互主体性乃是超越论主体性的本来面目。对此，胡塞尔越到晚年越明确，比如他在1930年左右为他的"第五沉思"写的一个修订文本中就明确写道："我必须区分现在超越论地现象学化的主体性（作为现实自我、作为单子）和绝对的超越论主体性；后者表明自身是超越论交互主体性，包括超越论地现象学化的主体性。"③ 超越论的主体性原本就是超越论交互主体性，我原本就是我们。这可以说是胡塞尔晚年关于本我与交互主体性之关系的最终定论。一如耿宁所说："对于胡塞尔，在其晚年，超越论还原第一步的结果不是一种抽象的、唯我的、笛卡尔式的自我……而是我的在其交互主体性中现时的、实存的、具体的自身。"④

但是当我们说胡塞尔最终形成了"向交互主体性还原"的思想并赋予交互主体性以某种原初性（Ursprünglichkeit）的时候，我们仍无法回避一个问题：那就是胡塞尔在很多地方都认为，他我所具有的原初性相对于本我生活所具有的那种原初性来说总是第二性的或"第二等级的"，而"我自己的超越论的自我和我自己的生活具有最初的给予性、原初的（ursprüngliche）给予性这样一种优越性"⑤。更多的时候胡塞尔干脆直接否认他我的被给予具有"原初性"。比如在《第一哲学》中他说："我有充分理由……说：我的超越论的自我是唯一原初地给予我的，就是说，是由原初的自身经验而给予我的，他人的

---

① 胡塞尔：《笛卡尔式的沉思》，E. 施特洛克编、张廷国译，中国城市出版社2002年版，第205页；E. Husserl, Hua Ⅰ, herausgegeben und eingeleitet von Pro. Dr. S. Strasser, 2. Auflage, Kluwer Academic Publishers, 1991, S. 176–177。

② 胡塞尔：《笛卡尔式的沉思》，E. 施特洛克编、张廷国译，中国城市出版社2002年版，第210页；E. Husserl, Hua Ⅰ, herausgegeben und eingeleitet von Pro. Dr. S. Strasser, 2. Auflage, Kluwer Academic Publishers, 1991, S. 179–180。

③ E. Husserl, Hua ⅩⅤ, "Zur Phänomenologie der Intersubjektivität, zweiter Teil", hrsg. Iso Kern, Martinus Nijhoff, 1973, S. 74–75.

④ I. Kern, *Husserls Phänomenologie der Intersubjektivität und seine phänomenologische Philosophie*（待出版），第三十七章第四节。

⑤ 胡塞尔：《第一哲学》下卷，王炳文译，商务印书馆2010年版，第245页；E. Husserl, Hua Ⅷ, "Erste Philosophie (1923/24), zweiter Teil", hrsg. Rudolf Boehm, Martinus Nijhoff, 1959, S. 175。

主观性是在我自己的进行自身经验的生活之领域中，就是说，是在进行自身经验的同感作用中，间接地，而不是原初地被给予我的，但确实被给予了，而且被经验到了。"① 这一看法在后来《笛卡尔式的沉思》中得到继续。在那里，胡塞尔一方面承认，"在关于一个一般意义上的其他人的情形下，这个他人本身就'活生生地'站在我们面前"；"另一方面"，他又说："这种活生生并不妨碍我们立即承认这样一个事实：在这里真正说来，达到原初的被给予性的，并不是这个其他自我本身，不是他的体验、他的显现本身，也根本不是属于他的本己本质本身的那种东西。"所以，胡塞尔认为，"在这里，一定存在着意向性的某种间接性，而且是从原真世界的那个总是不断地起奠基作用的底层流溢出来的。这个间接性使一个'共在此'（Mit-da）显现出来，然而，这种共在此并不自身在此，永远也不可能成为一种自身在此（Selbst-da）。"因此，胡塞尔最后说，"这就涉及一种使共当下，即一种共现（*Appräsentation*）"②。

总之，胡塞尔在这里区分了两个层次或两个等级：第一等级指的是本我的经验领域，它被胡塞尔刻画为"原初的""原真的"或"原本的"（original），它直接被给予我自己；第二等级指的是他我的经验领域，它被胡塞尔刻画为第二原初甚至非原初的、非原真的或非原本的，它是"在我的身体的构造之后"构造出来的，"从原真世界的那个总是不断地起奠基作用的底层流溢出来的"，因此具有"某种间接性"，并且带有一种使某种"并不自身在此"的因素"共当下""共现"出来这样的特征。

这种划分似乎清楚、合理，毫无问题。但如果仔细辨析，我们会发现其中同时交织或混淆着两个不同维度上的划分：一个是被给予方式上的划分，即本我的经验领域是以原本的方式被直接给予我自己的，里面只有"体现"即"自身在此"的内容而无"共现"的内容；与之相对，他我的经验领域是以"共现"的、非"原本"方式被给予我的，它是在"原本"被给予的、被"体现"出来的内容的基础上被间接给予的。③ 这仅仅是被给予方式上的区分，无关时间先后。但同时，我们又发现，在胡塞尔的有关表述中又隐含着一种在发生顺序上或时间先后上的区分，比如当他说"对'我的身体'的统觉根本

---

① 胡塞尔：《第一哲学》下卷，王炳文译，商务印书馆2010年版，第246页；E. Husserl, Hua Ⅷ, "Erste Philosophie (1923/24), zweiter Teil", hrsg. Rudolf Boehm, Martinus Nijhoff, 1959, S. 176。

② 胡塞尔：《笛卡尔式的沉思》，E. 施特洛克编、张廷国译，中国城市出版社2002年版，第149页；E. Husserl, Hua Ⅰ, herausgegeben und eingeleitet von Pro. Dr. S. Strasser, 2. Auflage, Kluwer Academic Publishers, 1991, S. 139。

③ 关于"原本的"被给予方式的详细含义、胡塞尔对其用法的变化以及它和"本原的"被给予方式的区别，可参见倪梁康《胡塞尔现象学概念通释》（增补版）"original"条，商务印书馆2016年版，第349页。

上是第一个统觉，也是唯一完全原本的。只有在我的身体的构造之后，我才能将一切其他身体统觉为身体……"的时候。这一点也体现在胡塞尔总是把"原本"被给予我的领域即"原真领域"刻画为"原初的（ursprünglich）"领域上。如果说"原本的""原真的"并不必然带有时间上、发生上在先的含义，那么"原初的"就似乎无法排除这种含义，尤其是当胡塞尔把他我领域的被给予性奠基在本我领域的被给予性上时，更容易让人从时间性或发生性上来理解这种奠基性。如果这种理解是合理的话，那么他我从发生上说就是第二性的，就不具有原初性，因而本质上就可以被还原掉，从而胡塞尔的交互主体性现象学最终就仍会堕入唯我论。

因此，如果要论证胡塞尔的交互主体性现象学的确已经走出了唯我论，就必须要澄清这里的混淆或误解，证明他我的经验领域在发生上并不后于本我的经验领域，进而证明交互主体性同样具有原初性。

五、交互主体性的原初性

其实上文已陆续阐明了这一点，这里可以从如下三方面进一步予以展开。

（1）正如本文第三部分援引耿宁对原真性概念的分析所已揭示的那样，那在发生上先于他我经验领域的本我经验领域是不可设想的，原真的本我经验中总已经蕴含着他我经验。就此而言，他我与本我同样是原初的，具有原初性。

（2）从第（1）点可以引出：胡塞尔从他我之被给予所具有的间接性推论出他我的非原初性这一点是可以争论的。因为其一，既然那种先于陌生经验的纯粹原真性领域是不可能的或无法设想的，那么再说对他我的同感必须以某种不包含他我的"原真性领域"为动机引发基础也就很可疑甚至无意义了。其二，反过来说，就对自我的意识而言，如果没有对于他我或他人的意识，我甚至也不可能有对于自我或本我的意识："我"作为第一人称形式只有在与"你"或"他"这两种其他人称形式的"区分"与"对比"中才有意义，因此"我"之被给予我必然是以"他我"之被给予我为前提和中介的。这一点胡塞尔本人其实也已意识到，比如他在1914年前后写的一个手稿中就明确承认"我"是"在与你的对比"中"构成自己"的。他说："我是原初给予我的，既在身体方面原初给予我，也在心理方面原初给予我。但我首先是在你之中拥有其特性的"，"这个自我只有在与你的对比中才被构成……并作为自我与一个它本身设定的你相对比"，以及："……身体……它只是在与别人的身体之对比中才被称作我的身体，……我，这个对别人说话者，正是'我'，必须再次说，'我和我的身体'。但是在这里在割断对你的关系的情况下，我作为自我发现的是什么呢？并且在这里纯粹的自我应该是什么意思呢？"① 我什么时候才会说"我"并产生"自我"的意识？或者说，"我"什么时候才会作为"我"而被给予我自己？唯当我在面对一个他人——"你"或"他"——的时候！所以在这个意义上可以说，本我和他我是同时被给予我的，时间上不分先后，而且互为中介，因此都具有间接性，而非如胡塞尔所理解的那样只是单向度的奠基或依赖关系。所以当胡塞尔说只有"我自己的自我、我自己的超越论生活"才具有"最初的被给予性、原初的被给予性"，并把他人的生活的被给予性视为第二等级的意向性时，就恰恰仍然处于一种素朴性上：他没有看到一切直接性都已经过中介，因而已经是间接的了，正如原印象也必须通过自身是间接意向性的原初滞留才能被把握到一样。

由此，我们也可以对胡塞尔后来提出用以解释本我如何构造他我的"结对（Paarung）"予以更为深刻的理解：在此意义上，"结对"与其说是他我被构造、被给予出来的方式，好像是先有一个本我然后通过"结对"构造出他我，毋宁说，"结对"同时也是我自己或我与他我一道被给予出来的方式。这一点胡塞尔本人也已意识到了。他在《笛卡尔式的沉思》中明确说过："本我与他我总是且必然地在原初的结对中被给予出来。"② 从这里可以引申出进一步的结论：本我从不能单独出现，必须与他我一道以"结对"的方式出现。换言之，不是先有"本我"，然后通过"结对"构造出他我，而是"本我"与"他我"一道通过"结对"被给予出来！在此意义上，"结对"——如胡塞尔本人所意识到的那样——是"原初的（ursprünglich）"。没有与"他我"的区分与"结对"，仅仅在主体与对象的关系中，是不可能出现"自我意识"的。我总已存在于"我们"之中。与他人的"结对"或"成对"，是我之存在的原初方式。它如此原初，以至于胡塞尔甚至把它视为"超越论领域的一种普遍现象"③。

所有这些都再一次证明：超越论还原所得到的绝不仅仅是孤独的自我，而

---

① E. Husserl, Hua XIII, "Zur Phänomenologie der Intersubjektivität, erster Teil", hrsg. Iso Kern, Martinus Nijhoff, 1973, S. 247.

② 胡塞尔：《笛卡尔式的沉思》，E. 施特洛克编、张廷国译，中国城市出版社 2002 年版，第 153 页；E. Husserl, Hua I, herausgegeben und eingeleitet von Pro. Dr. S. Strasser, 2. Auflage, Kluwer Academic Publishers, 1991, S. 142.

③ 胡塞尔：《笛卡尔式的沉思》，E. 施特洛克编、张廷国译，中国城市出版社 2002 年版，第 153 页；E. Husserl, Hua I, herausgegeben und eingeleitet von Pro. Dr. S. Strasser, 2. Auflage, Kluwer Academic Publishers, 1991, S. 142。

且"还得到他我以及他我的流……诸单子的联系"①,"还拥有我的本我与作为存在着的而剩留给我的、作为未被排除的另一个本我的纯粹关联"②。交互主体性正是作为我的本我与其他本我的这种"纯粹关联"而存在于还原之后的原初领域之中。

（3）所以最后,尽管他我在被给予性方式上与本我有区别,即他我只能以共现的方式被给予,永远达不到本我之被给予性所具有的那种体现性和充分性,但这种被给予方式或明见性程度上的区分无碍于他我之被给予在发生顺序上的原初性,从而也无碍于交互主体性本身的原初性——正如"共在"在海德格尔那里虽是非本真的但却是原初的一样。事实上,胡塞尔本人也不得不承认他我之被给予所具有的这种原初性。就在他刚刚说完我们前引的那句话——"他人的主观性……是在进行自身经验的同感作用中,间接地,而不是原初地被给予我的"——之后,他又不无矛盾地说:"他人作为他人只有借助于同感作用才能被原初地给予。"虽然他这里对他人之"被原初地给予"加了一个条件:"借助于同感",但毕竟,他最终还是承认"他人作为他人……被原初地给予"。而且他最后还补充说:"在这种意义上,原初的被给予性和经验是同一个东西",而他前面又特地强调过"但〔他人〕确实被给予了,而且被经验到了",那么既然他人"确实……被经验到了",而"原初的被给予性和经验是同一个东西",所以结论只能是,他人的被给予也是原初的被给予。进而,那把他我与本我同时涵盖其中的交互主体性也是原初的、不可还原的。在胡塞尔现象学的最终形态中,正是这原初的、自身最初的超越论交互主体性,在其交互主体性的本己经验领域中构造出了一个同一的客观世界,从而使其自身成为世界的真正开端。

由此可以说,胡塞尔的现象学是从作为唯我论的本我论出发,最终走向作为交互主体性现象学的本我论。当它到达这一终点时,它也就真正走出了唯我论。

（本文原载于《哲学研究》2018年第9期）

---

① E. Husserl, Hua XIII, "Zur Phänomenologie der Intersubjektivität, erster Teil", hrsg. Iso Kern, Martinus Nijhoff, 1973, S. 111.

② E. Husserl, Hua XIII, "Zur Phänomenologie der Intersubjektivität, erster Teil", hrsg. Iso Kern, Martinus Nijhoff, 1973, S. 232.